Wolfgang Pohrt — Das Jahr danach

Wolfgang Pohrt: geb. 1945, Soziologe und Publizist, lebt in Stuttgart. Veröffentlichungen u.a.: Theorie des Gebrauchswerts (1976), Ausverkauf (1980), Endstation (1982), Kreisverkehr, Wendepunkt (1984), Stammesbewußtsein, Kulturnation (1984), Zeitgeist, Geisterzeit (1986), Ein Hauch von Nerz (1989), Balzac — Der Geheimagent der Unzufriedenheit (1990), Der Weg zur Inneren Einheit. Elemente des Massenbewußtseins BRD 1990 (1991)

Edition
TIAMAT
Deutsche Erstveröffentlichung
Herausgeber:
Klaus Bittermann
1. Auflage: Berlin, Herbst 1992

Grimmstr. 26 — 1000 Berlin 61
Satz: MK Druck Berlin
Druck: Schwarzdruck Berlin
ISBN: 3-923118-23-6

**Wolfgang Pohrt**

# Das Jahr danach

Golfkriegspazifismus
*Friedensseliger Haß auf Israel und die USA*

Ausländerverfolgung
*Offener Haß gegen den Rest der Welt innerhalb der Landesgrenzen*

Serbienfeldzug
*Offener Haß gegen den Rest der Welt außerhalb der Landesgrenzen*

**Critica Diabolis 33**

**Edition TIAMAT**

Erstellt wurde diese Studie im Auftrag der
**Hamburger Stiftung
zur Förderung
von Wissenschaft und Kultur**

INHALT

## SERBIENFELDZUG

Offener Haß gegen den Rest der Welt
außerhalb der Landesgrenzen

## VORBEMERKUNG

Als im Oktober 1990 die Bundesrepublik über Nacht 17 Millionen zusätzliche Einwohner bekam, war die Bevölkerungsexplosion zu stark für eine empirische Massenbewußtseins-Studie, die unter dem Titel *Der Weg zur inneren Einheit*[1] lief. Sie wurde vorzeitig abgeschlossen. Allerdings werde die Arbeit nach einer Pause fortgesetzt, hieß es damals zuversichtlich, schon im Herbst kommenden Jahres vermutlich, wenn nach dem Durcheinander der Übergangszeit die neuen Marotten sich stabilisiert haben müßten.

Das waren mehrere Irrtümer in einem. Denn statt vom Gieren und Grapschen erstmal ein wenig zu verschnaufen und dann in Ruhe die Enttäuschung zu verdauen, gerieten die Landsleute schon im Januar 1991 gleich wieder außer sich. Somit entfiel die Pause. Die Fortsetzung der Studie zum vorgesehenen Termin wiederum entfiel, weil nicht nur die Konsolidierung der Stimmungslage in immer weitere Ferne rückte. Im Herbst 1991 war vielmehr auch die Frage nach der Abgrenzung des Untersuchungsgegenstands wieder offen, insofern man nicht mehr von Ljubljana, Zagreb, Kaliningrad und Bratislava sprach, sondern von Preßburg, Königsberg, Agram und Laibach.

Nicht, daß der Forscher von den Landsleuten nur enttäuscht hätte sein müssen. Nach Kräften mühten sie sich, der Vermutung vom Vorjahr recht zu geben, wonach die hiesige Bevölkerung vor der Alternative stand, »den sich bildenden Haß in vernünftige politische Aktionen, in Selbstzerfleischung oder in Zerfleischung anderer umzusetzen«.[2] Die Welt, so wurde damals prophezeit, habe »mit 70 Millionen Frustrierten zu rechnen, und die Frage für den kommenden Winter war, ob sie erst einschnappen und dann ausrasten würden oder beides zugleich«.[3] Statt freilich sich die Qual der Wahl aufzuhalsen, blieben die Deutschen ihrem Grundsatz treu, das eine zu tun und das andere deshalb noch lange nicht zu lassen. Falsch an der Prognose vom Oktober

1990: »Sie werden einander beharken, wie dies zuletzt in Leipzig geschah, wo einer im Kugelhagel der Polizei tot liegen blieb, oder sie finden einen gemeinsamen Feind«[4] war das *oder*.

Je klotziger die treibende Kraft ins Blickfeld trat, desto schleierhafter wurde allerdings, wohin sie eigentlich trieb. Haß gab es zwar im Überfluß,[5] aber vorläufig weder die dauerhafte Beziehung des Gefühls auf ein bestimmtes Objekt noch Regeln für die Triebabfuhr. Entsprechend launenhaft blieb die Stimmung: Mal dumpf, apathisch, depressiv; dann wieder gereizt und zänkisch; schließlich aggressiv bis zur Gewalttätigkeit. Und ebenso schnell wie die Stimmung dies tat, wechselten die Aggressionsobjekte. Vom Selbsthaß, der sich als Depression äußerte, zum Haß auf andere war es nur ein Schritt, wobei die Fronten sich beliebig bilden konnten, zwischen den Nachbarn im Haus, zwischen Ossis und Wessis, zwischen Stolpis und Stasis, zwischen Bevölkerung und Regierung. Ein Sinnbild der Stimmungslage war der Bundeskanzler, wie er im Frühjahr 1991 seine 200 Pfund zornbebendes Lebendgewicht mit Wucht in die Schlacht gegen eierschmeißende Demonstranten warf.[6] Die Aversion der Landsleute gegeneinander wiederum schlug in den Haß auf Fremde um, wobei das Ausland und die Ausländer austauschbare Objekte waren und Israel oder die USA jederzeit durch Serben, Polen oder Asylbewerber zu ersetzen.

In der Labilität der Stimmungslage drückten die ungewissen politischen Perspektiven sich aus. Entscheidungen nach Maßgabe der Opportunität zu treffen fällt in Krisenzeiten schwer, weil unbekannt ist, welche Kräfte sich am Ende durchsetzen werden. Eine Gesellschaft ohne Prinzipien wird dann orientierungslos. Weil sie weder Zwecke noch Ziele weiß, wirken alle ihre Unternehmungen wie Sandkastenspielerei, hinter der die Wirklichkeit allmählich verschwindet. Die einwöchige Belagerung des Ausländerwohnheims in Hoyerswerda und die Duldung des Rechtsbruchs durch die Sicherheitsorgane war real und so surrealistisch zugleich wie der Marsch der Nazis zur Feldherrenhalle im Jahr 1923. Die Szenerie ähnelte der des undefinierbaren Moskauer Putsches vom 19. August, wo Jelzin einen angeblich gegen seine Regierung aufgefahrenen Panzer bestieg und von der improvisierten Rednertribüne herab in Lenin-Pose als antikommunistischer Volkstribun das Fernsehpublikum agitierte; wo die Lähmung, unter der die KPdSU und die Rote Armee litten, so unbegreiflich war, wie es rätselhaft bleibt, warum der DDR-Staat im Herbst 1989 nicht wenigstens den Versuch zur Gegenwehr unternahm und sich stattdessen so verhielt, wie die Kommunisten und die Sozialdemokraten 1933, als die Nazis die erste *friedliche Revolution* inszenierten.

Wie nach 1933 wurde nach 1990 nicht der kämpfende, sondern der kampflos besiegte Gegner kriminalisiert,[7] den Kommunisten drohte Gefängnis nach ihrem Verzicht auf alle Machtansprüche. Formal entsprach der politische Umbruch in der DDR dem Vorgang, den man damals *Machtergreifung* nannte[8] — ein Terminus, der wie das Wort von der *friedlichen Revolution* Schwierigkeiten bei der Einordnung des Prozesses verrät: Keine richtige Revolution, denn es wurde nicht gekämpft, aber auch keine evolutionäre Veränderung der ganze Gesellschaft und ein normaler Regierungswechsel schon gar nicht. Vielleicht zeichnet den Faschismus im Anfangsstadium aus, daß die zunächst noch harmlos erscheinende Wirklichkeit sich in konventionellen Kategorien schon so wenig begreifen läßt wie später die furchtbare Realität der Vernichtungslager.

Begriffe wie Umwälzung, Niederlage, Zusammenbruch oder Zerfall etwa faßten kaum, was mit politischen Gebilden wie der Sowjetunion oder der KPdSU geschehen war. Keineswegs hatte der stärkere oder entschlossenere Gegner sie im Kampf besiegt. Ihr Schicksal erinnerte vielmehr an die Verwandlung von Gregor Samsa oder an die Schlußszene in Oscar Wildes »Das Bildnis des Dorian Gray«, und es bewies, daß nicht Entwicklungen, sondern Mutationen auf der Tagesordnung standen. Die Welt der Tatsachen hatte sich als eine aus lauter Fiktionen zusammengesetzte entpuppt, wo die bekannten Gesetze, Erfahrungsregeln und Zeitmaßstäbe keine Gültigkeit besitzen. Wenn aber alle Gewißheit zur Sinnestäuschung wird, tritt ein Zustand ein, der unheimlich ist und entsetzlich langweilig zugleich.

Langweilig ist er aller Bedrohlichkeit zum Trotz, weil er keine Prognosen auf die Zukunft erlaubt, also weder Erwartungen noch Hoffnungen weckt, die den Augenblick überdauern. Wie das Schloßgespenst das genaue Gegenteil eines Romanhelden ist, dessen Biographie den Leser ein paar hundert Seiten lang fesselt, so war die Abfolge der Ereignisse im Ostblock das genaue Gegenteil einer Geschichte, wo die Höhepunkte und die Wechselfälle der Handlung im Spannungsverhältnis zur Kontinuität derselben stehen und jede partikulare Begebenheit bedeutend insofern ist, als sie über den Ausgang der ganzen Erzählung entscheidet. Schon im Herbst 1989, als die Berliner Mauer fiel, begann die Phase der anderntags wieder vergessenen *historischen Augenblicke*, die zusammengenommen einen schlechten Film ergeben, wo ein Knalleffekt den anderen jagt und man bald jedes Interesse am monotonen Trubel verliert. Der Slogan selber verriet den Widerwillen, insofern historisch einerseits *wichtig* bedeutet und andererseits *alter Krempel*, *kalter Kaffee*, *Schnee von gestern*, nur für den Historiker von Interesse. Dauernd von *historischen Augenblicken* zu reden hieß, daß jedes Ereignis im Moment, wo es passierte, auch schon reif war für die Ablage, fürs Archiv, für die Rumpelkammer. Es gab keine Gegenwart mehr, aber auch keine Geschichte, nur noch Ramsch.

Das Fernsehen war der Adressat, aber die Politik war gemeint, als am 2.9. 1991 die *Bild*-Schlagzeile »*Der TV-Skandal: Sch... Programm! Und dafür noch Gebühren rauf*« den allgemeinen Überdruß formulierte, den Überdruß am *Der-Ostblock-im-Umbruch*-Theater, das bei steigenden Kosten und sinkendem Unterhaltungswert immer nur Wiederholungen bot. Eine weitere, kleinere Schlagzeile auf der Titelseite hieß: »Jeder 5. Deutsche: Wär' die Mauer doch geblieben«. Der Hektik zum Trotz schien die Zeit still zu stehen, alle Ereignisse waren ebenso dramatisch und folgenschwer wie lästig und bedeutungslos. Sie ähnelten Naturkatastrophen, deren gehäuftes Auftreten eine Weile für Aufregung sorgt, bis man sich schließlich daran gewöhnt. Pflichtschuldig wurde die rasante Veränderung der Welt bewundert, während jeder staunte, wie egal sie ihm war. Nachrechnen hieß das Gebot der Stunde, weil man allmählich sogar das Zeitgefühl verlor. Kohl in seiner Fernsehansprache zum Jahreswechsel 1990/1991: »Ein Traum ist in Erfüllung gegangen. Wer hätte *vor einem Jahr* gedacht, daß wir heute in einem vereinten Deutschland den Silvesterabend gemeinsam feiern können.« So kann das Leben voller Überraschungen sein, wenn man bedenkt, daß man morgens noch gar nicht ahnte, daß man abends statt Wurstbrot Käsetoast essen würde.

Als wüßten alle, daß die spektakulären Umwälzungen eine ziemlich scheußliche Welt perpetuierten, kam über das Erreichte nirgends Jubel auf. Der abermalige Sieg dessen, was immer war, hieß nur, daß die Menschheit auf keine Entwicklung mehr hoffen durfte, die sich wesentlich von der bisherigen Geschichte unterscheiden würde. Es war ein resignativer Triumph, ein Triumph der Trostlosigkeit, der zwei Jahre lang teils mit zusammengebissenen Zähnen, teils mit kindischer Zerstörungslust gefeiert wurde, denn kein neues Zeitalter brach an, sondern die nächste Runde im ewigen alten Spiel, wer wen hauen, und wer das Mehrprodukt aufessen darf. Auch deshalb war die Vorstellung, die Menschen als vernunftbegabte Wesen nähmen ihr Geschick in die eigenen Hände, noch nie so tot wie in der Zeit, wo angeblich vom Verlangen nach Demokratie beseelte Massen dauernd Geschichte machten.

Hinzu kam freilich, daß unter Gorbatschow der letzte Ort verschwunden war, wo der bloße Gedanke schon, wenn er nur geäußert wurde, Konsequenzen haben konnte. Die Zensur im früheren Ostblock hieß, dem geschriebenen oder gesprochenen Wort politisches Gewicht beizumessen. Die Machthaber, die seine Verbreitung kontrollieren wollten, erwiesen ihm auch Respekt, beispielsweise den, Texte überhaupt zu lesen. Vom objektiv längst absurd gewordenen Respekt wiederum, den die Intellektuellen im Osten genossen, hatten sie nicht nur dort, sondern überall profitiert. Gern hatten sie den Irrtum des Zensors geteilt, ihr beruflicher Zeitvertreib sei eine eminent wichtige Sache. Nach der Devise, daß wo Rauch ist, auch Feuer sein müsse, hatten sie von der gegen sie gerichteten staatlichen Repression auf ihre politische Bedeutung geschlossen. Nun wurden sie vom Staat einfach ignoriert, und es zeigte sich, daß sie mit dem verhaßten Zensor nicht nur den einzigen Interessenten verloren, sondern die einzige Instanz obendrein, welche die Neugier des Publikums zu erregen vermochte. Über das Ende der Symbiose, über den Zusammenbruch der *folie à deux*, berichtete die *FAZ* am 17.8. 1991, zwei Tage vor dem Jelzin-Putsch, aus der Sowjetunion:

»Während Solschenizyns jetzt endlich erhältliche Werke stapelweise in den Buchläden verstauben, finden die allgegenwärtigen fliegenden Händler mit Kriminalromanen, Büchern über Okkultismus und über Liebestechniken reißenden Absatz. Das Publikum ignoriert die neuen Filme über unter Breschnew unterdrückte Künstler, während die ›Videosalons‹ gar nicht genug Abenteuerfilme mit Sylvester Stallone, Chuck Norris oder Arnold Schwarzenegger herbeischaffen können. [...] Viele Schriftsteller, die ihren Lektoren und Verlegern einst von den Meisterwerken vorschwärmten, die sie schaffen würden, wenn die Zensur es nur erlaube, müssen angesichts des freizügig gewordenen kulturellen Lebens feststellen, daß sie nichts zu sagen haben [...] und durch die ersehnte kulturelle Freiheit zugleich zur Bedeutungslosigkeit verurteilt wurden.«

Nicht anders als die vermeintlich ins Staatskorsett eingeschnürte industrielle Produktivität hatte die angeblich in Ketten liegende künstlerische sich als Phantom offenbart. Im Moment, wo der Startschuß fiel, ging nicht das große Rennen los, sondern brach wie im Slapstick kraftlos und auf einen Schlag die ganze Meute zusammen, die vorher so tatendurstig gewiehert und ungeduldig mit den Hufen gescharrt hatte. Nur unter dem

Verbot hatten die Marktwirtschaftler und die Künstler ihr Berufsgeheimnis zu hüten vermocht, daß sie gar nicht könnten, wenn sie dürften. Als ahnte er die bevorstehende Pleite seiner Zunft, schrieb am 19. Februar 1990 Conrad Weiß, Filmregisseur, damals noch Vertreter von *Demokratie Jetzt* am *Runden Tisch*, vorbeugend im *Spiegel*:

»Unsere Skizzenbücher waren voller Notate und voller Entwürfe für den Tag, da uns endlich Leinwand und Staffelei und Pinsel und Farbe überantwortet würden. Nun aber sollen wir eine fremde, mittelmäßige Arbeit kopieren. Denn die Galeristen haben das Geld. Was soll nur werden aus unserem Talent, aus unseren ungemalten Bildern... Die vor Wochen noch wohlfeile Helden waren, heißen nun weltfremde Träumer. Das Geschäft machen die, die ihre Gesinnung rechtzeitig verkauften.«

Die Überfremdung, die Käuflichkeit der Verräter und das große Geld — auf seine hochtrabende und zugleich lächerliche Art (der überantwortete Pinsel) drückte der vormalige Parteigünstling und Gremien-Spezi das Grauen des kunstgewerbetreibenden Langweilers vor dem Urteil des zahlenden Publikums aus, als dessen Vormund der gegen die staatliche Bevormundung der Kunst opponierende Filmer gern eingesetzt worden wäre. Sein Bedürfnis nach einem Macht und Pfründen verteilenden Schutzpatron war das Bedürfnis *aller* deutschen Intellektuellen. Sie sehnten sich nach dem starken Herrn, der mit diktatorischen Befugnissen jene belohnt, die ihm aus der Hand fressen. Ihr Traum von Freiheit war der Traum vom völkischen Staat, der Gesinnungstreue mit soviel Protektion honoriert, wie die SED ihren opportunistischsten Lobrednern nicht geben mochte.[9]

Denn unterdessen war auch im Westen fürs Feuilleton die Zeit vorbei, wo es in der Rolle des politischen Ratgebers oder des moralischen Anklägers, als Gesprächsstofflieferant oder als Skandalmacher glänzen konnte — im *Spiegel* daher statt namentlich gezeichneter Buchkolumnen meist namenlose Sammelrezensionen; kaum Meinungsartikel, die für Wirbel und Leserbriefe sorgen;

viel Klatsch, Unterhaltung und Vermischtes. Seit dem Mauerfall muß man die auf Kritik abonnierte Meinungsbranche, deren Niedergang mit der Perestroika begann, als erledigt betrachten, und ihr verdientes Ende bedeutet leider auch das Ende von Reflexion auf die Gesellschaft überhaupt.

Bewiesen hatten die Vorgänge im Osten nämlich, daß die Geschichte ihre eigenen Wege ging, ganz unbekümmert um den Reim, den die Menschen sich auf sie machten. Wie unbeteiligt die Bevölkerung in der Sowjetunion während der Putschtage blieb, wie gleichgültig ihr das hauptsächlich fürs Westfernsehen inszenierte Spektakel in Moskau war und wie verschwindend gering der Beitrag der Massen zum Ablauf der Geschichte, las man im Feuilleton der *FAZ* vom 23.9. 1991:

»Seitdem die antikommunistischen politischen Kräfte gestärkt aus dem gescheiterten Putsch hervorgingen, ist unter ihnen ein Machtkampf entbrannt, während wirkliche Konzepte zur Überwindung der Wirtschaftskrise noch nicht in Sicht sind. [...] Bedenkt man jedoch, daß sich die russische Bevölkerung während der Perestroika am meisten über das selbstgenügsame ›Gerede‹ geärgert hat, und daß, Meinungsumfragen zufolge, die beherrschenden Gefühle, die Veränderungen der jüngsten Zeit in den Menschen hinterlassen haben, innere Müdigkeit und Gleichgültigkeit sind, so erscheint die Selbstglorifizierung der siegreichen Demokraten und ihre Arbeit am Mythos beunruhigend. Entgegen der von der russischen Führung vertretenen Version, daß sich im August ›ganz Rußland‹ gegen die Diktatur erhoben habe, blieb das Volk in der Provinz gleichgültig; auch in den großen Städten beobachtete die Mehrheit der Menschen die Ereignisse skeptisch abwartend und tut dies auch heute noch. Soziologen wollen gar festgestellt haben, daß vierzig Prozent der Menschen das Programm der Putschisten guthießen.«

Nur vordergründig war das Märchen, der Volkszorn und die nach Freiheit dürstenden Massen mit den Schriftstellern an der Spitze hätten die Machthaber im Osten hinweggefegt, die übliche antikommunistische Propagandalüge. Dahinter verbarg sich der Wunsch, ein Subjekt, einen Verursacher in all die Vorgänge hineinzuinterpretieren, die unerklärlich und beunruhigend blieben, weil sie ohne das Zutun von Menschen geschahen, die von einer Idee begeistert und von einem festen Willen durchdrungen waren. Deshalb erstarb nicht nur das ganze Gerede über die atomare Gefahr und über die Bedrohung der Menschheit durch sie ausgerechnet in dem Augenblick, wo die Sowjetunion wirklich ein atomares Pulverfaß und jedes Kernkraftwerk dort eine potentielle Höllenmaschine wurde. Sondern sie waren alle wie vom Erdboden verschluckt, die Menschheitsprobleme und Menschheitsaufgaben von Format, von genug Format, um damit die Sonntagsbeilage zu füllen.

Es war einmal, daß die — richtige oder falsche — Idee die Massen ergreifen und begeistern mußte, um selber zur materiellen Gewalt zu werden wie 1789 oder 1917. Im Atomzeitalter, hieß die Botschaft, kommt die Geschichte ohne Ideen und ohne Massen aus — noch nie waren die Menschen so überflüssig. Kein Wunder daher, daß manche zum Islam, der Religion des Fatalismus, konvertierten, und viele etwas trübsinnig wurden.

*

Nach fünf oder mehr Jahren Glasnost und Perestroika, ökologischem Umbau und neuem Denken, Vertrauensbildung und Friedenspolitik hatte die Stimmung im Sommer 1991 also weltweit den toten Punkt erreicht, und besonders tot schien sie hier. Unter dem Titel »Die neue Weinerlichkeit« schrieb am 9. August die *FAZ*:

»Wer in Amerika lebt und nur gelegentlich nach Deutschland kommt muß den Eindruck gewinnen, seine Landsleute seien von einem schweren Unglück heimgesucht worden. Statt Freude über die unverhoffte Wiedervereinigung begegnen ihm überall Zukunftsängste und Verdrossenheit. Während er sich noch darüber wundert, fällt ihm ein, daß es vor fünf oder zehn Jahren ja nicht anders war. Allerdings galten die Ängste damals dem ›Waldsterben‹ und dem ›nuklearen Holocaust‹. Verglichen mit diesen beiden, hat die Furcht vor Arbeitslosigkeit und Geldentwertung jedenfalls den Vorzug größerer Realitätsnähe — was bei deutschen Albträumen keineswegs selbstverständlich ist.«

Doch nicht erst die Begleiterscheinungen — Arbeitslosigkeit, höhere Steuern, Inflation und Wohnungsnot — drückten wohltuend aufs Gemüt, sondern die Wiedervereinigung selber schon wurde als Auslöser von einem masochistischen Lustgewinn genossen. Den Intellektuellen, die gern mit dem Feuer spielen und es nachher nicht gewesen sein, vielmehr stets warnend ihre Stimme erhoben haben wollen, bot die Vergrößerung des Vaterlands Gelegenheit, sich anmaßend und flennerisch zugleich dem Publikum in der Rolle des tragischen Helden zu zeigen. Den Zusammenbruch der DDR sich aufs eigene Konto zu schreiben und mit ihrem Widerstand gegen das SED-Regime zu prahlen, hinderte Leute wie Conrad Weiß keineswegs daran, sich selber als Opfer ihrer vermeintlichen Heldentaten zu bejammern. Unter dem klagenden Titel »Der Heimatverlust schmerzt« tischte er im *Spiegel* vom 19. Februar 1990 eine Schnulze auf, von der man kaum glauben möchte, daß ein erwachsener Mann sie zu Papier gebracht und das Gestammel auch noch für Poesie gehalten hat:

»Ich habe meine Heimat verloren: dieses graue, enge, häßliche Land. Dieses schöne Land, die Sommer in Mecklenburg voller Weite, die Winter im Vogtland mit den Kindern im Schnee. [...] In diesem Land bin ich aufgewachsen, es war das Land meiner ersten Liebe, das Land meiner Träume, das Land meines Zorns. [...] Ich wollte ein Mutterland machen aus meinem Land: In einem Mutterland braucht niemand Waffen. [...] Doch nun stürmt ein rauhes, grelles, hemdsärmeliges Vaterland auf uns ein. Es läßt uns keinen Ausweg, wir können uns seiner nicht erwehren. [...] Und die Angst macht sich überall breit, nackte, schwarze Angst. [...] Wird mein Lied, das ich dichte, noch gesungen, mein Bild, das ich male, noch angesehen werden? Und wird mein Sein und mein Haben die Nacht überdauern? Oder wird alles, woran ich glaubte, von der Sturmflut hinweggerissen.... [...] Unzähligen Menschen geht es wie mir. Der Aufbruch, der Umbruch hat so viele Bande gelöst, so viele Gegebenheiten verändert, so viele Werte ungültig gemacht.

Besonders die Kinder, die jungen Leute schmerzt dieser Heimatverlust.«

So labten die Intellektuellen sich unbekümmert ums Elend, das sie anderen eingebrockt hatten, am eigenen Herzeleid, rieben dabei kräftig Salz in die Wunde und hielten die feige Art, als etwas ihnen Widerfahrenes, Zugestoßenes zu bejammern, was sie selber angezettelt hatten, auch noch für Tragik. Die weniger pervers veranlagte Mehrheit der Bevölkerung durfte derweil zur Aufhellung der Laune über Durchhalteparolen schmunzeln, deren Wirkung gerade darauf beruhte, daß keiner sie ernst nehmen mußte, weil sie wie aus dem Witzblatt und bald stark nach Galgenhumor klangen. Die *Bild*-Balken-Schlagzeilen aus dieser Zeit — 1990 — erinnern teils an den überdrehten Entertainer vor gelangweiltem Publikum, teils spricht aus ihnen das augenzwinkernde Einverständnis mit dem Kunden, der dem Jahrmarktschreier nicht glauben muß, um ihm auf den Leim zu gehen, weil er die reißerische Anpreiserei als Teil des Juxes betrachtet:

»Deutschland. Es wird wahr, noch dieses Jahr« (12. Februar, Kohl bei Gorbatschow); »Ihr Völker der Welt, freut euch mit uns! Ja zur Einheit, zur Freiheit, zu Deutschland!« (19. März, nach den Volkskammerwahlen); »Das deutsche Wochenende. Die D-Mark rollt in die DDR. Weizsäcker: Ich bin für Berlin. Franz gelobt: Volle Pulle gegen die Tschechen« (30. Juni, Währungsunion und Fußball-WM); »1:0! Ja, es ist wahr! Weltmeister« (9. Juli, Fußball-WM); »Ein Tag der Freude für alle Deutschen: 3. Oktober. Endlich« (24. August, Festsetzung des Beitrittstermins); »Deutschland: 3mal werden wir noch wach. Kohl: Warum nicht vor Freude weinen« (29. September); »Es ist wahr geworden. Deutschland« (2. Oktober); »Deutschland! Mein Gott ist das schön« (4. Oktober); »Und jetzt wird in die Hände gespuckt. Kohl macht Dampf« (4. Dezember, nach der Bundestagswahl).

Vom ersten Tag an, wo die Ossis mit Bananen abgefüttert wurden, war also einerseits die erst noch bevorstehende Wiedervereinigung ein Riesenklamauk, ein Staatsbesäufnis, eine Kaffeefahrt, wo die Ausflügler statt der Rheumadecke die nationale Einheit angedreht bekamen, und gern ließ die Menge sich zum Narren halten. Andererseits freilich keimten zugleich düstere Ahnungen auf, denn aus der einfachen Lebenserfahrung wußte jeder, daß mit Ärmeren teilen zu müssen selten den eigenen Reichtum vergrößert. Bald schwante dann auch den Wirtschaftsexperten, daß hinter den Absatzproblemen eines verseschmiedenden Filmemachers sich ähnlich gelagerte von ganz anderem Kaliber verbargen, daß es nicht um Edelschnulzen, sondern um Trabis, Braunkohle und Werkzeugmaschinen ging. Der *Spiegel*, dessen Erfolgsgeheimnis darin besteht, die kontinuierliche Untergangssehnsucht mit jeweils plausibel klingenden Hiobsbotschaften zu stillen, hatte ein neues Dauerthema, einen Aids-Ersatz und Ozonloch-Füller. Titel aus dem Vereinigungsjahr:

»Chaos in der DDR. *Flucht in die Einheit*« (6/1990); »DDR: Gefahr für die Mark. *Teures Vaterland*« (7/1990); »*Katzenjammer*. Angst im Osten — Ärger im Westen« (8/1990); »Preis der Einheit. *Das Ende der Bundesrepublik*« (11/1990); »SPIEGEL-Report: *Die Last der Einheit*« (12/1990, Haupttitel: »Kohls Triumph«); »Währungsabenteuer DDR. *Die Angst ums Geld*« (15/1990); »DDR vor der Marktwirtschaft. *Ein Volk in Panik*« (19/1990) »*Vereint aber fremd*. Die ungleichen Deutschen« (39/1990); »Deutsch-deutscher Kampf um Grund und Boden. *Beutezug im Osten*« (41/1990).

Als die *Bild*-Zeitung in ihrer Weihnachtsausgabe 1990 »Betet für den Frieden!« forderte, signalisierte sie damit das Ende der einen Blödelei und den Beginn der nächsten. Nur noch ein Wunder kann die Rettung bringen, Zeit für die letzte Ölung, schnell den Priester holen, hieß die Aufforderung zwar, doch ist jeder Appell zum Gebet im Land mit der unchristlichsten Bevölkerung Europas blasphemisch. Aus der Kombination von Hiobsbotschaft und Gotteslästerung wiederum entsteht jene Anzüglichkeit, welche bei aller Trübsal hier die Bildung von wirklichem Ernst verhindert. Nicht, daß den Menschen das blanke Entsetzen in die Glieder gefahren wäre. Aber da die Party gelaufen war, wurde es Zeit, mit den fröhlichen Zechern mal ein schärferes Wörtchen zu wechseln. Eine Art Mahnbrief stellte es dar, eine Aufforderung, nach gehabtem Spaß nicht das Begleichen der Rechnung zu vergessen, als die *Bild*-Zeitung am 5. März 1991 unter der Schlagzeile »Macht endlich ernst. Wir sind ein Volk!« eine Standpauke brachte:

»Kaum fünf Monate ist es her, daß wir wiedervereinigt sind. Damals Jubel, Schwarz-Rot-Gold, Euphorie. Heute lange Gesichter, Streiks, Enttäuschung, Bürgerzorn über die Steuererhöhungen. Und bange Fragen: Was kommt da noch? Können wir das bezahlen? Das Geschenk der Einheit wird zerredet, kaputtdiskutiert, in die Hände von Finanzbeamten gelegt. Dabei fällt in Ost wie West immer mehr unter den Tisch, was Sache ist: WIR SIND EIN VOLK! Macht endlich ernst mit der Einheit, es gibt so viele Möglichkeiten. Warum eigentlich werden nicht sofort 10.000 Beamte dienstverpflichtet und in die neuen Bundesländer geschickt?«

Deshalb vielleicht, weil das Publikum trotz Betet-für-den-Frieden-Appell noch nicht auf Opferbereitschaft eingestimmt war. Mochte die Warnung vor Kriegsgefahren auch sachlich berechtigt gewesen sein, so war ihre bloße Stichhaltigkeit doch noch lange nicht der Grund, warum sie nun in die Schlagzeilen kam. Ins Blickfeld der Medien rückte die Unsicherheit vielmehr, weil sie als Disziplinierungsmittel brauchbar schien. Wie kleinlich, wie engherzig — so der Wink mit dem Zaunpfahl — angesichts der dramatischen Weltlage noch über rausgeschmissenes Geld zu jammern. Schon in der Silvester-Ausgabe 1990 der *Stuttgarter Zeitung* — die dank des Meinungskonformismus in der BRD bedenkenlos als repräsentativ für die hiesige Presse zitiert werden kann — zog der Kolumnist daher unter dem Titel »Beklemmung« Bilanz:

»Das Jahr begann mit den Jubelszenen am Brandenburger Tor. Die Mauer öffnete sich, der Eiserne Vorhang verschwand. Seither ist viel geschehen, was man sogar im Überschwang jenes Neujahrstages 1990 noch für unwahrscheinlich, ja für unmöglich erklärt hätte: Moskau stimmte der deutschen Einheit zu und ist bereit, sich aus der DDR zurückzuziehen. Der

Warschauer Pakt existiert praktisch nicht mehr. Ein Kontinent hat sich verändert. Was für ein Jahr! Doch was in Euphorie begann, endete eher in Beklemmung. [...] So endet ein Jahr, das im Jubel begann und in dem sich die schönsten Hoffnungen erfüllten, eher in Düsternis. [...] Die euphorischen Zeiten europäischer Entspannung liegen schon wieder hinter uns. Vor uns liegt Gefahr.«

Wie beruhigend, hätte man hinzufügen mögen, schneller als gedacht hatten die Landsleute wieder den Abgrund vor Augen, der ihre Zuversicht und Bestandteil ihres seelischen Gleichgewichts ist. Weniger beruhigend freilich war, daß die Landsleute, anders als früher, aufs Unken und Jammern kein Monopol mehr besaßen. Der weiter oben aus der *FAZ* zitierte Artikel »Die neue Weinerlichkeit« handelte eigentlich nicht über das deutsche Befinden, und nach der Einleitung kam der Text zur Sache:

»Auch das amerikanische Selbstbewußtsein ist nicht mehr, was es einmal war. Nachdem sich die Zeitschrift *New York* im Juni ausführlich über die *new culture of victimization* verbreitet hatte, zog das Nachrichtenmagazin *Time* soeben mit einer Titelgeschichte über die explodierende Zahl der *crybabies*, der ›Heulsusen‹, nach und stellte besorgt die Frage: ›Was ist mit dem amerikanischen Nationalcharakter los?‹ Anlaß zur Besorgnis ist die wachsende Neigung, den Grund für Fehltritte und Niederlagen nicht bei sich selbst zu suchen, sondern bei anderen, oder, wenn das nicht geht, bei unbeherrschbaren Naturkräften. Als sich Dan White, der Mörder des Bürgermeisters von San Francisco, vor zwölf Jahren damit verteidigte, er habe vor der Tat hauptsächlich Kartoffelchips und Süßigkeiten gegessen und sei dadurch seiner Zurechnungsfähigkeit beraubt worden, galt dies noch als forensische Kuriosität. Heute gehören derartige Entschuldigungen zum Alltag. [...] Nicht nur die Therapeuten, auch die Rechtsanwälte machen bei der Jagd auf den wahren Schuldigen glänzende Geschäfte.«

Am Ende recht behalten hatte der Spruch, daß man den Krieg, selbst wenn es nur ein kalter sei, genießen solle, der Frieden werde fürchterlich, schon deshalb, weil man dann um eine Hoffnung, nämlich die aufs Kriegsende, ärmer ist und erfahrungsgemäß um ein paar Probleme reicher, weshalb etwa im amerikanischen Kino 1945 der Trübsinn begann. Grimmiger Witz, freche Dialoge und Sarkasmus machten davor auch Filme erträglich, die keine lustigen Geschichten erzählen. Danach und bis in die späten 50er Jahre hinein wurde die Atmosphäre drückend, lastend, quälend, in den Filmen spiegelte sich die Nachkriegsdepression. Sie rührt nie daher, daß man nun Zeit zum Trauern findet, sondern sie entspringt stets dem Verlust einer großen Hoffnung. Im Krieg erscheint dessen Ende allein schon als großes Glück, und ein Kriegsende ist grundsätzlich immer absehbar. Tritt Frieden ein, verwandelt die große Hoffnung sich naturgemäß in eine ebenso große Enttäuschung, nicht nur bei den demobilisierten Soldaten, die nun um Arbeitsplätze kämpfen müssen. Die gleiche Gesellschaft, die im Krieg als eine solidarische erschien, stellt sich nun als eine von Antagonismen zerrissene dar. Und anders als beim Ausnahmezustand, welcher der Krieg ist, ist beim gewöhnlichen, alltäglichen Kleinkrieg grundsätzlich kein Ende in Sicht.

Erschwerend hinzu kam diesmal, nach dem Ende des kalten Krieges, der Verlust einer Illusion, die zum eisernen Bestand bürgerlicher Überzeugungen gehört. Ruiniert war das Vertrauen, es könne weitergehen wie bisher und dabei immer besser werden. Kein Glaube ans Gute nämlich ohne den an einen Bösewicht, der als Verantwortlicher einspringen muß, wenn die Tatsachen nicht den Erwartungen entsprechen. Ein halbes Jahrhundert lang fand man im Westen also Trost bei der Idee, der miserable Zustand der Welt sei von den Spitzbuben im Kreml verschuldet. Per Gewalt hinderten sie nicht nur den erfolglosen Teil der Menschheit daran, dem Vorbild des erfolgreichen nachzueifern, sondern obendrein diktierten sie den Gutwilligen das Gesetz des Handelns. Am Elend in Afrika war die kommunistische Bedrohung schuld, welche den Westen gegen seinen besseren Willen dazu zwang, Milliarden in die Verteidigung zu stecken statt damit die hungrigen Münder zu stopfen. Kindisch, wie diese Vorstellung zwar war, dachte sie doch die Menschheit insofern als Subjekt der Geschichte, als der Gattung Vernunft und Freiheit zugesprochen wurden — die Freiheit, überhaupt Entscheidungen zu treffen, und die Vernunft, dabei aus Einsicht und Erkenntnis auch den richtigen Griff zu tun.

Blamiert stand folglich im Sommer 1991 zwar in erster Linie der freie Westen da, der den Nationen im Osten das Blaue vom Himmel versprochen und furchtbares Elend über sie gebracht hatte. Als in der zweiten Augustwoche 15.000 albanische Hungerflüchtlinge im italienischen Bari vor ihrer Abschiebung tagelang ähnliche Bilder boten wie die verfolgten Kurden im türkisch-irakischen Grenzgebiet Anfang April, wurde dies im Westen als peinlich empfunden. Im Vorjahr noch hatte man die Besetzer der deutschen Botschaft in Tirana als Freiheitshelden spektakulär willkommen geheißen, jetzt wurde man mit dem Resultat der Propaganda konfrontiert, mit einer Masseninvasion, die einem Überfall glich, und die Reaktion war Verlegenheit: Keine unmittelbare Gewalt gegen die Invasoren, sondern unerträgliche Verhältnisse und für die ganz Sturen eine Heimkehrprämie von 70 Mark.

Als zweifelhaft aber mußte obendrein erscheinen, ob es den Menschen überhaupt gegeben sei, ihr Geschick aus eigener Vernunft zu lenken — hatte das keineswegs auf den Westen beschränktes Vertrauen in die segensreiche Allmacht der freien Marktwirtschaft sich doch als ein Glaube entpuppt, neben dem sich der an den Regengott nicht verstecken mußte.[10] Wenn der Mensch aber unmündig ist, kann er nicht verantwortlich, also kein Täter sein, und wenn er kein Täter ist, hat er ganz recht, sich im Leidensfall als Opfer zu betrachten, im Falle des Wohlbefindens aber dieses nicht eigenem Verdienst, sondern einem fremden Retter zuzuschreiben.

Vom Ausmaß und von der Art des Leidens hängt es dann ab, ob sich die Suche auf den wahren Schuldigen oder auf den möglichen Retter konzentriert. Unter den Privilegierten der reichen Länder, wo man sich den

Luxus leisten konnte, verlorenen Fähigkeiten des Subjekts nachzutrauern, weil man das neue Elend nur in der Form des Ohnmachtsgefühls erlitt — dort entstand die new culture of victimization. In Deutschland fiel die Protagonistenrolle dabei jenen arrivierten und verhätschelten Ossis zu, die angeblich unterdrückt worden waren vom gleichen System, worin sie munter Karriere gemacht hatten. Nicht ausgelacht, sondern bedauert wurden die Heuchler mit der Leidensmine, weil ihr besonderes Lebensgefühl dem allgemeinen entsprach. In geradezu herzzerreißendem Ton kommentierte etwa die *Stuttgarter Zeitung* vom 10.8. einen Gratis-Abenteuerurlaub, die Entführung von zehn deutschen Touristen, die gut behandelt und nach einer Woche wieder freigelassen worden waren:

»Diesen Urlaub werden die zehn Kinder und Erwachsenen als Albtraum in Erinnerung behalten. Andere Reisende dürfen nach ihrer Rückkehr fröhliche Schnappschüsse in die Fotoalben kleben. Sie jedoch müssen die psychische Marter verarbeiten, die sie auf ihrem südostanatolischen Horrortrip erlebten. [...] Es war eine Zitterpartie bis zuletzt. Dem Nerventerror folgten die Strapazen der Nachtwanderung, bis das Drama in den frühen Morgenstunden sein Ende fand. Das *Trauma*, vielleicht sogar dem Tod gerade noch entgangen zu sein, kann wohl niemand nachempfinden, der nicht selbst in grausamer Ungewißheit schwebte, der nicht selbst die quälende Ohnmacht am eigenen Leib erfuhr.«

Für traumatisiert hielt sich, wem sonst nichts fehlte, weshalb das Wort in der BRD unter den Gebildeten in Mode kam, etwa im Augstein-Kommentar »Ende einer Utopie« (*Spiegel* vom 2.9.1991), wo »die von Hitler noch immer *traumatisierten* Deutschen«[11] zu bedauern waren, oder bei Oskar Lafontaine, der in der »Friedenssehnsucht der Deutschen« das »logische Ergebnis eines schweren nationalen Traumas« sah (Züricher *Weltwoche*). Der Begriff beschrieb einen wirklichen Sachverhalt — daß die Menschen sich wie betäubt, wie unter Schock stehend zu den Umwälzungen verhielten, wie Schlafwandler oder unerreichbare Autisten —, und er diente dem Zweck, den Einzelnen von Ansprüchen zu entlasten, die er als unbeschädigtes Subjekt an sich selber hätte stellen müssen. Der Einzelne plädierte gewissermaßen in einem fiktiven Prozeß gegen sich selbst auf verminderte Zurechnungsfähigkeit.

Dort hingegen, wo die Mitleid heischende Selbstentmündigung keinen Trost spenden konnte, weil das Elend so real war, daß statt Ausreden Abhilfe gebraucht wurde, suchten die Menschen nicht die Absolution, sondern den Retter. Über die Form, welche diese Suche im Osten annahm, berichtete in einem Artikel über Rumänien am 9.8. die *FAZ*:

»Es mutet wie eine Verzweiflungsgeste an, daß inzwischen ein Teil der Oppositionsintellektuellen ihre Hoffnungen in den aufgeklärten Monarchen Michai setzen. Sie bieten eigentlich dem unmündigen Wahlvolk nur einen ›guten Übervater‹ an — die beste aller falschen Übergangslösungen.«

Am 17.August meinte dann Otto von Habsburg, CSU-Abgeordneter im Europaparlament, daß die Wiedereinführung der Monarchie auch für das neue Deutschland eine gute Lösung wäre. Der Anlaß für solche Überlegungen war die mitternächtliche Versenkung zweier Särge, in denen vor 200 Jahren irgendwelche Preußenkönige gelegen hatten. Daß die Bundeswehr mithalf, der Kanzler dabei war und das Medienecho beträchtlich, war ein Indiz für die Ähnlichkeit zwischen der abnorm angeschwollenen Bundesrepublik und den frisch gebackenen neuen Staaten im Osten, wo der Wille zur nationalen Einheit und Unabhängigkeit nur ein autokratisches Regime meinen konnte, welches stellvertretend für die nicht vorhandene Nation sich selber souverän und autonom erklärt.

Als Aufmacher brachte die Belgrader *Politika* vom 16.8. die Meldung: »Heute vor der Kirche zum Heiligen Georg: Gedenken und Ehrung für Peter I. Siebzig Jahre nach seinem Tod findet heute eine kirchliche und staatliche Gedenkfeier für König Peter I. Karadjordjevic statt.« — In der *Stuttgarter Zeitung* vom 17.8. las man auf der ersten Seite: »Preußenkönige auf dem Weg nach Potsdam.«

*

Die zarten Regungen eines Wunsch, der früher ›Wir wollen unseren guten alten Kaiser Wilhelm wiederhaben‹ hieß, entsprangen der Tatsache, daß die Bundesrepublik über Nacht zwar zur bevölkerungsreichsten Nation Westeuropas geworden war, dabei aber ihren Rang als führende Exportmacht und als Land mit der härtesten Währung verloren hatte. Wer eine Leistung (mehr Masse) erbracht und dabei einen Verlust (weniger Wirtschaftskraft) erlitten hat, wird Kompensation und Anerkennung verlangen. Dergleichen bekommt man bei den Nachbarstaaten, nur geben die es selten ganz freiwillig her. Fürs neue Deutschland hieß dies, auf Kosten der ehemaligen Beschützer die Vergrößerung eigener Macht anzustreben, und die rabiate Art der Bundesregierung, ohne Rücksicht auf diplomatische Gepflogenheiten einen politischen Führungsanspruch für Deutschland zu reklamieren, gab Anfang September 1991 sogar konservativen Blättern Anlaß zu vorsichtiger Kritik. Unter dem Titel »Genscher und die Verbündeten« kommentierte die *FAZ* am 12.9.91:

»Von Moskau aus gab Genscher jetzt in Pressegesprächen den Verbündeten den Rat, die Sowjetunion nicht sukzessive, sondern gleich voll an internationale Gremien wie die Weltbank oder den Weltwährungsfonds heranzuführen — was immer das bedeuten mag. [...] So, wie Genscher darüber spricht, wirft er den Verbündeten öffentlich vor, zu zögern, zu zaudern oder sich zu versagen. Doch auch manche unserer Alliierten hatten dieses Jahr Gelegenheit, deutsches Zögern und Zaudern zu beklagen. Man hörte nicht, daß die Außenminister der Verbündeten die Bundesregierung öffentlich gemahnt hätten. [...] Das Zögern der beiden Verbündeten [Englands und Frankreichs bei der Anerkennung von Slowenien und Kroatien] hat auch mit dem — absurden — Verdacht zu tun, die Deutschen wollten die Zerfallsprozesse in Osteuropa nutzen, um dort als neue Hegemonialmacht aufzutreten. Gerade deshalb wäre es gut, die Bundesrepublik hätte eine Außenpolitik, die beharrlich, normal und vor allem loyal den in der Not des kalten Krieges geschätzten westlichen Verbund weiter pflegte und es unterließe, sich im Inneren und nach außen öffentlich von den Verbündeten zu distanzieren.«

Freilich stand der Zerfall des westlichen Bündnisses ohnehin bevor, weil es gerade seinen Feind und Daseinszweck verloren hatte. Außerdem lud der in wehrlose Teilstaaten zerfallene Ostblock förmlich dazu ein, dort auf eigene Rechnung Beute zu machen. Die Sowjetunion und der Balkan waren herrenloses Gut geworden und glichen, unter geopolitischen Gesichtspunkten betrachtet, Schwarz-Afrika ums Jahr 1870.

Davor hatte ein halbes Jahrhundert der Westen vom Zwang profitiert, aus Gründen der Selbstbehauptung nicht nur den Internationalismus seines kommunistischen Gegners imitieren zu müssen. Den zwischenstaatlichen Abkommen, welche den Interessenausgleich zwischen den wichtigsten kapitalistischen Ländern in friedliche Bahnen lenkten, entsprach auf nationaler Ebene das ungeschriebene Gesetz, die Klassengegensätze nicht bis zu bürgerkriegsähnlichen Unruhen eskalieren zu lassen. Solange der Ostblock die Regeln diktierte, führten die Kapitalisten sich wie die besseren Kommunisten auf. Statt Bruderküsse gabs Händchenhalten — Kohl und Mitterand taten es 1985 in aller Öffentlichkeit zwei geschlagene Nationalhymnen lang. So war man nett zueinander und ließ auch die Arbeiter nicht verkommen.

Nun wurden dem Westen plötzlich Ansporn wie Vorbild genommen, und mancher dort ahnte schon, daß der Blick auf die zerfallende Sowjetunion einer in die eigene Zukunft war. »Die große Flucht — Auf der IAA: Das neue Bürgerkriegs-Design im Automobilbau« hieß ein Essay, den das Feuilleton der *FAZ* vom 16.9.1991 brachte. Aus der Vorliebe für Geländewagen, deren Marktanteil bereits 5 Prozent betrug und sich in den nächsten Jahren noch verdoppeln sollte, zog der Autor Schlüsse, welche die Begeisterung von Redakteuren wie Reißmüller für den Lauf der Dinge im politischen Teil des Blattes erst verständlich machen:

»Da sich die Zahl der Förster, Soldaten, Tierärzte, Gebirgsjäger oder Turnierreiter in der Bevölkerung nicht wesentlich erhöht hat, muß diese psychologische Dramatisierung des Autofahrens tiefere kulturelle Motive haben. [...] Ihre Typennamen sprechen Klartext: *Land Cruiser, Discovery, Samurai, Cherokee, Frontero, Freeway, Defender, Patrol und Trooper* — das sind Losungsworte von Grenzschutz-Patrouillen und Bürgerkriegsmilizen. Die Off-road-Fahrer, die sich bundesweit in mittlerweile dreihundert Fan-Clubs organisiert haben, scheinen mit sicherem Instinkt für die Instabilität heutiger Infrastrukturen mit dem Schlimmsten zu rechnen. Da im Zweifelsfall das erste, was die Armee bei künftigen Kriegshandlungen dichtmacht, die Straßen sind, schätzen sie die hohe Bodenfreiheit des Chassis und den Böschungswinkel von über fünfzig Grad, damit sie im Ernstfall querfeldein aus dem Stau ausbrechen können. [...] Die große Auswahl der Modeindustrie, die immer mehr neue Allround-Sportschuhe mit wannenartig hochgezogener, säurefester Sohle verkauft, ergänzt das Angebot der idealen Fluchtausstattung: Wo der Jeep stehenbleiben muß, beginnt das Jogging. [...] Wohl nie war das Krisenbewußtsein der Autogesellschaft so wach wie heute. Mit der Angst wächst bekanntlich auch der Wunsch nach Rettung. Die fortschrittlichsten unter den Wagenlenkern wissen, daß man der Flüchtlingswelle, die aus dem Osten und dem Süden auf die Festung Europa zurollt, wohl kaum mit den Spielzeugen der neuen Energiesparautos entgegentreten kann.«

Der Endsieg über den Kommunismus bedeutete dort wie hier das Ende aller Siege. *Rette sich, wer kann*, hieß die Devise, doch wohin wußte keiner, und jeder hoffte, daß man später wieder würde sagen können: Einer kam durch.[12]

*

Als Gleichung mit lauter Unbekannten stellte sich zunächst also die Lage im Jahr 1991 dar: Die Bundesrepublik war nicht mehr wie früher, ihre Beziehungen zum Ausland waren es nicht, und das Ausland war es schon gar nicht. Nach einer nagelneuen Epoche sah das alles aus und zugleich, da die nagelneue Epoche keine eigene Qualität besaß, nach irgendeiner uralten. Im Augenblick, wo aus der Bundesrepublik wie durch ein Wunder wieder Deutschland geworden war, blieb den Landsleuten gar keine andere Wahl, als wieder ins Kostüm ihrer Vorfahren zu schlüpfen, denn ein neues war nicht geschneidert worden. Kein Wunder daher, daß die Versatzstücke aus der Vergangenheit und der Vorvergangenheit sich häuften.

Nicht nur die spektakulären Erscheinungen sind damit gemeint: die haßerfüllte Angst vor den Siegermächten während des Golfkriegs und die Wiederkehr von Antiamerikanismus wie Antisemitismus damals; SA-ähnliche Banden in der Zone und eine Verfolgung von Ausländern dort, die bald die Dimensionen eines Pogroms annehmen sollte; die diplomatischen Verstimmungen zwischen Deutschland und Frankreich während der Jugoslawien-Krise; der Pressefeldzug gegen Serbien und der Ehrgeiz der Bundesregierung, sich mit dem Feind aus zwei Weltkriegen ein drittes mal anzulegen; überhaupt der Drang, zumindest im Geiste mit den Ukrainern gegen die Russen, mit den Slowaken gegen die Tschechen, mit den Kroaten gegen die Serben und mit den Armeniern gegen die Aserbaidschaner zu marschieren.

Sondern Zweifel daran, ob dies nun eine neue oder eine alte Zeit war, eine Wiederaufnahme oder eine Uraufführung, wurden vielmehr gerade von Nebensächlichkeiten genährt, über die man auf Schritt und Tritt stolpern mußte, auch wenn man in der Zeitung statt des politischen Teils die Fernsehseite, das Feuilleton oder die Rubrik Vermischtes las. Da schrieb die *Stuttgarter Zeitung* in einer Würdigung des Literaturnobelpreisträgers Octavio Paz am 12.10. 1990:

»Doch ein elegisch-düsterer Charakterzug, der sich vermutlich aus dem indianischen Blutanteil dieses mestizischen Intellektuellen herleitet, macht ihn, aller klaren Latinität zum Trotz, stets auch zu einem Mythomanen.«

Die *FAZ* vom 27.7. 1991 meinte:

»Die vierzig Jahre Kommunismus bedeuteten in der Verwaltung einen tieferen Schnitt als die zwölf Jahre Nationalsozialismus. Das Hitler-Regime hatte in seinem ›Doppelstaat‹ immerhin Fundamentplatten und Stützpfeiler der Rechtsstaatlichkeit bestehen lassen, auf die sich nach 1945 aufbauen ließ.«

Die brandenburgische Landesregierung forderte die Gemeinden zur Unterlassung ›artfremder Baumaßnahmen‹ (zitiert nach der *FAZ* vom 22.7. 1991) in der Nähe von Mahn- und Gedenkstätten auf, und in einer durchaus wohlwollenden Besprechung der TV-Dokumentation »Der Tod ist ein Meister aus Deutschland« (aus der *Stuttgarter Zeitung* vom 9.5.1990) war zu lesen:

»Gleichwohl sind die Erfahrungen, von denen die Überlebenden vor der Kamera berichten, weniger von der Art der Okkupation geprägt, als vielmehr von der Tradition des bisherigen Zusammenlebens zwischen den Juden und dem *Wirtsvolk*.«

Signalisierten das Wirtsvolk, die artfremden Baumaßnahmen, der indianische Blutanteil sowie die Stützpfeiler und Fundamentplatten der Rechtsstaatlichkeit im Nationalsozialismus dem nach Orientierung suchenden Hirn, daß die Zeit am besten mit der vor 1933 zu vergleichen wäre, so sah man sich während des antiserbischen Pressefeldzugs in die Epoche der Balkankrisen zurückversetzt. Noch tiefer in die Geschichte hinabgetaucht wurde man, als am 17. August 60.000 »Abschied nahmen«, wie es in den Nachrichten hieß, von den schon erwähnten Preußenkönigssärgen. Ferner standen angeblich eine neue Völkerwanderung bevor, die erste seit rund 1.600 Jahren, und die Wiedergeburt des Deutschtums jenseits der Wolga, in einer autonomen Republik.

*

Ein Klassiker war es also nicht, was seit Herbst 1989 vor staunendem und zugleich gelangweiltem Publikum lief. Es fehlte dem Stück die Einheit von Ort, Zeit und

Handlung, und vor allem fehlte ihm jeder erkennbare Sinn. Man kam sich als Zuschauer wie der betrunkene Theaterkritiker vor, der nach der Pause in die falsche Vorstellung torkelt und allerhand Mühe hat, sich von den beiden je zur Hälfte gesehenen Aufführungen ein geschlossenes Bild zu machen. Schon die Szenen rund um den Fall der Berliner Mauer hätten mit der Bemerkung quittiert werden können, daß der Mummenschanz mit dem Wir-sind-das-Volk-Gebrüll für eine Inszenierung im Rahmen der Feierlichkeiten zum zweihundertsten Jahrestag der französischen Revolution reichlich geschmacklos war. Dann wurde im Nachrichtenstudio des Bukarester Fernsehsenders ein paar Wochen lang Peking-Oper mit Einlagen gespielt, dramaturgisch betrachtet eine Mischung aus Horror-Video und Mauerschau. Auf den Golfkrieg, der trotz aller Ton- und Lichteffekte insofern keiner gewesen zu sein schien, als Hussein und Bagdad ihn beinahe so unbeschädigt überstanden hatten wie in der Comic-Serie *Tom & Jerry* Kater Tom den Fall aus 50 Metern Höhe, folgte als Glanznummer in der Reihe ›unwirkliche Begebenheiten‹ die Moskauer Farce vom 19. August, eigentlich eine typische Palastintrigen- und Verschwörer-Story, die aber vom Publikum geschluckt wurde als Gute-Nacht-Geschichte mit Ende-gut-alles-gut-Plot, als Verschnitt aus Prinz Eisenherz und dem tapferen Scheiderlein.

Zur Irrealisierung der Wirklichkeit trugen Bild-Dokumente von märchenhafter Grausamkeit bei, die sich dann regelmäßig auch als Kindermärchen für Erwachsene mit zurückgebliebenem Gefühlsleben entpuppten. Die Geschichten von serbischen Freischärlern oder rumänischen Geheimpolizisten, die angeblich ihren Gegnern bei lebendigem Leib die Eingeweide aus dem Leib gerissen hatten, waren zugeschnitten auf das gleiche Gemüt, das Gefallen fand an den Phantasieuniformen, mit welchen der kroatische Faschist Franjo Tudjman seine Leibgarde ebenso kostümieren ließ wie der tschechoslowakische *Dichterpräsident*, jener mittelmäßige Stückeschreiber, dessen politische Karriere wie ein

Sinnbild dafür erschien, daß es das pure Theater war, und zwar solches von der miserabelsten Sorte, was allenthalben zur Macht kam und die Realität verdrängte. In den »jungen Republiken« oder »jungen Demokratien«, wie man so züchtig und keusch und so lüstern zugleich die reanimierten Fossile aus der Zeit der Stammeskämpfe in Deutschland nannte, erfüllten erwachsene Männer sich ihren Kindertraum und ließen sich als *Herr Minister* oder *Herr Präsident* titulieren. Mäßig belustigt spielte die Menge mit, und arme Leute bildeten sich ein, sie müßten einander für Tschechen und Slowaken, Esten und Letten, Serben und Kroaten halten, obgleich das Märchen von des Kaisers neuen Kleidern eines war, das für Tausende von Mitspielern den Tod und für Zehntausende Vertreibung und Elend bedeuten würde.

Als Mischung aus Katastrophe und Kaspertheater stellte also im Sommer 1991 die Zeitgeschichte sich dar, die Akteure, meist lächerlich und furchterregend zugleich, schienen von infantiler Verantwortungslosigkeit und Zerstörungslust beherrscht. Wie langweilig gewordenes Spielzeug schmiß man nach ostdeutschem Vorbild politische Konstruktionen und gesellschaftliche Verhältnisse weg, mit nichts als undeutlichen Vorstellungen von der freien Marktwirtschaft im Kopf und einem nationalgefühlartigen Ziehen in der Brust, ausreichend vielleicht für ein mittelschweres Gemetzel zwischen verfeindeten Gruppen, aber nicht stark genug, um innerhalb auch nur einer Gruppe den Zusammenhalt zu sichern. Auch vom Nationalismus war klar, daß er keine konstruktive Kraft mehr besaß, sondern sich in ein rein destruktives Element verwandelt hatte.

Wenn aber alle Phänomene etwas anderes sind, als sie scheinen; wenn der Wille, neue Staaten und Nationen zu gründen, eigentlich der Wille zur Zerstörung jeglicher gesellschaftlichen Ordnung ist; wenn der propagierte Aufbau der freien Marktwirtschaft faktisch den Zusammenbruch des Marktes und des arbeitsteiligen Produzierens überhaupt bedeutet, also die Wiederkehr von Selbstversorgung und Naturalientausch; wenn deshalb alle erkennbaren Bestrebungen als schon gescheitert und damit nichtig betrachtet werden müßten, wären sie das, was sie vorgeblich sind — dann steht der Gesellschaftswissenschaftler vor dem Problem, nicht recht zu wissen, was zu erforschen sich eigentlich noch lohnen würde.

Weder folgen die Texte in diesem Band daher einem Konzept noch entwickeln sie eines. Die Themen ließen sie sich von der Tagespresse diktieren, auch deshalb, weil keines der wichtigen Ereignisse im Jahr 1991 eines war, mit dem man schon vorher gerechnet hatte.* Stets setzt man sich bei dieser Arbeitsweise zwar dem Risiko aus, zu übertreiben, die Dinge für ernster und folgenschwerer zu halten, als sie wirklich sind. Doch dürfte unter den gegebenen Bedingungen die Übertreibung die einzige Methode sein, um in der allgemeinen Unwirklichkeit mitunter Spuren von Realität zu finden.

*Kurze Anmerkung zur Arbeitsweise: Eine systematische Medien-Auswertung war nicht bezweckt, der Verfasser hält sie für überflüssig. Nachrichten, Formulierungen, Meinungen, die nicht über kurz oder lang in jedem Lokalblatt auftauchen, und zwar mehrmals, gehören nicht zum Untersuchungsgegenstand. Wichtigster Lieferant von Zitaten ist deshalb in diesem Fall die *Stuttgarter* Zeitung — jedes andere gut gemachte Lokalblatt würde natürlich die gleichen Dienste leisten. Regelmäßig wurde der *Spiegel* durchgeblättert, ab Juli 1991 auch die *FAZ*. Registriert wurden ferner die *Bild*-Schlagzeilen, die ein wichtiges Stimmungsbarometer sind. Sporadisch kamen andere Zeitungen hinzu.

Die Gleichförmigkeit der bundesdeutschen Presse, welche dem Beobachter die Arbeit so sehr erleichtert, hängt auch damit zusammen, daß das Fernsehen die Themen bestimmt. Der Leser wäre enttäuscht, wenn er morgens in der Tageszeitung nicht lesen könnte, was er am Vorabend in der Tagesschau schon gesehen hat. Wie für den Zeitungsredakteur waren daher die Hauptnachrichtensendungen von *RTL Plus*, *ZDF*, *SAT 1* und *ARD* — in dieser Reihenfolge — für den Verfasser Pflicht.

# GOLFKRIEGSPAZIFISMUS
Friedensseliger Haß auf Israel und die USA

*

## Das Gefühl der totalen Niederlage[13]
Gründe für die Identifikation mit dem Irak

*Alte Rechnungen: Die Juden und die Siegermächte*

Im Sommer 1990, nach gewonnener Fußballweltmeisterschaft, geschah es in mancher deutschen Stadt, daß kampfeslustige und siegestrunkene Landsleute an Schwarzen, Gelben oder Ausländern überhaupt ihr Mütchen kühlten. In den Monaten danach schwappte eine Welle der Gewalt durchs Land, der blanke Vernichtungswille schien die Skins und Fans aus den Fernsehmagazinen zu beherrschen.

»Geil auf Gewalt. Jugendbanden in Deutschland« titelte am 12. November 1990 der *Spiegel*, am 10. September hatte er gemeldet: »In der DDR eskalieren Gewalt und Randale«. Der Berliner Häuserkampf im Spätherbst wurde von beiden Seiten mit äußerster Härte geführt, besonders die Besetzer zeigten Todesverachtung und soldatischen Heldenmut. Bei Straßenkrawallen nach einem Fußballspiel waren in Leipzig, der Heldenstadt, Anfang November mehrere Verwundete mit Schußverletzungen und ein im Kugelhagel der Polizei Gefallener zu beklagen.

Abermals ein paar Monate später, am 18. Februar 1991 griff der *Spiegel* unter dem Titel »Schulen: Die Brutalität nimmt zu« das Thema wieder auf, und beifällig wurde diesmal die Meinung zitierte, daß unter Umständen der Frieden auch mit Gewalt hergestellt werden müsse, weil die unbedingte Friedfertigkeit leicht als Schwäche mißverstanden werden könne:

»Eine Untersuchung an Frankfurter Schulen belegt eine beängstigende Entwicklung: Die Brutalität unter Schülern nimmt zu, einige greifen sogar zur Waffe. [...] Kampfmittel ist längst nicht mehr allein die bloße Faust. [...] Bei gemeinsamen Treffen wollen Lehrer, Schüler und Eltern der Gewaltexplosion auf den Grund gehen. Ein gewichtiges Versäumnis glauben Pädagogen und Pennäler nach Diskussion der Untersuchungsergebnisse erkannt zu haben. Die Erziehung ›allein zu passivem friedfertigen Verhalten‹, erläutert Oberstudienrätin Loiero, führe dazu, daß die Schläger Zurückhaltung ›als Schwäche verstehen und dann alle terrorisieren‹. Wichtig sei es, ›daß man sich zur Wehr setzt‹.«

Drei Wochen zuvor, in der Ausgabe vom 28. Januar 1991, hatte das gleiche Blatt vorübergehend Anlaß gehabt, sich über ein anderes Phänomen zu wundern. Unter dem Titel »Was die Schüler auf die Straße treibt« — gemeint waren die Friedensdemonstrationen der Golfkriegsgegner — erschien ein längerer Bericht, worin die Horror-Videos verschlingenden Karate-Kids sich in lauter kleine Englein verwandelt hatten, deren Lieblingsgeschichte die Bergpredigt ist:

»Was sind das für Fünftklässler, die vor versammelter Schülerschaft nach dem Mikrofon greifen, ein Kurzreferat über die Entstehung des Golfkriegs halten und damit schließen, sie fänden ›Krieg überhaupt nicht gut‹. [...] Katja, die 14jährige, die blaß, mit vor Müdigkeit kleinen Augen vor dem US-Konsulat an der rot-weißen Polizeibarriere lehnt, hat noch nie bei ›was Politischem‹ mitgemacht. Aber jetzt — jetzt muß sie, weil sonst überhaupt nichts mehr stimmt in ihrer Welt. Im Kindergarten, sagt sie, hat sie gelernt, ›daß man nicht prügeln soll‹. In der Kirche, daß Sanftmut Pflicht sei, und in der Gemeinschaftskunde, daß Politiker für den Frieden kämpfen — ›und jetzt hörst du, so ist das doch alles nicht gemeint, und die setzen auch noch unsere Umwelt aufs Spiel‹. Davor, ›daß der Saddam die Ölfelder abfackelt‹, hat sie am meisten Angst, ›weil, das betrifft ja uns‹.«

Für ein paar Wochen im Januar 1991 also kannten die Landsleute plötzlich sich selber nicht mehr, jede Erinnerung an die eigene Gewalttätigkeit war gelöscht. Der außenstehende Betrachter mußte den Eindruck gewinnen, daß der allgemeine Haß vorübergehend in den Aggregatzustand flammender Friedensliebe übergegangen sei. Große wie kleine Nahkämpfer, wehrhafte Demokraten, Freunde des bewaffneten Kampfes und andere Militante führten sich auf, als bräche ihnen das Herz, wenn nur irgendwo jemandem ein Haar gekrümmt würde.[14] Sie heulten zähneklappernd Rotz und Wasser und flehten vor staunender Weltöffentlichkeit Himmel und Hölle an, daß keiner den irakischen Diktator mit Gewalt entwaffnen möge, von dem sie offensichtlich glaubten, daß er dank hiesiger Fachleute und hiesigen Materials das von Deutschen an den Juden Europas begonnene Werk in Israel vollenden könne.

Sehnten sie den Untergang des Staates herbei, dessen Existenz an ihre ungesühnten Verbrechen erinnert? Oder fürchteten sie sich davor, wie der inhaftierte Mörder ums Leben seines schwerverletzten Opfers bibbert, weil dessen Tod sein eigener wäre? Vielleicht ahnten sie, daß Israels Ende das definitive Ende Deutschlands sein müßte, ganz gleich, ob Fachleute und Material made in Germany beteiligt waren. Lag es an solchen Hoffnungen und Befürchtungen, daß der Außenminister gleichsam als Abschlagszahlung auf künftig fällig werdende Wiedergutmachung in Jerusalem einen Barscheck im Wert von 250 Millionen Mark übergab? Nach bisherigem Kurs machte das ein Guthaben von rund 100.000 Toten.

Auf Turbulenzen im hiesigen Kollektivbewußtsein deuteten schon die ersten Wochen nach dem offenen Ausbruch der Wiedervereinigungs-Depression am 3. Oktober 1990 hin. Angesichts der Winterhilfswerks-Orgie,[15] die unter dem Titel »Ein Herz für Rußland« lief und bis Weihnachten gefeiert wurde, könnte man von einem Wiederholungszwang sprechen, nur reicht die simple Erklärung kaum an das unheimliche Phänomen heran. Denn als die alliierte Streitmacht unter Führung der USA und Englands endlich den Irak zu bombardieren begann, glichen die Bundesbürger eher Gespenstern als Psychopathen. Sie verhielten sich exakt so, als wäre der Geist ihrer Ahnen über sie gekommen, als habe eine Zeitmaschine die Geschichte um 45 Jahre zurückgedreht. Der Oppositionsführer empfand »sprachloses Entsetzen«, der Kanzler »tiefe Betroffenheit«, und sein Lagebericht klang, als wäre Großadmiral Dönitz eben von den Toten wieder auferstanden, um abermals die Deutschen auf ihr Ende einzustimmen:

»Unser Land ist auf diese Situation vorbereitet, keiner sollte sich zu unüberlegtem Handeln verleiten lassen. Die Bürger unseres Landes müssen durch verantwortungsbewußtes und kluges Verhalten mithelfen, daß wir Deutsche dieser ernsten Situation gerecht werden.«

Als stünden schon wieder die US Army am Rhein und die Rote Armee an der Elbe, wurde auf Geheiß unter anderem der PDS die massenhafte Kapitulation geübt — »weiße Tücher in den Fenstern, weiße Fähnchen an den Autos, weiße Armbinden und Stirnbänder«. Mit schreckgeweiteten Augen und starrem Blick trat ZDF-Chefredakteur Klaus Bresser vor die Kamera, um zu gestehen, daß er Angst empfinde. Und Rentner rechneten ernsthaft damit, daß aus dem Kampfgebiet herüberwehende Giftgasschwaden ihr Leben verkürzen würden. Vielleicht ahnten sie, daß die Bomben, die auf den Irak niedergingen, nach den Grundsätzen der Moral den Lieferanten des Giftgases eben so gut wie seinen Besitzer treffen dürften.

Hatte die Wiedervereinigung Erinnerungen an ein vergangenes Deutschland geweckt, mit dem Erfolg vielleicht, daß viele im Hinterkopf wie die Rechtsradikalen dachten? Einer von ihnen, ein 17-Jähriger, der als Freiwilliger für Hussein kämpfen wollte:

»Ich sehe darin die einmalige historische Chance, einem kleinen Land zu helfen, das von den gleichen Mächten überfallen und zu Boden geworfen werden soll, die auch damals unser deutsches Reich in Schutt und Asche gelegt haben.«

Nahm die Erklärung des jungen Rechtsradikalen im Januar 1991 nicht schon die Begründung vorweg, welche ein knappes Jahr später der Kanzler öffentlich gab,[16] als er, nach den Motiven für die deutsche Intervention zu Gunsten Kroatiens gefragt, ohne Skrupel von den besonderen historischen Bindungen zwischen den beiden Völkern sprach?

Wie zum Beweis dafür, daß der unbedingte Pazifismus in Deutschland generell nichts als das Ressentiment von Leuten ist, die es dem Weltpolizisten USA verübeln, daß er ihren Eltern per Krieg das friedliche Morden in Auschwitz ausgetrieben hat, meinte kein Rechtsradikaler, sondern ein Sozialdemokrat, nämlich der stellvertretende SPD-Fraktionsvorsitzende im saarländischen Landtag, daß die Bombardierung eines Bunkers in Bagdad »im Grunde ein Kriegsverbrechen« gewesen sei, »wie die Bombardierung Dresdens«. (*FAZ* vom 15.2.)

Hieß die Identifikation mit dem Irak gar, daß das ferne Land hier als nacheifernswertes Vorbild galt? Wurden in Bagdad exemplarisch Ambitionen zerbombt, von denen die Deutschen noch gar nicht recht wußten, daß es wieder ihre eigenen waren? Jene vielleicht, die FAP-Führer Michael Kühnen über Saddam Hussein urteilen ließen:

> »Wir haben dieselben Feinde, nämlich die USA und die hinter ihnen stehenden Hintergrundkräfte des Zionismus. Wie haben dieselben Ideale, nämlich die Schaffung von Großräumen, die von den jeweiligen Völkern und Rassen einheitlich nach der eigenen Kultur und der eigenen Tradition und Geschichte aufgebaut werden.«

War Kühnens Idee vom völkischen Rassestaat nicht identisch mit der obersten Maxime deutscher Außenpolitik in der Folgezeit, als die Bundesregierung unter Berufung auf das Selbstbestimmungsrecht der Völker die Zerstörung existierender Staaten wie Jugoslawien oder der Türkei betrieb, indem sie die darin lebenden Volksgruppen gegeneinander aufhetzte?[17] War die Haltung der Rechtsradikalen, Hussein auch militärisch unterstützen zu wollen, etwas anderes als die logische Konsequenz einer von der Bundesregierung wie von der Öffentlichkeit geteilten politischen Überzeugung? Deutete also die damalige Militanz der Rechtsradikalen nicht schon an, daß der irrationale Pazifismus bald in einen ebenso irrationalen Militarismus umschlagen würde,[18] zumal doch auch umgekehrt die lautesten Friedensschreier vom Januar 1991 in früheren Jahren am inbrünstigsten »Sieg im Volkskrieg!«, »Waffen für den Vietkong!«, »Schaffen wir zwei, drei, viele Vietnams!«, »Waffen für Nikaragua!«, »Es lebe der siegreiche Kampf der PLO!« gebrüllt hatten?

Kein Zeuge Jehovas, sondern ein früherer RAF-Anwalt Namens Ströbele immerhin lehnte in seiner Eigenschaft als Bundesvorstandssprecher der Grünen die Lieferung von Patriot-Abwehrraketen an Israel ab mit dem Argument, jede Waffe habe einen Doppelcharakter und könne auch zu Angriffszwecken verwendet werden. Zur Erinnerung: Unter Insidern wurde die RAF auch die Air Force genannt. Das Kürzel bedeutet nämlich sowohl **R**ote **A**rmee **F**raktion als auch **R**oyal **A**ir **F**orce. Die Doppeldeutigkeit war willkommen, weil die alte RAF sich selber in der Tradition des antifaschistischen Kampfes sah, und weil der Kampf gegen Nazi-Deutschland zeitweilig von der britischen Royal Air Force allein bestritten wurde, damals, als Frankreich schon kapituliert hatte und der Überfall Deutschlands auf die mit ihm verbündete Sowjetunion noch bevorstand.

Für Frieden marschierten im schwarzen Kampfanzug unter der Nazi-Parole »Kein Blut für Öl« militante Hausbesetzer und Sympathisanten der Rote Armee Fraktion. Die Schlagzeile der Nationalzeitung »Laßt Irak leben« fand man auf linksradikalen Transparenten wieder, im Wettstreit um die härtere Verurteilung der US-Politik und die schärfere Ablehnung militärischer Bündnisverpflichtungen der BRD gegenüber der Türkei übertrafen einander der Lafontaine-Flügel der Sozialdemokratie und die NPD, wie sie ein halbes Jahr später bei der Hetzte gegen Serbien einander überbieten sollten. Je weiter links einer nach gängigem Schema zuvor gestanden hatte, ein desto radikalerer Anhänger jener neuen Volksbewegung war er nun, die sich pazifistisch gab, und in welcher Antisemitismus und Haß gegen die Siegermächte plötzlich wieder virulent wurden.

*Neue Gründe: Das Elend mit der Einheit*

Im Januar 1991 fanden hier also unter dem Eindruck des Golfkriegs ein Zeitsprung zurück in die Luftschutzkeller von 1945 und eine Umpolung statt, Linke aus Überzeugung mutierten zu Nazis von Gemüt. Hinzu kam eine weitere Merkwürdigkeit, die Vertauschung von Vorhut und Nachhut, die Umwertung von Unten und Oben, von Erfolg und Mißerfolg. Denn wie nach der Devise *Die Letzten werden die Ersten sein* wurde die Gesinnungsführerschaft im neuen Reich von einer Koalition eben erst vernichtend Geschlagener übernommen, deren Erfolgsgeheimnis einerseits zwar die Übung im Verlieren und Kapitulieren war, andererseits aber aufgestauter emotionaler Nachholbedarf, das Bedürfnis, verdrängte Niederlagen auszuleben, jene Niederlagen, zu denen man sich im Augenblick des Geschehens verhielt, als existierten sie nicht, mit dem Effekt, daß im öffentlichen Klima der BRD zunehmend eine gewisse Unwirklichkeit dominierte.

Die Sprecherrolle in der neuen Gemütsbewegung fiel der vormaligen SED in den Schoß, weil sie den Kriegsbeginn zu eigenen Zwecken brauchte und der zur Schau gestellte Verzweiflungsausbruch kein gespielter war, sondern Symptom der psychischen Störung, die der Preis ist für das Ausbleiben tiefer Niedergeschlagenheit aus gutem Grund. Wie ein zur Wahrnehmung der Realität unfähiger Psychotiker hatte die Partei den Verlust von Namen, Führung, Einfluß und Programm mit dumm-fröhlichen Parolen und einer penetranten Frischwärtshaltung quittiert, mit den bekannten Folgen. Besonders an Gysi, der anfangs auf dem Fernsehschirm lebendig wirkte, und dessen Erklärungen am Ende so tödlich waren wie ein Genscher-Statement, ließ sich beobachten, wie das Bewußtsein im Würgegriff permanenter Verdrängung förmlich erstirbt. Sich vom heulenden Elend heimsuchen und die zurückgehaltenen Tränen fließen zu lassen war zugleich Befreiungsschlag und Therapie für Leute, die von ihrem psychotischen Realitätsverlust stranguliert zu werden drohten. Sie hätten in eine Kneipe gehen, sich furchtbar betrinken und eine Nacht lang untröstlich sein sollen. Stattdessen gingen sie in den Bundestag, um den kathartischen Gefühlsausbruch als sachlich angemessene und vernünftig begründete politische Reaktion auf die Weltlage zu verkaufen. Vielleicht hätten sie einen Tobsuchtsanfall gekriegt, vielleicht wären sie auch zur Vernunft gekommen, hätte man sie dort wenigstens ausgelacht. Aber es lachte keiner, weil der Wunsch, sich selber auf Kosten der Normalität zu therapieren, der Wunsch aller war. Die Deutschen wollten nichts wissen davon, daß sie unter Katzenjammer litten, weil ein Deutscher keine schlechte Laune und keine eigene Schlechtigkeit kennt, sondern nur eine schlechte Welt.

So wurde, gleichsam als Trauerersatz, am 18. Januar 1991 mit weißen Armbinden im Parlament unter dem Vorwand, man träte entschlossen dem Krieg am Golf entgegen, der eigentliche Nationalfeiertag der Deutschen begangen, der Tag der Niederlage, der so viele Daten kennt, daß jede der anwesenden Fraktionen dabei das gleiche meinen und an etwas anderes denken konnte, an den 8. Mai 1945 die einen, an den 9. November 1989 die anderen, an den Tag, an dem die DDR-Führung nach 45 Jahren an der Regierung einfach aufgab ohne Gegenwehr, wie die deutschen offiziellen Kommunisten am 30. Januar 1933 kapituliert hatten, als Hitler ohne jeden Widerstand zur Macht kam, oder wie die SPD 1914, als sie allen vorangegangenen pazifistischen Bekenntnissen zum Trotz für die Kriegskredite stimmte. Bei Kerzenschimmer im Parlament holten SPD-Abgeordnetinnen die aus Anlaß der Dezember-Wahl fällige und damals versäumte Trauerfeier nach, während sie nicht an die vergangene Niederlage ihres Kanzlerkandidaten, eine von zahllosen dieser kleinherzigen, mutlosen Verliererpartei, sondern an die beschlossene des irakischen Diktators zu denken glaubten.

Der skrupellose Despot eignete sich obendrein zum verleugneten Helden, zur Identifikationsfigur frustrierter, herrschsüchtiger APO-Veteranen, die dem Fortkommen alle politischen Ideen geopfert, dabei Niederlage auf Niederlage gehäuft hatten und mit der Zeit nur immer verbitterter, gehässiger und älter geworden waren. Im Herrscher mit dem tatkräftigen Willen zur Vernichtung und Selbstvernichtung glorifizierte sich eine exakt schwer definierbare Schicht tatenloser Bundesrepublikaner, deren Lebensinhalt seit Jahren schon die bange Vorfreude auf den ökologischen oder atomaren Weltuntergang gewesen war.

Zu einer Gesellschaft heimlicher Bewunderer des Iraks und offener Gegner Amerikas schloß sich zusammen, wer es kurz nach dem 9. November 1989 schon wußte, daß er seine Zukunft hinter sich hatte: Bürgerrechtler ohne Massenbasis, öffentliche Auftritte und TV-Termine; Sozialdemokraten nach dem CDU-Triumph bei den Volkskammerwahlen; Schriftsteller, die nicht mehr zu Talk-Shows eingeladen wurden; Theatermacher ohne Presseecho und ohne Publikum; Hausbesetzer auf dem Rückzug; Revolutionäre ohne Perspektive; Mittelständler in der midlife crisis; RAF-Sympathisanten ohne RAF; Friedenskämpfer ohne Gegner; Eltern, die den Kindern die Jugend neiden; Kommunisten mit dem Rücken zur Wand; Alternde, die sich mit dem Altern nicht abfinden können.

Entmachtete und Vergrätzte, Kompromittierte und Frustrierte avancierten plötzlich zu politischen Schrittmachern der Nation, denn sie drückten am besten das neue Empfinden aller aus, das Gefühl der totalen Niederlage, welches sich mit dem Vollzug der Wiedervereinigung eingestellt hatte.

Unter dem Vorwand der Anteilnahme am Schicksal des Iraks, dem die Einverleibung Kuweits vom 2. August 1990 nicht den erhofften Geldsegen bringen sollte, beweinten die Landsleute ihr eigenes Pech, den 3. Oktober 1990 nämlich, die wechselseitige Annexion, die Deutschland zur europäischen Hegemonialmacht hätte machen sollen, die aber in Wahrheit politisch ein doppelter Staatsbankrott war, und die eine ökonomische Riesenpleite zu werden drohte. Die Katastrophenstimmung im Februar 1991 drückte aus, was damals schon jeder ahnte, aber keiner sich eingestehen wollte. Sie glich einer vorweggenommenen Reaktion auf Lageberichte, wie sie erst ein Jahr später mit aller Macht die öffentliche Diskussion beherrschen sollten.

Wer die Deutschen aus der Ferne betrachtet, verstünde die Panik und die mit Weltuntergangsängsten gemischte Verzweiflung im Vorfrühling 1991 kaum, ohne die Hiobsbotschaften zu kennen, die im Vorfrühling 1992 für Schlagzeilen sorgten:

»*Deutschland, wohin gehst du?* Schulden steigen. Inflation trabt. Export sinkt«

titelte *Bild* am 29.3.1992,

»*Frißt der Osten uns auf?* 150 Milliarden kosten uns die neuen Bundesländer pro Jahr«[19]

am 28.2.1992. Die Balkenschlagzeile vom 11.4.1992 hieß:

»*Verflucht — da bleibt unser Geld!* Milliarden verschleudert der Staat. Milliarden versickern im Osten. Milliarden gehen für Schuldzinsen weg, und was übrig bleibt frißt die Inflation. Ein Blumenkohl kostet 4 Mark, ein Apfel 70 Pfennig.«

Am 13.4.1992 warnte das Blatt:

»Wohnungen, Wachstum, Renten. *Alarm! Es ist 5 vor 12.*«

Und am 23.3.1992 erschien der *Spiegel* mit der Titelgeschichte »Ist die Einheit noch bezahlbar? Die große Pleite«:

»Kohls Aufschwung-Ost-Politik ist gescheitert. Im Westen explodieren die Schulden, im Osten die Arbeitslosenzahlen. Die ökonomische Einheit wird immer teurer, doch die Kassen sind leer. Es muß rigoros gespart werden, die Westdeutschen müssen auf einen Teil ihres Wohlstands verzichten. [...] Deutschland hat sich übernommen.«

Für den einheimischen Beobachter jedoch wurden die Zusammenhänge schon im Vorjahr während der Golfkriegshysterie selber klar. »Saddam am Ende?« fragte der *Spiegel* vom 18. Februar 1991 auf dem Titelblatt, die Balkenschlagzeile der *Bild*-Zeitung vom gleichen Tag aber hieß: »Ist der Osten noch zu retten?« Und während in Bagdad zur Debatte stand, wie man die 19. Provinz wieder loswerden und die Ehre, d.h. die Macht behalten konnte, hieß die Frage in Bonn: Wie breche ich meinen heiligen Schwur, keine Steuern zu erhöhen, ohne dabei das Gesicht, d.h. die nächsten Wahlen zu verlieren. Als die irakische Armee sich nach »Husseins Stalingrad« (*Bild* vom 26.2.91) auf der Flucht befand, sah auch das Bundeskabinett sich zur bedingungslosen Kapitulation vor den ökonomischen Realitäten gezwungen. »Der Umfaller«, titelte *Bild* am nächsten Tag, dem Tag des »Steuerschocks« (*ARD*), doch nicht der plötzlich abzugsbereite irakische Diktator war gemeint, sondern der Kanzler lag mit gefalteten Händen horizontal über die ganze Seite hingestreckt, wie schon auf dem Katafalk. Die Schlagzeile darunter, eine Etage tiefer, hieß: »Hussein geschlagen«. Überhaupt war seit dem Beginn der Bodenoffensive bei flüchtigem Hineinhören in Nachrichtensendungen an der Wortwahl das Thema nicht mehr zu erkennen. Der *Lügner* konnte ebenso gut der beim Steuerschwindel und Wahlbetrug ertappte von Bonn wie der notorische von Bagdad sein, die Meldungen aus den neuen Bundesländern klangen wie Funksprüche eingekesselter Divisionen der Republikanischen Garde kurz vor der Kapitulation, irakische Friedenspläne und hiesige Wirtschaftskonzepte (*Strategie Aufschwung Ost*, *Gemeinschaftswerk*) schienen aus der gleichen propagandistischen Schnellreparaturwerkstätte zu kommen.

### *Private Motive oder die Liebe auf den ersten Blick*

Am 3. Oktober 1990 war für Deutschland eine Phase angebrochen, die in vielerlei Hinsicht dem Countdown glich, welcher für den Irak am 2. August 1990 begonnen hatte. In beiden Ländern lebte man fortan von geborgter

Zeit, in beiden Ländern wurde den Realitäten getrotzt, die im einen Fall ökonomische, im anderen Fall militärische waren. In beiden Ländern ließ die Bevölkerung sich willig von Durchhalteparolen und Endsiegversprechungen trösten, keine Steuererhöhungen hieß die Losung hier, keine Rückzug aus Kuweit hieß sie dort, der deutsche Glaube an Kohls Geheimrezept für ein Wirtschaftswunder im Osten entsprach ungefähr dem Vertrauen der Iraker in Husseins magische Führungskunst und in seine Wunderwaffen. In beiden Ländern wußte die Bevölkerung natürlich, daß die Propaganda das dicke Ende nicht verhindern konnte. Verständlich daher, daß der Irak als Bruder im Leid betrachtet wurde, als exemplarisches Opfer von Mächten auch, denen zu unterliegen das eigene unabweisbare Schicksal sein würde. Verständlich auch, daß die Politik der USA in der BRD als Haßauslöser ersten Ranges empfunden wurde, verkörperte sie doch mit ihrer Konsequenz und Logik die gleiche Härte und Unnachgiebigkeit, unter welcher die Deutschen litten, wobei nur die Wand, durch die man mit dem Kopf rennen wollte, eben keine militärisch übermächtige Allianz war, sondern die ökonomische Realität.

Andererseits muß aus ähnlichen und ähnlich düsteren Zukunftserwartungen zweier Kollektive nicht unbedingt Sympathie füreinander entstehen. Und selbst wenn sie entsteht, wird sie normalerweise nicht die Intensität besitzen, mit welcher die Deutschen als Privatpersonen im Golfkrieg Partei ergriffen. Aus der Vehemenz antiamerikanischer und proirakischer Gefühle darf geschlossen werden, daß neben der historischen Reminiszenz (»alliierter Bombenterror« Berlin 1945/ Bagdad 1991), ähnlichen Problemen (beide Länder hatten sich beim Zulangen übernommen) und ähnlicher kollektiver Bewußtseinslage (Realitätsverlust) ein weiteres Motiv oder Motivbündel für die Identifikation mit dem irakischen Diktator vorhanden war, und zwar eines, das unmittelbar wirkt: Eine Art *Liebe auf den ersten Blick* gleichsam, die der Begründung durch die politische

Weltanschauung nicht bedarf, ihr vorangeht und sie erst später als Rationalisierung nutzt. Die Voraussetzungen solcher *Liebe auf den ersten Blick* sollen die folgenden beiden Gespräche beschreiben helfen, die am 2. Dezember 1990 und, knapp drei Monate später, am 25. Februar 1991, einen Tag nach Beginn der alliierten Bodenoffensive, aufgenommen wurden.

Beide Gespräche wurden mit derselben Person geführt: Knapp 50 Jahre alt, Mutter zweier volljähriger Kinder. Der Mann ist Lehrer, die Familie lebt in einem Wohngebiet nahe einer süddeutschen Großstadt, sie besitzt ein eigenes Haus. Gesprochen wird dort wenig, man geht einander aus dem Weg — moderne Familienverhältnisse eben. Reibungsflächen, eigentlich schon Berührungspunkte in Form von Anwesenheit mehrerer Familienmitglieder zur gleichen Zeit, werden durch Vereine und Gruppen reduziert, auf welche man sich in der geringen Freizeit verteilt. Private Freunde oder Bekannte hingegen, die man auch zu sich einlädt, haben die Eltern kaum, trotz vieler Sozialkontakte könnte man von sozialer Isolation sprechen. Wirklich dominant ist keiner, eher wirken die Eltern, wenn sie Vater und Mutter spielen sollen, ein wenig überfordert, wie man das in Deutschland häufig registriert.

Frau M. (wie Mittelstand) gibt stundenweise Instrumentalunterricht. Wie die meisten Deutschlehrer verhinderte Schriftsteller oder Dramaturgen sind, dürfte es einmal ihr Wunsch gewesen sein, Solistin zu werden oder wenigstens im Orchester zu spielen, d.h. sie besitzt vermutlich eine Portion gekränkten künstlerischen Sendungsbewußtseins, wie sie für den nichtgewerblichen Teil der bundesdeutschen Mittelschicht typisch ist, die freilich, wenn es sich um die APO-Generation handelt, auch unter unerfülltem politischen Gestaltungswillen leiden kann. Sie ängstigt sich geradezu panisch vor allem, was als Angstmacher jeweils Konjunktur hat — Umweltgifte, Aids, Klimakatastrophe, Krieg, etc. Sie joggt, nimmt an Ballett-, Jazztanz- und Flamenco-Kursen teil, sie liest regelmäßig den *Spiegel* und sympathisiert mit den *Grünen*, politisch engagiert sie sich allerdings normalerweise nur bei seltenen Diskussionen im kleinen Bekanntenkreis. Zwei Demonstrationen verzeichnet ihre Biographie gleichwohl, im einen Fall gingen die Tierversuchsgegner, im anderen die Golfkriegsgegner auf die Straße.

Eine gewisse Labilität macht Frau M. für neue Stimmungen und Trends besonders empfänglich, sie läßt sich leicht mitreißen und begeistern. Sie spricht gern von sich, nicht ohne erhebliche Lust am Formulieren. Unterentwickelt sind dagegen die Selbstzensur und ein Gespür dafür, was opportun ist, was sich gehört. Obgleich Frau M. also vermutlich wie der Durchschnitt ihrer Schicht denkt und empfindet, dürfte sie in ihren Kreisen ein eher gefürchtetes Konversationstalent sein, einem vorlauten Kind vergleichbar, welches allzu offenherzig die Vorlieben und Abneigungen seiner Eltern ausplaudert.

Der Golfkrieg spielt in den beiden Interviews zwar die entscheidende Rolle, aber er nimmt im ersten nur wenig Raum ein. Gesprächsthema war, was in der Zeitung stand. Aus Äußerungen zu ganz verschiedenen Themen soll allmählich ein Bild von der Person entstehen, deren Sympathie für Saddam Hussein kaum verwundert. Die Gespräche werden, nur geringfügig überarbeitet, im Wortlaut wiedergegeben, der unterbrochen ist durch eingefügte Kommentare.

*

*Frage:* Alle reden vom Hunger in Rußland, haben Sie auch schon Päckchen geschickt?

*Frau M.:* Nein, aber ich habe mir Gedanken gemacht, ich möchte eigentlich. Nur habe ich den Hintergedanken: Wird das nicht wieder in dunklen Kanälen verschwinden, kriegen das nicht doch wieder die Bonzen? Auch in Rußland gibt es Schweine.

*Frage:* Was macht ein Bonze denn mit soviel Margarine und Haferflocken? Das Zeug kann man nicht in beliebigen Mengen vertilgen.

*Frau M.:* Das verbraucht er selber.

*Frage:* Wenn jemand Margarine und Haferflocken klaut, ist er nicht reich, sondern hungrig.

*Frau M.:* Er kann das auch horten, es später auf dem schwarzen Markt verkaufen und sich bereichern, wenn die Lage noch schlimmer wird. Und Hunger kann man auch verschieden auslegen. Der eine mästet sich, der andere braucht etwas zum Überleben. Also ich weiß nicht, ob man helfen soll, und mein Mann äußert sich dazu nicht. Überhaupt äußert er sich nicht über Politik. Er geht auch nicht auf Demonstrationen, aber wahrscheinlich darf er das als Lehrer nicht.

*Frage:* Im Grundgesetz steht aber, daß jeder seine Meinung frei äußern darf. Daran glauben Sie nicht?

*Frau M.:* Nein, daran glaube ich nicht.

*

Die Vorstellung, die Bonzen würden sich mit Margarine und Haferflocken nudeln, unterstellt eine schier maßlose und völlig unspezifische Gier nach immer mehr, egal wovon. Diese Gier wird wie ein Pingpong-Ball durchs ganze Interview hüpfen, mal wird sie dem jeweiligen Gegner zugespielt, dann landet sie wieder bei Frau M. Zugleich freilich steckt im Wort von den sich mästenden Bonzen der tiefere Grund für das Dilemma von Frau M. Sie fürchtet, die Hungernden würden satt, und satt ist eine Metapher für zufrieden und glücklich. Satt und glücklich aber sollen die Hungernden nicht werden, sondern nur überleben, sich weiterquälen. Andernfalls wären sie nämlich, wie das Interview zeigen wird, Frau M. überlegen und für sie ein Neid- und Haßobjekt, eigentlich schon identisch mit den Bonzen.

Soll man die Chance nutzen, eigene Überlegenheit zu zeigen und den anderen ihr Elend vor Augen zu führen, indem man ihnen gerade soviel gibt, daß sie nicht buchstäblich verhungern? Oder soll man das Risiko meiden, diese Hungernden würden satt und glücklich? Frau M. weiß es nicht, und bei schwierigen Entscheidungen kommt immer der Gemahl ins Spiel. Eigentlich ist er für die Entschlußlosigkeit verantwortlich, weil er sich nicht äußert. Aber dafür kann er nichts, denn wenn er sich äußern würde, hätte er als Beamter mit Nachteilen, möglicherweise sogar Strafen zu rechnen. Daß die bürgerlichen Freiheitsrechte auch in der Demokratie nur auf dem Papier stehen, braucht ein wackerer linker Agitator Frau M. nicht erklären, davon ist sie schon lange überzeugt. Und weil sie eigentlich rechtlos ist, kann ihr auch keiner Vorwürfe machen.

*

*Frage:* Trotz der dunklen Kanäle denken Sie über ein Päckchen nach. Warum?

*Frau M.:* Das ist eben eine menschliche Reaktion, wie wenn man ein hungerndes Kind sieht und dem was in den Mund schiebt. Man weiß zwar, daß man die hungernden Kinder in Afrika langfristig nicht rettet, aber wenn man Elend sieht, hilft man eben.

*Frage:* Immer? In Stuttgart gibt es ca. 2000 Obdachlose, es werden diesen Winter vermutlich welche erfrieren. Sie haben ein Haus, wo noch Platz ist. Warum vermieten Sie nicht?

*Frau M.:* Vielleicht brauchen wir aber in zwei Jahren den Platz, und dann kriegt man die Mieter nicht mehr raus. Es soll inzwischen sogar schon ein Gesetz geben, wonach die Gemeinde Mieter einfach einquartieren darf.

*Frage:* Finden Sie dies Gesetz gerecht oder ungerecht?

*Frau M.:* Eigentlich gerecht. Aber andererseits war es ja der Staat, der die alle hereingeholt hat, die Ausländer, die Aussiedler und die Übersiedler. Meine Nachbarin zum Beispiel sagt: Ich wollte die nicht haben. Der Staat ließ sie alle rein. Jetzt soll er selber sorgen, wie er sie unterbringt. Und sie will deshalb in ihrem Haus, wo es ein leere Einliegerwohnung gibt, die Trennwand herausschlagen lassen, damit die Gemeinde nicht sagen kann: Da ist eine separate Einliegerwohnung, und wir zwingen die Hausbesitzerin, Mieter aufzunehmen.

*

Eine nette Anekdote, zur Verdeutlichung der Stimmung im Land: Da reißen Hausbesitzer schon Trennwände ein, nur damit die Brüder und Schwestern nicht kommen. Interessant auch die Begründung, warum leerstehender Wohnraum nicht vermietet wird, denn während Frau M. behauptet, daß der Platz in zwei Jahren vielleicht gebraucht würde, wird tatsächlich zu diesem Zeitpunkt im Haus gähnende Leere herrschen, weil die volljährigen Söhne es dann verlassen haben dürften. Wichtiger aber ist die Antwort auf die Frage, ob ein Zwangseinweisungsgesetz gerecht oder ungerecht wäre: Keine Empörung darüber, daß der Staat die Privatsphäre der Bürger verletzt, wenn er Privateigentum requiriert; kein Zorn, daß der Staat praktisch bürgerliches Recht außer Kraft setzt, wenn er die Unverletzlichkeit der Wohnung nicht mehr respektiert; kein Beharren darauf, daß meine Wohnung unabhängig von der Größe ist, was ich bezahlen, d.h. mir bauen oder mieten kann. Vielmehr wird der bürgerliches Recht aufhebende Notstand oder der Ausnahmezustand schon vorausgesetzt, d.h. es steht nur noch der Sinn bestimmter Notstandsmaßnahmen, nicht mehr das Institut Notstandsmaßnahme selber zur Debatte. Eben weil dies so ist, fängt unverzüglich das Feilschen an, und beim Feilschen wird wieder auf die bekannten Ausflüchte zurückgegriffen: Der Staat war's, ich nicht.

Bezeichnend ist auch, wie Frau M. auf die Frage nach den Motiven für die Hilfsbereitschaft reagiert, welche sie empfindet, ohne daß sie sich zu Hilfeleistungen durchringen könnte. Sie stellt sich dumm, sie gibt sich betont arglos und naiv, eigentlich gibt sie vor, den Sinn der ganzen Frage nicht zu verstehen: Ist doch klar, daß man es nicht mit ansehen mag, wie vor den eigenen Augen ein anderer verhungert.

Auch in diesem Fall gilt, daß die Landsleute, wenn sie ostentativ harmlos erscheinen, beispielsweise einfach nur das Selbstverständliche, etwa den Frieden fordern, etwas zu verbergen haben müssen. Gerade die Motive der Winterhilfe für Rußland nämlich müssen höchst vermittelt sein, weil die starken Reize, etwa das Gerippe mit aufgedunsenem Bauch als Reflexauslöser, diesmal vom Fernsehen nicht in die Wohnstuben übertragen und in den Medien generell mehr hilfswillige Deutsche als hungernde Russen präsentiert wurden. Der ganze Rummel war ein riesiges Selbstdarstellungstheater, bei welchem deutsche Fernfahrer, Rotkreuzhelfer und Rentner die Hauptrolle spielten, während von der bedürftigen Bevölkerung in der Sowjetunion bald nur noch am Rande die Rede war.

*

*Fortsetzung Frau M.:* Bei mir ist der Hintergedanke noch der, daß man diesen Menschen erst hilft, und dann nutzen sie einen aus und sind unverschämt. Solche Sachen hat die Nachbarin erzählt. Sie besaß ein Mietshaus und hat damit nur Ärger gehabt. Die Leute sind nicht dankbar, wenn man ihnen hilft, oder höchstens sind sie es im ersten Moment. Und nachher spielen die den Herrn in meinem Haus. Und das ist menschlich, der Mensch ist so veranlagt.

*Frage:* Sie auch?

*Frau M.:* Ich glaube nicht, ich bin irgendwie anders erzogen, moralischer. Ich würde ewig Dankbarkeit empfinden, wenn mir jemand in einer Krisensituation hilft, ich könnte zu ihm nie verletzend, arrogant oder beleidigend sein.

*Frage:* Gibt es solche Leute, die Ihnen in Krisensituationen geholfen haben?

*Frau M.:* Nicht direkt. Aber ich habe dieses Gefühl in mir. Wenn mir jemand helfen würde, würde ich ewig dankbar sein. Die meisten sind das aber nicht.

*

Schlecht sind die Mieter, weil sie es nicht als Gnadenakt, sondern vermutlich als Geschäft auf Gegenseitigkeit betrachten, wenn sie für eine Wohnung Miete zahlen dürfen. Ihre Undankbarkeit besteht in ihrem Unwillen zur Unterwürfigkeit. Wie das Interview noch zeigen wird, spielt nach Auffassung von Frau M. jemand »den Herrn in meinem Haus« schon, wenn er nur gleiche Rechte fordert. Der Vertrag als Beziehung zwischen formell gleichen und freien Individuen ist etwas, was Frau M. sich nicht recht vorstellen kann, denn in ihrem Weltbild kann es nur Unten und Oben geben, herrschen oder untertänig sein, kuschen oder treten. Sie selber behauptet von sich, daß sie eine mustergültige Untertanin wäre, »ewig dankbar«. Allerdings gab ihr die schlechte Welt bislang keine Gelegenheit, ihre wahre Herzensgüte zu beweisen, und man kann nur hoffen, daß es auch so bleibt.

Auf Grund dieses Weltbildes dürfte Frau M. ihrerseits unter permanenter Zurücksetzung und Schikane leiden. Sagt man ihr etwa, daß sie die Suppe versalzen habe, wird sie das nicht als überprüfbare Tatsachenfeststellung oder sachliches Qualitätsurteil betrachten, sondern als Anmaßung, als Versuch einer anderen Person, selber in die Rolle des Herren zu schlüpfen und ihr die subalterne Rolle der Kochmamsell zuzuweisen. Das ganz normale Leben wird sich für Frau M. also darstellen als eine ununterbrochene Folge vieler kleiner Verwundungen ihres Egos, und dies Ego zu heilen wäre eigentlich die Pflicht derer, die sich für genossene Hilfe als dankbar erweisen.

Dankbarkeit nämlich besteht für Frau M. nicht in der Anerkennung einer abzutragenden Schuld: Ich habe etwas bekommen, ich gebe das bei Gelegenheit zurück, mein Wohltäter hat gewissermaßen ein Guthaben bei mir. Sondern Dankbarkeit begründet ein mystisches, ewig dauerndes Verhältnis, wie man es aus der Literatur zwischen dem Geretteten und dem Retter seines Lebens oder seinem Erlöser kennt, eines vielleicht, wie es zwischen Robinson und Freitag bestanden hat, der am Leben blieb, um der Diener und Sklave seines Retters zu werden. Der Sinn der Rußlandhilfe könnte gewesen sein, ein solches Verhältnis herzustellen.

Zusammengefaßt: Der Mieter soll sich zum Hausbesitzer verhalten, als habe ihn dieser aus Todesgefahr befreit, und Frau M. wünscht sich einen Erlöser. In welchem Jammertal steckt sie also, was sind ihre Qualen?

*

*Frage:* Allerdings sprachen wir eigentlich vom Vermieten, und das ist weniger Hilfe als Geschäft.

*Frau M.:* Meine Nachbarin, die zwei Häuser besitzt — sie ist übrigens Sozialarbeiterin —, die sagt, daß die Unkosten höher als die Mieteinnahmen sind, weil die Mieter viel kaputt machen und verdrecken. Neulich erst hat sie eine Mieterin, eine richtige Schlampe, aus der Wohnung herausklagen müssen. Die Gemeinde hat sie dann gezwungen, diese Schlampe ein halbes Jahr über den Räumungstermin hinaus in der Wohnung zu dulden.

*Frage:* Wer ist eigentlich diese Nachbarin — Sozialarbeiterin, zwei Häuser, keine besonders soziale Haltung?

*Frau M.:* Von Beruf ist sie Sozialarbeiterin. Sie hat das Haus hier, zwei Stockwerke plus Einliegerwohnung, worin sie ganz allein wohnt. Außerdem hatte sie ein Mietshaus in der Stadt. Sie sagt, das habe sie sich alles allein mit Schweiß erarbeitet, ihr habe auch niemand geholfen. Neulich hat sie mir erzählt, daß sie sich mit ihrer Nichte gestritten hat, die in Berlin Medizin studiert. Die Nichte hatte sie gefragt, warum sie nicht vermiete.

*Frage:* Wie alt ist denn diese Frau?

*Frau M.:* Sie wurde jetzt vor einem Jahr pensioniert, also über 65, aber noch voll aktiv, geistig und körperlich. Sie joggt, wir laufen zusammen, außerdem geht sie noch zur Gymnastik und zum Schwimmen.

*Frage:* Dann ist die Gesundheitsgefährdung durch Umweltgifte wohl nicht so groß, wenn eine 65-jährige noch joggen kann.

*Frau M.:* Aber es geht ja immer weiter mit den Autos, durch die Ostdeutschen und die Aussiedler wird es hier noch mehr Autos geben. Und daß die Abgase schädlich sind, das sieht man an den Denkmälern, die davon regelrecht zerfressen werden.

*

Der Mensch als Umweltschädling einerseits, die Verknüpfung von Denkmalschutz und Umweltschutz andererseits, insofern Verwitterungsprozesse beim Gestein nicht als humusbildend, sondern als naturschädigend betrachtet werden — zwei mittlerweile bis in die letzten Winkel der Gesellschaft verbreitete Sichtweisen. Auffällig ferner, daß für die Position, die Frau M. selber beziehen möchte, erstmal eine andere Person, diesmal die Nachbarin, eine Bresche schlagen muß. Frau M. selber hält sich noch zurück, sie legt die eigene Meinung der zitierfähigen Quelle in den Mund, etwa so, wie die deutschen Fernsehanstalten vorgaben, nur informieren zu wollen, wenn sie Radio Bagdad zitierten oder Saddam Hussein ausführlich zu Wort kommen ließen.

Weil die Nachbarin für Frau M. die Referenzperson spielen muß, genießt sie absolute Immunität. Kein häßliches Wort fällt über sie, obwohl sie den Typus der bösartigen neuen Alten verkörpert: Egoistisch, kaltherzig, zäh, reptilienhaft, anorganisch fast, irgendwie ›einfach nicht tot zu kriegen‹.

*

*Frage:* Sie und Ihre Nachbarin sind auf die Menschen nicht besonders gut zu sprechen. Man will sie nicht im Haus haben, man will ihnen keine Wohnungen vermieten, man mag sie nicht.

*Frau M.:* Ja, das ist meine Erkenntnis schon seit einigen Jahren. Ich habe den Glauben an die Menschheit verloren, ich bin menschenfeindlich, das muß ich ehrlich sagen. Auch wenn man in der Zeitung liest, was die Politiker so treiben — also man kann heute keinem Menschen mehr trauen. Und der Mensch ist ein Egoist, der heutige Mensch ist ein Narzißt, und wenn man das selber nicht wird, geht man kaputt, weil man sich zu Tode ärgert. Man muß sich anpassen, man muß zuschlagen. Das muß ich noch anfügen, weil es mir beim Stichwort ›zuschlagen‹ einfällt: *Also die Randalierer, die Hausbesetzer in Berlin — ich verstehe die.* Ich hätte als Westberliner auch eine Sauwut, wenn ich dort, wo ich aufgewachsen bin, wo meine Heimat ist, keine Wohnung kriege, und die aus dem Osten kommen rüber, arbeiten gar nichts und kriegen Wohnungen gestellt. Ich würde alles anzünden, das sage ich Ihnen. Und ich ergreife die Partei dieser jungen Leute, die in Berlin jetzt diese Krawalle gemacht und alles zusammengeschlagen haben. Mein Mann sagt, die machen das nur aus Lust an der Zerstörung. Aber das glaube ich nicht. Die Lust an der Zerstörung kommt, das weiß ich aus eigener Erfahrung, wenn man *frustriert* ist, weil man von anderen verletzt worden ist. Dann kriegt man eine Randaliererwut. Das habe ich am eigenen Körper erfahren, und das ist der Grund, warum das jetzt so extrem bei mir herauskommt.

*

Bürgerkrieg also, und nicht nur in der Seele von Frau M. *Bild* in der Stuttgarter Ausgabe vom 27.2.91 unter dem Titel »Heute zeigen wieder 25 Stuttgarter ihre Nachbarn an«: »Polizeisprecher Hermann Karpf (37): ›Mal geht's um die Kehrwoche, dann um überhängende Zweige im Garten, mal um angeblich nicht genehmigte Bauarbeiten. Am häufigsten aber sind die Anzeigen wegen Ruhestörung.‹ Die Mitarbeiterin einer großen Stuttgarter Hausverwaltung (10.000 Parteien) bestätigt: ›Die Leute kriegen sich wegen jeder Kleinigkeit in die Haare, sie werden immer aggressiver. Statt miteinander zu reden beschweren sie sich beim Vermieter oder holen gleich die Polizei‹«.

An der Sympathie, welche Frau M. für die militanten Berliner Hausbesetzer empfindet, läßt sich gut ablesen, wie Berichte über gewalttätige Konfrontationen wahrgenommen werden: Jeder projiziert hinein, was ihm gefällt. Tatsache ist, daß unter den Besetzern der im Ostteil Berlins gelegenen Häuser viele Leute aus Westberlin und aus Westdeutschland waren. Tatsachen aber gehören zu den Dingen, von denen Frau M. sich ihre Meinung nicht verbiegen läßt. Nicht also die Wessis haben in diesem Fall den Ossis was genommen, sondern letztere waren die Eindringlinge, sie haben ohne zu arbeiten Wohnungen gekriegt und damit den Einheimischen ihnen rechtmäßig zustehenden Wohnraum gestohlen.

Zu fragen wäre nun: Warum dieser haßerfüllte Sozialneid bei Personen, die als Eigenheimbesitzer und Lebenszeitbeamte in keinerlei Konkurrenz auf dem Wohnungsmarkt oder auf dem Arbeitsmarkt zu den Neuankömmlingen stehen? Warum reibt die Eigenheimbesitzerin sich nicht jeden Tag vergnügt die Hände angesichts einer Entwicklung auf dem Wohnungs- und Immobilienmarkt, von der sie profitiert? Der weitere Verlauf des Gesprächs wird das zeigen.

*

*Fortsetzung Frau M.:* Bei kleinster Kleinigkeit lasse ich mir nichts bieten, sondern ich schlage in die Fresse.

*Frage:* Warum Sie, wer hat Ihnen was getan, warum sind Sie so frustriert?

*Frau M.:* Weil ich enttäuscht bin von den Menschen, weil das solche Schweine sind.

*Frage:* Welche? Wo?

*Frau M.:* Überall, wenn man nur in die Zeitung schaut.

*Frage:* Auch persönliche Erfahrungen?

*Frau M.:* Ich habe eine Wut im Bauch. In Waiblingen ist seit zwei oder drei Jahren eine deutsch-russische Familie untergebracht. Die *junge Frau, 32 Jahre, unverheiratet,* ist Klavierlehrerin. Nun rief mich die Mutter einer meiner Schülerinnen an und fragte, ob ich dieser Frau behilflich sein könne. Ich fand sie auch nett, habe ihr ein paar Tips gegeben und sie bei meinem Unterricht zuschauen lassen. Mein Kollege war dazu nicht bereit, er habe ein besonderes Vertrauensverhältnis zu seinen Schülern, und eine dritte Person, die zuschaut, sei darin ein störender Fremdkörper. Das habe ich der jungen Frau natürlich gleich erzählt.

Später rief mich wieder diese Mutter an und sagte, daß ich von der Russin die Finger lassen und ihr nicht helfen solle. Sie habe ihr Schüler vermitteln wollen, zum Stundenlohn von 20 Mark. Statt zu akzeptieren, habe die Russin aber den Tariflohn von 25 Mark verlangt. Seit drei Jahren wird die ganze Familie vom Staat erhalten, und nun weigert sich die Frau, für 20 Mark in der Stunde zu arbeiten. Diese Frau hat kostenlos den Führerschein machen können, sie wohnt da im Hotel wie eine Made im Speck.

*

Wie die Made im Speck — eben faul und gefräßig, oder satt und glücklich. Deshalb vielleicht, weil anscheinend frei von gewissen Zwängen, etwa von der zwanghaften Gier nach Zuerwerb. Also ganz anders als Familie M., wo eine Reihe lächerlich bezahlter Nebentätigkeiten die Freizeit füllt. Eine Frau offenbar, die auch mal ›Nein‹ sagen und auf 20 Mark verzichten kann. Außerdem eine, die nicht einsehen will, warum sie nur 20 Mark für die Klavierstunde bekommen soll, wenn die Klavierstunde nun mal 25 Mark kostet. Eine Frau also ohne Gespür dafür, was sie hilfsbereiten Menschen eigentlich schuldet: Demutsgesten, Unterwürfigkeitserklärungen, halt ein bißchen Stiefellecken.

Hervorzuheben ist, daß die Bonzen, die Politiker und die Aussiedlerin ungeachtet der gewaltigen sozialen Differenzen im Gemütshaushalt von Frau M. die gleiche Rolle spielen. Um wirkliche Unterschiede zwischen Arm und Reich, Macht und Ohnmacht geht es ihr folglich, wenn überhaupt, erst in zweiter Linie, und es müssen andere Dinge sein, die ihren Neid hervorrufen

*

*Frage:* Drei Jahre im Hotel wohnen — würde Ihnen das denn gefallen? Mir nicht.

*Frau M.:* Ihr schon. Sie ist arbeitsfaul.

*Frage:* An Ihrer Stelle wäre ich ärgerlich, wenn diese Frau als Lohndrückerin unter Tarif arbeiten und mir die Kunden abwerben würde. Bei Ihnen ist das umgekehrt.

*Frau M.:* Aber wir zahlen doch Steuern dafür, daß die kostenlos und ohne zu arbeiten im Hotel leben kann, und das ärgert mich eben. Für mich ist das unbegreiflich, ich würde jede Arbeit annehmen, und sei es eine Putzarbeit. Aber diese Frau ist faul und arrogant, sie hat so ein Haltung ›Wer bin ich denn‹ und ›Was bin ich denn‹ an sich, und dabei ist sie gar nichts.

*

Besser gesagt: Sie sollte ein Garnichts sein. Frau M. erträgt einfach Leute nicht, die auf der Differenz zwischen der eigenen Person und ihrer jeweiligen sozialen Lage beharren. Von der Aussiedlerin, die temporär sozial deklassiert ist — kein Job, keine Wohnung — wird erwartet, daß die Deklassierung sich auch im Gesicht und im ganzen Verhalten der Person wiederspiegele, daß eben die Person mit ihrem gesellschaftlichen Rang restlos identisch sei. Unter dieser Erwartung, die Frau M. anderen entgegenbringt, dürfte zunächst sie selber am meisten leiden, weil eine solche Haltung es nicht erlaubt, ein wenig neben den Wechselfällen des eigenen sozialen Lebens zu stehen und die nie ausbleibenden Rückschläge oder Enttäuschungen leichter, jedenfalls ohne allzu große Bitterkeit zu ertragen. Vielleicht rührt der Haß von Frau M. gegen die Aussiedlerin eben daher, daß sie bei ihr diese Fähigkeit sieht, die Fähigkeit, eigene berufliche Mißerfolge und Niederlagen, ja sogar eine weitreichende soziale Deklassierung als Person relativ unbeschädigt zu überleben, eben weil es da neben dem Schnittpunkt im gesellschaftlichen Rollengeflecht etwas davon Verschiedenes gibt.

Wo dieses Verschiedene neben dem gesellschaftlichen Rollengeflecht, nämlich die Person, nicht existiert, nehmen die normalen Wechselfälle des sozialen Lebens — man hat mal Glück, mal Pech, steigt mal auf, mal wieder ab, wird mal grundlos bevorzugt, mal grundlos benachteiligt, hat mal Geld, mal keins — dramatische Formen an. Sie verwandeln sich in tiefe Verletzungen, Demütigungen, Entwürdigungen. Frau M. dürfte deshalb ihr eigenes Leben, welches objektiv betrachtet ein ganz normales, eher sogar ein äußerst vorteilhaft verlaufenes ist, als eine einzige und nie abreißende Kette von Kränkungen und Demütigungen betrachten.

Mit dieser Leiderfahrung steht Frau M. nicht allein, wie aus folgendem ersichtlich wird: Während des Golfkriegs war in Deutschland viel die Rede davon, daß die USA den Irak nur demütigen wollten, daß diese beabsichtigte Demütigung Husseins politisch falsch und gefährlich sei. Mit der Demütigung war ein Sachverhalt gemeint, der damit nichts zu tun hat, nämlich Besiegen des Gegners im Krieg, der naturgemäß zunächst keine andere Aufgabe hat als die, Sieger und Verlierer zu ermitteln. Demütigend sind erst Handlungen, die hinausreichen über das Ziel, dem Gegner eine Niederlage im Krieg zuzufügen, d.h. wenn der Verlierer verspottet oder zu Lobeshymnen auf den Sieger gezwungen wird.

Daß die Deutschen mehrheitlich dies nicht wissen; daß sie meinen, ein Spiel (oder einen Krieg) zu verlieren sei demütigend; daß sie den Sinn der Spielregel nicht begreifen, der eben darin besteht, den Wettkampf als Formsache zu behandeln, welche das Subjekt selber vom Ausgang der Entscheidung in weiten Teilen unberührt läßt; daß sie denjenigen, der nach den Regeln diesmal eben ein Spiel verloren hat, gleich als Jammergestalt betrachten; daß sie, mit anderen Worten, jede Niederlage gleich persönlich nehmen — dies alles bedeutet nichts weniger, als daß die Deutschen kollektiv dauernd solche Demütigungen erfahren, wie sie das Motiv sind für den haßerfüllten Wunsch von Frau M., ihrerseits andere zu demütigen.

*

*Fortsetzung Frau M.:* Sie lebt auf Kosten der deutschen Steuerzahler, und das ist ihr egal. Hier stellt sie große Ansprüche, und dort hat sie wahrscheinlich in einem Schuppen gehaust. Sie kennt die Bestimmungen, die hier gelten, und nutzt den Staat aus.

*Frage:* Wer tut das nicht. Sie haben beim Bauen Steuervorteile für eine Einliegerwohnung in Anspruch genommen. Vermieten wollten Sie die nie, das war ein typischer Trick.

*Frau M.:* Wieso. Das war doch alles gesetzlich.

*Frage:* Ungesetzliches macht die Frau doch auch nicht, sie nimmt nur alle Rechte in Anspruch.

*Frau M.:* Aber sie macht das dreist. Bei uns ist es doch so, daß wir arbeiten, und es ist nur gerecht, wenn wir uns nicht total ausquetschen lassen, wir zahlen sowieso schon genug Steuern. Da baue ich mir meine eigene Gerechtigkeit auf.

*

Wenn man den hiesigen Mittelstand als Betrüger in der Pose des redlichen Bürgers bewundern, ihn beim Lügen und Projizieren ertappen will, muß man ihn nur dazu bringen, daß er über die Steuergelder spricht. Viel Mühe erfordert das nicht, ganz im Gegenteil, denn die Steuern sind eines seiner Lieblingsthemen. Obgleich es in der BRD keinen Mittelständler geben dürfte, der selber das Finanzamt noch nicht betrogen hat, wird jeder empört auf einen anderen zeigen. Bei Frau M. kommt noch hinzu, daß der Lehrerhaushalt an der gleichen Quelle wie die Aussiedlerin hängt, nur daß der breite Strom sich im Fall der letzteren zum Rinnsal verdünnt. Es sind die Steuergelder, welche den Lehrer wie die Aussiedlerin ernähren, und reichlich grotesk ist es daher, wie unverfroren Frau M., die im Glashaus sitzt, mit Steinen wirft.

So ungeschickt und unverfroren argumentiert man eigentlich nur, wenn einem das Thema herzlich gleichgültig ist. Zu schlußfolgern wäre daraus, daß der ganze Steuerkram, wovon sie dauernd redet, Frau M. überhaupt nicht interessiert und der Vorwurf ›die lebt von unseren Steuergeldern‹ einer von vielen beliebig an den

Haaren herbeigezogenen ist, hinter denen sich ein ganz anderer Vorwurf verbirgt.

*

*Fortsetzung Frau M.:* Die Russin sitzt faul auf dem Hintern. Und wir arbeiten aber. Wir nützen niemand aus in dem Sinne. Gut, wir haben diese Gesetze ausgenützt, weil sie ja da waren. Aber es ist ja nicht so, daß wir nichts tun. Wir gehen unserer Arbeit nach, und ich rakkere mich zu Tode ab.

*Frage:* Sie geben Musikstunden, 3 oder 4 pro Tag. Eine Verkäuferin, die selber täglich 8 Stunden auf den Beinen ist, würde das nicht als ›zu Tode rackern‹ bezeichnen. Ihr Mann ist Gymnasiallehrer — auch kein Job mit Schwerarbeiterzulage: Relativ viel Geld für relativ leichte Arbeit.

*Frau M.:* Und wie ist das bei den Ärzten? Die kriegen noch viel mehr.

*Frage:* Man findet immer einen, der sein Geld noch leichter verdient. Warum vergleichen Sie sich nicht mit einer Hilfsarbeiterin?

*Frau M.:* Hilfsarbeiter haben keine Ausbildung. Die Ausbildung muß auch irgendwann reingeholt werden.

*Frage:* Die Ausbildungskosten hat der Staat getragen, hier gibt es keine Studiengebühren.

*Frau M.:* Aber wir haben auch etwas geleistet, wir haben gelernt, wir haben unsere halbe Jugend gesessen und gelernt und geübt.

*Frage:* Und die anderen? Mit 14 in die Fabrik — ist das angenehmer?

*Frau M.:* Warum sind die anderen dann nicht weiter zur Schule gegangen? Die hatten nicht das Zeug dazu, das

Durchhaltevermögen, stundenlang zu sitzen und zu üben und zu lernen.

*Frage:* Vielleicht hatten sie auch niemand, der ihnen einen Flügel kauft. Warum freuen Sie sich nicht über Ihr gutes Leben? Sie durften die Musikhochschule besuchen, aber Sie meinen, die bessere Jugend hätte die Fabrikarbeiterin gehabt. Sie wohnen im großen eigenen Haus, aber Sie beneiden die Aussiedlerin im Hotel. Ich stelle es mir scheußlich vor, drei Jahre im Hotel zu leben.

*Frau M.:* Wenn die vorher im Schuppen gewohnt hat, kommt sie sich jetzt im Hotel wie eine Königin vor.

*Frage:* Und das gönnen Sie ihr nicht? Finden Sie nicht, daß es ihr auch mal gut gehen sollte, wenn sie im Schuppen gehaust hat?

*Frau M.:* Nein. Sie soll den Willen haben, auch mal selbständig zu sein und selber zu arbeiten. Es stört mich, wenn jemand sich einfach vor der Arbeit drückt.

*Frage:* Warum?

*Frau M.:* Ich weiß nicht, ich kann es nicht genau sagen. Ich habe immer gearbeitet, immer, von Anfang an.

*Frage:* Auch damals, als Sie noch gar keine Stelle hatten?

*Frau M.:* Aber ich hatte den Willen, was zu tun, und die sitzen da faul im Hotel und unternehmen nichts, weil sie wissen, daß es ihnen so besser geht, wenn sie nichts tun.

*Frage:* Vielleicht können die anderen das Leben ohne Arbeit genießen, und Sie können es nicht. Vielleicht würden Sie es ohne Arbeit gar nicht aushalten, förmlich verrückt werden.

*Frau M.:* Ja, würde ich. Garantiert.

*Frage:* Und warum mißgönnen Sie den anderen dann etwas, was Sie selber gar nicht haben wollen?

*Frau M.:* Nun, es ist doch allgemein so, daß die arbeitende Bevölkerung die Parasiten nicht mag, das werden Sie überall finden.

*Frage:* Sie verdanken Ihren Wohlstand doch auch nicht eigener Hände Arbeit. Sie haben einen Lehrer geheiratet, einen gut situierten reichen Mann.

*Frau M.:* Reich...

*Frage:* Sie sagen das so resignierend. Finden Sie nicht, daß Sie reich sind?

*Frau M.:* Also wenn man ein Haus baut und daran abzahlen muß, bis man graue Haare kriegt, dann ist man nicht reich. So viel sind 6000 Mark netto im Monat nicht.

*Frage:* Von diesem Einkommen können LKW-Fahrer oder Krankenschwestern nur träumen.

*Frau M.:* Aber wir haben schließlich studiert.

*Frage:* Das haben heute viele, und so ausgefallen sind die Diplome eigentlich nicht, die Sie und Ihr Mann besitzen. Warum sagen Sie nicht einfach: Wir haben Glück gehabt, daß wir so einträgliche Jobs ergattern konnten.

*Frau M.:* Aber das war schon immer so, daß Hilfsarbeiter schlechter als Akademiker bezahlt wurden, das haben wir nicht erfunden, dafür können wir doch nichts.

*Frage:* Daß Lehrer so gut bezahlt werden, ist noch nicht so lange her, und in vielen Ländern ist es nicht der Fall.

*Frau M.:* Ich störe mich ja auch nur an dem Wort reich. Man ist nicht reich, wenn man sein Leben lang Schulden hat, und unsere Schulden sind keine Luxus-Schulden. Wir haben es nur einfach klug gemacht, daß wir lieber Vermögen bilden als immer Miete zu zahlen. Wenn wir einem Hausbesitzer Miete zahlen, ist das Geld weg. Wenn wir unser Haus damit abzahlen, bleibt es unser Eigentum.

*Frage:* Vorhin hieß es: Die armen Hausbesitzer, die legen beim Vermieten drauf. Jetzt heißt es: Die armen Mieter, die stopfen ihr gutes Geld dem Hausbesitzer in die Tasche. Was stimmt?

*Frau M.:* Je nach Perspektive. Aber wenn man das Startkapital hat, ist es besser, ein Haus zu bauen. Noch mal zurück zu den Randalierern, zu den Hausbesetzern. Haben die ein Recht, aggressiv zu sein? Werden die ungerecht behandelt, wenn andere rüber kommen und kriegen alles serviert, kostenlos, nur weil sie Deutsche sind, und die hier kriegen nicht mal eine Wohnung? Das ist doch nicht richtig.

*

Ich rackere mich zu Tode, sagt Frau M., und irgendwie hat sie recht, sie ist tatsächlich pausenlos im Einsatz. Denn wenn man ein großes Haus und eine Familie wenigstens minimal versorgen muß, wenn man außerdem unterrichtet, wenn man schließlich diverse Kurse und Vereine abklappert und obendrein alles Denkbare für die Fitness und die Gesundheit tut, dann hat man einen vollen Terminkalender, einen 14-Stunden-Tag und selten mal eine freie Minute.

Woher nun diese hektische Umtriebigkeit? Sie rührt, möchte man vermuten, zunächst daher, daß es derzeit nichts gibt und im Leben dieser Frau eigentlich auch noch nie etwas gab, wobei sie hätte verweilen mögen, weil sie Spaß daran hatte. Die Schule — ein Martyrium. Das Musikstudium — eine Leidenszeit, kein Genuß, keine Freude, nicht am Studium selbst, auch nicht an dessen üblicherweise für angenehm geltenden Begleiterscheinungen: Nachts in die Spätvorstellung, morgens lange schlafen, in die Tretmühle des normalen Arbeitslebens noch nicht eingespannt sein. Immer nur Büffeln stattdessen bei Frau M., immer nur üben und Prüfungsstreß.

Man könnte vielleicht an Pech glauben: Da hat jemand wohl den falschen Beruf gewählt und deshalb für den Erfolg einen viel zu hohen Preis zahlen müssen, da quält sich nun einer mit dem Klavier herum, der an der Rechenmaschine viel glücklicher wäre. Nur gibt einerseits die Leidensgeschichte, als welche Frau M. ihr Leben erinnert, keineswegs ein zutreffendes Bild von dessen Verlauf, und andererseits ist einem der Eindruck, den Frau M. vermittelt, viel zu vertraut, als daß man an ein unglückliches Einzelschicksal glauben möchte. Man hat in Deutschland oft das Gefühl, daß die Leute eigentlich von allem, was sie tun, überfordert und überanstrengt sind, man hat sehr selten das Gefühl, es würde jemand, was er gerade tut, auch genießen. Das öffentliche wie das private Leben ächzt, holpert, klemmt, findet seinen Rhythmus nicht, ein Beispiel dafür sind sich häufig verhaspelnde oder verkrampft und ängstlich wirkende TV-Nachrichtensprecher. Das Gefühl, dauernd überfordert zu sein; daß einem nichts wirklich leicht von der Hand geht, weil nichts Freude macht; daß jedes Wort und jede Bewegung Mühe kostet, weil jede Lebensäußerung gegen inneren Widerstand erfolgt — dergleichen Befindlichkeiten dürften die Erklärung dafür sein, daß Frau M. grundsätzlich niemanden leiden kann und sich, wenn sie ihre diversen Abneigungen begründen will, permanent in Widersprüche verwickelt. Sie benutzt typische Unterschichtsstereotypen, sie rechnet sich selber der ›arbeitenden Bevölkerung‹ zu, um mit dem Proletariat die arbeitsfaulen ›Parasiten‹ hassen zu können, und ein paar Sätze weiter schon distanziert sie sich mit der Rechtfertigung ›aber wir haben schließlich studiert‹ von dieser ›arbeitenden Bevölkerung‹, um eigene Privilegien zu verteidigen, die wiederum, gemessen an der sozialen Lage des Ärztestandes, eigentlich keine Privilegien, sondern eher Benachteiligungen sind. Man kann daraus schlußfolgern, daß die wirkliche soziale Lage ihrer Neidobjekte Frau M. relativ gleichgültig ist. Arm oder reich, Sozialhilfeempfänger oder Modearzt — spielt überhaupt keine Rolle.

Gesetzt den Fall, Frau M. besäße Macht, so wäre sie eine völlig unberechenbare Herrscherin, und die Verfolgten hätten kaum eine Chance, ihren Haß durch Wohlverhalten zu beschwichtigen. Es reicht nicht, ein armer Schlucker zu sein, um wenigstens Nichtbeachtung, Gleichgültigkeit zu erreichen. Bei der Auswahl ihrer Neidobjekte ist Frau M. tatsächlich von sozialen Vorurteilen frei, fast könnte man sagen: Als Neidobjekte werden alle Menschen gleich.

*

*Frage:* Im Fernsehen werden manchmal Unterkünfte von Aussiedlern gezeigt. Sehen die so aus, als bekäme man auf dem Silbertablett eine angenehme Existenz serviert? Also was mißgönnt man den Aussiedlern? Nehmen die einem was weg? Nehmen die sich etwas, das man gern selber hätte? Möchten Sie denn mit denen tauschen? Möchten Sie haben, was die bekommen? Dann wäre mir der Ärger verständlich. Aber wenn jemand etwas bekommt, was mir gestohlen bleiben kann, weil ich etwas viel besseres habe, warum sollte ich dann auf den neidisch oder sauer sein?

*Frau M.:* Ich vergleiche eben mit meiner Jugend, wo man das alles nicht bekam, keinen Führerschein nachgeschmissen usw. Gut, es gab Stipendium nach dem Honnefer Modell, aber dafür mußte ich auch eine Gegenleistung bringen, nach jedem Semester gab's eine Prüfung mit Vorspielen.

*Frage:* Die Aussiedlerin hat den Führerschein auch nicht ohne die Teilnahme am Lehrgang und eine Fahrprüfung zum Schluß bekommen. Wo ist der Unterschied?

*Frau M.:* Das Studium ist wichtig für die Zukunft, der Führerschein ist Luxus, überflüssig.

*Frage:* Für eine Musiklehrerin in dieser Gegend nicht. Wenn man ein Auto hat, kann man mehr Schüler besuchen und Kunden akzeptieren, die Sie ablehnen müßten.

*Frau M.:* Ich konnte das eben nicht, ich mußte mich herumfahren lassen und habe viel mehr Zeit verloren.

*Frage:* Das lag aber nicht daran, daß Ihnen das Geld fehlt, um den Führerschein zu machen.

*Frau M.:* Nein, das nicht.

*Frage:* Gerade weil Sie das zugeben: Mir kommt es wieder so vor, als wäre man da draußen, wo Sie wohnen, ziemlich sauer auf Gott und die Welt. Ich verstehe immer noch nicht, warum. Warum so frustriert, warum so furchtbar enttäuscht von den Menschen?

*Frau M.:* Mich stört, diese Gier abzusahnen, immer mehr zu haben.

*Frage:* Jeder möchte gern mehr, wenn er es kriegen kann, Sie doch auch.

*Frau M.:* Aber nicht kostenlos. Moralisch stört mich das, wenn jemand nicht arbeitsam ist. Wenn es jemand aus der eigenen Familie ist, der nicht arbeitet, dann kommt der Haß bei mir zwar nicht hoch. Aber wenn es Fremde oder Leute aus anderen Ländern sind — also ich bin wirklich nicht ausländerfeindlich. Aber mich wundert es, daß die Leute aus ganz miesen Verhältnissen kommen, und dann sind sie so clever, daß sie sofort alle Türen, die nur einen Spalt offen sind, aufdrücken und sich schnappen, was sie können. Ich frage mich, woher haben sie diesen Mut, diesen starken Entschluß, zuzupacken, zu grapschen, zu nehmen. Ich bin da bescheidener, vorsichtiger und denke immer: Darf ich? Soll ich?

*

Zwei schon bekannte Motive für die sogenannte Ausländerfeindlichkeit werden hier vorgeführt. Man haßt das auf die Fremden Projizierte, was man von sich selber nur zu gut kennt: »Mich stört diese Gier, abzusahnen, immer mehr zu haben.« Und man leidet darunter, wenn man es mit ansehen muß, wie sie nicht jämmerlich zugrunde gehen, sondern sich durchwursteln und durchbeißen, diese vermeintlichen dummen armen Ausländer, denen man sich hinsichtlich Bildung und Status himmelhoch überlegen glaubt.

Wichtiger aber ist die Stelle, wo Frau M. zu erkennen gibt, daß sie die verhaßte Klavierlehrerin unsinnigerweise der Jugend zurechnet, einem Lebensabschnitt, in welchem die Eindrücke, Wünsche, und Empfindungen sehr viel stärker als später sind. Der Hauptfehler jener Aussiedlerin, die Frau M. ein Dorn im Auge war, wäre demnach nicht einfach die Tatsache, daß sie unverheiratet und mit ihren 32 Jahre zwar längst erwachsen, aber wirklich jünger ist als Frau M., die bald ihren 50. Geburtstag feiern und Großmutter werden kann. Sondern die Ausländer, wie Frau M. sie beneidet und haßt, erscheinen ihr, die unter Leblosigkeit leidet, grundsätzlich als ›stürmische Jugend‹.

Die Stelle, wo Frau M. die Jugend ins Spiel bringt, markiert übrigens den Wendepunkt in ihrer Argumentation. Bislang waren die Fremden Objekte von Haß und Verachtung gewesen, die sich Unselbständigkeit, Willenlosigkeit, Unfähigkeit, Passivität und Faulheit vorwerfen lassen mußten. Die gleichen Fremden verwandeln sich nun in Objekte von Bewunderung, deren Willenskraft, Mut, Entscheidungsstärke und Aktivität Neid und Erstaunen hervorrufen.

*

*Frage:* Ihre Eltern waren doch Arbeiter, Sie gehören nun zum gutsituierten akademischen Mittelstand. Um diesen Weg zurückzulegen, haben Sie doch auch alle Vorteile wahrnehmen müssen. Jeder tut das.

*Frau M.:* Das ging eigentlich mehr von meinem Mann aus. Ich bin bescheiden geblieben, traue mich nicht, nach den Sternen zu greifen, irgendwas blockiert mich. Vielleicht fehlt mir Mut.

*Frage:* Trotzdem: Sie haben studieren können, Sie wohnen im eigenen Haus, Sie haben doch nicht abgelehnt, was sich angeboten hat. Warum ärgert es Sie, wenn die anderen sich auch was nehmen?

*Frau M.:* Weil das, was die anderen kriegen, mehr ist. Vielleicht bin ich auch neidisch, ich kann nicht genau definieren, was es ist. Aber mich wundert nur, mit welch klarem Kopf die zupacken und alles an sich reißen. Woher haben sie diese Energie, dieses logische Denken? Das ist eine ganz andere Mentalität, als wir sie früher hatten.

*Frage:* Was ist mit dem ›logischen Denken‹ gemeint, was hat man sich unter ›alles an sich reißen‹ vorzustellen?

*Frau M.:* Na zum Beispiel die ganzen Videotheken mit Pornographie: Der Westdeutsche geht auch heute noch da rein mit verschämtem Blick, er zögert, bevor er dann zu irgendwelchen pornographischen Kassetten greift. Der Ostdeutsche kommt mit einer Selbstverständlichkeit rein, schämt sich gar nicht, fragt einfach ganz offen: »Haben sie diese Strapse?«

*Frage:* Woher wissen Sie das denn so genau?

*Frau M.:* Habe ich gelesen. Also das sind die Ostdeutschen. Bei den anderen, Asiaten zum Beispiel, weiß ich das nicht, vielleicht sind sie noch schüchtern und sehr verkorkst. Aber die Ostdeutschen, die haben doch so bescheiden unter der Diktatur gelebt. Wie können sie sich von einem Moment auf den anderen so ändern? Und die schämen sich überhaupt nicht, die packen einfach zu, gerade bei Pornographie, freuen sich so selbstverständlich über diese Pornoshops, gehen da auch mit Familie hin. Woher kommt das — diese Weltoffenheit plötzlich. Das macht mich stutzig. Warum zögern sie nicht?

*Frage:* Die Frage war doch, was es heiße, logisch klar denken und den eigenen Vorteil wahrnehmen zu können. Wenn nun jemand in den Pornoshop geht und dort nicht lange herumdruckst, sondern sagt, was er haben will — davon hat er doch keinen großen Gewinn, auf diese Weise kommt man im Leben nicht besser vorwärts, davon geht es einem materiell nicht besser.

*Frau M.:* Na ja, die haben auch sofort die Kaufhäuser gestürmt und nach Sachen geschnappt, die man eigentlich gar nicht zum Leben braucht.

*Frage:* Wenn die Ossis überflüssigen Ramsch einkaufen, sind sie doch dumm und nicht schlau.

*Frau M.:* Aber so konsumwütig.

*Frage:* Das ist doch wieder ein Nachteil und kein Vorteil.

*

»Weil das, was die anderen kriegen mehr ist« — einer der Schlüsselsätze in diesem Interview. Was die anderen mehr kriegen, ist eigentlich nicht sachlicher Natur, sondern dieses ›mehr‹ ist eine Befriedigung, die Frau M., wie sie selber zugibt, nicht erreichen kann, über welchen materiellen Reichtum sie auch verfüge.

Vorhin hieß es noch, der Aussiedlerin mangele es am Willen, selbständig zu sein und selber zu arbeiten. Jetzt werden den Fremden Energie, klarer Kopf, logisches Denken, Weltoffenheit attestiert, und alle diese Eigenschaften bedeuten zugleich Schamlosigkeit, Hemmungslosigkeit, Skrupellosigkeit. Nur konsequent ist es in diesem Koordinatensystem, Schüchternheit oder Scham mit Verkorkstheit gleichzusetzen.

Bewundert wird offenbar ein Raubtier, das gesunde Zähne und wenig Beißhemmungen hat. Frau M. ist eigener Meinung nach keines, sie hält sich vermutlich für ein Opfer der Zivilisation und der Moral. Sie sagt, sie traue sich nicht, ›nach den Sternen zu greifen‹, d.h. sie gebraucht eine Metapher, die zu ihrem Alter paßt wie die Faust aufs Auge. Und nach den Sternen greifen auch die beneideten Fremden eigentlich nicht, sondern nur nach dem Straps im Porno-Shop. Vom ›Griff nach den Sternen‹, wie Frau M. ihn versteht, darf man das romantische Sehnen, welches normalerweise auch in dem Wort steckt, getrost subtrahieren. Die Restsumme, die dann übrigbleibt, ist pure Usurpation, der reflexhafte, gewalttätige Zugriff.

Schwer zu sagen, was Frau M. haben und was sie loswerden will, zumal sie mit der Moral, die im ersten Teil des Gesprächs das Kennzeichen ihrer Überlegenheit war, und von der sie sich nun gefesselt fühlt, nur so lokker verbunden ist, daß ihr eine Trennung leicht fallen müßte. Sicher geht es ihr um den Erwerb von Genußfähigkeit, aber unklar bleibt, von welcher Art der Genuß sein könnte.

*

*Frau M.:* Oder auch die Busfahrten nach Paris, die so billig angeboten wurden. Die haben sofort zugeschnappt, obwohl man sagt, daß das arme Leute sind. Wir dagegen: Wir könnten mehr reisen, wir könnten mehr Reisen machen. Warum machen wir das nicht? Desinteresse? Oder was ist es? Und die schnappen alles, was nur möglich ist. Wer sagt ihnen, daß sie nach Teneriffa fahren müssen? Keiner. Die packen einfach zu und machen das. Woher kommt das? Das ist ja auch ein Vorteil, den die sich sofort unter den Nagel reißen: Zupacken. Das wundert mich. Warum sind sie nicht zögernd?

*Frage:* Ein materieller Vorteil ist das doch nicht.

*Frau M.:* Doch. Die wollen das alles sehen. Das muß man ja nicht gesehen haben, das ist Luxus.

*Frage:* Und gegen Luxus haben Sie was?

*Frau M.:* Eigentlich nicht, wenn man sich den Luxus leisten kann.

*Frage:* Wenn man Urlaub auf Teneriffa bezahlen kann, kann man sich ihn leisten.

*Frau M.:* Ja, aber es heißt immer ›die armen Ostdeutschen‹. Und dann machen die Teneriffareisen. Wir haben das nicht mal gemacht.

*Frage:* Warum? Das Geld hätten Sie gehabt.

*Frau M.:* Weiß ich nicht. Das ist es eben, dieses Zögerliche in uns. Das Geld ist da.

*Frage:* Vielleicht ist es so, daß Sie glauben, die anderen hätten bei der Teneriffareise einen Spaß, den Sie nicht erwarten, und nun mißgönnen Sie den anderen diesen Spaß?

*Frau M.:* Ich könnte nicht mal sagen, daß ich den anderen den Spaß mißgönne, aber ich wundere mich: Woher der starke Wille?

*

Dieses Zögerliche ins uns — und bei den anderen der starke Wille. Die Strapse und die Busreisen selber sind es nicht, um welche Frau M. die Fremden beneidet, sondern beneidet wird die Bedenkenlosigkeit, mit welcher die Fremden sich dergleichen scheinbar angeeignet haben. Klar, daß es von dieser grundsätzlichen Haltung zur Bewunderung Saddam Husseins im konkreten Fall nur noch ein Schritt ist.

Eine kleine Randbemerkung ist nötig, wo Frau M. im Hinblick auf Teneriffareisen sagt: »Wir haben das nicht mal gemacht«, weil diese Behauptung den Eindruck erwecken könnte, Familie M. habe den Urlaub meist auf dem Balkon verbracht. Dies ist nicht der Fall, und wenn

Familie M. noch nicht in Teneriffa war, so deshalb, weil keiner gleichzeitig überall gewesen sein kann. Neben Familie M., die alle Touristenziele rund ums Mittelmeer kennt, sehen die teneriffareisenden Ossis wie die armen Verwandten aus, doch wird diese deutliche Unterlegenheit keineswegs als mildernder Umstand gewertet: Wer nur irgend etwas besitzt, was ich nicht besitze, ist schuldig, und sei er sonst im Vergleich zu mir der allerärmste Teufel.

Diese Rechnung, bei der scheinbar immer der andere gewinnt, geht nur auf, wenn für eigene Vorteile der Wert Null eingesetzt wird. Und wenn — was anzunehmen ist — Frau M. nicht betrügt, dann gibt es zwei Erklärungen für die Wertlosigkeit eigener Vorteile, die gemeinsam oder alternativ heranzuziehen sind: Entweder hat Frau M. all die vielen Urlaubsreisen, die sie selber unternahm, nicht genossen, nichts davon gehabt, sie haben ihr nichts bedeutet, oder Frau M. besitzt die Fähigkeit nicht, vergangene eigene Freuden und Genüsse zu erinnern, d.h. Frau M. leidet entweder unter Erfahrungsmangel oder unter Amnesie.

Der weitere Verlauf des Gesprächs wird zeigen, daß das Verhältnis von Frau M. zur Wirklichkeit, zu den Dingen tatsächlich ein reichlich getrübtes ist. Sie begeistert sich etwa für den Schutz seltener, vom Aussterben bedrohter Arten in der Vogelwelt, schwärmt davon, demnächst ein solches Naturschutzgebiet zu bereisen, kann selber aber kaum eine Amsel identifizieren. Im Neid auf die Fremden, die angeblich so kräftig zupacken und zugreifen können, steckt vielleicht auch der Wunsch, einmal der Dinge selber habhaft zu werden, sie zu fühlen und anzufassen, weil das abstrakte, leere Schwärmen von den Dingen unbefriedigend bleiben und mit einer Enttäuschung enden muß, dann beispielsweise, wenn eine Naturliebhaberin wie Frau M. mit dem Objekt ihrer Sehnsucht real konfrontiert wird und es für sie, da sie nichts unterscheiden kann, auch nichts zu sehen gibt. Wo ein ›Erlebnis‹ erwartet worden war, wird eine Leerstelle eintreten und in Erinnerung bleiben.

Frau M. wird später sich selbst als ›Gefängnis‹ bezeichnen, aus dem sie ausbrechen will, und es könnte sein, daß sie damit die Gefangenschaft in einem Wahnsystem meint, welche zwischen sie und die Realität tritt.

Weniger deutlich wird aus diesem Gespräch, daß Frau M. partiell tatsächlich unter Amnesie leidet. Starker Verdrängung unterworfen sind Fakten aus Kindheit und Jugend, welche die soziale Herkunft markieren — wie die Wohnung damals ausgesehen hat, was es zu essen gab, etc. In der nächsten Gesprächspassage wird Frau M. vom einem ›Vakuum‹ reden, und man könnte das Wort mit Erinnerungslücke, Gedächtnislücke, ›leere Zeit‹ übersetzen.

Eine Person aber, welche kein Erinnerungsvermögen besitzt, wird sich überwiegend unglücklich fühlen, weil die Augenblicke des Glücks oder des Genusses naturgemäß punktuell und selten sind und ihre Dauerhaftigkeit nur durch das Gedächtnis gestiftet wird. Ist der glückliche Moment vorbei, so lebt er bei Frau M. offenbar nicht in der Erinnerung fort, sondern er ist aus- und abgebucht, wird als nicht stattgefunden habend behandelt. Es geschieht daher ohne die böswillige Absicht, zu täuschen oder zu übervorteilen, wenn Frau M. eigene Vorteile nicht rechnet und im Vergleich zu anderen stets den kürzeren zu ziehen meint. Sie erinnert sich einfach nicht, und weil sie sich nicht erinnert, steht sie unter einem Wiederholungszwang. Sie möchte noch einmal jung sein, um zu wissen, wie das war.

Mit dem Ausfall der Erinnerung ist freilich auch verbunden, daß Frau M. ihrer selbst als Person nicht inne werden kann, es existiert die Instanz nicht, welche die Kontinuität im Leben einer Person herstellt, die es ihr erlauben würde, ›ich‹ zu sagen. Benjamin, an dessen »Überlegungen über einige Motive bei Baudelaire« hier anzuknüpfen wäre, hat darauf hingewiesen, daß die Erinnerung, wo sie eine rein private bleibt, auch eine im höchsten Maße gefährdete und rein zufällige ist. Auf der Hand liegen damit schon die Beziehungen zwischen den als privat erscheinenden Problemen von Frau M. und einem Sozialcharakter, dessen hervorstechende Leistungen das Nichtwahrnehmen und Vergessen sind.

Obendrein scheint der Ausfall der Erinnerung eine Eigenart gerade dieser Epoche zu sein. Wenn etwa in der Sowjetunion Leningrad wieder St. Petersburg heißen soll, so würde man den Wunsch verstehen, würde er von Nachfahren der ehemaligen Großgrundbesitzer geäußert. Daß er mehrheitlich von einer Bevölkerung kommt, deren Vorfahren fast ausschließlich Leibeigene waren zu der Zeit, als Leningrad noch St. Petersburg hieß, läßt sich nur mit einer über das Private weit hinausreichenden kollektiven Amnesie erklären.

Die Bedenkenlosigkeit, die Frau M. auf andere projiziert, und die sie bei anderen zu bewundern meint, entstammt einer Ungeduld, die sich in langen Jahren der Gedächtnislosigkeit und der Erfahrungsarmut aufgestaut hat: Jetzt will ich endlich auch mal meinen Spaß haben, koste es, was es wolle.

*

*Frage:* In Ihrer Jugend sind Sie sicher auch mehr herumgefahren. Jetzt sind Sie älter, und man macht nicht in jedem Alter das gleiche.

*Frau M.:* Also wir hätten uns mehr ansehen, mehr leisten können, und wir haben es nicht gemacht.

*Frage:* Was Sie im Leben gesehen haben — längere Urlaubsreise ins Ausland jedes Jahr — das reicht Ihnen nicht?

*Frau M.:* Im nachhinein denke ich: Wieso haben wir nicht mehr gemacht. Es ist ein Vakuum da.

*Frage:* Sie meinen, Sie hätten mehr vom Leben gehabt, wenn Sie mehr herumgefahren wären?

*Frau M.:* Ich stelle mir die Frage.

*Frage:* Man kann im Leben verschiedenes machen. Man kann ein richtiger Weltenbummler werden, man kann aber auch eine Familie gründen. Dann hat man Kinder, und dann fährt man halt nicht dauernd herum. Sie haben sich mit Ihrem Mann dafür entschieden, Kinder zu haben, ein Haus zu bauen. Finden Sie denn nachträglich, daß diese Entscheidung schlecht war?

*Frau M.:* Das kann ich nicht sagen. Was bei mir drinsteckt ist folgendes: Warum zögere ich immer? Jetzt endlich, mit 48 Jahren habe ich mich mal getraut, mir eine Lederjacke zu kaufen. Ich finde das ganz toll, und ich fühle mich, als hätte ich eine Revolution gemacht. Warum empfinde ich so bescheiden? Warum habe ich mich das erst jetzt getraut? Ich hätte mir die Jacke schon längst, vor 20 Jahren, kaufen können. Ich glaube nicht, daß das nur mit dem Verstand zu regeln ist, das ist eine Gefühlssache. Kein Mut.

*

Das deutsche Wort ›Nachholbedarf‹ weist schon darauf hin, daß Frau M. das Gefühl, etwas versäumt zu haben, mit vielen teilt. Sie hadert mit einer angeblich verpfuschten, weil nicht optimal ausgenutzten Jugend, statt die Möglichkeiten zu genießen, welche das Alter um die 50 schließlich zu bieten hat — geringere Verantwortung für die Kinder, mehr Professionalität und Erfahrung, nachlassen jener starken Wünsche auch, die in der Jugend die Verursacher sind von mindestens soviel Leid wie Glück.

Versäumnisse seiner Jugend beklagen heißt, nocheinmal jung sein zu wollen, einen Willen zu besitzen, wie ihn jener deutsche Operetten-Gassenhauer formuliert, der besonders makaber klingt, wenn wie üblich im Publikum lauter Rentner sitzen: »Man möchte noch mal 20 sein / und so verliebt wie damals.« Leicht vorzustellen, daß solche Jugendschwärmer sich zu wirklichen Jugendlichen außerordentlich hart, gemein und verständnislos verhalten werden, denn es fehlt ihnen offenbar jede Erinnerung daran oder jede Ahnung davon, daß die Jugend einem lebensgefährlichen Abenteuer gleicht, woran man sich später vielleicht gern erinnern mag, welches man aber unter keinen Umständen noch einmal durchstehen möchte.

Daß diese wenig originelle Einsicht in anderen Ländern zum normalen Alltagswissen gehört, läßt sich den kulturindustriellen Erzeugnissen dieser Länder entnehmen. In der amerikanischen Komödie »Liebling, ich werde jünger« von Howard Hawks (mit Cary Grant und Ginger Rogers), wo ein außer Kontrolle geratenes Verjüngungsmittel für Verwicklungen sorgt, wird der geniale Chemiker gefragt, ob er selber denn das von ihm entwickelte Wundermittel benutzen wollen würde. Seine Antwort, sinngemäß: »Nein, um Gottes willen. Wenn ich an meine Jugend zurückdenke, kommt es mir heute noch wie ein Wunder vor, daß ich diese Zeit überlebt habe.« Ein erwachsener Mann also, der Spaß an seiner Arbeit im Labor gefunden hat und dies als einen Vorteil seines Alters schätzen kann, denn er weiß noch zu gut, wie es war, als man den Spaß beim Erklettern der höchsten Bäume, bei riskanten Motorradwettrennen und ähnlichem suchen mußte. Und sicher weiß er auch, daß es in der Jugend keine Verliebtheit ohne Verzweiflung gibt.

Hingegen hat man bei Frau M. den Eindruck, daß das bloße natürliche Alter eines ihrer Hauptprobleme ist, und der Grund dafür könnte sein, daß außer der Natur nichts wirklich gealtert ist, nicht die Erfahrung, nicht die Person, nicht das Wissen. Frau M. wirkt, als habe sie von den konkreten und intensiven Wünschen der Jugend zwar die Intensität konservieren und ins Alter hinüberretten können, nicht aber auch die Wunschziele von damals. Das Resultat ist eine abstrakte Gier, eine Art Hunger, bei dem man nicht weiß, worauf man eigentlich Appetit hat. Das Vakuum, in welches Frau M. hineinzublicken meint, wenn sie ihr vergangenes Leben unter dem Aspekt genossener Freuden betrachtet, spricht jedenfalls für diese Interpretation, weil das Vakuum nicht einfach nichts ist, sondern die Leere in einem Gefäß.

*

*Fortsetzung Frau M.:* Ein anderes Thema: Man weiß es auch aus der Psychologie, wie es ist, wenn Menschen von klein auf gewohnt sind, zu leiden oder von anderen malträtiert zu werden. Wenn es ihnen dann irgendwann mal gut geht — ich höre das immer im Radio, jeden Sonntag um 11 Uhr kommt eine Sendung von einem Psychologen über psychisch Kranke, psychische Krankheiten usw. —, warum fühlen die Leute sich dann erst wieder geborgen, wenn es ihnen wieder mies und schlecht geht, warum flüchten sie wieder in die Rolle des Unterdrückten? Weil ihnen das vertraut ist. Und wenn es ihnen gut geht, dann sind sie verunsichert. *Und genau das ist es bei mir.*

*Frage:* Also Sie ärgern sich darüber, daß diese Ostdeutschen viel weniger geschädigt zu sein scheinen, als Sie sich geschädigt fühlen. Sie sagen: Daß ich nicht so entschlußkräftig bin, daß ich nicht meinen Vorteil wahrnehmen kann, das liegt an meiner psychischen Macke. Die besteht darin, daß ich immer das Elend suche, weil es mir vertraut ist. Und Sie sagen weiter: Man sollte eigentlich annehmen, daß unter eben dieser Macke die Ostdeutschen noch viel mehr zu leiden haben. Aber das Gegenteil ist der Fall, die fahren sofort nach Paris, auf die Kanarischen Inseln, rennen in den Porno-Shop etc. Und das ärgert Sie.

*Frau M.:* Ja. Vielleicht, weil ich da ein *Defizit* habe, welches ich einfach nicht aufholen kann, jedenfalls gefühlsmäßig. Weil ich in meinem Innern immer bescheiden bleibe.

*Frage:* Wenn Sie so bescheiden wären, wie Sie behaupten, gäbe es doch überhaupt kein Problem. Sie hätten geringe Ansprüche und wären mit wenig zufrieden. Solche Leute gibt es.

*Frau M.:* Ich glaube eben nicht, daß bei denen die Bescheidenheit aus Überzeugung kommt, sondern sie finden einfach den Dreh nicht heraus, sich zu ändern. Sie haben nicht den *Mut*, ein anderes Leben zu führen.

*Frage:* Warum soll man anspruchsvoll werden, wenn man bescheiden ist?

*Frau M.:* Bescheidenheit bedeutet nicht, daß man glücklich und zufrieden ist, sondern das Leben hat einen eben so geprägt, und man kann aus seinem *Gefängnis* oft gar nicht heraus.

*Frage:* Das Leben prägt immer, und was vom Leben geprägt wurde, ist dann die Person. Das ist man selber, das ist doch kein Gefängnis. Oder empfinden Sie sich selber als Gefängnis?

*Frau M.:* Man weiß doch, daß es Menschen gibt, die sich ändern möchten, viele Sachen anders machen möchten, und die es dann nicht schaffen, weil sie keinen *Mut* haben.

*

»Genau das ist es bei mir«, sagt Frau M. in dieser Passage, und sie meint damit einen psychischen Defekt, den sie bei sich vermutet. In einer der folgenden Passagen wird sie sagen: »So bin ich auch«, was dann aber heißen soll: Ich bin wie Saddam Hussein. Nach der Regel »wenn A = C und B = C dann B = A« leidet Saddam Hussein also unter einer psychischen Störung.

Die psychische Störung wiederum hat in Deutschland einen erstaunlichen Bedeutungswandel durchgemacht. War die Diagnose *gestört, nicht ganz bei Trost* ursprünglich eine Beleidigung, so stellt sie heute nicht mal einen Vorwurf dar. Vielmehr entlastet sie von Vorwürfen, sie ist eine Entschuldigung, ein Rechtfertigungsgrund geworden, und alle scheinen ihn zu brauchen. Einem anderen — oder, was das Gleiche ist, sich selber — zu sagen »Du bist geisteskrank« bedeutet daher nicht: »Geh mir aus den Augen, verschwinde, ich kann Dich nicht leiden, Du bist mir lästig und widerlich, mit Dir rede ich nicht«, sondern es bedeutet: »Ich habe Verständnis für Dich. Du bist zwar ein Trottel und ein Miststück obendrein, aber Du kannst ja nichts dafür. Und weil Du gewissermaßen nicht satisfaktionsfähig bist, brauche ich Dich auch nicht mit einem Fluch und einem Tritt davonjagen, wie Du es eigentlich verdienst. Vielmehr beweist Dein Zustand, daß Dir ein Unrecht zugefügt wurde, daß Du einen Schaden erlitten und somit einen Anspruch auf Wiedergutmachung hast. Du verdienst keine Vorwürfe, sondern Zuwendung und Pflege. Also sprich Dich nur aus, erzähle mir noch ein bißchen.«

Mit der Selbstdiagnose ›psychische Störung‹ leitet Frau M. daher eine Offensive ein, die strategisch wichtigen Ausgangsstellungen werden bezogen. Die Operationen gliedern sich dann in drei Etappen.

Etappe Nr.1 dient dazu, moralische Beurteilungskriterien wegzuräumen, freie Bahn zu schaffen: Ich bin für meine Taten nicht verantwortlich, denn ich bin geistesgestört und leide.

In der 2. Etappe wird die Moral wieder eingeführt, nur ist es eine ganz andere als die konventionelle geworden, nämlich keine mehr, die sich daran bemißt, was objektiv gut oder böse, richtig oder falsch ist. Handlungen werden moralisch nun vielmehr nach Maßgabe dessen beurteilt, welchen Gewinn oder Verlust sie für die Triebökonomie von Frau M. bedeuten. ›Gefühlsmäßig‹ leidet sie unter einem Defizit, was in den Kategorien der Pathologie ›Defekt, Krankheit‹, in moralischen Kategorien ›Benachteiligung, erlittene Ungerechtigkeit‹ bedeutet. Von der Denkweise in pathologischen Kategorien nimmt Frau M. jetzt Abstand: Sie ist nicht krank, sondern bescheiden. Und weil sie nicht krank, sondern bescheiden ist, eigentlich zu gut für diese schlechte Welt, wo anständige Menschen zukurzkommen, weil sie von den unanständigen übervorteilt werden. Frau M. braucht daher keinen Arzt, keine Therapie, sondern Mut, Mut zu Skrupellosigkeit.

Die logische Konsequenz daraus ist Etappe Nr. 3, die eigentliche Angriffsphase. In der folgenden Passage wird Frau M. daher erklären, nun habe sie endlich gelernt, bei der kleinsten Kleinigkeit gleich zuzuschlagen. Und wieder einmal zeigt sich, daß man die Deutschen am meisten fürchten muß, wenn sie anfangen, sich selber zu beweinen.

*

*Frage:* Und dies Gefühl haben Sie?

*Frau M.:* Ja, weil ich zuviel *Last aus der Vergangenheit* habe, zum Beispiel die Unfähigkeit, mich zu wehren. Ich meine, ich habe das in den letzten Jahren gelernt, und ich fühle mich jetzt wohler, wo ich zuschlage bei der kleinsten Kleinigkeit. Das habe ich früher nicht geschafft, ich war immer in einer Leidensrolle. Und jetzt jammere ich nicht mehr.

*Frage:* Sind Sie jetzt glücklicher? So wirken Sie eigentlich nicht.

*Frau M.:* So wirke ich nicht, weil ich tobe, aber ich bin zufriedener innerlich — weil ich mich befreit fühle, weil ich *keine Tabus* mehr habe, zumindest nicht mehr so viele. Es fängt ja an damit, daß es früher immer hieß, als Mädchen solle man lieb, nett und freundlich sein — anderen gefallen. Das ist mir jetzt scheißegal, ob ich anderen gefalle oder nicht. Ich bettele nicht mehr um Anerkennung, oder daß die anderen mir Applaus geben. Ich bin kaltblütiger geworden. Also mein Mann hat es zur Zeit mit mir sehr schwer, weil ich andauernd in Rebellion bin.

*Frage:* Wogegen rebellieren Sie?

*Frau M.:* Nun, da hecke ich die gemeinsten Sachen aus, um andere fertig zu machen. Es macht mir Spaß zu zeigen, wenn jemand sich in meinen Augen mies verhalten hat. Früher habe ich dann geschwiegen, mich innerlich geärgert, habe aber kein Ventil gefunden, bei mir war alles zu.

*Frage:* Man denkt manchmal: Die anderen sind schlecht. Aber dann kommt doch der Punkt, wo man merkt: Soviel anders ist man selber nicht. Geht Ihnen das nicht so?

*Frau M.:* Ich bin nur gemein, wenn andere anfangen, nur dann.

*Frage:* Aus eigenem Antrieb sind Sie niemals gemein oder boshaft?

*Frau M.:* Bei mir ist es so: Wenn mir jemand nichts tut, bin ich ihm wohlgesinnt, hilfsbereit — alles. Aber wenn ich merke, daß jemand mich aufs Eis legen will, dann gehe ich dem an die Gurgel. Da überlege ich auch nicht lange, ich gebe dem anderen keine Chance.

*Frage:* Fürchten Sie nicht, dabei lächerlich zu wirken? Sie reden wie ein rebellischer 17-jähriger in der Pubertät, aber Sie sind doch schon etwas älter.

*Frau M.:* Nein. Aber wissen Sie, wo ich diese ganze Art abgeguckt habe? Bei den jungen Leuten zwischen 20 und 30. Unser ganzes Kollegium besteht zum größten Teil aus jungen Leuten, frisch von der Musikschule. Die haben ein Benehmen, wovon ich mir nie hätte träumen lassen, daß es existiert. Mitten in der Lehrerkonferenz quatscht da einer den Chef an: ›Wie lange dauert es eigentlich noch, ich habe noch einen Termin‹. Dann wartet er noch 5 Minuten, sagt Entschuldigung, wartet nicht mal ab, bis der Chef seinen Satz zuende gesprochen hat, geht raus, macht die Tür zu. Unvorstellbar, für meine Begriffe. Und da gucke ich ab. Meine Haltung zum Chef war immer ehrfurchtsvoll, Herr Doktor etc. Das ist durch die jungen Leute und das junge Kollegium bei mir alles total anders geworden. Der Mann reagiert nur auf diese burschikose, freche Art. Und ich habe keinen Respekt vor dem Mann. Ich behandele ihn wie meinesgleichen. Er ist nicht mehr mein Chef, dieses Gefühl ist kaputt gegangen, verloren gegangen. Und das habe ich bei den jungen Leuten abgeguckt.

*Frage:* Früher haben Sie geklagt, daß die jungen Leute heute so frech sind.

*Frau M.:* Ja, das stimmt, aber ich bin jetzt seit einiger Zeit, sagen wir mal seit anderthalb Jahren, in dieser Phase, daß ich die imitiere. Ich bin eben schon weiter in der Entwicklung.

*Frage:* Sie finden heute nicht mehr, daß die jungen Leute sich ordinär und respektlos verhalten? Sie finden deren Benehmen heute richtig und machen es auch? Sehen Sie nicht das Problem, daß Sie dafür zu alt sein könnten?

*Frau M.:* Nein, das sehe ich nicht. *Ich fühle mich jung.*

*Frage:* Ist Alter eine Frage des Gefühls? Nicht eine der Jahre?

*Frau M.:* Ja, verstandesmäßig sage ich mir immer, daß ich 48 bin. Aber gefühlsmäßig bin ich noch unheimlich vital und wandlungsfähig. Und die Wandlung erlebe ich erst jetzt. Darum habe ich die Probleme mit meinem Mann, weil ich bis jetzt gekuscht habe, und jetzt bei jeder Kleinigkeit schlage ich dagegen. Mein Lebenserfahrung ist, daß man mit Güte und Nettigkeit nicht durchkommt in der heutigen Zeit. Ellenbogen, rummaulen, auf den Tisch hauen, zeigen, daß man stärker ist als der andere — dann duckt der sich, dann kuscht er.

*Frage:* Sind Ihre Ellenbogen denn so kräftig? Wenn man für das Recht des Stärkeren plädiert, kann man sich leicht ins eigene Fleisch schneiden. Woher wissen Sie denn, daß Sie beim Draufhauen gewinnen.

*Frau M.:* Nun ja, es geschieht auf kleinen Gebieten, und ich habe ein zufriedenstellendes Gefühl. Ich fühle mich nicht mehr als die Gelackmeierte.

*

Das Problem bei Frau M. ist der Ausfall der Selbstwahrnehmung, genauer: Ihre jeweilige Stimmungslage beobachtet sie nur zu gut, aber sie ist unfähig dazu, das verschiedenen Stimmungen unterworfene Subjekt als etwas diese Stimmungen Überdauerndes zu denken. Frau M. weiß jeweils, wie ihr ist, aber sie weiß nicht, wer sie ist. Eigene unprovozierte Aggressivität oder Gemeinheit sind ihr so fremd wie ihr wirkliches Lebensalter.

Erwähnung verdient das Wort von der »Last aus der Vergangenheit«, weil es zeigt, wie die privaten Entlastungslügen den öffentlichen nachgebildet sind, die sich wiederum eines simplen Tricks bedienen. Er besteht einfach darin, eine jeweilige Befindlichkeit für absolut zu nehmen, deren Ursachen und Zusammenhang aber auszublenden, analog etwa dazu, wie Frau M. sich nur nach Maßgabe ihrer jeweiligen Stimmung wahrnehmen kann.

Zunächst war wohl relativ klar, daß die Deutschen schlimme Verbrechen begangen hatten, unter denen die wenigen davongekommenen Opfer ihr Leben lang leiden würden. Es kam dann die Zeit, wo die Deutschen wieder gut werden wollten und deshalb Zerknirschung zeigen mußten: Reue, Sühne, Wiederaufarbeitung der Vergangenheit, etc. Normaler Befund: Ein zerknirschter Verbrecher. Deutscher Befund: Ein Zerknirschter. Aus den Verbrechen war dergestalt eine Belastung oder eine Last geworden, und im Unterschied zum Verbrechen, welches einer begangen hat, ist die Last etwas, was jemandem aufgebürdet, zugefügt wurde. Aus Verbrechern waren also Beladene geworden, arme Leute, die schwer an ihrem Bündel oder an ihrem Schicksal tragen.

Auch Frau M. trägt schwer an ihrer Lebensgeschichte, an ihrer Vergangenheit, vielleicht deshalb, weil das etwas ist, woran sie sich nicht erinnern kann. Weil es nicht erinnert werden kann, ist es wertlos, und es ist kaum übertrieben, wenn man Frau M. unterstellt, sie würde ihr ganzes bisheriges Leben als eine Sache betrachten, die mit dem häßlichen neudeutschen Müllwort »Altlast« am besten bezeichnet ist.

Entsorgungsprobleme also überall, auch im seelischen Bereich, und die Lösungen sehen nicht danach aus, als ob sie besonders vielversprechend wären. An der antiautoritären Revolte, mittels derer Frau M. sich von alten Hemmungen befreien will, scheint sie nicht den rechten Spaß zu finden. Schon in der Schilderung der ungehobelten Jugendlichen, denen sie nacheifert, schwingt neben der Bewunderung auch Empörung mit. Und keineswegs geht es ihr besser, seit sie ihren Chef behandelt, wie sie meint, daß ihresgleichen behandelt zu werden verdient, also unhöflich und schlecht, sondern sie sagt, und ein wehmütiger Unterton ist kaum überhörbar, daß sie etwas verloren hat: »Er ist nicht mehr mein Chef, dieses Gefühl ist kaputt gegangen, verloren gegangen.« Das klingt wie eine Traueranzeige und dürfte auch so gemeint sein: Wieder ein Gefühl weniger, wo die Emotionen sowieso Mangelware sind. Ersatz muß her, ein neuer Gefühlsauslöser wird gebraucht: Vorhang auf, und Bühne frei für Saddam Hussein.

*

*Frage:* Themenwechsel. Was haben Sie von der Reise Brandts nach Bagdad gehalten?

*Frau M.:* Ich war stark beeindruckt. Mein Gedanke war: Warum hat das nicht der Kohl gemacht? Und ich habe auch gedacht, *die arabische Mentalität* — also ich beziehe viel auf mich, und wenn zu mir jemand kommt — ich liebe das Gespräch.

Und wenn jemand mich ignoriert und sich nicht meldet, oder wenn wir Zwistigkeiten hatten und der andere ignoriert das und redet nicht mit mir darüber, dann kriege ich eine furchtbare Wut innerlich. Aber wenn jemand kommt, und ich merke, der bemüht sich, der investiert Kraft und Zeit, dann bin ich wandelbar, dann versöhne ich mich. Das brauche ich. Und das habe ich gemerkt bei Brandt — und es hatte Erfolg. *Ich glaube nämlich, daß der Hussein dieselbe Mentalität hat.* Er wartet, das heißt er macht erst Schwierigkeiten, legt den Leuten Steine in den Weg — der andere muß es wegräumen, das ist alles psychologisch, *und so bin ich auch.* Der Brandt fuhr hin, er bekam die Leute. Ich habe applaudiert, ich fand das ganz toll, mir hat's gefallen.

Die Amerikaner dagegen, die drohen mit Krieg, und dabei beruht das auf menschlicher Psychologie. Man müßte nur hingehen und sagen: Ach jetzt laß doch den Krieg, jetzt laß uns reden, bißchen auch mal sich bücken und betteln — das will dieser Hussein haben. Vielleicht ist er auch in der *midlife crisis* und spielt jetzt verrückt und braucht diese Sachen — *wie ich auch.* Auf jeden Fall hat er mit diesen Methoden Erfolg. Oder verurteilen Sie ihn total? Finden Sie, die Amerikaner sollten zuschlagen? Also ich lehne das ab. Obwohl ich aggressiv bin — Krieg bringt nichts.

*Frage:* Krieg gab's aber schon, den gegen Kuweit am 2. August.

*Frau M.:* Aber nicht in diesem Ausmaß. Was glauben Sie, wieviele Tote es geben wird, wenn die Amerikaner eingreifen.

*Frage:* Brandt, dessen Reise nach Bagdad Sie richtig finden, verhielt sich so, wie Sie das früher getan haben und heute entschieden ablehnen. Sie sagten, daß man mit Güte, Nachgeben und Freundlichkeit heute nicht weiterkommt. Heute müsse man zuschlagen.

*Frau M.:* Nicht in diesem Rahmen. Man sollte verhandeln, weil man gemerkt hat, daß der dann nachgibt, daß er darauf reagiert, weil er Zeit braucht, und weil er will, daß man ein bißchen bettelt. Er will einfach Schwierigkeiten machen, anscheinend macht ihm das Spaß. Man hat doch gemerkt, daß man auf diese Weise bei dem Mann vorwärts kommt. Er ist ganz ruhig, er gerät nicht in Panik. Sollen sie nur kommen, hat er gesagt.

*Frage:* Und was heißt das?

*Frau M.:* Das heißt, daß er auch bereit ist, mit allen Mitteln *zurückzuschlagen*, und das heißt weiter, daß es dann furchtbar wird. So wie es jetzt ist — Besetzung Kuweits — ist es bloß schlimm, aber nicht furchtbar.

*Frage:* Außerdem bedroht Saddam Hussein Israel. Soll man diese Drohung nicht ernst nehmen?

*Frau M.:* Bis jetzt hat er ja nicht richtig zugeschlagen, er hat nur dieses kleine Land annektiert. Es ist ja nicht dramatisch in dem Sinne, daß es Mord und Totschlag gibt.

*Frage:* Giftgas gegen die kurdische Bevölkerung im Irak, Greueltaten gegen die kuweitische Zivilbevölkerung — nicht schlimm?

*Frau M.:* Weniger schlimm, als wie wenn jetzt die Amerikaner den Krieg erklären würden, weil man nicht weiß, welche Kreise das zieht, und was dann überall noch passiert. Da gibt es dann nicht nur ein paar Hundert Tote. Und der Amerikaner macht das nur, damit er von seiner eigenen Misere, seiner Wirtschaftskrise ablenkt.

*Frage:* Warum soll der Amerikaner nicht von seiner eigenen Misere ablenken? Hussein, haben Sie eben gesagt, will ja auch nur seine midlife crisis therapieren...

*Frau M.:* Ja, er würde nicht auf solche Gespräche wie mit Brandt so reagieren, wenn er nur böswillig wäre.

*Frage:* Warum verurteilen Sie dann zwar die Amerikaner, aber nicht Hussein? Den Amerikanern machen Sie einen Vorwurf daraus, daß sie mit ihrer Politik nur eigene Schwierigkeiten überspielen wollen, aber den irakischen Diktator entschuldigen Sie mit genau dem selben Argument. Bei den Amerikanern heißt es: Die machen es ja nur, um ... Bei Hussein heißt es: Ach der Arme, der hat doch nur ein paar Schwierigkeiten mit der eigenen Psyche, und deshalb ...

*Frau M.:* Weil das, was Hussein tut, das kleinere Übel ist. Also ich würde noch abwarten, verhandeln, weil man gemerkt hat: Mit dem Mann ist zu reden. Da möchte ich nicht zuschlagen. Da hätte ich zu große Angst. Und vor den Amerikanern noch mehr. Die sind aggressiv. Und außerdem sind sie so selbstherrlich. Die glauben immer, alles müsse sich nach ihnen wenden und drehen.

*Frage:* Man hat Hussein schon mit Hitler verglichen. Ist der Vergleich berechtigt?

*Frau M.:* Nein.

*Frage:* Aber der eine war ein Psychopath, der andere ist einer. Sie sagen das selbst, denn wenn man aus psychischen Gründen ein Land annektiert und es nicht wieder hergibt, dann ist man verrückt.

*Frau M.:* Aber das ist harmlos im Vergleich zu dem, was Hitler gemacht hat.

*

Des öfteren hatte Frau M. während des Gesprächs betont, neuerdings sei es ihre Art, bei der kleinsten Kleinigkeit zuzuschlagen. Typisches Maulheldentum, denn Frau M., von ausgesprochen zierlicher Statur, wird so leicht keinen finden, dem sie im Handgemenge nicht hoffnungslos unterlegen ist. Überhaupt können Aggressionen, wie Frau M. sie empfindet, derzeit in der Bundesrepublik nur die ohnehin schon vorhandene Frustration beim potentiellen Aggressor verschärfen, der sich dauernd selber den Mund wäßrig macht und seine Zähne fletscht, ohne je richtig zubeißen zu dürfen. Ein entsagungsvolles Leben, angefüllt mit nichts als Triebverzicht, muß es sein, jedem an die Gurgel fahren zu wollen und es nicht zu können.

Wie ein Erlöser wirkt daher auf Frau M. Saddam Hussein, psychisch und von der Mentalität her, wie sie meint, ihr genaues Ebenbild, im Unterschied zu ihr selber aber einer, der genug Mut und Macht besitzt, die eigene midlife crisis mit allem drum herum richtig auszuleben, wirklich zuzuschlagen und zuzugreifen. Ärgerlich hingegen wird sie, wenn sie an ›den Amerikaner‹ denkt, welcher für die Seelenlage, die sie mit Hussein zu teilen meint, nicht das geringste Verständnis aufbringen will.

Verglichen mit Hussein, der die reine Triebdynamik repräsentiert, verkörpern die Amerikaner das Frau M. verhaßte Realitätsprinzip. Ihnen werden die vernünftigeren, im Bewertungsschema von Frau M.: die verächtlicheren Motive unterstellt. Kein Gedanke daran, daß die Annexion Kuweits offensichlich nichts als nackter Raub gewesen war, sondern Hussein kam es nur darauf an, von Brandt, Kohl und Bush die Streicheleinheiten zu erpressen, die er — das kann Frau M. ihm nachfühlen — in seiner psychischen Verfassung doch so dringend braucht. Anders die Amerikaner hingegen, die den Krieg nur zur Ablenkung von ihrer Wirtschaftskrise führen. Das ist schäbig, weil nach dem Empfinden von Frau M. eine Psychokrise alles und eine Wirtschaftskrise nichts rechtfertigen kann.

Überhaupt stellt ›der Amerikaner‹ für Frau M. und ihr Selbstenthemmungsprogramm eine Bedrohung dar, weil er unbekümmert um die möglichen Folgen auf die Einhaltung von Regeln und Gesetzen pocht (ständig wiederkehrende Wendung in den Reden von Bush: *The rule of law*), in deren Geltungsbereich man für seine Taten zur Verantwortung gezogen wird. Solche Rigorosität muß

Frau M. für unerbittlich, unbarmherzig, unmenschlich und kleinlich halten, da sie selber hinsichtlich der Annexion Kuweits durch den irakischen Diktator die Meinung vertritt: »Bis jetzt hat er ja nicht richtig zugeschlagen, er hat nur dieses kleine Land annektiert« — Mundraub gewissermaßen, und wegen Geringfügigkeit wird das Verfahren eingestellt.

*

*Frage:* Heute ist Bundestagswahl, welche Partei haben Sie gewählt?

*Frau M.:* Bundestagswahl? Habe ich ganz vergessen. Also ich habe nicht gewählt, aber die SPD gefällt mir noch am besten. Ich würde wie Lafontaine sagen, daß die Wiedervereinigung hätte langsamer kommen müssen, und daß man nicht soviele Leute hätte reinlassen dürfen. Ich finde auch, daß man die ganzen Ausländer nicht reinlassen soll, sondern dort investieren, wo die leben. Es geht einfach nicht, es ist ja hier alles übervölkert. Die Umwelt geht kaputt. Das ist mein Hauptproblem.

*Frage:* Woran merken Sie, daß die Umwelt kaputt geht?

*Frau M.:* Es wird immer mehr Freiland zugebaut mit Häusern. Den Leuten werden ja Sozialwohnungen gebaut. Dann kommen sie mit ihren Autos hier rein. Die Wälder gehen kaputt, und ich liebe Wälder über alles.

*Frage:* Sie haben in der Familie nicht ein Auto, sondern zwei. Warum schaffen Sie die nicht ab?

*Frau M.:* Ich wäre auch dafür, aber mein Mann ist dagegen. Es liegt nicht an mir, aber ich kann ja nicht gegen drei Männer (Ehegatte und zwei Söhne) ankämpfen.

*Frage:* Wo Sie wohnen, gibt's Wald in Hülle und Fülle. Wieviel davon brauchen Sie denn?

*Frau M.:* Je mehr, desto besser, *vom Gefühl her.* Ich bin auch total verärgert darüber, wie die Westler jetzt in der DDR mit den Naturschutzgebieten umgehen, mit dem Spreewald zum Beispiel.

*Frage:* Sie waren doch noch nie im Spreewald.

*Frau M.:* Da will ich aber hin. Es soll wunderschön dort sein — die ganzen Seen, die seltenen Vögel, Wasservögel...

*Frage:* Können Sie Vogelarten unterscheiden, also welcher Vogel ein seltener ist und welcher nicht? Für mich sehen die alle ziemlich gleich aus.

*Frau M.:* Na ja, *aber das Gefühl schon.*

*Frage:* Kennen Sie denn Vogelsorten mit Namen? Wissen Sie zum Beispiel, wie eine Amsel aussieht?

*Frau M.:* Ist die schwarz? Nein? Aber das spielt auch keine Rolle. Je mehr Arten erhalten bleiben, umso bereichernder ist es. Ich wehre mich dagegen, wenn irgendeine Art ausstirbt.

***

Als dies Gespräch am 2. Dezember aufgenommen wurde, hatten hiesige Presse und Regierung mit der »Verhandlungslösung« schon das Zauberwort lanciert, woran sich bis zum Beginn der Luftoffensive am 17. Januar in Deutschland alle Hoffnungen auf ein Wunder klammern sollten. Frau M. gibt daher nur die veröffentlichte Meinung wieder, darüber hinaus aber erklärt sie ein wenig, wie diese veröffentlichte Meinung sich bilden, und warum sie auf soviel spontane Zustimmung stoßen konnte.

Erwartungsgemäß reagierte Frau M. auf den Beginn der Luftoffensive exakt so, wie die auf Appeasement und Agitprop geschalteten Medien es von ihr erwarten durften. Zum zweiten mal in ihrem Leben beteiligte sie sich an einer Demonstration, schlaflose Nächte verursachte ihr der real völlig abwegige Gedanke, ihr gerade seinen Grundwehrdienst leistende Sohn könne an den Golf und dort an die Front versetzt werden. Es begann eine Zeit, wo Hoffen und Bangen den sonst so emotions- und erlebnisarmen Alltag versüßten.

Das zweite, nun folgende und viel kürzere Gespräch wurde knapp drei Monate später geführt, am 25. Februar, einen Tag nach Beginn der Bodenoffensive. Davor schon, nämlich seit die Lage der irakischen Bodentruppen täglich aussichtsloser wurde, war in der BRD die Stimmung gekippt. Denn weder hatte der Krieg, wie die hiesigen Fernsehkommentatoren schaudernd hofften, den ganzen Nahen Osten in Aufruhr versetzt, noch entsprachen die Schäden den Erwartungen. Die Massenvernichtungswaffen hatten sich als solche erwiesen, welche die Massen auf bislang nicht gekannte Weise schonten, aus den 300.000 oder eine Million Toten, die deutsche Ex-Bundeswehroffiziere dem Fernsehpublikum versprochen hatten, wurde nichts.

Am 25. Januar stand nun das Ende des Krieges dicht bevor, und klar war, daß er bei den Alliierten sensationell wenig Opfer gefordert hatte. Wieder mal war die Apokalypse ausgeblieben und die Stimmung der Landsleute deshalb auf dem toten Punkt. Sie reagieren mit verhaltenem Zorn, Apathie und Depression.

***

*Frage:* Was sagen Sie denn jetzt zur Entwicklung am Golf?

*Frau M.:* Na, genau das, was ich damals gesagt habe, daß das ein Riesenchaos ist und kein Ende nimmt. Aber daß es so ein schlimmes Durcheinander wird, das hätte ich nicht gedacht. Und es wird kein Ende nehmen, das sage ich Ihnen.

*Frage:* Wo ist Chaos?

*Frau M.:* Auf der ganzen Welt.

*Frage:* Beispiel?

*Frau M.:* Na, die Flüge nach Amerika, die werden jetzt schon verbilligt angeboten, weil man Angst vor dem Fliegen hat. Und ich finde schon, daß das Terror von den Irakern ist, und deshalb werden die Flüge jetzt billig angeboten. Das hört einfach nicht auf. Und jetzt hört man schon, daß es gar nicht mehr um Kuweit geht, also Befreiung und so weiter, sondern daß die da ihre Kolonien aufbauen wollen, und alles Mögliche, jetzt mischt sich der Russe auch schon ein. Ich höre jetzt schon seit einer Woche nur noch abends Nachrichten oder gucke dann mal in die Zeitung, ich bin jetzt abgestumpft, von dieser Panik, und weil ich es nicht verarbeiten konnte. In der ersten Zeit habe ich dauernd Nachrichten gehört, aber jetzt interessiert es mich irgendwie nicht mehr.

*Frage:* Jetzt, wo der Krieg zuende geht, interessiert er Sie nicht mehr?

*Frau M.:* Der Krieg geht nicht zuende, weil der Krieg keine politische Lösung ist. Hussein wird weiter im Untergrund rumbomben, also für meinen Begriff ist der Mann geistesgestört. Den muß man abmurksen, heimtückisch, irgendwie: Es gibt ja Organisationen, die so was machen, und die müssen den schlachten. Das war von Anfang an meine Meinung. Überlegen Sie mal, wegen so einem Idioten, der nicht mal was dafür kann, daß er verrückt ist, weil er ja geistesgestört ist — so reagiert man doch nicht, wie der das macht, der macht regelrecht primitiven Terror — so einen muß man doch wegschaffen. Der hat doch Zivilisten auf Militäranlagen verschleppt, der arbeitet mit den gemeinsten Tricks.

*

Enttäuschung, Verzweiflung und Wut auf der ganzen Linie. Hussein, das Idol, hat sich als Versager entpuppt, Frau M., die so fest an ihn glaubte, fühlt sich von ihm verraten. Statt in ihrem Blut schwimmen zu müssen, wie es der Diktator versprach, konnten die Alliierten sich in ihren Erfolgen baden. Dafür hatte die Mutter aller Schlachten auf irakischer Seite Helden geboren, die froh waren, wenn sie sich kampflos ergeben durften. Auch Frau M. trägt schwer an der Schande, und sie weiß nicht recht, an wem sie sich für die Demütigung rächen soll. Eigentlich haben beide Schuld, Hussein und die Amerikaner.

Wenn Frau M. in dieser Passage trotz ihres Grolls gegen den Diktator teilweise wie Radio Bagdad spricht, darf man ihr weder bewußte Täuschungsabsicht noch einfach die Projektion ihrer Wunschvorstellung vom Kriegsverlauf auf den wirklichen Kriegsverlauf unterstellen. Aus ihrer Perspektive gibt sie vielmehr den Sachverhalt durchaus zutreffend wieder, denn es ist wahr, daß alles noch viel schlimmer kam, als Frau M. je gefürchtet hat, tatsächlich ist ein Chaos, ein Riesendurcheinander entstanden — nicht nur im Irak, wo die Schwächung des Diktators zu Bürgerkriegswirren führte, sondern vor allem auch im Gemüt von Frau M., wo Hussein vorübergehend die Rolle einer Ordnungsmacht gespielt hatte. Dort sah es nun wie rund um die Region Basra aus, wo reguläre Einheiten, Republikanische Garden und schiitische Milizen sich Gefechte lieferten und der Frontverlauf äußerst unübersichtlich war. Auch Frau M. hat die Orientierung verloren.

Orientierungslos, wie Frau M. durch den Verlust ihres Idols geworden ist, reagiert sie zum einen mit Realitätsverleugnung, sie hört einfach keine Nachrichten mehr. Zum anderen produziert sie fast panisch neue paranoide Wahnideen, die ihr wieder einen Halt geben können: Hussein wird im Untergrund weiterbomben, die Amerikaner wollen am Golf Kolonien gründen, etc. Frau M. befindet sich in einer Gemütsverfassung, wo sie als Erlöser denjenigen betrachten müßte, der ihr den festen Glauben gibt, in Wahrheit handele es sich bei dem ganzen Durcheinander um das Resultat der jüdischen Weltverschwörung. An Verschwörungstheorien und finstere Machenschaften wird sie umso bereitwilliger glauben, als sie selber dabei ist, die wildesten und abenteuerlichsten auszuspinnen: Die Uno soll die Mafia engagieren, damit ein gemieteter Killer im Regierungsauftrag den Versager Hussein für die Enttäuschung bestraft, die er Frau M. zugefügt hat.

*

*Frage:* Also war der Krieg doch nötig?

*Frau M.:* Eine Lösung habe ich auch nicht, aber ich habe einfach Angst, daß der Krieg keine Lösung ist. Man hätte vielleicht versuchen sollen, den erstmal beiseite zu schaffen, dann wären die Republikanischen Garden auch demoralisiert worden.

*Frage:* Und wer hätte Hussein beseitigen sollen?

*Frau M.:* Gibt es nicht solche Organisationen, wie die Mafia und ähnliches, die das für viel Geld machen würden?

*Frage:* Welcher Staat sollte das bezahlen?

*Frau M.:* Alle.

*Frage:* Wenn alle Regierungen zusammenlegen und sich einen Killer mieten, würde das der Moral auf der Welt nicht einen mächtigen Knacks geben?

*Frau M.:* Besser als die vielen Toten. Und ich traue dem Frieden jetzt nicht, ich glaube, daß dieser Idiot noch was aushecken wird, daß er die Ölfelder anzünden wird, wie er angekündigt hat, und plötzlich ist alles in schwarzem Rauch. Davor habe ich eben Angst. *Dann kommen aber auch die Amerikaner um, bestimmt.* Es ist ja noch nicht ausgestanden. Wenn es nach der Bodenoffensive dann wenigstens aufhören würde, aber daran glaube ich nicht, weil eben da im Nahen Osten viele Sachen nicht stimmen. Die Palästinenser sind unzufrieden, und die Israelis wollen ihnen nicht irgendwie helfen, daß sie aus ihren Lagern und aus ihrer *Isolation* herauskommen. Stimmt das eigentlich, daß die Amerikaner da in Palästina nach dem zweiten Weltkrieg viele *Juden* angesiedelt und dadurch die Palästinenser vertrieben und verdrängt haben von ihrem Gebiet? Ich denke, daß es seit dieser Zeit dort die Spannungen gibt, also seit die Amerikaner dort die Juden angesiedelt haben.

*

Was immer man gegen Frau M. einwenden mochte — eine Antisemitin war sie nie, die Juden spielten in ihrem Weltbild einfach keine Rolle. Umso lehrreicher daher, wie sie aus gegebenem Anlaß doch dazu kommt, die Existenz der Juden für den eigentlichen Kriegsgrund zu halten, frei nach der Devise ›die Juden sind an allem schuld‹. Antisemitismus bildet sich bei den Individuen offenbar spontan, wenn zwei Voraussetzungen gegeben sind: Ein vom akuten Zerfall bedrohtes, panisch nach neuem Halt suchendes Ich, und ein öffentliches antisemitisches Grummeln. Dem Antisemitismus fällt dabei gewissermaßen die Rolle des Strohhalms zu, an den der Ertrinkende sich klammert. Daß Frau M., psychisch betrachtet, wirklich am Absaufen ist, geht schon aus Sätzen wie »plötzlich ist alles schwarzer Rauch« oder »dann kommen auch die Amerikaner um« hervor, und wie schlecht es ihr geht — sie ist in drei Monaten um Jahrzehnte gealtert — wird sie gleich selber erzählen.

*

*Fortsetzung Frau M.:* Ich bin seit einiger Zeit richtig abgestumpft, ich merke auch, daß kein Aufruhr in mir hochkommt, weil ich die Sache zu kompliziert finde.

*Frage:* Sie sind nicht mehr so sehr engagiert für den Frieden wie am Anfang, als Sie auf Friedensdemonstrationen gingen?

*Frau M.:* Ich weiß gar nicht, welche laufen. Ich bin so mit meinem eigenen Kram beschäftigt, daß ich einfach kein Interesse habe. Ich habe mich in mein Schneckenhaus zurückgezogen und warte ab. Ich habe die Kraft nicht mehr — die Sache hat mich die erste Zeit ziemlich zermürbt, schlaflose Nächte, Aufregung. Emotional habe ich mich zu stark beteiligt. Jetzt bin ich am Ende, ich kann nicht mehr. Es interessiert mich einfach nicht, es ist mir egal, wie es ausgeht. Wir reden auch in der Familie nur noch kurz und sachlich darüber, ohne daß wir uns dabei in die Wolle kriegen, wir sind alle irgendwie so ausgeleiert. Ich bringe die Kraft einfach nicht mehr auf, obwohl ich bei anderen diese gleichgültige Stimmung immer kritisiere.

Mich regt auch vieles auf, wie die Journalisten so eingebildet die Reportagen bringen — vielleicht bin ich jetzt auch wahnsinnig empfindlich geworden, alles stört mich —, als würden die sich direkt freuen, daß da was los ist, als würden sie ein Kapital daraus schlagen. Dabei müssen wir Steuerzahler bezahlen, und es wird uns schlechter gehen.

*Frage:* Was war denn Ihre Reaktion, als die Scud-Raketen auf Tel Aviv niedergingen?

*Frau M.:* Ich war, wie soll ich sagen, na irgendwie beruhigt, daß es kaum Tote gab. Man muß den Kontrast sehen: Auf der einen Seite hört man, die Amerikaner haben schon tausende von Tonnen Bomben abgeworfen, und die Einsätze gehen pausenlos weiter — so richtig aggressiv klang das für mich —, und dann kam in Israel so läppisch, wie wenn man mit Pfeil und Bogen schießt, mal eine Rakete rüber.

*Frage:* Israel ist allerdings keine Partei im Krieg, das kann man schwer vergleichen.

*Frau M.:* Aber Hussein will Israel in den Krieg hineinziehen. Kriegsbesessen ist er und machtlüstern. Ich war sehr beruhigt, daß das nicht gelungen ist, ich war froh, weil ich dachte: Wenn die jetzt auch noch anfangen, das wird dann die Hölle der Höllen sein. Wissen Sie, früher, als ich jünger war, da habe ich bei Aggressionen mehr applaudiert, und jetzt, wo ich älter bin und selber auch müder bin, möchte ich Ruhe haben. Und wahrscheinlich überträgt man das aus dem Privatbereich auf die Politik. Ich glaube, daß vieles vom Alter abhängt.

Also die Raketen auf Israel haben mich nicht so aufgeregt, weil es dabei wenig Tote gab. Gerade im Vergleich zu den Amerikanern — wenn man so hört, wieviele Tonnen die abgeworfen haben und pausenlos — also dieses Wort hat mich schon wütend gemacht. Da steckt mir so viel Aggression drin, daß ich es nicht verarbeiten kann. Diese harte Haltung, auch dieses Wort ›bedingungslos räumen‹ — also gefühlsmäßig habe ich es nie akzeptiert, weil ich immer dafür bin: Laß uns ein bißchen reden, laß uns ein bißchen verhandeln. Ich bin grundsätzlich für Verhandlungen und auch mal verzeihen, man hätte mit dem Krieg warten sollen.

*Frage:* Und wenn Saddam Hussein unterdessen die Atombombe bekommen hätte?

*Frau M.:* Ist es denn sicher, daß er sie nicht schon hat?

*Frage:* D.h. Sie vermuten einerseits, er habe die Bombe schon, sie erklären ihn außerdem für verrückt, und Sie sagen trotzdem: Kein Krieg, sondern verhandeln?

*Frau M.:* Wäre das eigentlich nicht legal, wenn Politiker zur Ermordung von Hussein aufrufen würden? Weil er ja schon so viele Verbrechen begangen hat?

*

Frau M. mag lächerlich wirken, wie sie für Verhandlung und Verzeihung und im gleichen Atem für Ermordung plädiert, ohne den Widerspruch selber auch nur zu bemerken. Aber zum Lachen ist es nicht, wenn Erwachsene aufs Gemüt 4-jähriger Kinder regredieren, schon gar nicht für diese Erwachsenen selber. Glauben darf man

Frau M., daß sie leidet, daß sie sich erbärmlich fühlt — alt, apathisch, tot, abgestumpft —, und vielleicht fürchtet sie sogar um ihren Verstand. Ohnehin schon nicht sonderlich von Skrupeln geplagt, dürfte sie nun erst recht alle Hemmungen verlieren.

Die Deutschen also im März 1991, nach dem glänzenden Sieg der unter Führung der USA operierenden alliierten Truppen über den Irak: In die Ecke gedrängt, in die Enge getrieben, führungslos, orientierungslos, apathisch, deprimiert und beherrscht von dem Gefühl der totalen Niederlage. Sechs Monate später schlagen sie zurück (siehe S. 187 ff, Hoyerswerda).

# Unwirklichkeit und Gleichzeitigkeit[20]

*Kriegsfolgen im März*

## *Grundlose Angst wird eingebildete Unverwundbarkeit*

Ende Februar sah es so aus, als würden die Landsleute sich von der Niederlage im Golfkrieg nie erholen, Mitte März war nicht nur diese Depression wie weggewischt, sondern die Stimmung gelöster als zuvor. Die Deutschen hatten erneut ihre eigenen Geschwindigkeitsrekorde in der Disziplin Vergangenheitsbewältigung gebrochen und wirklich allen Grund, sich selber zu bewundern. Denn wie im Weltkrieg hatte man unter dem alliierten Bombenterror gelitten, doch anders als damals ergab nun die Schadensbilanz: Alles heil geblieben, nichts gebrochen, nichts kaputt, nichts passiert. Man hatte sich in die Vernichtungsschlacht förmlich hineingestürzt, man hatte gegen die ganze Welt gekämpft, man war von einer überwältigenden Übermacht niedergeworfen worden, und man hatte dabei nicht mal einen Kratzer abgekriegt.

Der Lohn unbegründeter Angst war teils eingebildete Unverwundbarkeit, teils die Weiterentwicklung einer Fähigkeit, die man vielleicht als Realitäts-hopping bezeichnen könnte. Das *hier & heute* nämlich ist normalerweise als unverrückbarer Punkt im geschichtlichen Kontinuum bestimmt, wobei die Kontinuität wiederum darauf beruht, daß Entscheidungen, Handlungen, Unterlassungen fortwirken, weil sie irreversible Folgen nach sich ziehen: Ich bin heute Bäcker, weil ich vor 20 Jahren diesen Beruf ergriff und nicht Maurer oder Schreiner wurde. Daß die Deutschen solche Determination ablehnen, drückt sich schon aus in ihrer Vorliebe für Revisionsvokabeln wie *Wiedergutmachung*, *Nachholbedarf*, *Aufarbeitung der Vergangenheit*. Daß sie mit solcher Ablehnung durchkommen, hatte ihnen der Golfkrieg nun ein weiteres mal bestätigt, nachdem ihnen gerade die Wiedervereinigung in den Schoß gefallen war, wie zum Beweis dafür, daß nichts für immer vorbei und verspielt, sondern alles mühelos wiederholbar ist. Kein Wunder daher, daß ihnen allmählich der Realitätssinn, besonders die Orientierung in der Zeit abhanden kam. Die Vergangenheit mußte ihnen als eine Abfolge zusammenhangsloser Zustände erscheinen, deren jeder nach Bedarf die Gegenwart ersetzen kann.

Schon im Golfkrieg selber fiel auf, daß die Deutschen von 1991 sich plötzlich in die von 1945 verwandelt hatten. Nun, da der Krieg verloren war, schien es ihr Wunsch zu sein, kurzfristig das Stück »1988« ins Programm zu schieben, jedenfalls ein Stück aus der *guten alten Zeit* — ein Terminus, der damals noch für frivol gegolten hätte, sich ein Jahr später aber bereits einzubürgern begann, als die *Stuttgarter Zeitung* vom 30.3. 1992 unter dem Titel »Umdenken« sinnierte:

»Es fällt uns schwer umzudenken. Und doch ist dies nötig. Denn die fetten Jahre sind — soviel ist gewiß — vorbei, und die Jahre vor dem Fall der Mauer könnten sehr leicht als ›gute alte Zeit‹ unseres Jahrhunderts in die Geschichte eingehen, zumindest in die westdeutsche. Seit fast drei Jahren wissen wir, daß nichts mehr so bleiben wird, wie es war.«

Was Anfang 1991 keiner wissen wollte, am wenigsten der wendige Kolumnist, fühlten freilich alle schon, woraus der Wunsch nach einer Zeit ohne *Heute Spezial*, ohne *Tagesthemen Extra*, ohne historische Augenblicke und bewegende Szenen entsprang. Im neuen Trend lag die *Spiegel*-Apokalypse vom 11. März 1991, insofern das Titelthema »Autoflut« ein typischer Tranquillizer war. Es ist Sauregurkenzeit, hieß die Botschaft, und das Schlimmste, was uns passieren kann, ist, daß wir am Wohlstand ersticken — eine Todesaussicht, mit der sich's leben läßt. Auch in die Fernsehnachrichten war der Alltag zurückgekehrt: Feixende Gesprächsrunde vor Sitzungsbeginn, feixende Gesprächsrunde nach Sitzungsende, und während die Kamera Thermoskannen, Selterwasser und Papierstapel heranzoomt, leiert der Sprecher aus dem Off irgendwelche Zahlen herunter.

Weil man einerseits sich für unverletzlich hielt, und weil man andererseits wenig Angriffslust spürte, wurden keine Ängste produziert. Weil es keine Ängste gab, waren die Projektionsflächen nicht nötig, welche die vermeintlichen Objekte selbstlosen Mitgefühls hier in Wahrheit darstellen. Vorübergehend erlosch daher der Wunsch, die von anderen erlittenen Qualen im eigenen Herzen zu spüren. So waren die Massaker regimetreuer irakischer Truppen an der Zivilbevölkerung weder in den Medien noch auf der Straße ein Thema, die Ostermärsche verzeichneten die geringste Teilnehmerzahl seit Jahren. Nicht mal der Qualm brennender kuweitischer Ölquellen möbelte die Bundesbürger richtig auf. Sie wirkten absolut unerschütterlich, durch kein Leid auf der Welt zu rühren, und gäbe es die Dokumente nicht, hätte man die Hysterie in den Monaten Januar und Februar rückblickend für eine Sinnestäuschung halten können.

*Realitäts-hopping verursacht Identitätsproblem*

Gereizt im Ton blieb zwar die Berichterstattung über Israel, man genoß es, bei abgeschobenen oder ausgewiesenen Palästinensern von »Deportationen« zu sprechen, bewaffnete Eindringlinge aus Jordanien oder dem Libanon wurden nicht Terroristen, sondern Untergrundkämpfer oder einfach Jugendliche genannt. Der offene Antiamerikanismus aber zog sich aus der breiteren Öffentlichkeit wieder in die Nischen der Gesellschaft zurück und war dort freilich umso reger.

In der Kleinstadt Ludwigsburg beispielsweise las auf Einladung des Alternativ-Buchladens *Schwarzes Schaf* im *Demokratischen Zentrum* der ehemalige Chefredakteur des *Stern*, Rolf Winter, aus seinem Buch »Ami go home — Plädoyer für den Abschied von einem gewalttätigen Land«, und die Lesung wurde ein kurioses Gemeinschaftserlebnis. Die *Stuttgarter Zeitung* vom 20.3. 91 berichtet:

»Ob denn der Zusammenbruch der amerikanischen Wirtschaft nicht die Chance in sich berge, fragt frohgemut einer aus dem Saal, ›daß wir endgültig von den USA erlöst werden?‹ So weit will nicht einmal Rolf Winter gehen. [...] ›Ich will beileibe keinen Haß gegen die USA säen‹, sagt der Autor in der anschließenden Diskussion, um, Minuten später, seinen Zuhörern zu erklären, wie sie den Jubel der Amerikaner über ihre aus dem nahen Osten heimgekehrten Soldaten zu bewerten haben: ›Worüber die sich ihre Köppe abfreuen, das ist nichts anderes, als daß im Irak 200.000 Menschen verreckt sind.‹ So etwas macht an. Aus dem Publikum bricht der Anti-Amerikanismus nur so hervor. Ja richtig, die Atombombe haben sie geworfen und Giftgas auch und die Indianer und die Neger und Nikaragua. [...] Das hat man nicht oft, daß sich ein Saal voller Deutscher so einig ist.«

Außerhalb solcher Nischen aber wich die offene Feindschaft einer anderen Haltung, einer Mischung aus Bewunderung und Neid. Nicht freilich den militärischen Sieg selber mißgönnte man den USA, weil der ja schon wieder Vergangenheit und eigentlich Nicht-Ereignis war. Neid erregte vielmehr, was man hier gern als pompöse Siegesfeiern denunzierte, obwohl die Fernsehbilder etwas anderes zeigten. Sie zeigten, wie das patriotische Begrüßungsprotokoll beim Empfang rückkehrender Truppen meist hoffnungslos im privaten Jubel von Frauen, Männern und Kindern unterging, die statt Siegestrunkenheit und Vaterlandsliebe private Wiedersehensfreude empfanden. Eine ganz andere Wiedersehensfreude war das allerdings als ihr gleichnamiges deutsches Pendant vom Herbst 1989, wo die Sektflaschen geschwungen und aus heiserer Kehle mit überschnappender Stimme Wahnsinn gebrüllt wurde und die Leute solo vor der Kamera unmotivierte Heulkrämpfe bekamen. Als habe man keine Augen im Kopf, wurde angesichts des gruseligen Treibens ausgerasteter Autisten damals von *bewegenden Szenen* gesprochen, und die Halluzination verriet unerfüllte Sehnsucht. Nun spielten die damals inszenierten *bewegenden Szenen* sich wirklich ab, nur leider, wie zum Hohn auf das eigene miese Schmierentheater, ganz woanders.

Die aus den USA übertragenen Bilder heimkehrender Truppen hatten also das hiesige Vereinigungsspektakel vom Herbst 1989 enttarnt, denn so blind ist keiner, daß er den Unterschied nicht sehen würde, der zwischen echter Wiedersehensfreude und angedrehter Ausgelassenheit besteht. Nicht nur hatten die Landsleute damals als Trostspender stets die Flasche zur Hand, sondern sie benahmen sich wie im Fasching zu vorgerückter Stunde, wenn das gemeinsame Hellau-Gebrüll das letzte Aufbäumen gegen einen Zustand ist, wo der Mensch sehr einsam wird, weil er sich gezwungenermaßen nur noch mit sich selbst beschäftigt, damit etwa, wie er sich auf den Beinen hält und den Weg zur Toilette findet. Von Anfang an bestand während der Vereinigungszeit für die Deutschen das Problem darin, daß sie meinten, etwas empfinden zu müssen, und es nicht empfanden. Schließlich hatten sie weder Außergewöhnliches geleistet noch sehnlichst Erwünschtes bekommen und folglich zu intensiveren Empfindungen, die sie zeigen zu müssen meinten, einfach keinen Grund.

Den hatte man dafür nun in Amerika, die Intensität der privaten Gefühle dort war auch das Resultat gesellschaftlicher Vermittlung: Da fielen sich auf dem Rollfeld Leute in die Arme, für die nicht nur eine Trennung und die Zeit des Bangens zuende war, sondern der Sieg der Nation im Kampf für die gerechte Sache gab den Menschen Grund, einander für tapfer und gerecht zu halten. Einen Augenblick lang galt das Gesetz nicht mehr, daß man die, welche man besonders gut kennt, auch am meisten als Schurken, Feiglinge und Versager verachten muß, weil das normale Leben den meisten Menschen nicht erlaubt, sich von ihrer vorteilhaftesten Seite zu zeigen — einer der Gründe dafür, daß der Patriotismus grundsätzlich niemals sein kann, was zu sein er vorgibt, nämlich dauerhafte und schwärmerische Liebe zu den Landsleuten. Mit der Parole »Wir sind ein *gutes, ein großzügiges* Volk« traf Bush nur deshalb das Empfinden der amerikanischen Bevölkerung, weil er den seltenen und so kurzen Augenblick nutzte, in dem das wirklich stimmte. Dergleichen von sich behaupten zu wollen kam den Deutschen nicht mal in den Sinn, als angeblich ihre schönsten nationalen Träume wahr wurden. »Wir sind ein Volk«, hieß ihre Parole kurz und knapp. Das reichte ihnen schon — wozu sich in übertriebene moralische Unkosten stürzen.

Deshalb vielleicht, weil es den Menschen nützt, wenn sie Grund haben, einander zu achten. Während die amerikanische Wiedervereinigung war, was der deutsche Fachausdruck mit unnachahmlicher Lieblosigkeit als *Familienzusammenführung* bezeichnet, lief die deutsche darauf hinaus, daß man plötzlich 17.000 entlaufene Väter suchte. Und während Verwandte, Nachbarn, Freunde in den USA vorübergehend eine größere Nähe zueinander spürten, waren es hier die vielgezeigten wechselseitigen Umhalsungen einander wildfremder Menschen, die ein bißchen Rührseligkeit aufkommen ließen. Die Ursache dafür, daß Zuneigung sich immer nur zwischen einander wildfremden Menschen zeigte, war die gleiche, die bald zum rapiden Zerfall aller sozialen Beziehungen in der Zone und zum gespannten Verhältnis zwischen Ossis und Wessis führen sollte. Die große Lüge von der friedlichen Revolution nämlich hatte die Landsleute in die peinliche Lage versetzt, daß jeder sich nur sehen lassen konnte, wo über sein Vorleben und sein Verhalten nichts bekannt war und ihn keiner als braven Mitläufer des alten Regimes oder gar als Stasi-Spitzel enttarnen konnte. Die nationale Einheit hatte die Deutschen zu einem Volk auf der Flucht vor sich selbst gemacht, weil die Entstehungsgeschichte dieser Einheit — wie das SED-Regime von Friedensgebeten und Montagsdemonstrationen in der Heldenstadt bezwungen wurde, wie tapfer die Revolutionäre gewesen waren und wie lieblich zugleich, wie erbittert sie für die Einheit gekämpft und wie heiß sie diese ersehnt hatten auf beiden Seiten der Mauer, etc. — einfach eine Story war, die man ohne zu erröten nur in Papua-Neuguinea auftischen konnte. Weil keiner mehr in den eigenen Spiegel schauen mochte, rannte jeder wie in Panik vorm anderen davon, und entsprechend groß war die Entfremdung. Der *Spiegel* vom 1.1.91 schrieb über eine Bundestagsabgeordnete der Partei *Bündnis 90/Die Grünen*:

»Für Christina Schenk waren die Herbstmonate 1989 ›die glücklichsten meines Lebens‹, aber im vereinten Vaterland fühlt sie sich ›wie im Exil‹. Es klingt bitter: ›Dies Deutschland ist nicht mehr mein Land.‹«

Das *Neue Deutschland* vom 23.3.91 zog in seiner Kolumne die gleiche Bilanz:

»[...] und so sind die Deutschen uneins wie nie zuvor in den Jahren nach dem zweiten Weltkrieg. An die Stelle der niedergerissenen Mauer ist in Berlin eine Barriere der Entfremdung in den Köpfen und Herzen getreten. Familien, die jahrzehntelang über Mauer und Stacheldraht engsten Kontakt hielten — sie verstehen sich auf einmal nicht mehr.«

Auch die *Bild*-Zeitung sah in der Einheit den Pflegefall. Unter dem schwarz-rot-gold umkringelten Aufmacher »Macht die Einheit nicht kaputt!« schrieb das Blatt am 21.3. 1991:

»Ein Gespenst geht um in der Republik. Das Gespenst macht uns Angst, die Einheit könnte zerbrechen. Sie aber ist der kostbarste Besitz aller Deutschen, den wir pflegen und erhalten müssen.«

So praktisch vorteilhaft also die Folgenlosigkeit der eigenen Geschichte und das mit ihr verbundene Realitäts-hopping waren — beides forderte seinen Preis. Das Wunderbare nämlich, das Unverdiente, das Grundlose, das keine begreifliche Wirkung einer Ursache ist, enthält auch Momente von Unheimlichkeit und Unwirklichkeit, es ist nicht reproduzierbar, es ist kein Verlaß auf seine Existenz und seine Dauer. Es war ja wirklich *Wahnsinn* oder eben wunderbar, was im Herbst 1989 geschah, als die Landsleute wie von Sinnen ›Wir sind ein Volk‹ brüllten. Doch der Wahnsinn kommt, und dann vergeht der Anfall auch wieder, so spurlos meist, daß man sich nachher kaum noch an ihn erinnert.

Anfang März war er vorbei, denn es fiel den Deutschen besonders schwer, sich als Nation zu begreifen. Da stand nun ein Haufen asozial mit sich und der Welt Zerfallener herum und mußte mit ansehen, wie die amerikanischen Nachbarn Goldene Hochzeit feierten.[21] Deren Glück wurde aus der Perspektive des ewig Zukurzgekommenen, vom Schicksal Benachteiligten betrachtet, beispielsweise von Oskar Fehrenbach in *Sonntag Aktuell* vom 3.3.91 unter dem Titel »Amerika hält Hof«:

»Wie einem ›Sieger‹ zumute ist, das können wir Deutschen gar nicht nachfühlen. Falls es ein erhebendes Gefühl sein sollte, nach einem ›Krieg‹ mit dem Lorbeerkranz des Helden nach Hause kehren zu dürfen, wir kennen es nicht. Denn in unserer jüngeren Geschichte ist uns dergleichen nicht widerfahren. Allerdings sollte das kein Grund sein, jetzt wieder wehmütig, kleinmütig oder gar neidisch zu werden.«

Drei Wochen später hatte der gleiche Kommentator die Depression überwunden. Auf die rhetorische Frage »Müssen wir uns schämen?« — so der Titel seiner Kolumne vom 24.3. — konnte es nur eine Antwort geben:

»Nein! Wir müssen uns nicht schämen. Wir müssen nicht in Sack und Asche gehen, weil wir das große Kriegsgeheul nicht mitgemacht und uns stattdessen als Friedensapostel in Szene gesetzt haben. [...] Was immer uns eingefallen wäre: Es gab keinerlei Chance, uns mit den Siegern zu sonnen und uns militärische Lorbeeren aufs Haupt zu drücken. Man darf hinzufügen: Gott sei dank. [...] Militärischer Erfolg berauscht und benebelt. Davon können wir ein Lied singen. Wer die Siegesfeiern diesseits und jenseits des Atlantik beobachtet hat, wird die Meinung nicht ganz unterdrücken können, daß es auch eine Nummer kleiner getan hätte. [...] Und dieser Krieg, in den militärischen Kategorien des 19. Jahrhunderts begutachtet, war ein reiner Kartätschenkrieg, ein Gemetzel doch eher, bei dem der Gegner ausschließlich durch waffentechnische Überlegenheit niedergeknüppelt wurde und nicht durch kriegerische Großtaten.«

Humanitäre Bedenken spielen nun in der Kritik an den USA keine Rolle mehr, vielmehr wird ihnen vorgeworfen, sie hätten den Krieg nicht kriegerisch genug geführt, sie hätten ihre materielle Überlegenheit in die Schlacht geworfen, statt im Kampf Mann gegen Mann Tapferkeit und echtes Heldentum zu zeigen, und folglich hätten sie den Sieg gar nicht ehrlich verdient und eigentlich keinen Grund zum Feiern. Die Nation wird beneidet, weil sie zu besitzen scheint, was den Deutschen weder die Wiedervereinigung noch der Sieg von Rom brachte, der weit martialischer als der Sieg in der Wüste gefeiert worden war: Ein relativ zufriedenes Bewußtsein von sich selbst.

*Irrealisierung der Wirtschaftskrise*

Mitte März machten die Deutschen Kurzurlaub in der guten alten Zeit, Ende des Monats hatten sie frischen Mut gefaßt, auch die Aufgaben der Gegenwart anzupacken, unter denen die vordringlichste die Entwicklung irgend einer Art von Gemeinsamkeit war. So bekam die Bundesrepublik wieder ein Talk-Thema, einen Medienstar, die Krise im Osten wurde fast so populär und so unwirklich zugleich wie Waldsterben oder Klimakatastrophe in ihren besten Zeiten, mit dem paradoxen Effekt, daß in der gemeinsamen Sorge die Zuversicht aller lag. Weil die Erfahrung lehrt, daß im Leben nicht kommt, was das Fernsehen verspricht, war die zuvor von dunklen Ahnungen geplagte Bevölkerung erleichtert. Die angeblich bevorstehende Frühjahrsoffensive der Ossis, der angedrohte Marsch auf Bonn; der heiße Sommer, welcher der Regierung den Angstschweiß auf die Stirn treiben würde; die für den Herbst befürchteten sozialen Unruhen in der alten DDR — dies alles verlor am 25. März endgültig seinen Schrecken. Da lief bei der Leipziger Montagsdemonstration nämlich der SPD-Vorsitzende mit, und jeder weiß: Wo Pech-Vogel mit drinhängt, daraus wird nix. So sprach der Kanzler in seinem Oster-Interview die Überzeugung aller aus, als er mit der ihm eigenen Logik die Krise eine Krise nannte und gleichzeitig vehement bestritt, daß man sie so nennen dürfe, weil sie eigentlich gar keine sei.

Im Golfkrieg fochten die Deutschen gegen die Wirklichkeit, gegen das Gesetz von Ursache und Wirkung, gegen elementare Erfahrungsregeln und gegen den gesunden Menschenverstand. Dabei hatten sie zwar eine Niederlage hinnehmen müssen, zugleich aber wertvolle Kampferfahrungen sammeln können. Nun waren sie gerüstet dafür, der Entwicklung im hinzuerworbenen Osten auf ganz besondere Weise zu trotzen. In Stuttgart zu bibbern, weil Bomben auf Bagdad fallen, beweist eine Fähigkeit, die zur Herbeiführung objektiv unbegründeter Angst ebensogut wie zur Vermeidung begründeter Angst genutzt werden kann, und dank dieser Fähigkeit hatte die Krise ihren bedrohlichen Charakter verloren. Der vormals tabuierte Angstmacher war nun die Würze im faden Nachrichtenbrei, die Krise war an Stammtischen und in Familien Gesprächsstoff. Obendrein war sie, als Vorwand für allerlei Gemeinschaftswerke, das Mittel zur Herstellung der Einheit von Volk und Nation geworden.

*Verschärfung der Gemeinschaftskrise*

Ein solches Wundermittel wurde umso dringender gebraucht, als es im wiedervereinigten Deutschland bald gar keine Einheit mehr gab, nicht mal auf niederster Ebene, weshalb 1991 das Jahr der verpfuschten Feste war. Wo immer und wann immer die Landsleute zusammenkamen lief die Sache noch glimpflich ab, wenn das Treffen bloß trübsinnig blieb und daraus keine Keilerei wurde. Der krampfartige Kollektivjubel aus Anlaß der gewonnenen Fußballweltmeisterschaft im Sommer 1990 schon signalisierte wie ein letztes Aufbäumen gegen das Unvermeidliche das Ende aller Gemeinsamkeit, und seit dem Nacht-der-Einheit-Flop am 3. Oktober 1990 hatten die Landsleute dann endgültig jede Sympathie für einander verloren. Wo der Anlaß sie dennoch zur Vereinigung zwang, war die Atmosphäre beziehungslos und gereizt, wie im Durchgangslager, wie in der Fußgängerzone oder im Wartesaal. Die von keinem wirklich gewollte Vereinigung zweier einander nicht mögender Gruppen im gleichen Staat hatte die Deutschen gewissermaßen heimatlos, zu Flüchtlingen und Staatenlosen im eigenen Land gemacht, etwa so, wie bei zerstrittenen Familien sich in der gemeinsamen Wohnung keiner zu Hause fühlt. Produkt der Wiedervereinigung war eine Masse ohne Bewußtsein von sich, und die nationale Identitätskrise, die sich in so vielen offenen Fragen niederschlug — Wie heißt eigentlich das Land? Welches ist seine Hauptstadt? Wie soll man die DDR nennen, die eigentlich nicht mehr existieren dürfte? — setzte sich auf allen nachgeordneten Ebenen fort. Es gab kein Kollektiv und keine Kollektive mehr, und deshalb gab es auch nicht mehr die Möglichkeit zu feiern.

Feste nämlich erfüllen normalerweise den Zweck, die Vereinzelung zurückzunehmen oder zu durchbrechen. Ein modernes Fest ist, wenn der sonst nur mit sich beschäftigte Einzelne seine Gemeinschaft mit Menschheit, Nation, Volk, Familie, Gemeinde, Nachbarschaft, Belegschaft, Freundeskreis, Gesinnungsgenossen, Partygesellschaft, Zechkumpanen zu spüren meint. Der Anlaß muß ein fröhlicher und der Verlauf ein halbwegs angenehmer sein, weil die modernen Kollektive im Unterschied zu den atavistischen nur schwache Mittel besitzen, um eine Teilnahme zu erzwingen. Wenn einer schon weiß, daß er auf dem Höhepunkt der Feier geschlachtet werden soll, um den Sonnengott gnädig zu stimmen, kommt er nicht. Moderne Feste vermeiden es daher, die Teilnehmer allzusehr zu quälen, und wenn der Einzelne sich selber preisgeben soll, muß er dafür Spaß bekommen.

Solche Feste gelangen in Deutschland nie besonders gut, jetzt gelangen sie nicht mehr. Der Konformitätsdruck, den sie normalerweise ausüben, stellte sich nun unter anderen Bedingungen ein, und er war unberechenbar geworden. Weder der Kalender noch die Konvention gaben dem Einzelnen vor, wann er mitmachen mußte oder abseits stehen durfte, wann er ausgelassen oder wann er bedrückt zu sein hatte. Er mußte es instinktiv spüren oder ahnen, daß eine Art neuen Opferkults im Entstehen begriffen war.

Schon Weihnachten 1990 war deshalb als Familienritual harmloser als sonst, das Zwanghafte daran hatte sich in den Weihnachtsersatz verlagert, in das Gemeinschaftswerk *Winterhilfe für Rußland.* Unter Verwandten fehlte die Lust oder die Kraft, Feiertagsbesuche zu erpressen, in Kaufhäusern war die Musikberieselung dezenter als gewohnt. Konventionelle Typen erklärten ungefragt, der ganze Rummel ginge ihnen nur noch auf die Nerven, und geschenkt würde dieses Jahr nichts. Von der Neujahrsnacht las man dann im Polizeibericht, sie sei, ganz im Unterschied zur vorangegangenen, eine der ruhigsten seit Jahren gewesen: Weniger Knallerei, kaum Zwischenfälle.

Auch von Vereinsfesten, betrieblichem Beisammensein und Geburtstagsfeiern hörte man, es habe irgendwie der zündende Funke gefehlt. Oft mußten sie wegen Terminschwierigkeiten verschoben werden, und wenn sie stattfanden, dauerten sie nicht lang. Bei Faschingsveranstaltungen, die am 11.11. 1990 begonnen hatten, war die Stimmung so lau, daß später manchem Aktiven der Golfkrieg wie ein Geschenk des Himmels vorgekommen sein muß, insofern er einen guten Vorwand bot, die Umzüge und besonders die Prunksitzungen abzusagen.

Miteinander feiern, sich selber fröhlich als Kollektiv erleben konnten also die Landsleute nicht, die Gemeinsamkeit von Geburtstagspartys, Betriebsausflügen, Karnevalsgeschunkel war ihnen ebenso schal geworden wie die umfassendere Gemeinsamkeit, die Silvester stiftet. Sie glichen nun jenen Deutschen, die sich für die besseren, die kritischen halten, weil sie glauben, sie empfänden grundsätzlich anders als der Rest der Bevölkerung — ein folgenschwerer Irrtum, der nur fiktive Identitäten und falsche Fronten aufbauen hilft. Der fortschrittliche Linke, der Schunkeln, Betriebsausflüge und Weihnachten nicht mag, betrachtet sich und seinesgleichen in der Rolle einer kämpferischen Minderheit oder als Volkspädagoge, er entwickelt Überlegenheitsgefühle, Sendungsbewußtsein und missionarischen Eifer, er glaubt, er müsse die reaktionären Spießer teilhaben lassen an seiner Erkenntnis und ihnen besseren Geschmack beibringen. Deshalb begreift er nicht, daß seine Empfindungen die allgemeinen, von der überwältigenden Mehrheit geteilten sind. Was er den anderen mitzuteilen hat, ist für die kalter Kaffee. So schlau, wie ihr Lehrer ist, waren sie schon lange. Daß deutsche Geselligkeit von der Familienfeier bis zur Betriebsfeier eine einzige Strapaze ist, wissen sie am besten.

Der fortschrittliche Trendsetter begreift also nicht, daß der Unterschied zwischen ihm und dem reaktionären Spießer nur der zwischen wahrhaben wollen und nicht wahrhaben wollen ist, und daß seine eigene Überlegenheit selten überlegener Einsicht entstammt, sondern auf Privilegien gründet: Den Weihnachtsrummel als das zu betrachten, was er ist, fällt leichter, wenn man als Lehrer über die Feiertage einen Kurzurlaub buchen kann; aufs Faschingsgeschunkel verzichtet gern, wer Ersatz für diese Art von Gemeinschaftserlebnis in der griechischen Stammkneipe findet.

Rückblickend stellt die ganze Protestbewegung sich als eine dar, die auf dem beschriebenen Unvermögen beruhte, was nur heißt, daß schlechte Voraussetzungen nicht unbedingt zu schlechten Ergebnissen führen müssen, obwohl man heute auch das Ergebnis von damals kritischer bewerten wird. Jedenfalls hat der Vietnamkrieg in der BRD unzweifelhaft eine mächtige therapeutische Wirkung entfaltet, insofern der Protest gegen ihn zur Basis eines regen Gemeinschaftslebens wurde. Es entstanden Gruppen, Grüppchen, Bekanntschaften, Freundschaften, die dann ziemlich lange hielten. Von den Resten dieser Beziehungen zehren weite Teile des geselligen Lebens noch heute. Davor gab es in der BRD nichts, was ähnlich enge Verbindungen zwischen Personen geschaffen hätte.

Wenn sie zusammenkommen wollten, mußte der Anlaß ein tragischer sein, die Klimakatastrophe, der Hunger in Rußland, der Krieg gegen den Irak. Auf ihrem Rückweg durch die menschliche Entwicklungsgeschichte waren die Deutschen wiedereinmal dort angelangt, wo es äußersten Druckes bedarf, um das Kollektiv zusammenzuhalten. Das Unterbewußtsein der Nation von sich selber war, daß nur eine Katastrophe sie retten könne. Nach Lage der Dinge, national wie international, bestand Grund zur Zuversicht.

*Irrealisierte Wirtschaftskrise wird heroisiert zur nationalen Entscheidungsschlacht*

Nicht nur also hatte die Krise durch ihre Irrealisierung an Bedrohlichkeit verloren, sondern sie begann, sich in eine Gunst des Schicksals zu verwandeln, etwa so, wie der von vornherein verlorene Golfkrieg im Moment, wo er seinen Lauf nahm, von der irakischen Propaganda zur ›Mutter aller Schlachten‹ umdeklariert wurde, zum ebenso furchtbaren wie fruchtbaren Entscheidungskampf, worin unter Blut und Tränen der Feind vernichtet und die arabische Nation ihre Wiedergeburt erleben würde.

Natürlich ist mit dieser Spekulation nicht gemeint, daß die Krise von der Bevölkerungsmehrheit vorwiegend als katastrophische Rettung herbeigesehnt worden wäre, sondern beschrieben werden soll, wie die Krise allmählich zu einem in vielen Farben gleichzeitig schillernden Gebilde wird, an welches sich neben Befürchtungen auch beträchtliche Erwartungen und Hoffnungen knüpfen. Im Wirtschaftsteil berichtete die *Stuttgarter Zeitung* vom 30.3.91 beispielsweise über einen Vortrag, den Treuhand-Chef Detlev Rohwedder am 27.3. vor der Industrie- und Handelskammer Pforzheim hielt, und angesichts des Haudegen-Jargons wird man den Eindruck nicht los, hier habe einer Norman Schwarzkopf spielen wollen:

»›Dieser wirtschaftliche Neuaufbau ist eine der größten Herausforderungen für ein Land‹, sagt Detlev Rohwedder. Nur ein Krieg könne als Parallele gesehen werden für den Anspruch, vor den man gestellt sei. Alles verblasse vor dieser großen Aufgabe. Der Treuhandchef hat gewonnen, kaum daß zwei Minuten vergangen sind. Jetzt kann er Tacheles reden. Die Treuhandanstalt habe eben nicht die Qualitäten eines ordentlich aufgebauten, traditionsreichen Unternehmens aus dem Schwäbischen, sagt er, sondern ›*wir sind ein wilder, bunt zusammengewürfelter Haufen, an der Spitze eine kleine Gruppe von Freischärlern mit Anfällen von Patriotismus.*‹«

In Rohwedders Selbstdarstellung, in der Darstellung seiner Tätigkeit nimmt der Krisenbericht unverkennbar die Züge eines Heldenepos an, und das Erstaunliche ist, daß der Treuhand-Chef für die vorgezogene Gründungslegende eines künftigen Reiches den Beifall des Publikums erhielt. Auch sonst kam es in Mode, daß man vom wirtschaftlichen Jammertal im Osten wie von einem Schauplatz und Schlachtfeld künftiger patriotischer Ruhmestaten sprach.

Einerseits bei den Regierungstruppen, wo man offenbar die Sehnsucht verspürte, einmal so richtig die Knochen hinhalten zu dürfen. Im Regionalteil berichtete die eben zitierte Ausgabe der *Stuttgarter Zeitung* über die Anwerbung von Beamten für den Dienst im Osten:

»Die Besucher aus Baden-Württemberg umwarb Helmut Münch mit schonungsloser Offenheit. ›Sie werden bei uns auf Verschleiß gefahren‹, verhieß der Staatssekretär im sächsischen Wirtschaftsministerium, ›wir beuten sie aus‹. Doch in fünf Jahren, ›wenn das hier alles überstanden ist‹, werde die Plackerei reich belohnt. Wer jetzt für einige Wochen oder Monate nach Dresden gehe, lockte Münch, der dürfe sich später rühmen, ›vor Ort die Geschichte mitgeschrieben zu haben‹. [...] Mit Geld allein sei den neuen Bundesländern schließlich nicht gedient, die ›personellen Engpässe‹ hemmten den Aufschwung mindestens ebenso sehr wie fehlende Finanzen oder unklare Eigentumsverhältnisse. Da müsse man, meint der Minister [der baden-württembergische Wirtschaftsminister Hermann Schaufler], eben an das ›persönliche Ehrgefühl der Leute appellieren‹«.

Andererseits aber auch im Lager der Regierungsgegner, wo der Ton und die Stimmung nicht weniger kämpferisch waren — am Karfreitag, den 29.3. wurden auf zwei Büros der Treuhandgesellschaft im Berliner Bezirk Prenzlauer Berg Brandanschläge unternommen. Dazu bekannte sich eine Gruppe, deren Selbstverständnis und Lebensgefühl sich trotz aller politischer Feindschaft von demjenigen Detlev Rohwedders offensichtlich wenig unterschied, denn sie nannte sich »Thomas Münzers *wilder Haufen*«.

Am Ostermontag, den 2. April war die Landsknecht-Romantik Wirklichkeit geworden und Rohwedder ein toter Held, in Düsseldorf hatten ihn RAF-Attentäter erschossen. Herbert Kremp kommentierte in *Bild* vom 3.4.: »Was für ein Land, dieses Deutschland: Ort aller Chancen und Abgründe. Vereint und zugleich tief gespalten. Gemäßigt und mörderisch. Wer löst das Rätsel?«

*Neues Propagandakonzept: Drohen statt versprechen*

Erstmals seit 1989 wurde Mitte März 1991 in der Presse von Schwierigkeiten berichtet, welche der *westdeutschen* Wirtschaft drohten, die bislang von der Nachfrage aus dem Osten nur profitiert hatte. Der gesamte Maschinenbau, hieß es nun, leide zum einen unter der Weltrezession, zum anderen unter der innovativeren und billigeren japanischen Konkurrenz. Der Dollar, der Mitte Februar bei 1,45 DM gelegen hatte, war Ende März auf 1,70 DM geklettert. Vorbei war der Traum von den Milliardengeschäften mit der Sowjetunion, und das von der DDR geerbte Vermögen entpuppte sich, unter Verwertungsgesichtspunkten betrachtet, als ein Riesenhaufen Schrott. Auch im Ausland sprach es sich herum, daß die Deutschen in der Klemme steckten. Im folgenden Artikel der *Stuttgarter Zeitung* vom 27.3.1991 wird zunächst der Londoner *Daily Telegraph* zitiert, dessen Meinung sich der Kommentator anschließt:

»›Wie schnell hat sich alles geändert. Als Ost- und Westdeutschland im vergangenen Oktober zusammengingen, wurde über die Geburt einer Supermacht spekuliert, die Europäische Gemeinschaft dominieren und als Lokomotive für die Erneuerung in den demokratisch gewordenen Ländern Osteuropas fungieren würde. Sechs Monate später befindet sich das vereinte Deutschland in einer Krise.‹ Eine entschiedenere Führung wäre willkommen von Bundeskanzler Kohl, dem offenbar die Puste ausgegangen ist. [...] Man kann argumentieren, daß den Deutschen bei der Reaktion auf die Invasion von Kuwait besondere Zurückhaltung auferlegt war. Eine solche Entschuldigung existiert nicht, da sie das Erbe ihrer eigenen Teilung antreten.«

Das Münchener Ifo-Institut sah laut einem Bericht der *Stuttgarter Zeitung* vom 25.3.91 »Gefahren für die Konjunktur« und ermittelte »deutlich rückläufige Nachfrage« vor allem bei der westdeutschen Exportindustrie. In diesem Bericht hieß es weiter:

»Parallel zu der schlechten Wirtschaftsentwicklung wird auch die Lage auf dem Ost-Arbeitsmarkt immer dramatischer. [...] Bundesarbeitsminister Norbert Blüm rief daher dazu auf, alle Kräfte zu mobilisieren, um einen Zusammenbruch des Arbeitsmarkts zu verhindern. Nur wenn alle mitmachen, ließe sich das Schlimmste verhindern, sagte Blüm.«

Statt wie bislang die Krise herunterzuspielen und der Opposition Zweckpessimismus vorzuwerfen, wenn sie von der »dramatischen Entwicklung« in den neuen Bundesländern sprach, vom »absoluten nationalen Notstand« (25.3.), malte die Regierung nun selber die Katastrophe an die Wand. Im »schwierigsten Jahr für die Deutschen seit 1949«, meinte der Finanzminister öffentlich, sei sogar mit sozialen Unruhen zu rechnen: »Ich kann solche Unruhen nicht ausschließen und würde sie aus der Sicht der betroffenen Menschen auch verstehen«.[22]

Drohen statt versprechen hieß also Ende März das neue Propagandakonzept. Im Augenblick, wo die Führung die Bevölkerung nicht mehr mit der Aussicht auf künftige Reichtümer ködern konnte, war das Lockmittel auch schon durch das Druckmittel ersetzt. *Mit uns zum Sieg*, hatte die Parole geheißen, *ohne uns ins Chaos* hieß sie nun. Die Krise selber hatte ihren Charakter verändert, das Stabilitätsrisiko war politisches Vehikel geworden zur Herbeiführung einer neuen Ordnung.

Als deren Protagonisten stellten die Opposition und die Presse sich dar, insofern sie der Regierung gleichsam mangelnde Allmacht vorwarfen. Die Regierung für sämtliche ökonomischen und gesellschaftlichen Mißhelligkeiten verantwortlich zu machen nämlich heißt, sie tendenziell als universelle Herrin über Wirtschaft und Gesellschaft zu betrachten. Die Forderungen, mit denen sie sich konfrontiert sah, schlossen logisch die Gewährung unumgrenzter Vollmachten ein.

Ohnehin kam die Regierung solcher Machtfülle schon sehr nahe. So mußte der Plan, im Rahmen dieser Studie spezielle Krisenszenarien für die DDR zu entwickeln, auch deshalb aufgegeben werden, weil der offene Ausbruch bestimmter Krisen unberechenbar blieb, denn er hing nur von den Entscheidungen der Bundesregierung ab. Deren Wirtschaftspolitik wiederum war dermaßen unkalkulierbar, daß die *FAZ* am 2.3.91 im Wirtschaftsteil gereizt kommentierte:

»Es ist kaum noch möglich, die finanziellen Versprechungen und Verpflichtungen zu verfolgen, die von der Bundesregierung wie am Fließband angekündigt oder eingegangen werden.«

Ob die Kurzarbeiterregelung wie vorgesehen zur Jahresmitte auslaufen würde, wußte man ebensowenig, wie keiner voraussagen konnte, welche Konkurse durch neue Finanzmittel aus Bonn verhindert würden.

Schon damals fiel dem Kanzler die Rolle des lieben Herrgotts zu und griffen Regierungsentscheidungen unmittelbar in die Lebensverhältnisse der Massen ein, die sich aus eigener Kraft nicht mehr erhalten konnten. Die Entwicklung stellte sich als eine dar, die in hohem Maße der subjektiven Willkür unterlag, gerade weil die krisenhafte Objektivität übermächtig und ziemlich sicher war,[23] daß kaum welche unter den Industriebetrieben der DDR je konkurrenzfähig produzieren würden. Das Berliner Institut für angewandte Wirtschaftsforschung (IAW) beispielsweise rechnete laut einer *Reuter*-Meldung vom 13.3. damit, daß von den vorhandenen drei Millionen Industriearbeitsplätzen in der DDR bis Ende 1991 gerade noch eine Million übrigblieben, immer vorausgesetzt, diese eine Million Arbeitsplätze würden mit einem Investitionsaufwand von 150 Milliarden Mark auf ein wettbewerbsfähiges Niveau gebracht.

An den Erfolg des Anfang März beschlossenen Konjunkturankurbelungsprogramms *Gemeinschaftswerk Aufschwung Ost* — sprachlich eine Mischung aus *Winterhilfswerk* und *Reichsführer SS* — glaubte auch die Regierung nicht, wie die zitierten Äußerungen der Minister Waigel und Blüm zeigen. Absehbar war der Zeitpunkt geworden, wo angesichts der wirtschaftlichen Lage im Osten die Bundesrepublik vor der Notwendigkeit stehen würde, das bisherige *Netz sozialer Sicherungen aufzugeben*, welches den Einzelnen vorm Verhungern schützte, ohne daß dieser Schutz mit der Hinnahme allzu schwerwiegender staatlicher Eingriffe in die Privatsphäre hätte bezahlt werden müssen. Diese recht angenehme Mischung aus Liberalismus (Freizügigkeit, freie Berufswahl, kein Arbeitsdienst) und Etatismus (Staat garantiert jedem Bürger ein Existenzminimum) hatte nur unter der Voraussetzung Bestand, daß es nicht allzu viele Bürger waren, welche die ihnen vom Sozialstaat gewährten Rechte auch in Anspruch nahmen. Im Maße, wie diese Voraussetzung entfällt, werden Liberalismus und Sozialstaat im Verbund nicht mehr zu haben sein, sondern man wird sich für eines von beidem entscheiden müssen.

Die eine Alternative wäre: Rigoroser Thatcherismus, d.h. Abkehr von der ›sozialen Marktwirtschaft‹, vom ›Wohlfahrtsstaat‹. Es ist dann der Hunger, welcher die Arbeiter lehrt, so fleißig, anstellig und bescheiden zu sein, daß sie auch gegen die Kollegen in Taiwan konkurrieren können.

Und die andere: Fortentwicklung des ›Wohlfahrtsstaats‹ zum offen autoritären, mit Arbeitsdienst, staatlicher Lenkung der Wirtschaft in weiten Bereichen und einer anderen Pädagogik; die Einzelnen haben weniger das Elend als die staatliche Repression zu fürchten, nach der Devise *Keiner darf hungern und frieren, wer's trotzdem tut, kommt ins KZ.*

»Wenn einmal die herrschende Klasse den Arbeiter ernähren muß, statt von ihm ernährt zu werden« (Horkheimer, Autoritärer Staat), wie derzeit in der DDR, ist mit Änderungen zu rechnen. Schwer zu sagen nur, wie sie aussehen könnten, denn sowohl die liberale als auch die autoritäre Lösung setzen politische Konstellationen voraus, wie sie in der BRD derzeit nicht existieren: Es gibt keine Thatcher, weil es hier weder den prinzipienfesten Liberalismus aus Überzeugung gibt noch jene hohe Identifikation mit den Spielregeln, dank welcher eine Demokratie auch scharfe und militante Konflikte überstehen kann, ohne sich in einen autoritären Polizeistaat zu verwandeln. Und es gibt vorerst auch keinen Führer.

Noch viel weniger sind die Bedingungen für eine dritte Variante vorhanden, für eine Reprise von Roosevelts New Deal. Es fehlt in Deutschland der *Community Spirit*, die Fähigkeit, sich von nationalen, regionalen oder kommunalen Aufgaben begeistern zu lassen, ohne dabei die bürgerlichen Freiheitsrechte und liberale Prinzipien über Bord zu werfen. Es fehlen ein großer Binnenmarkt mit geringer Exportabhängigkeit; eine Industrie, die nicht unter Rückständigkeit, sondern unter Absatzproblemen leidet; eine Bevölkerung, der die Spielregeln des Kapitalismus zur zweiten Natur geworden sind, die mobil und flexibel ist und gelernt hat, daß Selbstmitleid nicht weiterhilft.

Richtungsweisend könnte vielleicht die Bedeutung der Obdachlosigkeit sein, die in der neuen BRD schnell wachsen dürfte, nicht nur wegen der Verarmung, sondern auch deshalb, weil die Familien zerfallen. Die Obdachlosen heute bilden nicht wie die Verelendeten im 19. Jahrhundert eine industrielle Reservearmee, die bei anspringender Konjunktur reaktiviert werden kann, sondern sie stellen ein Schreckbild ganz anderen Ranges dar — überflüssige, unbrauchbare Menschen, ein Stück Dritte Welt in den Metropolen. Die Arbeitsplätze existieren nicht mehr, wo man ungewaschen, stinkend, unrasiert und zerlumpt antreten kann, vielleicht noch ein bißchen benommen von der kalten Nacht im U-Bahnschacht oder mit einer Fahne. Der moderne Arbeiter muß proper sein, frisch geduscht, einen Haufen Papiere vorweisen, eine Bankverbindung nennen und finanziell noch mindestens einen Monat durchhalten können, weil es den bar ausgezahlten Tageslohn nicht mehr gibt.

Benjamin, der viel umzog und es deshalb wissen muß, schrieb über die Wohnungsnot schon Ende der 20er/-Anfang der 30er Jahre, sie setzte in ganz Europa eines der grundlegenden bürgerlichen Freiheitsrechte faktisch außer Kraft, nämlich das Recht auf Freizügigkeit. Analog dazu dürfte der Wohnungsmangel heute auch denen aufs Gemüt drücken, die nicht akut darunter leiden. Denn jeder weiß, daß er sich nicht von der Stelle rühren kann, daß der Verlust der eigenen Wohnung eine Katastrophe wäre, daß vorhandener Besitz mit Zähnen und Klauen verteidigt werden muß, daß man sich nicht aus der Deckung wagen darf. Man ist durch den Wohnungsmangel auf Gedeih und Verderb an eine bestimmte Umgebung, an einen bestimmten Job, an die Nachbarn, Verwandten und Bekannten gekettet, es fehlt der tröstliche und in mancher Situation Mut machende Gedanke im Hinterkopf: Wenn es mir hier zuviel wird, breche ich eben meine Zelte ab. D.h. bevor es den Blockwart gibt, hat die soziale Kontrolle schon etwas von dessen Gestalt angenommen.

## *Die Perspektiven der Rechten*

Schon die geringe Wahlbeteiligung am 2. Dezember 1990 hatte gezeigt, daß die Einheit den Verlust von Stabilität bedeuten würde, wenn man unter letzterer die prinzipielle Zufriedenheit der Bevölkerung mit den Institutionen und überhaupt mit der politischen Gestalt einer Nation versteht. Der mäßige Erfolg der CDU trotz ihres Einheitskanzlers hieß auch, daß die Wiedervereinigung nicht als Sieg der Nation und als Verdienst ihrer Führung begriffen wurde. Noch gedämpfter war die Stimmung in der SPD, die für den Job des Parteivorsitzenden keinen Bewerber fand. Mitte Januar verlor dann der baden-württembergische Ministerpräsident Späth sein Amt und die Union damit einen ihrer Wahlkampfmatadore, einen Monat später stand es um den Kanzler so schlecht, daß die *Stuttgarter Zeitung* vom 19.2.1991 schreiben konnte:

»So schnell verwelkt der Ruhm. Noch vor wenigen Monaten zu Recht als Kanzler der Einheit gefeiert, sieht Helmut Kohl sich heute dem Vorwurf ausgesetzt, in den letzten Wochen versagt zu haben. [...] Zwei mal bereits hat sich Kohl in einer Lage gesehen, in der sein Ausscheiden aus der Politik absehbar erschien.«

Im März trat der Frankfurter SPD-Oberbürgermeister zurück, ließ Bundestagspräsidentin Rita Süssmuth, die personifizierte Verzichtsethik, sich vom *Stern* beim Raffen ertappen, begann man sich über den Verbleib des designierten SPD-Vorsitzenden zu wundern, wurde über einen neuen Außenminister nachgedacht, las Frömmler Franz Alt in *Bild*, er habe 10 Jahre lang keine Alimente gezahlt.[24] Die Schlagzeilen aus der Phase der Anti-SED-Demagogie tauchten wieder auf, nur galten sie der BRD-Prominenz. »Zahlen Sie alles zurück, Frau Süssmuth!« titelte *Bild* am 13.3.1991, weil Gatte und Tochter der Bundestagspräsidentin deren Dienstfahrzeug-Flotte für Privatfahrten benutzt und sich auch die Auslagen für Benzin hatten erstatten lassen.

Ein Jahr zuvor, am 1. Januar 1990, hatte der *Spiegel* unter der Rubrik »DDR-Korruption« berichtet:

»Ein Untersuchungsbericht belegt: Im SED-Promi-Getto Wandlitz gab es Autos, Farbfernseher — einfach alles — satt. [...] Im sozialistischen Schlaraffenland vor den Toren Berlins gab es West-Autos zuhauf. Jedem Wandlitzer stand ein ›personengebundener Volvo mit Fahrer‹ zu, auch die Familienangehörigen konnten auf die schwedische Edelmarke rund um die Uhr zurückgreifen: für den Weg zum Friseur, zum Einkaufen oder in die Disco.«

Gehäuft drücken solche Meldungen einen allumfassenden Überdruß aus, man kann sie nicht mehr riechen, nicht mehr sehen, nicht mehr hören, man hat sie einfach satt, die Figuren, welche jahrelang und vor allem während der gerade zurückliegenden vielen historischen Augenblicke und Stunden unangefochten die Mattscheibe und die Schlagzeilen beherrschten. In der *Zeit* vom 12.4.91 äußerte Gunter Hofmann in der Rubrik Bonner Bühne den Verdacht, die ganze alte politische Klasse sei obsolet geworden:

»Auffallen muß schon, daß derzeit alle Vorsitzenden umstritten sind: nicht nur Lambsdorff, auch Theo Waigel, ja sogar Helmut Kohl. Hans-Jochen Vogel wird ohnehin im nächsten Monat von Björn Engholm abgelöst. Die Vermutung liegt nahe, daß sich hinter der Vorsitzenden-Krise mehr verbirgt als das übliche Bedürfnis nach Wachablösung. Die Debatte über Lambsdorff läßt sich vielleicht beenden. Aber die Zweifel daran, ob die politische Klasse den aktuellen Problemen gewachsen ist, räumt das nicht aus der Welt.«

Zeitweilig schien es fast, als ob sich in der erweiterten BRD der Zusammenbruch eines politischen Systems wiederholen könne, Kohls Image begann demjenigen Honeckers im Herbst 1989 zu gleichen. Die *Stuttgarter Zeitung* vom 16.4.91 kommentierte unter dem Titel »Müder Kanzler?«:

»Helmut Kohl hat es so gemeint, wie er es offenbar am Rande einer Wahlkampfveranstaltung in Rheinland-Pfalz gegenüber Parteifreunden gesagt hat: Innenminister Wolfgang Schäuble könnte einmal sein Nachfolger werden. [...] Ist der Kanzler also doch amtsmüde, dem schnellen Dementi zum Trotz? [...] Sicher nicht, wenn es sich um heute und die nahe Zukunft handelt. Aber die Zeit, da sich Helmut Kohl nur Helmut Kohl als Kanzler vorstellen konnte, ist offenbar vorbei.«

Erst wenn diese Stimmung sogar die Apparate erfaßt hat, sickern Indiskretionen durch und werden solche Indiskretionen für die Presse interessant. Benzinrechnungen einer Bundestagspräsidentin oder Reisekosten eines Ministerpräsidenten — eigentlich fade Kost — sind skandalträchtig nur, wenn die Masse zwar Köpfe rollen sehen will, aber für den Wunsch keine triftigen Gründe findet. Bezeichnend daher, wie sich im Frühjahr 1991 das Muster der Kampagne vom Herbst 1989 wiederholte, als die West-Presse der ehemaligen SED-Führung Prasserei und Korruption vorwarf, nur weil sie ein paar schäbige Ferienhäuser und zum Vorzugspreis erworbene Farbfernseher besessen hatte. Nun war es wieder ein lumpiger Farbfernseher, der in die Schlagzeilen geriet, nur daß ihn diesmal der baden-württembergische Justizminister Eyrich sich von der darum eigens gebetenen Firma SEL hatte schenken lassen, und Empörung rief hervor, daß Ministerpräsident Späth kostenlos zu seinen Urlaubsreisen kam. — Ein merkwürdiges Volk, wo Spitzenverdiener Dinge schnorren, die sich längst jeder Normalverdiener leisten kann, und wo es den Neid der Normalverdiener erregt, wenn sie erfahren, daß auch Regierungschefs vom Leben nicht viel mehr zu erwarten haben als Urlaubsreisen und Farbfernseher im Sonderangebot. Vielleicht allerdings ist der Neid keiner, sondern die nicht ganz unberechtigte Wut darüber, daß die Privilegierten hier ihr Privileg nicht auch als Verpflichtung betrachten, andere Bedürfnisse als die der Masse zu entwickeln. Zwar peinigt es die Landsleute, wenn jemand besser lebt. Aber wenn alle gleich armselig leben, macht sie das auch nicht froh. Und zweifellos strahlen die Farbfernseher-Affären eine unendliche Trostlosigkeit aus. Wenn es statt dessen um milliardenschwere Industrieimperien oder um palastähnliche Villen gegangen wäre, hätte man wenigstens was zum reden gehabt.

Nicht nur die Skandalpresse und ihr Publikum sowie der Opposition nahestehende Regierungskritiker litten unter Überdruß, sondern auch konservative Kolumnisten wurden offenbar der Einheit nicht froh. Statt den Aufbruch zu neuen Ufern zu preisen, zogen sie unisono Anfang März auf eine quengelige, nörgelnde Art über das Vaterland her: Das Ansehen der Regierung sei diverser Fehler wegen (keine klare Position zum Golfkrieg, *Steuerlüge*, Fehleinschätzung der DDR-Wirtschaft) gesunken, ohne daß die Opposition davon profitiert hätte; vielmehr wirkten alle Parteien äußerlich leicht ramponiert und innerlich stark zerrüttet. Nicht, daß es solcher Kritik an sachlicher Berechtigung gemangelt hätte, nur ist die Richtigkeit eines Urteils normalerweise kein Grund dafür, es in die Zeitung zu bringen. Die *Stuttgarter Zeitung* vom 12. März etwa schrieb unter dem Titel »Die Krise der Parteien«:

»Der Zustand aller Bundestagsparteien ist bedenklich. Nachdem sich die Grünen selbst aus dem Rennen geworfen haben, herrscht in Bonn der Zustand mühsam verwalteter Routine. Ratlosigkeit in allen Parteien ist unübersehbar, allenthalben bröckeln alte Autoritäten, ohne daß bis jetzt überzeugende Nachfolger in Sicht sind. Wäre Deutschland ein stabiles, ein ›saturiertes‹ Land, wäre der Zustand seiner Parteien eher eine zweitrangige Frage. Aber wir stehen vor der größten Bewährungsprobe der Demokratie nach dem Kriege. Die ›Republikaner‹ sind zwar fast untergegangen, aber es gibt keine Garantie, daß durch die Verwerfungen im Osten nicht neue extreme Parteien an Anziehungskraft gewinnen. Solche unberechenbaren Bewegungen können schnell die Lücken füllen, die die Bundestagsparteien hinterlassen. Die Gefahr wächst um so mehr, als die Parteien wegen der Entwicklung in Ostdeutschland zu mehr Zusammenarbeit gezwungen sind, als es der Demokratie förderlich ist, denn öffentliche Auseinandersetzung, ja Streit ist geradezu lebensnotwendig für die Demokratie.«

Daß Deutschland für die Einheit politisch noch gar nicht reif gewesen sei und die Zukunft deshalb beträchtliche Risiken berge, war auch der Tenor eines Artikels von Konrad Adam, der am 2. März 1991 unter dem Titel »Wenn der Staat zum Besitz der Parteien wird« in der *FAZ* erschien, im selben Blatt, wo solche Zweifel ein Jahr zuvor noch als böswillige Unterstellungen und häßliche Verleumdungen empört zurückgewiesen worden wären:

»Die viel zu enge Liaison zwischen Staatsdienst und Staatsparteien ist eine der Hauptursachen für die Einfallslosigkeit, die das politische Leben in Deutschland prägt. Vor allem die Volksparteien versagen vor der Aufgabe, die anstehenden Fragen zu klaren Alternativen zuzuspitzen und in dieser Form öffentlich zur Abstimmung zu stellen. Statt dessen bieten sie eine Unmenge zusammenhangsloser, vielfach geradezu widersprüchlicher Antworten auf alles, was ihnen in den Blick gerät. ›Das honoriert der Wähler nicht‹ ist die Antwort, mit der sie jeden abfertigen, der auf programmatische Schlüssigkeit drängt. [...] Die professionelle Nähe zur Macht stiftet eben eine Verbundenheit, die durch das äußere Bekenntnis zu irgendwelchen christdemokratischen oder sozialdemokratischen Tugenden nur selten erreicht wird. Schon deshalb braucht sich die PDS nicht allzusehr um den Verlust ihres gewaltigen Vermögens zu sorgen, denn im Ernstfall werden sie die Solidaritätsgefühle der anderen Parteien vor dem Äußersten bewahren. [...] Man hat, zumal in den letzten Monaten, die Bundesrepublik eine Erfolgsgeschichte genannt und sie der Mißerfolgsgeschichte der alten DDR entgegengesetzt. Das ist eine in vieler Hinsicht geschönte Bilanz. [...] Eine wirkliche Belastungsprobe hat die deutsche Demokratie in mehr als 40 Jahren niemals bestehen müssen, denn der Streit um die Wiederbewaffnung, die Notstandsdebatten und die Studentenunruhen werden als solche nicht durchgehen können, und die verschiedenen Berlin-Krisen waren ohnehin Sache der Alliierten.«

Ebenfalls in der *FAZ* (vom 21.2.1991) hatte ausgerechnet Michael Stürmer (Kohl-Ghostwriter, Großraumhistoriker, Nationalkonservativer) unter dem Titel »Eine Stunde der Wahrheit. Der Golfkrieg und die Deutschen« zu bedenken gegeben, ob das in die volle Souveränität entlassene und wiedervereinigte Deutschland nicht förmlich dazu verurteilt sei, abermals eine Gefahr für sich selbst und für ganz Europa zu werden:

»Deutschland wird noch einmal überfordert durch seine Größe, seine Geschichte und seine Geographie, sich selbst nicht trauend und den Nachbarn, ungeachtet aller guten Vorsätze, noch einmal ein ruheloses Reich. Denn ohne feste transatlantische Beziehungen für gutes und schlechtes Wetter, ohne Souveränitätstransfer auf Europa und ohne den Rahmen der Integration würde das vereinte Deutschland immer in Gefahr stehen, sich gefährlich zu isolieren und die Gefahr zu vergrößern.«

Schwer zu sagen, was solche verspätete Einsicht bedeutet. Sie könnte ein Hinweis darauf sein, daß nach dem Zusammenbruch des Ostblocks die radikalere Kritik an den politischen Verhältnissen von den Rechten zu erwarten ist, deren Unbefangenheit wiederum daher kommt, daß jede Veränderung des status quo zwangsläufig eine zu ihren Gunsten sein wird. Sie könnten den in der Bevölkerung verbreiteten Überdruß nutzen, den sie auf andere Weise selber teilen, und ihre Helfer würden dabei Leute sein, die einmal Linke waren und nun an lieben Gewohnheiten — etwa der, immer in ›Bewegung‹ zu sein — einfach festhalten, obgleich die politische Funktion solcher Gewohnheiten sich in ihr genaues Gegenteil verkehrt hat.

In der Außenpolitik tritt dieser Funktionswandel noch deutlicher hervor. Für die Unabhängigkeit einzelner Staaten plädieren war einmal fortschrittlich, als es dabei um die Unterstützung sozialrevolutionärer Befreiungsbewegungen in Ländern wie Kuba oder Vietnam ging. Heute, wo Esten, Letten, Litauer, Kroaten, Georgier etc. um das Recht kämpfen, andere Bevölkerungsgruppen diskriminieren und vertreiben zu dürfen, ist jede Unterstützung für nationalstaatliche Autonomie reaktionär.[25]

*Die Perspektiven der Linken*

Am 18.3.1991 wurden die Leipziger Montagsdemonstrationen wieder aufgenommen. Zu Beginn des Rituals das übliche Friedensgebet: Der Pfarrer, der zum ersten mal seit der Maueröffnung wieder ein volles Haus hat, wiegelt die Massen auf, indem er sich die Gesinnung des

Mobs zu eigen macht und vom ›kleinen Mann‹ spricht, der schon wieder betrogen wurde. Auf der Abschlußkundgebung droht der Sprecher von Bündnis 90/Grüne mit einem Marsch auf Bonn: Wenn der Kanzler nicht zu uns kommt, zu unseren Problemen, kommen wir mit unseren Problemen zu ihm. Ein Jahr zuvor hatte der Zonenmob skandiert: »Kommt die D-Mark, bleiben wir. Kommt sie nicht, geh'n wir zu ihr«.

Die Deutschen also fordernd, erpresserisch, bedrohlich, sie melden schon wieder Ansprüche, fast Gebietsansprüche an — her damit, oder wir holen es uns. Es verhärtet sich die Mentalität, die schon beim Ansturm auf Budapest, Prag und Warschau zu beobachten war. Bezeichnend, daß in dieser Lage plötzlich wieder die Kirche und die alten sogenannten Bürgerrechtsgruppen massenwirksam in Erscheinung treten, die im Herbst 1989 faktisch als Quartiermacher für Kohl funktionierten und nachher schnell bedeutungslos wurden. Sie spielen bei gesellschaftlichen Prozessen die Rolle eines Katalysators oder Initialzünders, und sie haben ausgespielt, wenn die Reaktion in Gang gekommen ist.

Im Herbst 1989 noch Wegbereiter für Kohl, können solche Gruppen, die sich selber als links verstehen, und die heute von der Kirche über die PDS, die Gewerkschaften und die SPD bis zur RAF reichen, derzeit nur die Wegbereiter einer faschistischen Massenbewegung sein. Wenn eine politische Gruppierung heute in der DDR jenen Massen nach dem Mund redet, die einfach nur haben wollen, unbekümmert um einen Rechtsgrund, so mag sie sich selber als sozialistisch mißverstehen — objektiv ist sie nationalsozialistisch, und den Erfolg wird eine Gruppe ernten, die das auch sein will.

Der politische Massenprotest nämlich, den die Linken ankurbeln wollen, wird nicht entstehen, weil heute wie 1989 in der DDR kein revolutionäres Potential, sondern nur Akklamationspotential existiert.[26] Vorhanden war und ist ein Mob, der die Gunst der Stunde nutzen kann, sich einen spendableren Herrn zu suchen. Heute gibt es die Gunst der Stunde — Unterstützung auf allen Kanälen — nicht, und ein spendablerer Herr als Kohl ist vorerst auch nicht in Sicht.

Wenn die Linke heute in der DDR beifallheischend auftritt und Zustimmung gewinnt, dann nur, weil sie die amoralische Haltung der Bevölkerung billigt und unter dem Vorwand, Partei für die Benachteiligten zu ergreifen, diese in ihrer gefährlichen Verantwortungslosigkeit bestärkt. Die Massen wollten den Kapitalismus, nun haben sie ihn. Nicht Rohwedder, dessen Ermordung in der DDR auf breite Zustimmung stieß, war daran schuld, sondern schuld waren die Massen selber, die Rohwedder gerufen hatten. Das Rohwedder-Attentat könnte das Ende linker Militanz und den Beginn faschistischer Feme-Morde bedeuten, insofern es der erste Anschlag war, mit dem die RAF sich zum Vollstrecker des gesunden Volksempfindens machte. Die *Stuttgarter Zeitung* vom 3.4.91 notierte:

»Schon über Ostern hat man im Ostteil Berlins so manchen unkontrollierten Ausbruch der Schadenfreude hören können darüber, daß eine Gruppe ›Thomas Münzers wilder Haufen‹ in der Karfreitagnacht zwei Brandsätze in eine Treuhand-Außenstelle am Prenzlauer Berg geworfen und zuvor Computerunterlagen gestohlen hat. [...] ›Hauptsache, die Treuhand hat mal was abgekriegt‹, so eine verbreitete Ansicht im Osten: ›Mehr als gerecht bei alldem, was die mit uns machen‹. [...] Wie weit Unverständnis, Verbitterung und Verwirrung gediehen sind, wie sehr Ost und West in tiefem Unverständnis immer mehr auseinanderfallen, gerät erst durch Rohwedders Ermordung vollends ins Blickfeld. [...] ›Na ja, muß ja nicht gleich Mord sein‹, zu mehr läßt sich ein Gesprächspartner am Alexanderplatz nicht ein; ›aber was der mit uns macht...‹ [...] O-Ton Ossis: ›Ich habs fast erwartet....‹; ›Ich will nicht gerade sagen: Schadenfreude‹; ›Ist mir egal, für Reiche hab ich sowieso nichts übrig‹; [...] Am Kiosk auf dem Alex kauft ein lederner Mittzwanziger gleich zweimal eine Westzeitung mit der Rohwedder-Schlagzeile und meint dazu, ohne die Stimme im geringsten zu dämpfen: ›Det is mir ein innerer Reichsparteitag‹.«

Der konservative *Corriere della Sera* hatte recht, als er schrieb:

»Warum Rohwedder? Die Antwort ist erschreckend einfach. [...] Rohwedder repräsentierte die triumphale Rückkehr des Kapitalismus nach Ostdeutschland. Indem der Verantwortliche der Treuhandanstalt getroffen wurde, traf man mit glasklarer Evidenz ein Symbol und ein Prinzip: Das Prinzip ist das des Marktes, das Symbol betrifft die Wiedervereinigung.«[27]

Eben dafür hatten die Ostdeutschen sich freiwillig entschieden. Eine Bevölkerung, die für ihre eigenen Entscheidungen andere haftbar macht und sie umgebracht sehen möchte, ist eine Gefahr für die Menschheit. Sie in ihren Ressentiments zu bestärken, ist nicht linke Politik, sondern kriminell.

In einer Situation, wo es den Sozialismus weder objektiv noch als Gedanken gibt, kann die Radikalisierung sozialen Protestes nur der Vorbereitung einer autoritären Lösung dienen, Bewegung bedeutet fast zwangsläufig Faschisierung und Politisierung bedeutet Radikalisierung nach rechts. Speziell ist dies zwar in der DDR der Fall, wo der soziale Protest die günstigsten Bedingungen findet, um sich mit Antikommunismus und Fremdenhaß zu verbinden. Doch ist die Grundkonstellation überall dieselbe. Seit März 1991 war klar, daß die unausweichlich bevorstehenden Verteilungskämpfe die Rechtsradikalen stärken mußten. Rund ein Jahr später zogen die *Republikaner* nach den baden-württembergischen Landtagswahlen mit knapp 11 Prozent als drittstärkste Partei ins Parlament.

# Schöne Neue Welt[28]

Nach dem Vorbild deutscher Kolonialtruppen, die im Jahr 1904 die Hereros zwecks Ausrottung in die Wüste trieben, hatte Anfang April die irakische Armee aus der unbewohnbaren Hochgebirgsregion an der Grenze zur Türkei ein natürliches Vernichtungslager gemacht. Der Erfolg des vereinfachten Verfahrens ohne Auschwitz-Brimborium, ohne Gaskammern und Verbrennungsöfen hieß, daß in den aufkommenden Nationalstaaten des Ostens und in den Ländern der Dritten Welt die Rückständigkeit keine Gewähr für das Scheitern von Ambitionen bot, wie sie aus der Konkurrenz zwischen Kollektiven entstehen, die keinen Zweck als ihre Existenz kennen und keiner Kontrolle durch eine ihnen übergeordnete Macht unterworfen sind. Jahrelang war das Wort vom historischen Augenblick und der geschichtlichen Wende eine Propagandalüge, jetzt brach das neue Zeitalter wirklich an, welches den Völkern die Befreiung von der Bevormundung durch die Supermächte versprochen hatte. In den Lagern, wo die Stärksten sich ums Brot schlugen und die Schwächeren wie die Fliegen starben, bildete sich das Muster für die kommende Ordnung der Welt.

Unter der alten Ordnung, wo die Souveränität der Nationen durch Bündnissysteme eingeschränkt war, mußten Machterhalt und Machterweiterung wenigstens dem Anschein nach der Bewahrung oder Herstellung besserer Lebensverhältnisse für alle Menschen dienen. Solange der Westen gegen den Ostblock konkurrierte, hielt die Gewalt sich in Grenzen, weil sie dem Anspruch nach den Menschen zur Freiheit oder zum Sozialismus verhelfen sollte. Weder die amerikanische Intervention in Vietnam noch die sowjetische in Afghanistan stellten simple Raub- und Ausrottungskriege dar wie etwa der deutsche Überfall auf Polen oder die Sowjetunion. Nicht Plünderung von Reichtümern, Gebietserwerb oder Vertreibung und Dezimierung der Bevölkerung waren das

Ziel, sondern die Machtpolitik verstand sich als Durchsetzung der besseren und im Prinzip universell anzustrebenden gesellschaftlichen Herrschaftsverhältnisse anderswo, zum Nutzen derer, die dort lebten. Zwischen dem Anspruch und der Realität vermittelte die Propaganda.

Unter der neuen Ordnung wird Propaganda überflüssig, weil der Anspruch entfallen ist, vernünftige Verhältnisse durchzusetzen. Vom Baltikum bis zum Kaukasus bilden die nationalen Unabhängigkeitsbewegungen den Endpunkt einer Entwicklung, die Horkheimer folgendermaßen beschrieben hat: »Die Vision der Errichtung der Erde in Gerechtigkeit und Freiheit, die dem kantischen Denken zugrunde lag, hat sich in die Mobilisierung der Nationen, in den Aufbruch der Völker verwandelt. Mit jedem Aufstand, der der großen Revolution in Frankreich folgte, so will es scheinen, nahm die Substanz des humanistischen Inhalts ab und der Nationalismus zu.«[29] Nationalismus heißt heute, als Kollektiv Macht ausüben zu wollen, egal zu welchem Zweck und um welchen Preis. Die Macht wird schrankenlos, die Politik bildet sich zurück in das, was dem Wesen nach sie zu sein nie wirklich aufgehört hat, in Bandenkriminalität, die sich von der gewöhnlichen nur durch die Dimension unterscheidet. Keinem anderen Zweck diente der irakische Überfall auf Kuweit, als die leere Kriegskasse eines Führers zu füllen, dessen Richtschnur im praktischen Handeln die Gangsterlogik war, daß man sich mit Waffen Geld besorgen und mit Geld noch mehr Waffen kaufen kann. Personen zu beseitigen, wenn sie im Weg stehen, ist gemäß dieser Logik nur konsequent. Nicht vom Prinzip her, sondern nur durch die Umstände unterschied sich der Überfall auf Kuweit vom Mord an den Kurden, und dieser war möglich, weil jener ungesühnt blieb.

*

Als am 28. Februar der Irak Kuweit wieder hergeben mußte, wurde statt des Verbrechens der bei seiner Ausführung unterlaufene Kunstfehler bestraft. Ganz gegen seine Art und gegen die Regeln der Zunft hatte Hussein nämlich den kuweitischen Emir samt Gefolge nicht umbringen, sondern entwischen lassen. Weil einerseits der Emir Hussein durchaus ebenbürtig war und das Nationaleinkommen als Privatvermögen behandelt hatte, lief nun ein immer noch 100 Milliarden Dollar in Besitztiteln und Wertpapieren schwerer Mann als Geschädigter herum. Weil andererseits ein rechtmäßiger Eigentümer von gestohlenem Gut vorhanden war, fiel es leicht, den Rechtsbruch wie einen Schadensfall nach der Devise ›Fuchs, du hast die Gans gestohlen, gib sie wieder her‹ zu behandeln. Und weil diese Forderung unpolitisch ist, war es nicht schwer, um sie herum eine bunt zusammengewürfelte Koalition zu sammeln. Bushs Diplomatie war das Kunststück geglückt, aus den Truppen marokkanischer, syrischer und pakistanischer Halsabschneider-Regimes loyale Hilfskräfte eines ordnungsgemäß bestallten Gerichtsvollziehers zu machen.

Der Preis für den Trick war der Verzicht auf den Willen, den ersten offenen Raubkrieg der Nachkriegsgeschichte, die Gefangennahme ausländischer Staatsbürger, die Giftgasdrohung gegen Israel und die Scud-Angriffe auf Tel Aviv als Gründe für einen gerechten Krieg zu betrachten, welcher mit der Niederlage der schuldigen Nation, ihrer Unterwerfung unter den Willen des Siegers, der Entmachtung und Bestrafung ihrer politischen Führung und schließlich damit enden muß, daß auch die Zivilbevölkerung ihre Verantwortung für die Taten der Machthaber zu spüren bekommt, die sie unterstützt oder geduldet hatte. Statt aber mit allen Konsequenzen besiegt zu werden, wurde der Irak am Ende nur seine Beute wieder los. Was die Durchsetzung von Rechtsprinzipien per Gewalt hätte sein müssen, war die militärische Zwangsvollstreckung eines Räumungstitels, denn die Feuereinstellung am 28. Februar hieß, daß alle Verbrechen vergessen und vergeben waren und nur die zivilrechtliche Seite der Angelegenheit zählte, die Übereignung der gestohlenen Sache an den rechtmäßigen

Besitzer. Raubkriege, so die Botschaft, sind ein Spiel, wobei man wenig verlieren und viel gewinnen kann — klappt's diesmal nicht, dann beim nächsten. Die chauvinistischen Provinztyrannen in der zerfallenden Sowjetunion, die auf ihre Stunde warten; die postkommunistischen Regimes in den Ostblockländern, denen das Wasser bis zum Hals steht; die völkischen Agitatoren auf dem Balkan; die Deutschen schließlich, die zur politischen Bewältigung ihrer Wirtschaftskrise Ellenbogenfreiheit brauchen — sie alle waren am 28. Februar nach einer kurzen Schrecksekunde um ein Rezept, eine Hoffnung und ein Vorbild reicher.

Einen Monat später spielte der militärisch Geschlagene mit den Siegern Katz und Maus, von Saddam Husseins Entscheidungen hing es ab, an welcher Stelle Bush samt Gefährten antraten zum Dienst, mit dem Erste-Hilfe-Köfferchen und mit Care-Paketen, um die Verwundeten zu verarzten, für die Obdachlosen Zelte zu bauen, den Verhungernden eine Ration zu geben und die Leichen wegzuräumen, die der Diktator ihnen vor die Füße warf. Wo Hussein hinkotzte und das Geschirr zerschlug, dienerte als Ausputzer die westliche Führungsmacht mit Wischlappen und Kehrichteimer herbei, stets um Schadensbegrenzung und darum bemüht, daß nicht allzuviel ruchbar wurde. Der Kriegsverlierer führte sich auf wie der mißratene Lieblingssohn, dessen Eskapaden den Eltern viel Kummer bereiten, weil sie mit dem Exzentriker auskommen müssen und es mit den Nachbarn nicht ganz verderben dürfen. Denn seit die amerikanische Regierung beschloß, Hussein als ihr Werkzeug zu behandeln, hatte er sie in der Hand, etwa so, wie ein Mietkiller von seinem honorigen Auftraggeber Protektion erpressen kann.

*

Als die amerikanische Regierung Husseins Truppen morden ließ, weil sie den Zerfall des Irak und den nachfolgenden Kampf der angrenzenden Staaten um die Beutestücke nicht riskieren wollte, hatte sie die Rechnung freilich ohne die amerikanische Öffentlichkeit gemacht. Von einer ›beispiellosen Medienkampagne‹ wußte der Washingtoner *ZDF*-Korrespondent zu berichten, von Fernsehkanälen, die rund um die Uhr das qualvolle Sterben in den Bergen zeigten und Kurden zu Wort kommen ließen, die der amerikanischen Regierung bittere Vorwürfe machten. Der *International Herald Tribune*, die einen Monat lang ununterbrochen Ausgabe für Ausgabe den versuchten Völkermord auf der Titelseite hielt, war zu entnehmen, mit welcher Unbeugsamkeit und Schärfe die führenden Blätter und die namhaften Kolumnisten die ›Realpolitik‹ attackierten, die übrigens auch in den USA so heißt. In den beiden entscheidenden Wochen Anfang April, die nicht den Untergang der Menschheit, aber den der Menschlichkeit zu bedeuten schienen, trat mit Entschiedenheit für die Opfer niemand als die amerikanischen Medien ein. Zwei Wochen lang wirkte die *International Herald Tribune*, welche Kolumnen der großen amerikanischen Blätter nachdruckt, wie das Lebenszeichen aus einer ganz anderen, einer besseren Welt, wenn man sie in der Bundesrepublik las, wo die Medien schon wieder mit der Meeresverseuchung beschäftigt waren, und wo die Moderatoren sich vor Peinlichkeit wanden, wenn sie Minister Blüm von seinem Besuch in einem Kurdenlager berichten lassen mußten.

Die folgenden Kolumnen wurden nicht nach Maßgabe der Originalität, sondern der Repräsentativität ausgewählt. Sie enthalten Gedanken, wie sie in leicht variierter Form die gesamte Auseinandersetzung der amerikanischen Presse mit der Regierungspolitik beherrschten. Durchweg sind es Gedanken, auf die man kommen und die man verstehen kann, ohne daß man 15 Semester Marxismus und Philosophie studiert haben müßte. Jeder von ihnen ist unvergleichlich bedeutender als das ganze gesellschaftskritische Geseiere jener Linken hier, die sonst so emsig und spitzfindig nach den subtilsten Formen von Unterdrückung suchen, und denen im entscheidenden Augenblick ein Völkermord gar nicht auffiel. Die Großartigkeit der amerikanischen Presse zeigt sich in der Unbeirrbarkeit, das Selbstverständliche unter allen Bedingungen zu formulieren und zu drucken.

A.M. Rosenthal in der *New York Times*, »Eine Lösung im Irak, während Amerika vom anderen Ufer aus zuschaut«:

»Am 19. April 1943 erhob sich das Warschauer Ghetto gegen die Deutschen. Die Welt wußte es. Sie schickte den Juden im Ghetto keine Hilfe. In den Wochen der Revolte starben sie zu Tausenden. Nach Belieben schlachteten dann die Deutschen die Überlebenden ab. Am 1. August 1944 folgte die polnische Untergrundbewegung einem Appell von Radio Moskau und erhob sich in Warschau gegen die dort noch verbliebenen Deutschen. Die Rote Armee sah zu, vom anderen Ufer der Weichsel aus, die durch die Stadt fließt, half aber den Polen nicht. Als der Aufstand niedergeschlagen war, überquerte die Rote Armee den Fluß und brachte polnische Kommunisten an die Macht.

Wie weit ist es von der Weichsel zum Euphrat? Am 28. März 1991 sahen US-Truppen zu, während Saddams in der Sowjetunion hergestellte Hubschrauber, die durch US-Beschluß in seinen Händen geblieben waren, keine Meile weit entfernt irakische Zivilisten im Tiefflug mit Bordwaffen angriffen und unter Granatfeuer nahmen. Die Amerikaner hatten Befehl, nicht auf die Helikopter zu schießen. Betrübt gaben die amerikanischen Soldaten später denjenigen Überlebenden zu Essen und zu Trinken, die es bis zu ihnen geschafft hatten. In den Tagen davor und danach ereignete sich dieselbe Geschichte auf anderen Schlachtfeldern in Sichtweite der US-Truppen. Das ist eine irakische Katastrophe und eine amerikanische Tragödie.

Amerika steht an der Weichsel und schaut zu, und es kann sich nicht mal wie die Russen damit entschuldigen, daß gegen einen noch kämpfenden Feind vorgegangen werden müßte. Es war die Pflicht der Amerikaner, einem niedergeworfenen und besiegten Feind zu befehlen, keine Helikopter und Panzer zur Niederschlagung des landesweiten Aufstands zu benutzen — und jeden Panzer oder Helikopter zu zerstören, der sich bewegt. Wenn Worte noch eine Bedeutung und Versprechen Gültigkeit haben, wenn das Eigeninteresse noch irgendeinen

Wert besitzt, dann waren die Amerikaner dazu verpflichtet. George Bush forderte das irakische Volk dazu auf, sich den Killer Saddam von Hals zu schaffen. Es ist schändlich zu behaupten, die Rebellen hätten erwarten müssen, daß er den Befehl widerrufen würde, der sie vor der Vernichtung schützte. Und es lag im eigenen Interesse der USA, den Mann auszuschalten, der den Krieg verursacht hatte. Solange er regiert, werden Unsicherheit und Gefahr im mittleren Osten existieren. Solange er regiert, wäre es für jedes gefährdete Land und jede Befreiungsbewegung selbstmörderisch, den Worten der US-Administration zu trauen. [...] Umfragen zufolge wollen die Amerikaner, daß die irakischen Kampfflugzeuge am Boden bleiben oder abgeschossen werden. Es ist bemerkenswert, wie amerikanische Politiker in den eigenen Spiegel schauen und zu dem Schluß kommen, die amerikanischen Wähler wären Strohköpfe ohne Gedächtnis und Prinzipien.

Natürlich ist das eine schrecklich traurige Sache mit den deportieren irakischen Müttern, die ihre toten Babys umklammern. Schickt ihnen Decken.«

(Verständnishilfe für deutsche Leser: Der letzte Absatz ist kein Spendenaufruf, sondern sarkastisch gemeint. Während die Deutschen es als einen Akt solcher Hochherzigkeit betrachten, wenn sie verspätet und in geringem Umfang ihre meist aus Lebensmittelkonserven mit abgelaufenem Verfallsdatum und Altkleidern bestehenden Liebesgaben schicken, daß sie dergleichen Entsorgungsaktionen eine ›Luftbrücke der Menschlichkeit‹ (Genscher) nennen, ist das bei den Amerikanern offenbar anders. Einerseits scheuen sie weder Aufwand noch Kosten, andererseits bleibt ein Almosen für sie ein Almosen.)

William Pfaff in der *Los Angeles Times*, »Was zu tun ist: Ein übles Regime beseitigen, damit die Flüchtlinge zurück können«:

»Um den römischen Geschichtsschreiber Tacitus zu zitieren: Wenn sie eine Wüste hinterlassen, nennen sie es Frieden. Frieden herrscht im Irak. George Bush hat ein Kuweit angetanes Unrecht beseitigt, indem er eine Situation schuf, durch welche größeres Unrecht den Kurden, den Schiiten und anderen Irakern widerfährt, die Bushs Aufforderung an die irakische Bevölkerung vom 15. Februar gefolgt sind, Hussein zu stürzen. [...] Die moralische Basis für eine weitere Intervention im Irak zwecks Entmachtung seiner Regierung ist offensichtlich. [...] Der Irak ist dabei, auf flagrante Weise gegen die universelle Erklärung der Menschenrechte durch die Vereinten Nationen zu verstoßen. Seit 1948 existiert eine Konvention, welche Völkermord verurteilt und vom Sicherheitsrat fordert, dagegen mit angemessenen Mitteln vorzugehen. Und natürlich besitzen die Nationen zum Kriegführen das Recht. Könnte es einen gültigeren Kriegsgrund geben als den, welchen der Irak heute der Welt präsentiert? Abgesehen davon ist die Intervention keine Hypothese, sondern ein Faktum: Die US-Armee hält einen Teil des Irak besetzt, US-Flugzeuge überfliegen das Land.

Ich gehöre zu denen, die im allgemeinen das Prinzip der Nichteinmischung in die Angelegenheiten anderer Staaten unterstützen. Was die Krise im Irak betrifft, so würde ich es mit der Bauernregel halten, nicht hinzugehen, wenn man nicht dort ist. Aber wir sind dort. Die Koalition hatte sich entschieden, massiv im Irak zu intervenieren. Sie hat jetzt keine anständige Alternative als die, das Begonnene zu vollenden.«

## William Safire in der *New York Times*, »Strohmänner helfen den Kurden nicht«:

»George Bushs Reaktion auf den Völkermord ist es, ärgerlich zu wiederholen, daß ›our kids‹ — sein neues, jugendliche Verwundbarkeit betonendes Wort für das, was er bislang als US-Streitkräfte zu bezeichnen pflegte — nicht auf äußeren Druck finsterer Mächte in irgendjemandes Bürgerkrieg ›hineingedrängt‹ oder ›hineingesogen‹ werden sollen. Das ist der alte Strohmann-Trick. Vor drei Wochen, als es dringend war, Hussein das Unterlassen aller Flugbewegungen und Militäroperationen zu befehlen und damit Tausende unschuldiger Zivilisten ohne die Gefahr von Verlusten auf amerikanischer Seit zu retten, damals ging Bush statt dessen Angeln. Jetzt werden die blutigen Folgen seines moralischen Versagens sichtbar. [...] Was ist zu tun? Erstens muß ohne Begründung und Herumgerede das Nötigste an Unterkunft und Verpflegung bereitgestellt werden. Als Nächstes sind, um der Welt ein Beispiel zu geben, 25.000 Kurden als politische Flüchtlinge von den USA aufzunehmen. Dann müssen die geflohenen Kurden, Christen und Schiiten von der Koalition garantierte Sicherheiten bekommen, damit sie in ihre Dörfer zurückkehren.«

Vertrat in den USA die Öffentlichkeit gegenüber der Regierung den Standpunkt der Moral, so war es in Deutschland gerade umgekehrt. Was die Pleitgens und Bressers, was Brandt und Lafontaine dachten, als sie schwiegen, verriet im *Deutschen Nachrichtenmagazin*, wie sich der *Spiegel* selber nennt, einer der vielen schmutzigen alten Männer hier, die mit den Jahren wurden, was sie schon in ihrer Militärzeit bei der Wehrmacht waren. Ihr Kennzeichen ist ein Antisemitismus, der etwas Lustgreisenhaftes an sich hat, wie Zoten, wenn man sie sich im Altersheim erzählt. Augstein kommentiert:

»Wenn der israelische Außenminister Levy seinen deutschen Kollegen öffentlich abkanzelt (dem der Mund wegen Auschwitz verklebt ist), so müssen wir das hinnehmen. Macht er aber James Baker den Vorwurf, der Vernichtung der Kurden ebenso tatenlos zuzusehen wie Präsident Roosevelt seinerzeit dem Holocaust an den Juden, so geht das auch uns über die Hutschnur. [...] George Bush mag im Augenblick keine glückliche Figur abgeben. Aber recht hatte er, als er vor Bagdad den Krieg einstellte. Gab es dafür auch innenpolitische Gründe, so war es doch die richtige Politik. Oder hätten die Amerikaner den Irak besetzen und zerstückeln sollen?«

*

Während die Berge Kurdistans zum Vernichtungslager wurden, wurde das Vernichtungslager zur Freilichtbühne, als Freilichtbühne wiederum war das Vernichtungslager ein Testfall für die moralische Verfassung der Welt. Anders als im Leben, wo absolute Gewißheit für den Zeitgenossen selten ist, sah sich das Publikum per Direktübertragung in die Rolle des allwissenden Betrachters versetzt. Anders als im Leben auch konnte die Entscheidung wie im Theater ohne Rücksicht auf mit ihr verbundene eigene Nachteile getroffen werden, die Menschheit erhielt Gelegenheit, sich gleichsam gratis von ihrer besten Seite zu zeigen. Keiner Opfer, nur des Entschlusses seitens der Alliierten oder angrenzender Staaten hätte es bedurft, um die militärisch geschwächte irakische Armee am Morden zu hindern. Massendemonstrationen vor ausländischen Botschaften, deren Häufigkeit im Normalfall nur von ihrer Vergeblichkeit übertroffen wird — diesmal hätten sie ein Machtmittel sein können.

Anders jedoch als im Theater sollte die Entscheidung zwar ohne direkten Nachteil oder Vorteil, aber keineswegs folgenlos bleiben. Das Plebiszit in den ersten beiden Aprilwochen, die Welturabstimmung über den Völkermord, glich einer eindringlichen Mahnung, einem peinlichen Verhör, einer langen Prüfung, wie man sich ihr als Beitrittswilliger bei Geheimbünden oder Banden unterziehen muß. Der Reaktionstest war zugleich ein Härtetest, ein Eignungstest, eine Nervenprobe, zwei Wochen lang wurden alle Eventualitäten durchgespielt. Schau dir genau die halbverhungerten kleinen Kinder an, wie ihnen die nackten Füße im eisigen Schlamm schmerzen, hieß die Botschaft, Bist du auch sicher, daß es dir nichts ausmacht? Hunderttausende, die man vor deinen Augen qualvoll verenden läßt — möchtest du das wirklich mit ansehen müssen? Der Weg vor uns wird einer durch die Hölle und bestimmt kein Sonntagsspaziergang sein. Willst du das? Andernfalls sage einfach laut und deutlich Nein.

Selten gab es ferner für den haßerfüllten Massenprotest einen besseren Anlaß, denn im Normalfall fällt oft schon das Auseinanderhalten von Opfern und Tätern schwer, gar nicht zu reden vom Problem, die Urheberschaft an einem gesellschaftlichen Unrecht einer bestimmten Person unter Bedingungen zuweisen zu wollen, wo die politischen Akteure nur die austauschbaren Vollzugsorgane kapitalistischer oder imperialistischer

Gesetzmäßigkeit sind. Während der amerikanische Präsident beispielsweise als frei gewählter und von den parlamentarischen Gremien kontrollierter ein vergleichsweise undankbares Haßobjekt auch dann ist, wenn man die US-Politik für objektiv verbrecherisch hält, trat diesmal in Gestalt Saddam Husseins ein echter Schurke auf, die Person gewordene Beleidigung jeglichen moralischen Empfindens und eine Provokation aller niederen Instinkte zugleich. Selten waren daher die Bedingungen günstiger, mit dem Willen zur Beseitigung eines Unrechts den Wunsch nach Vergeltung, Vollstreckung, Bestrafung, Hinrichtung zu verbinden. Keineswegs wurde von den Massen verlangt, nur um der Solidarität mit den Opfern willen durch die Straßen zu ziehen, sondern sie sollten dabei auch ihren Spaß haben und mit aller Inbrunst Husseins Kopf oder seine Vierteilung fordern dürfen.

Selten hat man von protestierenden Massen auf den Straßen weniger gesehen, selten blieben die Marktschreier für Menschenwürde und Gerechtigkeit so schweigsam, die sonst unter antiimperialistischer, sozialistischer oder Gewerkschaftsfahne laufen. Innerhalb von zwei Wochen nur hatten die Massen selber, ihre Protestformen, ihre Organisationen und ihre Demagogen sich auf einen Streich weltweit in Elemente verwandelt, die zum Aufbau faschistischer Staaten oder für den Krieg und zu nichts anderem taugten. Nicht nur die PLO war spätestens seit der Beteiligung palästinensischer Söldner an der Kurdenverfolgung eine Bewegung, die man im wörtlichen wie übertragenen Sinn nur mit der Kneifzange anfassen mag, sondern von Havanna bis Tunis, von Rabat bis Amman verriet die Stille auf den Straßen angesichts des Völkermords die Wahrheit über das keine zwei Monate zurückliegende Gebrüll des demoralisierten Mobs, der dem amoralischen Führer Hussein fanatisch zugejubelt und sich seinen Haß auf den imperialistischen Erzfeind USA aus der Seele geschrien hatte. Zur Gewißheit war der Verdacht geworden, daß die verelendeten Massen in der Dritten Welt die Hoffnung auf Gerechtigkeit und ein menschenwürdiges Leben verloren haben und nur noch die Aussicht aufs Beutemachen sie mobilisieren kann. Damit werden Gedanken wieder aktuell, die Horkheimer zufolge in Vergessenheit gerieten, als die Parole ›Nation‹ das Volk gegen den Absolutismus in Bewegung setzte:

»Seit Jahrhunderten hatten die Denker die Massensuggestion und das mit ihr identische Gegenteil, die Unansprechbarkeit verführter Massen, die Grausamkeit der Zukurzgekommenen als Resultat der Herrschaft denunziert. Der Nationalstolz wie der des Einzelnen ist leicht verletzt, auch wenn die Wunde lange Zeit nicht sichtbar wird. Die Rache, die dann folgt, ist blind und gewalttätig. Einmal war der Fanatismus verzerrte, falsch verstandene Religion. Seit St. Just und Robbespierre hat er die Form des übersteigerten Nationalismus angenommen. Als Rationalisierung trüber Instinkte ist es bequem, ihn zu aktualisieren, wann immer es nicht gut geht und eine starke Macht es will. Wenn in einem bedrohten historischen Moment die Herrschenden verschiedenster Observanz der Unzufriedenheit nichts anderes mehr bieten können, lassen sie gern die Einpeitscher nationalistischer Gemeinschaft, des Trugbilds der Utopie, gewähren und speisen ihre Völker mit dem Zuckerbrot der Grausamkeit.«[30]

Im erweitertem Rahmen traf zum zweiten mal in diesem Jahrhundert eine Diagnose zu, die William Schlamm, der über die Tschechoslowakei in die USA emigrierte KP-Funktionär und spätere *Welt*-Kolumnist unter dem Eindruck der Tatsache formuliert hatte, daß am 13. Januar 1935 im Saargebiet bei einer Wahlbeteiligung von 97 Prozent und einem Arbeiteranteil an der Bevölkerung von rund 80 Prozent nicht weniger als 90 Prozent für den Anschluß an das faschistische Deutschland stimmten: »In Wahrheit ist eine Epoche vorbei, in der es den Anschein hatte, als ließen sich Massen der Gesellschaft von der Vernunft und von der Einsicht in ihre Lebenslage zum Aufstieg aus eigener Kraft lenken. In Wahrheit ist es mit der gesellschaftlich formenden Funktion der Masse vorbei. Sie erweist sich als total formbar, knetbar, bewußtlos und fähig zur Anpassung an jegliche Macht, an jegliche Niedertracht. Sie hat keinen geschichtlichen Auftrag. Im 20. Jahrhundert, im Jahrhundert des Tanks und des Radios, ist dieser Auftrag unzustellbar, ist die Masse aus dem gesellschaftlichen Formungsprozeß ausgeschaltet worden.«[31] Mit der Masse war auch deren Organisation gemeint, die KPD, die im Wettstreit mit der noch patriotischeren Sozialdemokratie bis zum Frühjahr 1934 unter der Parole »Trotz Hitler — für Deutschland« den Anschluß gefordert hatte.

Nicht länger ignoriert werden kann ferner die Tatsache, daß die Praxis dessen, was man Antiimperialismus nannte, die 40jährige Geschichte nationaler Befreiungskämpfe in der Dritten Welt, in der Regel nur ein Gangster-Regime nach dem anderen ans Ruder brachte, unter dem eher mehr gehungert und gefoltert wurde als unter der Kolonialherrschaft davor. In seinem Essay ›Die Aktualität Schopenhauers‹ wies Horkheimer schon im Jahr 1961 auf die Zusammenhänge hin, als er schrieb: »Die ehemals von den Zivilisierten unterjochten Afrikaner haben als eigentlichen Gott der entwickelten Nationen, zu denen sie aufblickten, nur Macht und Gewalt erfahren und ahmen ihn heute nach. [...] Sie wollen endlich auf der Welt Karriere machen.«[32] Von diesem Willen wiederum haben in erster Linie die Arrivierten profitiert, die sich durch die Nachahmer bestätigt und von der Verantwortung für sie entbunden fühlen konnten. Das »Rasen aller Volkstämme nach eigener Macht«,[33] wie Horkheimer verächtlich über die Befreiungsbewegungen nach dem zweiten Weltkrieg schrieb, bedeutete einst für die Kolonialmächte Kostenersparnis, als sie den Kongo mit zwei Ärzten und einer Analphabetenquote von 98 Prozent in die Unabhängigkeit entließen, die Mobuto hieß. Nun könnte es sein, daß sie sich davon bei der moralischen Abrüstung beflügeln lassen und die aus der Dritten Welt reimportierte Schreckensherrschaft der Normalfall in den entwickelten Ländern selber wird, wenn die zur nationalen Unabhängigkeit, also zum wirtschaftlichen wie politischen Selbstmord Ermunterten im Osten sich als Flüchtlinge an den Grenzen drängen und der Bundeswehr die Rolle zufällt, die irakische und türkische Truppen spielten, als in den Bergen Kurdistans die Zukunft begann.

# Meinungen und Tatsachen[34]

Vor 20 Jahren äußerte Bernward Vesper in seinem Buch »Die Reise« den Verdacht, einen Atomkrieg sogar würden die Landsleute unverändert überstehen, sie würden ihn nicht mal bemerken. Drei Prachtexemplaren dieser eigenwilligen Gattung, unter ihnen Ströbele und Alice Schwarzer, gab der *Spiegel* in seiner Pfingstausgabe Gelegenheit, sich von ihrer unverwüstlichsten Seite zu zeigen. Als verfolgte Unschuld traten verschiedene Figuren auf, denen gemeinsam ist, daß sie im Lauf ihrer politischen Biographie diese Rolle perfekt beherrschen lernten. Denn mochte das Emblem der deutschen Nachkriegslinken die Friedenstaube oder die Kalaschnikow sein, und unabhängig davon, ob man sich gerade für den Vietkong oder fürs Feuchtbiotop erwärmte — stets blieb diese Linke über die Zeiten und die Fraktionen hinweg ihrer Grundüberzeugung treu, dem Glauben nämlich, selber nur Gutes zu tun, das Beste zu wollen, keinem ein Leid zuzufügen, dabei mit dem Rücken zur Wand zu stehen und grundlos eine Welt von Feinden gegen sich zu haben.

Ein halbes Jahrhundert lang fast war sie der einzige Traditionsverband, wo sich das deutsche Wesen erhalten, entwickeln und entfalten konnte, die Vorstellung von der Eigengruppe als dem Ziel und Opfer ungerechtfertigter Verfolgung. In der Kampagne gegen die sogenannten Berufsverbote wurde eine Mentalität trainiert, die es ebenso rätselhaft wie empörend findet, wenn der Staat die nach eigenem Bekunden auf seinen Umsturz Hinarbeitenden nicht besolden mag. Gefangene aus der RAF und ihre Sympathisanten wandten gegen die Haftbedingungen allen Ernstes ein, dadurch würde die politische Arbeit verhindert; Literaten und Publizisten wurden zappelig, wenn sie für ihre scharfe Kritik an der Regierungspolitik nicht sogleich das große Bundesverdienstkreuz bekamen; alles ertrugen die Umweltschützer und Raketengegner, wenn sie der anderen Partei die

Vernichtung von Menschheit und Natur unterstellten — alles außer Widerspruch. Vermeintlich in radikaler Opposition zur Majorität stehende Gruppen arbeiteten also faktisch für den Tag, wo die Minderheitenmarotte ein Massenbedürfnis ausdrücken sollte. Zum Massenbedürfnis wird die Minderheitenmarotte, wenn eine ganze Nation sich zum Rest der Welt verhält, wie sich zuvor schwache, machtlose Randgruppen zur Nation verhielten, und es tritt dann jene kollektive Fremdartigkeit auf, die Benjamin schon 1928 beschrieben hat: »Dem Ausländer, welcher die Gestaltung des deutschen Lebens obenhin verfolgt, der gar das Land kurze Zeit bereist hat, erscheinen seine Bewohner nicht minder fremdartig als ein exotischer Volksschlag.«[35]

Seit dem Wiedervereinigungsflop beginnt nun die Struktur des linken Bewußtseins die vorherrschende zu werden: Alle fühlen sich um den verdienten Lohn betrogen, alle fühlen sich grundlos schlecht behandelt, und vielleicht als unbewußter Reflex auf dies vorwurfsvoll gestimmte, ressentimentgeladene Lebensgefühl ist eine Politik zu begreifen, welche Deutschland als weltweit einzige Friedensmacht darstellt, die Nation also in einen Gegensatz zum Rest der Welt bringt und sie sogar von ihren Verbündeten isoliert. In dieser Übergangsphase, wo noch der Erfahrungsvorsprung und die längere Übung zählen, treten für einen Moment als Meinungsführer vormalige Außenseiter an die Spitze, die unter den veränderten Bedingungen eigentlich nur ihr Naturell und ihre Denkgewohnheiten beibehalten müssen, um statt für die feministische, militante oder ökologische Randgruppe Propaganda für die ganze Nation zu machen.

Ihr Vorteil ist zwar, daß sie sich dabei auf vertrautem Terrain bewegen, weil der anbrechende Nationalismus kein inhaltlich bestimmter ist, sondern ein ebenso beliebiger und austauschbarer Vorwand für die Identifikation mit irgendeinem Kollektiv, wie es schon bei der proletarischen Solidarität, beim Feminismus, bei der Körnerfresserei, bei der neuen Subjektivität, beim Antiimperialismus und im Friedenskampf eigentlich nie wirklich um die vordergründig erbittert verteidigte Sache ging, sondern um die Bereitstellung von Gesinnungskitt für eine verschworene Gemeinschaft. Andererseits aber haben sie nicht nur Erfahrung, sondern sie sind auch schon so verbraucht und verschlissen, wie es der aufkommende Nationalismus selber ist, dem sie weder Elan noch Konturen geben können. Aus dem Umstand, daß die Meinungsführerschaft von ausrangierten Linken übernommen wird, Leuten um die 50, die von den vielen Pleiten in ihrem Leben doch schon ein wenig mürbe sind, resultiert ein Klima, wie es unter anderen Umständen Hannah Arendt beschrieben hat:

»Die intellektuelle Atmosphäre ist von vagen Gemeinplätzen durchdrungen, von Anschauungen, die sich lange vor den jetzigen Ereignissen, zu denen sie passen sollen, herausgebildet hatten; man fühlt sich erdrückt von einer um sich greifenden öffentlichen Dummheit, der man kein korrektes Urteil in den elementarsten Dingen zutrauen kann und die es beispielsweise möglich macht, daß in einer Zeitung die Klage angestimmt wird: ›Die ganze Welt hat uns wieder einmal sitzenlassen‹.«[36]

Der Reihe nach: Zwei Monate war die deutsche Golfkriegsmassenhysterie schon vorbei, da kam man beim *Spiegel* auf die Idee, daß nunmehr im Interesse der Standpunktvielfalt gefahrlos auch eine Kritik daran zu Protokoll gegeben werden könne. Der fortbestehende Konflikt zwischen Pflicht und Neigung wurde dergestalt gelöst, daß in der Ausgabe vom 29. April die abweichende Meinung kein Redaktionsmitglied vertrat, sondern Henryk Broder, der als freier Publizist den redaktionellen und als Jude den völkischen Zusammenhalt nicht belasten konnte. Er lieferte eine witzige, freilich inzwischen witzlos gewordene Glosse über jene schaurigen Wochen, in denen es keine Parteien mehr, sondern nur noch Deutsche gab. Drei Nummern später führten dann eine Feministin, ein ehemaliger Vorstandssprecher der Grünen, vormals RAF-Anwalt, sowie eine Friedensfrau an gleicher Stelle vor, wie man zum Nationalismus konvertiert, ohne die eigenen Denkfiguren oder selbst die Sprache auch nur geringfügig korrigieren zu müssen.

Dreh- und Angelpunkt einer Haltung, die bei aller Wechselhaftigkeit in der Sache stets mit sich selber identisch bleibt, ist die standhafte Weigerung, anderen die gleichen Rechte einzuräumen, die man selber in Anspruch nimmt. Aus der prinzipiellen Nichtanerkennung von Spielregeln, die für alle verbindlich sind, entwickelt sich dann eine paranoide Vorstellungswelt, worin die Gesetze der Logik keine Gültigkeit haben, sondern welche nach dem Muster funktioniert: Wenn ich über andere Nachteiliges behaupte, ist das legitim; wenn andere über mich Nachteiliges sagen, ist das Rufmord — jenes sonderbare Delikt, dessen man keinen bezichtigen kann, ohne es selber zu begehen. Während normalerweise jedoch der Rufgemordete wenigstens so tut, als habe er sein Leben lang nur Kreide gefressen und eine gewisse Zeitspanne zwischen den aggressiven und den weinerlichen Phasen seine Bewußtseinsspaltung mildert, steigert hier die Selbstgerechtigkeit sich mitunter zum offenen Wahn. Unbekümmert, wie sie dies als Feministin tat, teilt die frisch gebackene Nationalistin aus: »Wer beim jetzigen Wissensstand noch immer den Golfkrieg rechtfertigt, ist kriegslüstern oder prosemitisch«, um für den Fall, daß sie auch würde einstecken müssen, gleich in präventives Wehgeschrei auszubrechen: »Ich soll das nicht mehr sagen dürfen. Bei Zuwiderhandlung droht mir die Todesstrafe: Rufmord«. Eben noch vehement »rigides Schwarz-Weiß-Denken« und »bornierte Freund-Feind-Muster« zu verurteilen hindert sie keineswegs daran, selber knappe 20 Zeilen weiter das folgende Weltbild zu Papier zu bringen: »Wer gegen wen, das ist jetzt klar: die Aufklärung gegen die Demagogie. Die Achtung gegen die Verachtung. Und die Menschenliebe gegen den Menschenhaß.« Als repräsentierte sie immer noch eine kratzbürstige radikale kleine Minderheit, stellt sie sich selber dar als Verfolgte und Verfemte: »Wo Rauch ist, da ist auch Feuer. Das ist das Prinzip, nach dem Diffamierung funktioniert. Da bleibt immer etwas hängen. Ich kenne das, seit 20 Jahren.«

Auch der ehemalige RAF-Anwalt wirkt in seiner neuen Rolle als Ehrenretter der Nation eigentlich vollkommen unverändert. »Was treibt Broder zu der Rufmordkampagne gegen alle, die gegen den Krieg waren?« fragt er, ebenso ratlos wie seinerzeit, als er die Feindseligkeit der Bundesanwaltschaft gegen seine Mandanten nicht begreifen mochte, und nicht minder bestürzt als in der Folgezeit, wo er sich dem Raubbau an der Natur zugewandt hatte. Immer stehen seine Verfolger in Beziehung zu amerikanischen Agenten: »Broder bedient sich der Technik des Rufmordes nach dem Muster des US-Senators McCarthy im kalten Krieg der fünfziger Jahre gegen sogenannte antiamerikanische Umtriebe.« Damals wie heute droht ihm physische Gewalt: »Aber die direkten Folgen von Broders Totschlagargumentation sind ganz handfest. Die ersten, die mir als angeblichem ›Nazi‹ und ›Massenmörder‹ mit Gewalt drohen, nicht nur drohen, rühren sich.« — Wie wenn in der Bundesrepublik neuerdings Nazis um ihr Leben zu fürchten hätten. Auch seine Abneigung gegen Prozesse scheint nicht erloschen, denn er wirft Broder vor, »ausgewählten FeidInnen [...] den publizistischen Prozeß zu machen«, und er wiederholt: »In seinem Artikel macht Broder kurzen Prozeß.«

Gleichzeitig gibt er zu, selber gegen Broder »gerichtliche Hilfe in Anspruch genommen« zu haben, und was als Nachlässigkeit oder Dummheit erscheinen könnte, hat Methode. Durch den Trick, von einer Sache im wörtlichen und im metaphorischen Sinn zu sprechen, wird die Wirklichkeit dergestalt aufgelöst, daß Gemeintes sich in Faktisches und Faktisches in bloß Gemeintes verwandelt. Broders bissiger Text, suggeriert der ehemalige RAF-Anwalt, sei der eigentliche Prozeß, der ›publizistische Prozeß‹, der ›kurze Prozeß‹, während der wirkliche Prozeß nur ein Hilfeersuchen darstelle. Ebenso dient der häufige Gebrauch des Vorwurfs *Rufmord* oder das Wort von der *Totschlagargumentation* dazu, den wirklichen Mord, den an den Juden, fast wie ein Bagatelldelikt aussehen zu lassen neben dem metaphorischen Mord, eben dem *Rufmord*, welcher Begriff nicht die Sache selber bezeichnet, sondern deren Bewertung ausdrückt, ein subjektives Meinen.

Schon innerhalb linker Randgruppen waren Realitätsblindheit und Wahrnehmungsunfähigkeit der Preis für jene innere Radikalisierung, die von Begriffen wie Konsumterror, Isolationsfolter, Vernichtungshaft etc. bewirkt werden sollte. Übernimmt nun eine ganze Nation das gleiche Rezept, und sucht sie sich ihres Zusammenhalts zu vergewissern, indem sie ihre Kritiker als Rufmörder ächtet, so wird man ihr keine glückliche Zukunft voraussagen können, weil ohne ein bescheidenes Minimum an Realitätssinn, Selbstkritik, unparteiischem Urteilsvermögen und Ehrlichkeit eine industriell hochentwickelte Gesellschaft nicht dauerhaft funktionieren kann. Irgendwie, ahnt man dann, müsse es wohl einen Zusammenhang geben zwischen einerseits der Rufmord-Obsession und andererseits Kohls *blühenden Landschaften im Osten* oder anderem blühenden Blödsinn; irgendwie paßt doch diese in Verfolgungswahn umschlagende maßlose Selbstgerechtigkeit auch wieder zum Wirtschafts-Chaos in der Zone, zum Wirrwar um den Beitrittstermin, die Hauptstadtfrage und die Telefongebühren;[37] und irgendwoher kennt man sie doch, diese merkwürdige politische Metamorphose, bei welcher Leute sich total verändern und dabei absolut die Gleichen bleiben. Man blättert also bei Hannah Arendt nach und findet die folgende aus dem Jahr 1950 stammende Beschreibung:

»Der wohl hervorstechendste und auch erschreckendste Aspekt der deutschen Realitätsflucht liegt jedoch in der Haltung, mit Tatsachen so umzugehen, als handele es sich um bloße Meinungen. [...] Die Lügen totalitärer Propaganda unterscheiden sich von den gewöhnlichen Lügen, auf welche nichttotalitäre Regime in Notzeiten zurückgreifen, vor allem dadurch, daß sie ständig den Wert von Tatsachen überhaupt leugnen: Alle Fakten können verändert und alle Lügen wahrgemacht werden. Die Nazis haben das Bewußtsein der Deutschen vor allem dadurch geprägt, daß sie es darauf getrimmt haben, die Realität nicht mehr als Gesamtsumme harter, unausweichlicher Fakten wahrzunehmen, sondern als Konglomerat ständig wechselnder Ereignisse und Parolen, wobei heute wahr sein kann, was morgen schon falsch ist. Diese Abrichtung könnte exakt einer der Gründe dafür sein, daß man so erstaunlich wenig Anzeichen für das Fortbestehen irgendwelcher Nazipropaganda entdeckt und gleichzeitig ein ebenso erstaunliches Desinteresse an der Zurückweisung von Nazidoktrinen vorherrscht. Man hat es hier nicht mit Indoktrination zu tun, sondern mit der Unfähigkeit und dem Widerwillen, überhaupt zwischen Tatsache und Meinung zu unterscheiden.«[38]

# AUSLÄNDERVERFOLGUNG
Offener Haß gegen den Rest der Welt innerhalb der Landesgrenzen

*

## Tatsachen und Ursachen

*Der 7. April*

Am 28. Februar stellten die alliierten Truppen das Feuer ein und rückten nicht mehr weiter vor. Die irakische Armee in Kuweit war geschlagen und befand sich auf dem ungeordneten Rückzug.

In der Wüste war damit nach sechs Wochen der reguläre Teil des Krieges zu Ende, in der Bundesrepublik war es aus mit der eingebildeten eigenen Friedfertigkeit, an deren bombastischer Inszenierung die national fühlenden Teile der Bevölkerung sich selbstverliebt und siegestrunken berauscht hatten. Noch unter dem Eindruck des Propagandaspektakels, das ein multimediales Gesamtkunstwerk war und den Landsleuten ein grotesk geschöntes Bild von sich selber liefern sollte, gestand Alice Schwarzer im April-Heft von *Emma*: »Und das ist der Grund, warum ich in den letzten Wochen zum ersten Mal in meinem Leben stolz bin, Deutsche zu sein.«

Vom Stolz aufs Deutschsein wurden alle beherrscht, wenngleich nicht alle für die Gefühlsaufwallung die gleichen Gründe nannten. Das *Emma*-Heft mit dem patriotischen Bekenntnis lag noch keine Woche an den Kiosken, da erreichte die Welle von Gewaltverbrechen gegen Ausländer auf dem Gebiet der ehemaligen DDR ihren ersten Höhepunkt. Dort war die vorsätzliche, folterähnliche Körperverletzung mittlerweile Routine geworden. Während die Mahnwachen vor US-Botschaften und die Friedensdemonstrationen unter Beteiligung von Polit-Prominenz groß ins Fernsehen kamen, eiferten im gleichen Land unbeachtet von den Medien jugendliche Schlägertrupps ihren Großvätern nach und übten unbehelligt von der Polizei an Andersfarbigen oder Ausländern das Quälen wehrloser Opfer. Dezent wie die ganze Berichterstattung blieb auch das Presseecho auf den ersten Mord. Am 7. April starb in Dresden der Mosambikaner Jorge Gomondai, eine Meute von Rechtsradikalen hatten ihn überfallen, als er nachts allein in der Straßenbahn saß. Den Einzelnen, der gegen die Vielen keine Chance hatte, schlugen sie zusammen und warfen ihn dann aus dem fahrenden Zug.

Wenn das Verbrechen überhaupt erwähnt wurde von der Presse, dann im neutral gehaltenen Zusammenschnitt von Agenturmeldungen. Schon der Titel des folgenden Beispiels spricht Bände. Arbeitgeberpräsidenten und Bankiers werden ermordet, meist sogar feige ermordet, Rechtsradikale auch. Als ein Jahr später in Berlin ein führendes Mitglied der *Deutschen Liga für Volk und Heimat* erstochen wurde, titelte die *FAZ* vom 6.4.92: »Rechtsradikaler von Ausländern ermordet«, in der *Stuttgarter Zeitung* hieß die Überschrift: »Rechtsextremist in Berlin ermordet«.

Bei Afrikanern ist das offenbar anders. Sie werden nicht ermordet, sondern getötet. Von Skinheads umgebracht zu werden ist, wie wenn man bei einem Verkehrsunfall ums Leben kommt, eben einfach getötet wird. Es gibt eigentlich weder Opfer noch Täter.

*Stuttgarter Zeitung, 9. April 1991*

Afrikaner in Dresden
von Skinheads getötet

SCHWALBACH (AP). Die hessische Aufnahmestelle für Asylbewerber ist wieder zum Zufluchtsort von Ausländern geworden, die ostdeutsche Wohnheime aus Angst vor Überfällen verlassen haben. Am Montag trafen dort 28 Flüchtlinge aus Ostdeutschland ein. Die größte Gruppe aus 21 Menschen, vorwiegend Iranern, kam aus Gerstungen in Thüringen. Einige von ihnen waren verletzt und erklärten, sie seien überfallen worden. Das thüringische Innenministerium erklärte, ihm sei von einem Überfall auf das Wohnheim nichts bekannt. In

Dresden starb ein Afrikaner nach einem Überfall rechtsradikaler Skinheads. Wie die Polizei mitteilte, war der 28jährige aus der fahrenden Straßenbahn in Dresden gestoßen worden. Einige der 21 Asylbewerber aus Thüringen hatten am Montag berichtet, eine Gruppe Deutscher sei mit langen Messern in das Wohnheim eingedrungen. Einer Person sei das Gesicht zerschnitten, einer anderen ein Knöchel gebrochen worden. Polizei und Krankenwagen seien erst nach über einer Stunde eingetroffen. Sieben Afrikaner, die aus einem Wohnheim in Eisenhüttenstadt gekommen waren, wurden wieder zurückgeschickt. Der Unterkunftsleiter bestätigte, daß ein Marokkaner, der ebenfalls aus einem ostdeutschen Wohnheim nach Schwalbach geflüchtet war und wieder zurückgeschickt werden sollte, am vergangenen Freitag einen Selbstmordversuch unternommen habe. Nach den Angaben handele es sich dabei um keinen Einzelfall.

Auf den unglaublichen Skandal, daß sich in Deutschland wieder Verbrechen häuften, die dort einmal das Vorspiel zum fabrikmäßigen Massenmord gewesen waren, reagierte die sonst so entrüstungsfreudige, stets zu eine Kampagne *Wehret den Anfängen* aufgelegte kritische Öffentlichkeit in der Bundesrepublik, als dürfe man von den Landsleuten drüben nach den Jahren der Enthaltsamkeit nichts anderes erwarten. Verharmlosend wurden die Täter gern als Sozialfälle dargestellt, für deren ruppiges Benehmen man Verständnis aufbringen müsse — als würde in der Zone einfach zuviel geprügelt, geklaut und gesoffen; als hinge bei den Arbeitslosen der Haussegen schief; als würden die Deklassierten nicht lange fackeln, wenn ihnen einer krumm kommt; als käme es im Streit zwischen Bekannten, Nachbarn, Freunden oder im Familienkreis öfter vor, daß harte Gegenstände zwingende Argumente ersetzen. Zum kratzbürstigen, unbeherrschten, risikofreudigen Raufbold, der sich mit jedem anlegt, oder dem öfter mal die Hand ausrutscht, weil er gereizt ist und leicht die Nerven verliert, wurde der Typ des kalt berechnenden Sadisten umgelogen. Nicht an der deftigen, spontanen Keilerei fand die jüngere und die reifere Jugend im

Osten ihren Spaß, sondern am planmäßigen und zielbewußten Quälen ausgesuchter Opfer.

In Wahrheit nämlich pickte sich der Nachwuchs gerade solche Menschen heraus, zu denen kein Kontakt bestand, woran sich unter schwierigen Bedingungen spontan gewalttätiger Haß entzünden kann. Keineswegs rotteten die Einheimischen sich in der Zone gegen die andersfarbigen Nachbarn im gleichen oder im nächsten Wohnblock zusammen, mit denen sie zu vielen auf engem Raum zusammenlebten. Sondern nach dem Prinzip faschistischer Vollstreckungskommandos gebaute Gruppen spürten Personen auf, die zu finden den Vorsatz, Mobilität, beinahe zielfahnderisches Geschick und eine schwarze Liste erfordert, weil sie in der Zone nichtmal zahlreich genug für eine Minderheit sind und so schwach, daß jede normale jugendliche Streetgang mit halbwegs intaktem Ehrenkodex sie anderswo unbehelligt ließe, weil sie sonst als ein Haufen von Feiglingen verachtet würde.[39] Der Terror in der Zone war nicht mit Rassenunruhen und Nationalitätenkonflikten vergleichbar, bei denen der Kampf um die Vormacht Verletze auf beiden Seiten fordert. In der Zone wurde nicht gekämpft und gesiegt, sondern dort wurden schon Unterlegene weitergequält. Das Muster der ostdeutschen Fremdenjagd war die planmäßige Exekution von Folter und Mord an Wehrlosen im KZ.

Die offensichtliche geschichtliche Parallelität wies man gern mit dem Argument zurück, bei den Tätern würde es sich nur um frustrierte Halbwüchsige handeln ohne politisches Programm, straffe Organisation und zentrale Führung. Ganz abgesehen davon, daß auch die SA alles andere als ein weltanschaulich interessierter Lesezirkel und Debattierclub gewesen war; ganz abgesehen davon auch, daß die Parolen »Deutschland den Deutschen« und »Ausländer raus« dem Mob als Programm genügen, weil das Programm das Pogrom zu legitimieren hat und sonst nichts: Der beschwichtigend gemeinte Einwand beweist das genaue Gegenteil des Bezweckten, insofern er das Augenmerk darauf lenkt, daß man im neuen Deutschland mit einem Typ zu rechnen hat, welcher der straffen Organisation und der zentralen Führung gar nicht bedarf, um faktisch wie die SA zu handeln. Exemplarisch zeigte die spontane Bildung von Verfolgertrupps, ihre Entstehung gleichsam aus der Mitte des Volkes heraus, daß alle Humanität und Zivilisation in diesem Land auf Maximen und Regeln beruhten, die von einer Autorität gegen die Bevölkerung durchgesetzt werden mußten, weil sie ihr innerlich fremd geblieben waren. Die Menschen faschistisch führen und anzuleiten ist überflüssig, es reicht, daß man sie gewähren läßt.

Doch statt eben deshalb hart durchzugreifen, entschlossen elementare Menschenrechte wie das auf Leben und körperliche Unversehrtheit zu verteidigen, offerierte der gleiche Staat, der im Kampf gegen linksradikale Umtriebe unter dem Beifall aller wehrhaften Demokraten so tatkräftig mit dem Polizeiknüppel Flagge zu zeigen weiß, nichts als Verständnis, Nachsicht, Toleranz und Güte. Bald konnte von bloß wohlwollender Duldung der Rechtsradikalen in der Zone durch die Sicherheitsorgane keine Rede mehr sein, denn sie blieben unbehelligt nicht nur, solange sie am Rande der Legalität operierten, sondern auch dann, wenn sie Verbrechen begingen, deren Nichtverfolgung die Behörden zu Komplizen macht.

Daß sie mit den faschistischen Schlägertrupps einer Meinung waren, gaben bei anderer, aber zeitgleicher Gelegenheit Polizeibeamte vor laufender Kamera zu. Einer von denen zum Beispiel, die sich in Frankfurt/Oder in der Nacht zum 8. April mehr fraternisierend als ordnungshütend unter den Jungfaschisten tummelten, als ein polnischer Bus mit Steinen angegriffen wurde: Er habe Verständnis für die Demonstranten, man könne doch nicht alle Polen reinlassen — womit er nur die Botschaft eines Berichts in der *Spiegel*-Ausgabe vom folgenden Tag vorwegnahm. Als die rechtsradikalen Vollstreckungskommandos schon zur Tat geschritten waren; während Jorge Gomondai im Sterben lag, mühten die Redakteure des *Deutschen Nachrichtenmagazins* sich noch mit der Propaganda ab. Unter dem Titel »Berlin: Senat rüstet sich gegen Polenansturm« brachte das Blatt einen seiner Hetzartikel, deren Trick darin besteht, daß der Schreiber sich mit den Meinungen identifiziert, die er vorgeblich nur zitiert:

»Doch die neue [Reise-]Freiheit [der Polen in die BRD] löst nicht überall Begeisterung aus. In den ostdeutschen Grenzregionen diesseits der Oder und in Berlin, das rund 100 Kilometer von der polnischen Grenze entfernt von jeher Ziel polnischer Besucherschwärme ist, grassieren Ängste wie vor den Hunnen. Die Berliner stellen sich auf womöglich Hunderttausende von Einkaufspendlern aus dem Armenhaus Europas in ihren Straßen ein. Im Gefolge, fürchten viele Einheimische, kommen Schwarzarbeiter, Gelegenheitsarbeiter, Kleinkriminelle.«

Ein Bericht in der *Stuttgarter Zeitung* vom 9. April — der gleichen Ausgabe, welche die Agenturmeldung über die Ermordung von Jorge Gomondai enthielt — lieferte dann den Beweis dafür, daß die Landsleute der Ermunterung durch die Hetzpresse gar nicht bedurften. Sie verhielten sich so, wie ihnen der *Spiegel*-Redakteur dies nahegelegt hatte, dessen Artikel sie noch gar nicht gelesen haben konnten:

»In der Nacht zum Montag, als die Visumspflicht für polnische Bürger entfiel, regierte auf den Straßen Frankfurts der blanke Haß. Neonazis und Fußball-Hooligans gröhlten ›Polen raus‹, ›Deutschland den Deutschen‹ und — schlimmer noch — viele Frankfurter schauten zu und klatschten Beifall. [...] Immer deutlicher wurde in dieser Nacht, daß sich die antipolnischen Sprüche der Rechtsradikalen kaum von den Überzeugungen der Menschen am Straßenrand unterschieden.«

Welche Überzeugungen sind das? Der Bericht fährt fort:

»Für die Frankfurter ist es längst eine Selbstverständlichkeit, in Slubice preiswert zu tanken, sich Textilien einzudecken und das Pfund Butter für 50 Pfennige zu kaufen. [...] Der Frankfurter Jens Fabowski hielt die Grenzöffnung für rundweg überflüssig. Der bisherige Zustand habe doch völlig gereicht: ›Wir können rüber, auf dem Markt einkaufen, und die bekommen ihre Deutschmark.‹«

*Die Woche vom 16. bis zum 22. September*

Anfang September, als nach der vorläufigen Niederlage Deutschlands in der Propagandaschlacht gegen Serbien wenig Aussicht bestand, den inneren Frieden durch weitere Attacken gegen fremde Nationen zu sichern, wandten die Medien sich wieder einem anderen Thema zu. Neu war es nicht, vielmehr ein echter Evergreen. Schon am 28. Juli stimmte *Sonntag Aktuell*, die Sonntagsbeilage der südwestdeutschen Regionalpresse, unter dem Titel »Notschrei: Asylantenschwemme« die Leser auf das Comeback ein:

»Die Lawine rollt. Ohne Unterlaß. Nicht nur das: Sie schwillt ständig an, und jeder Hinterwäldler hat längst begriffen, daß sie eines Tages sintflutartige Formen annehmen kann. Jahr für Jahr, und dies mit steigender Tendenz, überzieht die Asylantenschwemme unser Land, und was die Verantwortlichen dagegen unternehmen, ist nichts als Pfuschwerk. [...] Für die neuen Bundesländer gar, wo noch viel Elend herrscht, ist die Zuweisung von Asylanten brisant und unzumutbar.«

Ende August wärmten dann TV-*Specials* das Thema weiter an, die Tagespresse assistierte mit Schlagzeilen wie dieser: »Streit um Asylrecht spitzt sich zu. Teufel: Das Grundgesetz ändern« (*Stuttgarter Zeitung* vom 30.8.)

Dergleichen periodisch auftauchende Kampagnen gehörten zur Normalität der alten Bundesrepublik. Normal war allerdings auch, daß sie im Sand verliefen. Stets folgte die Erregungskurve etwa der eines Kinobesuchs: Wenn die Gemüter am meisten erhitzt sind, geht wieder das Licht an, und man muß schauen, daß man noch die Straßenbahn erwischt. Im neuen Deutschland jedoch war offenbar die kritische Masse vorhanden, die nötig ist, um eine Kettenreaktion in Gang zu bringen. Der Kulminationspunkt der Medienkampagne, der bislang immer das Signal für einen Themenwechsel war, wurde nun zum Beginn einer kleinen Massenbewegung, mit dem Effekt, daß die Ereignisse sich wieder überschlugen.

Am Montag, den 9. September brachte der *Spiegel* die Angst vor der Invasion aus dem Osten aufs Titelblatt: »Flüchtlinge. Aussiedler. Asylanten. *Ansturm der Armen*«. Die Story war eine von den üblichen Problemgeschichten, die den Fremdenhaß schüren unter dem Vorwand, davor warnen zu wollen:

> »Der Zuzug von Asylbewerbern und illegalen Einwanderern erreicht neue Rekorde. In Deutschland entsteht massiver Fremdenhaß. [...] Wer mit seinen Steuern die deutsche Einheit finanziert, wer — im deutschen Osten — die neue Freiheit zunächst als Arbeitsloser erlebt, ist kaum bereit, ein Zwangsopfer für Armutsflüchtlinge zu bringen.«

Der Dreh, den Arbeitslosen in der Zone berechtigten Widerwillen gegen die Hergabe von Besitz zu unterstellen, obwohl sie faktisch nur nehmen, kassieren, keine Abgaben zahlen und vulgärökonomisch betrachtet ebensolche Schnorrer wie die Asylbewerber sind, machte den Zweck der Propaganda klar. Es galt, die Kosten der Einheit, hunderte von Milliarden inzwischen, psychologisch umzubuchen auf ein anderes Schuldnerkonto, weil die Summen ohne erkennbaren Nutzeffekt ausgegeben wurden. Das den Armutsflüchtlingen darzubringende *Zwangsopfer*, von dem der *Spiegel* sprach, war nur ein anderer Name für den *Solidaritätszuschlag*, der ausgedruckt auf dem Steuerbescheid jeden zum Kochen brachte, wegen der zusätzlich einbehaltenen Summe nicht nur, sondern auch wegen des provozierenden Namens. Mit den Armutsflüchtlingen wiederum waren in Wahrheit die aus der Zone gemeint, wo allmählich die Abwanderung Richtung Westen ganze Dörfer entvölkerte, deren Bewohnern nichts übrig blieb, als in den Ballungszentren der alten Bundesrepublik mitzumischen im Kampf um eine erschwingliche Bleibe. Die Völkerwanderung, die angeblich von jenseits der Grenzen drohte, war innerhalb der Grenzen längst in vollem Gange. Durch die Wiedervereinigung hatten die Deutschen sich in eine Lage gebracht, in welcher auch andere Menschen einander hassen lernen, weil jede Todesanzeige in der Zeitung für den Wohnungssuchenden eine frohe Botschaft ist. Bei den Deutschen kam hinzu, daß sie einander sowieso nicht mochten. Sie hatten einander zum Morden satt und waren, um des inneren Friedens willen, auf der Suche nach einem Opfer-Ersatz.

Am Montag, den 16. September, genau eine Woche später zog die *Bild*-Zeitung nach mit dem Aufmacher: »Neue Serie: Asylanten in Stuttgart. Wer soll das bezahlen?« Die Ankündigung klang wieder so, als wäre vom Finanzbedarf für die neuen Bundesländer die Rede:

»Jeden Tag strömen 500 Asylbewerber nach Baden-Württemberg — soviel wie nie zuvor. Die Gemeinden stehen vor einem Kollaps. Die Unterbringungskosten explodieren: Dieses Jahr wird die Milliardengrenze erreicht. Wie geht's weiter? Lesen Sie ab heute die große Asylanten-Serie in BILD-Stuttgart.«

Im Artikel selbst bekamen die Zahlen dann eine persönliche Note:

»Viele reisen zunächst als Touristen ein, melden sich nicht an, jobben schwarz. Viele werden kriminell. Fast alle leben erstmal auf Kosten der Steuerzahler. Unsere Politiker wollen es so. [...] 340 Millionen Mark geben die Steuerzahler von Baden-Württemberg in einem einzigen Jahr für die Unterbringung, Versorgung und Betreuung der Asylbewerber aus. Und wie man ans Geld der Steuerzahler kommt, spricht sich besonders bei den Scheinasylanten blitzschnell herum.«

Nun war der Asylbewerber schon alles zugleich: Der unersättliche Ossi einerseits, das Milliardengrab, worin horrende Summen in Form von Wohngeld, Arbeitslosenunterstützung, Sozialhilfe, Arbeitslosenhilfe, Kurzarbeitergeld, Rentenzahlungen, Krankenkassenzuschüssen und Kosten für Umschulungskurse auf Nimmerwiedersehen verschwanden. Und andererseits der *Steuerlügner*, wie der Kanzler im März noch hieß, der Räuber und

Betrüger, der den Bürgern absprachewidrig in die Brieftasche griff, als die Lohnsteuer, die Einkommensteuer, die Mineralölsteuer, die Tabaksteuer, die Rentenversicherungsbeiträge und die Telefongebühren erhöht wurden.[40]

Am Samstag, den 21. September verkündete die *Bild*-Zeitung dann per Balken-Schlagzeile, daß ihre Leser die Botschaft verstanden hatten: »Sensationelle Umfrage. *Asyl: Grundgesetz ändern*! 98 Prozent dafür«. Tatsächlich waren es, wie die Meldung ergab, 1,28 Prozent, setzt man eine Auflage von rund 5 Millionen voraus und pro Exemplar nur einen Leser:

»Sensationelles Ergebnis der größten Umfrage zur Asyl-Problematik, die es je gab. Die BILD-Leser — Spiegelbild der deutschen Gesellschaft — sollten an den TED-Telefonen auf die Frage antworten: ›Soll das Grundgesetz geändert werden, um den Asylantenstrom zu stoppen?‹ Über 65.000 riefen an. 98,1 Prozent — 64.211 Leser stimmten mit ja.«

Dabei hätte die Zeitung die Mogelei gar nicht nötig gehabt und sich ihres Beitrag zu einen wirklich durchschlagenden Erfolg bei der Asyslantenabwehr rühmen können.

Gleichfalls am Samstag, den 21. September nämlich tauchten in der Presse die ersten Agenturmeldungen über Hoyerswerda auf. Eine ganze Woche lang schon wurde dort unter den Augen der Polizei und unter dem Beifall der Bevölkerung von Rechtsradikalen ein Ausländerwohnheim belagert, nachts griffen die Faschisten mit Eisenstangen und Brandsätzen an. Nun war es wirklich wiedererstanden, ein Deutschland, wie die nach 1945 Geborenen es nur vom Hörensagen kannten. Meldungen wie die folgenden las man in den letzten 46 Jahren nicht:

*Stuttgarter Zeitung, Samstag, 21.9.1990*

Lynchjustiz gegen Ausländer angedroht

HOYERSWERDA (AP). Der Ausländerhaß in Ostdeutschland hat erstmals Formen einer Lynchjustiz angenommen. Nach ursprünglich von Rechtsradikalen ausgehenden gewaltsamen

Ausschreitungen gegen ein Ausländerwohnheim im sächsischen Hoyerswerda haben sich dort nach Polizeierkenntnissen auch bisher ›unbescholtene‹ deutsche Anwohner zu Angriffen zusammengerottet. Sie kündigten am Freitag eine weitere Eskalation der Gewalt an. Der Pressesprecher der Polizeidirektion Bautzen, Schiffel, sagte, 500 Deutsche, darunter viele Bewohner aus dem benachbarten Neubaugebiet, hätten das von einer Hundertschaft der Polizei abgeriegelte Ausländerwohnheim mit Molotowcocktails angegriffen. Bewohner der umliegenden Häuser hätten die Brandflaschen aus dem Tank eines zuvor beschädigten Trabant gefüllt. Bei der Detonation der Brandsätze im Verlauf der Auseinandersetzungen mit der Polizei habe es 14 Leicht- und drei Schwerverletzte gegeben, darunter war ein Polizist. ›Das Gelände rund um das Wohnheim sieht aus wie eine Mondlandschaft‹, sagte Schiffel. Am Freitag versammelten sich erneut 150 Menschen vor dem Wohnheim. Junge Leute warfen mit Steinen Scheiben ein. Die Menge quittierte dies mit Applaus. Parolen wie ›Ausländer raus!‹ und ›Sieg Heil!‹ wurden gerufen. Die Polizei bildete darauf einen ›Sicherungskreis‹ um das Gebäude. Die Menge zerstreute sich. Bereits am Donnerstag war in Saarlouis ein Ghanaer bei einem Brandanschlag auf ein Asylantenwohnheim zu Tode gekommen.

*Welt am Sonntag, Sonntag, 22.9.1991*

Rechtsradikale greifen Ausländerwohnheim in sächsischer Stadt an — Anwohner applaudieren

Bei schweren Angriffen auf ein Ausländerwohnheim in der nordsächsischen Kreisstadt Hoyerswerda wurden am Wochenende mehrere Menschen verletzt. Die Polizei nahm zahlreiche sogenannte Skinheads fest, die — unter dem Beifall hunderter Anwohner und Schaulustiger — mit Molotowcocktails gegen das Gebäude vorgegangen waren. [...]

Vor dem mit starken Polizeikräften gesicherten Wohnheim in Hoyerswerda, in dem 150 Mosambikaner und Vietnamesen leben, hatten sich in der Nacht zum Samstag mehr als hundert vorwiegend rechtsradikale Jugendliche versammelt. Sie warfen Brandsätze auf das elfstöckige Gebäude und drohten, es ›abzufackeln‹. In der Nacht zuvor hatten die Ausschreitungen, die sich seit Anfang der Woche täglich wiederholten, ihren Höhepunkt erreicht. Rund 50 Skinheads, zum Teil aus Magdeburg und Cottbus angereist, rotteten sich vor dem Ausländerwohnheim in der Neustadt von Hoyerswerda zusammen. Sie schleuderten Brandflaschen, Stahlkugeln und Eisenstangen gegen das Gebäude; dessen Bewohner warfen mit Möbeln zurück.

Ein Polizeisprecher berichtete, rund 500 Anwohner und Schaulustige hätten zugeschaut, die Angriffe ›wie ein Volksfest gefeiert‹ und Parolen wie ›Sieg Heil‹ und ›Neger raus‹ mit Beifall bedacht. Im Schutze der Dunkelheit griffen auch Anwohner zu Steinen. [...] Noch immer belagern Jugendliche das Wohnheim. Sie wollen bleiben. Der 17jährige Rico klagte: ›Uns geht es doch schon dreckig genug. Da brauchen wir keine Ausländer.‹ Für Samstag abend hatten die Rechtsradikalen neue Krawalle angekündigt, diesmal mit Unterstützung aus Dresden, Leipzig und Berlin.

*FAZ, Montag, 23.9.1991*

Polizei befürchtet weitere Feindseligkeit
Gewalttätige Übergriffe gegen
Asylantenwohnheim in Hoyerswerda

HOYERSWERDA, 22. September (AFP/Reuter). Nach ausländerfeindlichen Ausschreitungen am Wochenende in Sachsen erwartet die Polizei weitere Gewalttätigkeiten. Ein Anwachsen der Gewalt sei zu befürchten, sagte ein Sprecher der Landespolizeidirektion am Sonntag in Dresden. In der Nacht zum Sonntag waren bei Übergriffen auf Ausländer- und Asylantenheime in Hoyerswerda, Thiendorf und Freital 24 Randalierer vorläufig festgenommen und dreizehn Ausländer und Passanten verletzt worden. Wie in den Vortagen griffen die Rechtsradikalen Polizei und Unterkünfte mit Brandsätzen, Stahlkugeln und Steinen an.

Die Polizei in Hoyerswerda forderte am sechsten Tag der Ausschreitungen politische Unterstützung für ihren Kampf gegen die Rechtsradikalen Banden. Erstmals mußten am Samstag 60 Gastarbeiter aus Mosambik und Vietnam aus der Stadt verlegt werden. Die 70 Bewohner des Asylantenheims in Hoyerswerda baten ebenfalls um Verlegung nach Berlin, konnten eine entsprechende Entscheidung aber beim zuständigen Landratsamt nicht erwirken. Sie verschanzten sich am Sonntag auf dem Dach des Wohnheims, das am Abend erneut von rund hundert teils vermummten Jugendlichen mit Molotowcocktails und Stahlkugeln angegriffen wurde. Landrat und Bürgermeister verweigerten bisher eine gemeinsame Krisensitzung, kritisierte die Polizei. Eine neue Stufe der Eskalation erreichten die ausländerfeindlichen Krawalle am Wochenende auch durch Beifallskundgebungen der Einwohner für die rechtsradikalen Angreifer. [...]

Auch in anderen Städten Sachsens, aber auch in Westdeutschland, wurden unterdessen Anschläge auf Ausländer- und Asylantenwohnheime verübt. In Freital bei Dresden nahm die Polizei kurz nach Mitternacht am Sonntag sechs Personen vorübergehend fest, nachdem rund 40 Jugendliche ein Wohnheim für vietnamesische Gastarbeiter mit Brandflaschen angegriffen hatten. Im sächsischen Thiendorf wurden bei einem ähnlichen Zwischenfall mehrere Menschen verletzt. In Bredenbeck bei Hannover warfen nach Angaben der Polizei Unbekannte in der Nacht zum Sonntag Brandflaschen gegen ein Asylantenwohnheim. In Freiburg fing der Teppich eines anderen Heimes bei einem Anschlag in der Nacht zum Sonntag Feuer, nachdem ein Anschlag in der Nacht zuvor fehlgeschlagen war.

Zu ergänzen wäre: Der sächsische Innenminister Krause kündigte an, Asylantenheime würden künftig zum Schutz der Bewohner eingezäunt, direkt von Schutzhaft sprach er nicht; die *FAZ* stellte die üblichen Betrachtungen an über die psychischen Folgen der Plattenbauweise in Großsiedlungen unter dem Titel »Hoyerswerda — die Seelenlosigkeit und Anonymität der sozialistischen Stadt«; nach Ansicht des sächsischen Ministerpräsidenten Biedenkopf war der Ärger über den Mißbrauch des Asylrechts bei Leuten verständlich, die eigene Probleme haben; analog dazu erklärte der sächsische Innenminister Rudolf Krause in einen Interview mit der *Berliner Zeitung*:

»Zweitens spüren viele Bürger, daß ein Teil der Asylbewerber nicht wirklich aus politischen Gründen hier ist, sondern aus wirtschaftlichen. Und drittens gibt es nicht nur Fehlverhalten von Bürgern und Übergriffe von Rechtsextremisten, sondern es gibt auch Asylbewerber, die sich in ihren Unterkünften und in dem Umfeld nicht so verhalten, wie es zum normalen Umgang und zum Kulturniveau hier gehört.«

Klarer drückte sich ein Polizeileutnant aus, er sagte dem Rundfunkreporter ins Mikrofon: »Zufrieden sind wir schon, wenn die ganzen Ausländer weg sind«; CDU-Generalsekretär Rühe wies auf die Überforderung der Bevölkerung durch den Zustrom von Asylanten hin — die Zahlen für Hoyerswerda: Rund 70.000 Einwohner, darunter rund 600 Ausländer insgesamt, davon 230 Asylbewerber, d.h. der Ausländeranteil betrug 0.85 Prozent; der Landrat des Kreises, Wolfgang Schmitz, CDU, warf den Asylbewerbern im Radio auffälliges Benehmen, Ladendiebstahl sowie Unordentlichkeit bei der Verwendung der Mülleimer vor; er erklärte, sie gehörten ›nicht in unser Land‹, sie hätten ›eine andere Kultur‹; die SPD forderte eine drastische Verkürzung und Vereinfachung des Asylverfahrens; der Ex-SPD-Vorsitzende Vogel meinte, die Vorgänge in Hoyerswerda beschädigten die Menschenwürde und das deutsche Ansehen im Ausland; die *Frankfurter Rundschau* wies in diesem Zusammenhang auf die Exportabhängigkeit der Bundesrepublik hin; Hoyerswerda wurde ausländerfrei; die sächsische Landesregierung verlegte alle Ausländer an geheim gehaltene Orte, statt von Deportation sprachen die Medien von Evakuierung.

Die Berichte zu kommentieren erübrigt sich. Festzuhalten bleibt nur: Die Polizei nahm nicht mal die Personalien der Beteiligten auf; sie duldete, daß aus einer Menge heraus, die Naziparolen brüllte, mit Steinen die Scheiben von Bussen eingeworfen wurden, welche die Asylbewerber am Sonntag abend wegbrachten; nirgends wurde auch nur die Forderung erhoben nach dem Rücktritt und nach der Bestrafung derer, die verantwortlich dafür gewesen waren, daß Personen von der Polizei unbehelligt blieben, die sich in aller Öffentlichkeit zu einer Bande von Gewaltverbrechern zusammengerottet hatten. Absolut folgenlos blieb ein Skandal, der hätte enden müssen mit der Demission der sächsischen Landesregierung, mit der Entlassung des Bundesinnenministers, mit Disziplinarverfahren gegen Verantwortliche im Polizeiapparat, mit Strafverfahren gegen Volksverhetzer wie den CDU-Landrat.

In Hoyerswerda hatte die Regierung sich dem Willen rechtsradikaler Gewaltverbrecher und den Wünschen der Bevölkerung gebeugt. Einen Gefallen tat sie damit niemand. Nichts Schlimmeres nämlich können die Deutschen sich antun als die Erfüllung ihrer Wünsche. In diesem Fall wies nicht erst das Ende der Geschichte — die Steinwürfe auf den Bus mit den fliehenden Asylbewerbern — darauf hin, daß der Mob seines Erfolgs nicht froh werden würde, sondern schon der Anfang zeigte vielmehr, daß es für die Einheimischen von Hoyerswerda Schrecklicheres als die Anwesenheit von Ausländern gab: Die Aussicht, die Fremden davonfahren zu sehen, irgendwohin, wo es nur besser als in Hoyerswerda sein konnte, und selber allein, ohne ausländische Leidensgenossen, zurückzubleiben in diesem elenden Kaff mit seinen gräßlichen Menschen. Das Hassenswerte an den Asylbewerbern war ihr Privileg, nicht immer in Hoyerswerda gelebt haben zu müssen. Sie zu vertreiben hieß daher nur, ihnen ein noch größeres Privileg zu verschaffen. Es war die gleiche auswegslose Situation, in welcher die Deutschen sich gegenüber den Juden befunden hatten, deren vermeintlich andere Vergangenheit und Herkunft eine unerträgliche Provokation für Leute war, die ihre deutsche Vergangenheit und Herkunft als Fluch empfanden. Analog dazu ertrug man in Hoyerswerda die Anwesenheit der Fremden nicht, noch viel weniger aber durften sie entkommen.

Über den Beginn der eine Woche dauernden Belagerung des Ausländerwohnheims durch den faschistischen Mob meinte die *FAZ* vom 24.9. 1991: »Dabei war der Anlaß offenbar eher banaler Natur.« Er war es nicht, wie dem Bericht zu entnehmen ist:

»Die Nachbarn eines von vietnamesischen und mosambikanischen Gastarbeitern bewohnten Ausländerwohnheims fühlten sich von einer lauten Abschiedsfeier gestört, mit der die jungen Arbeiter die Rückkehr in die Heimat feiern wollten. Der nächtliche Protest entlud sich schließlich in massiven Äußerungen von Fremdenfeindlichkeit, die sich daraufhin auch gegen ein Asylantenheim in der Stadt richteten. Diese gereizte Atmosphäre, die sich nicht zuletzt auch aus den sozialen Spannungen im Braunkohlenrevier erklären läßt, machte sich sehr schnell die rechtsradikale Szene zunutze, deren fremdenfeindliche Aktionen parallel dazu auch in Hannover und im Saarland stattfanden.«

Von der fröhlichen Abschiedsfeier der Ausländer fühlten die Einheimischen sich provoziert, weil ihnen dämmerte, daß sie die Sache nun unter sich würden ausmachen müssen. Wovor ihnen graute, wird klar, wenn man anhand von Presseberichten verfolgt, wie seit der Wiedervereinigung das Verhältnis der Deutschen zueinander und ihr Verhältnis zu den Ausländern sich entwickelt hat. Ein simples Eskalationsschema kristallisiert sich dann heraus: Der Haß gegen den in- oder ausländischen Rest der Welt, welcher die einander verabscheuenden Deutschen punktuell eint, steigert doch nur die Feindseligkeit zwischen ihnen, die wiederum mit verstärktem Haß gegen Ausländer neutralisiert werden muß, usw.

*

**Phase Nr. 1** (November bis Ende 1989)
*Amoralisches Verhalten führt zu begründeten Minderwertigkeitsgefühlen und Aversionen*

Die Ostdeutschen machten sich bei den Westdeutschen schnell unbeliebt. Nicht in der Zeitung, aber am Stammtisch wurde von sprunghaft angestiegenen Ladendiebstählen gesprochen, vom mehrfach kassierten Begrüßungsgeld, vom pampigen Auftreten der Ossis, die alles kostenlos wollen, keine Verkehrsmittel und am liebsten auch das Bier nicht bezahlen, überhaupt von ihrer penetranten Schnorrerei, von ihrem sonderbaren Bananenhunger und ihrer raffgierigen Art, Unmengen von Billigkram abzuschleppen. Aldi, Kaufhalle etc. waren, wenn für die Invasoren aus dem Osten erreichbar, fest in deren Hand, es kam zu Lieferengpässen, im Westen wurde das Einkaufen zur Strapaze.

In der DDR und an ihren Grenzen spielten sich Szenen ab, bei denen die Ossis ihrem Namen alle Ehre und eine ziemlich schäbige Figur machten. Um Plastiktüten mit Reklamematerial, die von Lastautos herab in die Menge geworfen wurden, prügelte man sich fast, wie dies in Elendsvierteln der Dritten Welt die Kinder tun, oder wie es früher angeblich die Eingeborenen taten, wenn es Glasperlen gab. Die Gratisverteilung von Bananen und Kaffeepäckchen erinnerte stark an die Viehfütterung im Zoo. Auf jegliche Selbstachtung verzichteten Leute, die den Verzicht wirklich nicht nötig und deshalb auch keinen Entschuldigungsgrund hatten, weil sie weder arm waren noch gar im Elend lebten.

Der Ossi Ende 1989 also, wie der Wessi ihn sah, und wie er sich auf Grund seines vorangegangenen Verhaltens bald selber sehen mußte: Ein gieriger Schnorrer, der sich gern erniedrigen und beschämen läßt; einer, der sich zum Bettler für ein paar bunte Filzstifte macht, die er vermutlich doch nicht brauchen wird; ein notorischer Betrüger und Aufschneider außerdem, der sich nicht nur Begrüßungsgeld mittels doppelter Ausweispapiere ergaunert, sondern angeberisch von einer Revolution erzählt, die er zu machen er sich nie getraut hätte.

Und dumm, wie er ist, tappt er dabei dauernd in Fallen, die er sich selber stellt. Weil er möglichst viel Entschädigung, Anerkennung und Ruhm ernten will, wird er nicht müde, die Tyrannei, von der er sich nun befreit zu haben glaubt, und sein eigenes vermeintliches Leiden unter dieser Tyrannei, in den grellsten Farben zu malen. Damit provoziert er die Frage, warum er dies 45 Jahre lang ausgehalten und widerstandslos hingenommen hat. Je bereitwilliger der Ossi dem Wessi erzählt, was der hören will, nämlich wie furchtbar das kommunistische Unrechtsregime in der DDR gewütet habe, desto mehr stellt er selber sich als geschädigt dar, d.h. als schadhaft, und obendrein als Duckmäuser und Mitläufer. Um künftiger Vorteile willen verrät er seine Vergangenheit, ohne zu merken, daß diese Vergangenheit ein Teil seiner selber ist: Wenn die DDR und die SED so schlecht waren, wie er sie nun schildert, kann auch er nicht viel taugen.

**Phase Nr. 2** (Anfang bis Herbst 1990)
*Begründete Minderwertigkeitsgefühle der Ostdeutschen und begründete Aversionen gegen sie führen zu unbegründetem Fremdenhaß*

Mit den Ostdeutschen, wie sie waren, konnte keiner leben. Sie selber konnten es nicht, und die Westdeutschen konnten es auch nicht. Der erprobte Ausweg aus diesem Dilemma ist die Projektion: Was der Mensch an sich selber nicht erträgt, verschiebt er auf eine andere Person. Das Ossihafte an den Ostdeutschen begann daher, eine ihnen fremde, eine fremdländische Gestalt anzunehmen. Die Ossis haßten also ihre andersfarbigen Namensvetter, die Fidschis und Mossis, außerdem jene, die wie sie selbst in der Rangskala ein wenig östlich der Zivilisation eingestuft worden waren, also die Russen und die Polen. Die sollten nun büßen dafür, daß die DDR-Bürger schon ihr eigenes Verhalten im Herbst 1989 keinem verzeihen konnten, und noch viel weniger, daß sie seither zur Strafe den Namen Ossi trugen.

Das psychologische Erklärungsmuster ist bekannt. Auffällig in diesem Fall ist allerdings, daß psychoanalytische Kenntnisse dabei wirklich nicht bemüht werden müssen, weil es so offensichtlich ist, daß die Ostdeutschen von sich selber sprechen, wenn sie die Fidschis und Mossis beschreiben, die schon dem Namen nach in die gleiche Rubrik wie die Ossis gehören, in die Rubrik der Stammesverbände.[41] Auf dieser etwas zurückliegenden Zivilisationsstufe siedelten die Ossis sich selber an, vollkommen zu Recht, weil sie sich tatsächlich wie Eingeborene bei der Ankunft der Missionare benommen hatten. Von einer psychischen Störung zu sprechen wäre deshalb falsch, weil die Störung ein praktisches Verhalten — das der Ostdeutschen im Herbst 1989 — war und alle Folgen sich logisch daraus erklären lassen, ohne daß man den Arzt bemüht. Es war eben kein Minderwertigkeitskomplex, worunter die Ostdeutschen litten, sondern wirkliche Minderwertigkeit, wie jeder Mensch sie sich selber vorwerfen muß, wenn er moralisch versagt hat.

*Die Verwandlung von Ossis in Mossis (Mosambikaner) und Fidschis (Vietnamesen):*

*Der Spiegel* 14/1990 (2. April) berichtet unter dem Titel »Wachsender Fremdenhaß in der DDR«:

»Afrikanische Arbeiter werden als ›Briketts‹ angepöbelt. ›Ausländer raus!‹ brüllte die Menge auch bei den letzten Leipziger Montagsdemos. Rechtsradikale Schlägertrupps verprügelten schwarze Studenten. Und in den Geschäften wird dunkelhäutigen Kunden die Ware verwehrt. ›Wir lassen uns nich aufkaufen‹, zeterte eine Verkäuferin am Ost-Berliner Alexanderplatz, ...«

Anders gesagt: Der Ossi bei Aldi. Überhaupt wird der Feind in Deutschland gern als konsumwütiger Raffer geschmäht, viele Türkenwitze verfolgen diese Tendenz. Zunächst handelt es sich dabei um eine Projektion, um die Abwehr eines in der Tat etwas sonderbaren Charakterzugs. Obwohl die BRD ein Wohlstandsland ist, spielen sich bei der Öffnung der Kaufhäuser im Schlußverkauf regelmäßig Szenen ab, die an die Verteilung von Brot an die verhungernden Kurden erinnern. Wohl in keinem anderen Land mutet die Bevölkerung sich ähnliche Strapazen zu, um etwas billiger an überflüssige Dinge zu kommen. Ferner aber dürfte der Neid eine große Rolle spielen, der Neid darauf, daß andere vernünftige Gründe haben, das zu tun, was die Deutschen leidenschaftlich gern, aber vollkommen grundlos tun. Die Türkin, die im Schlußverkauf vier große Tüten Kleider bei C&A ergattert, ist trotzdem keine krankhafte Rafferin, denn sie hat eine große Familie und viele Kinder. Es dürfte hart für die Deutschen sein, wenn sie es mit ansehen müssen, wie andere die besseren Menschen sind, wenn sie das tun, was die Deutschen nicht lassen können. Darum sehnen die Landsleute sich auch nach

Notzeiten zurück: Es waren Zeiten, wo es vernünftige Gründe gab, sich wenig menschlich zu verhalten.

»... ›jetzt sind wir das Volk‹. Ausländer seien ›die größten, faulsten Schweine‹, gab ein etwa 18jähriger DDR-Bürger zu Protokoll; ...«

Der Ossi im westdeutschen Aufnahmelager, wie er sich betreuen und versorgen läßt, ohne selber einen Finger krumm zu machen. Auch der Vorwurf *Faulheit* ist eine Projektion, er resultiert daraus, daß die Deutschen eigentlich bei jeder Tätigkeit gegen die eigene Lustlosigkeit ankämpfen müssen.

»... eine junge Frau assistierte, die Fremden würden ›sich aufführen, als wären sie die Größten‹ ...«

Der Ossi als Revolutionsheld, der im Westen das große Wort schwingt und alles kostenlos haben will, zur Belohnung dafür, daß er so mutig für die Einheit des Vaterlandes kämpfte. Aber natürlich auch der Wessi als reicher Protz, der dem Ossi eine Banane und ein Bier spendiert. Die ganze Wiedervereinigung war eine Mischung aus Selbstdemütigung und wechselseitiger Demütigung.

»... und außerdem ›die Weiber hier alle wegnehmen‹ ...«

Auch die Wessis trifft später dieser Verdacht. Einerseits ist er insofern begründet, als er die absolute Käuflichkeit aller menschlichen Beziehungen in der Zone voraussetzt. Die Frau, die von ihresgleichen abfällig als von den ›Weibern‹ spricht, schätzt sich und ihre Landsleute wohl richtig ein, schließlich waren sie alle auf der Suche nach einem reichen Käufer. Der Verdacht ist allerdings insofern unbegründet und ein reiner Wunschtraum, als die ganze Ex-DDR offenbar keiner kaufen will, und das dürfte auch für die Frauen dort gelten.

»... Ein Mittzwanziger empfahl allen Ernstes: ›Das Viehzeug muß ausgerottet werden, ohne zu zucken.‹ Vor zwei Jahren schon wurde ein Gastarbeiter aus Mosambik in der Nähe von Riesa aus dem fahrenden Zug gestoßen. Der Täter, nach kurzer Haftzeit entlassen und von jeder Einsicht unberührt, glaubt nun, ›daß ausländische Bürger uns die Arbeitsplätze wegnehmen‹. Mit dem Kommando ›Schnell raus!‹ hetzte die Belegschaft eines Ost-Berliner Geschäfts kürzlich eine schwangere Polin vor die Tür. Und in Forst machten aufgebrachte Bürger Jagd auf ein vietnamesisches Mädchen, das in der örtlichen Kaufhalle Fleisch und Reis erstanden hatte. ›Du kaufst unsere Läden leer‹, lautete der Vorwurf der Verfolger. Wenig später schwamm die Tasche der Vietnamesin in der Neiße. ›Das ist schon nahe am Pogrom‹, klagt Dieter Graßmann, ein Deutschlehrer für vietnamesische Arbeiter in Weimar.«

Der Bericht war ergänzt um ein Gespräch mit der damaligen Ausländerbeauftragten der DDR, Frau Almuth Berger, 46, Theologin, Mitglied der *Bürgerbewegung Demokratie jetzt* und vom *Runden Tisch* in ihr Amt delegiert:

*Spiegel:* Frau Berger, in Leipzig, so meldete kürzlich die Ost-*Berliner Zeitung*, ›hat sich die Ausländerfeindlichkeit verschärft. Mehrere lateinamerikanische Studenten mußten nach tätlichen Angriffen von DDR-Bürgern ins Krankenhaus eingeliefert werden. Die Volkspolizei erklärte sich nicht in der Lage, alle Ausländerwohnheime durch spezielle Patrouillen abzusichern, obwohl dort schon Randalierer eingedrungen‹ seien. Was löst so eine Meldung bei Ihnen aus?

*Berger:* Ich reagiere erst mal mit Zorn, mit einem Stück Trauer und vielleicht auch mit Enttäuschung.

*Die Verwandlung der Ossis in Russen und Polen:*

*Der Spiegel* 17/1990 (23. April) unter dem Titel »Berlin: Die Polen-Invasion heizt Ausländerfeindlichkeit an«:

»Die Besucher aus dem Osten sind von weitem zu erkennen: Sie schleppen schwer an riesigen Reisetaschen, prall gefüllt mit Unterhaltungselektronik ...«

Zur Unterhaltungselektronik müssen die Deutschen ein besonderes Verhältnis haben, sie gönnen die Geräte offenbar keinem. In der Nummer 39/1990 schrieb der Spiegel: »Noch kein Jahr nach der Öffnung der Grenzen haben DDR-Bürger 800.000 Videorecorder nach Hause geschleppt wie eine Beute in den Bau.«

»... und Tüten von Aldi. [...] Die Polen-Pulks erregen zunehmend den Unmut der Anlieger. Die Kantstraße, Rückseite des teuren Kurfürstendamms, war bislang ein gutbürgerliches Quartier zum Bummeln und Klönen, mit vielen Kneipen und Läden. Doch mit der Gemütlichkeit ist es nun vorbei. Die Hamsterer ...«

Beunruhigend an diesem Hetzartikel ist weniger die häßliche Stilisierung der Polen. Beunruhigend ist vielmehr der in Deutschland häufig zu beobachtende völlige Ausfall der Selbstwahrnehmung. Die Redakteure — jeder Artikel durchläuft beim *Spiegel* schließlich einen längeren Instanzenweg — merken es nicht mal, daß sie haargenau die Ossis portraitieren, während sie die Polen zu beschreiben meinen.

»... von jenseits der Oder hinterlassen ihr neues Einkaufsrevier Tag für Tag in einem miesen Zustand: Bürgersteige und Hauseingänge in der Polen-Meile ähneln Müllkippen. [...] In der Gosse sammeln sich leere Bierdosen und zerbrochene Limo-Flaschen, Pappbecher und Hamburger-Behälter. Und da die Reisenden stundenlang unterwegs sind, überfällt sie auch mal ein dringendes Bedürfnis. [...] Sprunghaft gestiegen sind Taschen- und Ladendiebstähle. [...] Autos werden reihenweise von der Straße weggestohlen. Oft bekommen sie gleich polnische Kennzeichen verpaßt, mit denen die Fahrzeuge über die Grenze gebracht werden.«

*Der Spiegel* 29/1990 (16.Juli) unter dem Titel »Wohin mit den Russen«:

»Eine Flut von Bürgerprotesten verunsichert die sowjetischen Truppen in der DDR. [...] Nun trifft die Sowjets im früheren Bruderland DDR auch noch der Haß des Volkes, das nach jahrzehntelanger Unterdrückung sein frisch gewonnenes Selbstbewußtsein vor allem gegen die ›russischen Besatzer‹ richtet. [...] Nirgendwo zeigte sich die neue Stimmung deutlicher als in Wünsdorf, etwa 30 Kilometer südlich der Berliner Stadtgrenze. [...] Das Ungleichgewicht zwischen Russen und Deutschen brachte die Versorgung des Fleckens an den Rand des Zusammenbruchs. Der einzige Lebensmittelladen im Ort, die Kaufhalle, wurde in den Wochen vor dem 1. Juli von Sowjets tagtäglich geradezu gestürmt. [...] Auch dort, wo die Läden nicht von den Sowjets geleert wurden, macht sich Unmut gegen die ›Freunde‹ breit, die seit Jahrzehnten wie Besatzer hausen ...«

Natürlich sind es eigentlich die Westdeutschen, gegen welche sich der Vorwurf Besatzer richtet, aber dahinter verbirgt sich noch mehr. Tatsächlich führen die Deutschen allgemein sich in ihrem Land wie Besatzer auf, nach jedem Straßenfest, nach jedem Rummel und jedem Fußballspiel sieht es hier meistens aus wie auf dem Schlachtfeld.

»... Als nach der Wende die sonst allgegenwärtige Stasi Kritik am bisherigen Bruderland nicht mehr ersticken konnte, formierten sich überall in der DDR Bürgerbewegungen gegen die Sowjetmacht.«

*Der Spiegel* 41/1990 (8. Oktober) unter dem Titel: »Ausländer: Rauswurf für ostdeutsche Gastarbeiter«:

»Doch Vietnamesen, Angolaner und Mosambikaner, im Osten als ›Fidschis‹, ›Mossis‹ und ›Briketts‹ geschmäht, sollen an den Segnungen der westlichen Konsumwelt nicht teilhaben. Die Chefs der Ost-Betriebe setzen sie zu Tausenden vor die Tür. [...] In den Betrieben schlägt ihnen offener Haß entgegen. Belegschaften, etwa in Berlin oder Leipzig, sammeln Unterschriften für die Forderung ›Ausländer raus‹. In einigen Werken drohten Arbeiter sogar mit Streik, falls ausländische Kollegen nicht auf die Straße gesetzt würden. Parole: ›Bevor ein Deutscher geht, fliegt ein Vietnamese.‹ Auch auf den Ost-Arbeitsämtern werden die einstigen sozialistischen Brüder und Schwestern barsch abgefertigt. In Ost-Berlin erfuhren jobsuchende Vietnamesen: ›Deutsche gehen vor.‹ Zahlreiche Betriebe haben, aus ›zwingenden betriebswirtschaftlichen Gründen‹, die Entlassung von insgesamt 31.000 ausländischen Arbeitern beantragt. Allein in Berlin wurden bereits über 80 Prozent der vietnamesischen Arbeiter gefeuert. Dort kam es schon zu Kämpfen zwischen Neonazis und mosambikanischen Arbeitern. Auch in den industriellen Ballungszentren des Südens häufen sich Überfälle auf Ausländer. [...] Die Polizei reagiert lasch. Oft nimmt sie Anzeigen gar nicht erst entgegen, oder sie erscheint zu spät am Tatort. Immer wieder erfährt Ausländerbetreuerin Berger von Scharmützeln, bei denen ›die Polizei die Angreifer sogar mehr als die Opfer schützt‹.«

**Phase Nr. 3** (Herbst 1990)
*Verbitterung über den mißglückten Coup führt zum Haß der Westdeutschen auf die Ostdeutschen*

Nach der Währungsunion waren die ökonomischen Folgen der Wiedervereinigung ungefähr kalkulierbar geworden, als die Gelackmeierten standen nun auch die Wessis da. Man fühlt sich ein wenig an eine Zweckheirat erinnert, wo nach der Trauung der Mitgiftjäger plötzlich erfährt, daß die Gattin das erwartete Vermögen gar nicht besitzt. Wo vorher schon keine Liebe war, entsteht dann kalter Haß. Weil die Deutschen die Sittlichkeit nie zur Maxime ihres Handeln machen — Lafontaine trat beispielsweise in Hoyerswerda an mit dem Argument, Deutschland bräuchte die Ausländer zwecks Erhaltung seines Wohlstands, und deshalb dürfe man sie nicht vertreiben — sind sie extrem abhängig von Erfolg oder Mißerfolg. Mißlingt ein Unternehmen, welches man für richtig und moralisch berechtigt hielt, so wird man das Mißlingen zwar bedauern, aber es entsteht keine unheilbare Bitterkeit. Mißlingt hingegen ein lediglich auf den Zweck hin berechnetes Unternehmen, dem man obendrein noch die eigene Moral geopfert hatte und wobei man sich schäbig benahm, so hat man neben dem Mißerfolg auch noch den Schaden zu tragen, den die eigene Person dabei nahm: Man ist ein elender Versager. Daher verwundert es nicht, daß die Deutschen, zumal die im Osten, sich dauernd über die von ihnen erlittenen seelischen Schäden beklagen. Diese Schäden sind vorhanden, nur haben sie andere Ursachen, als die Landsleute gern glauben möchten.

Das Resultat der Wiedervereinigung, bei welcher zwei einander nicht mögende Parteien sich erfolglos um des jeweils eigenen Vorteils willen verbanden, war also tiefe Verbitterung auf beiden Seiten, und es entstand eine Situation, in welcher die Trennung die einzige friedliche Lösung ist. Weil die Trennung nicht mehr möglich war, verschlimmerte sich der Haß und begann allmählich auch die Gewalt zu eskalieren.

*Der Spiegel* 39/1990 (24. September) in seiner Titelgeschichte »*Vereint aber fremd*. Die ungleichen Deutschen«:

»Können die Deutschen nach 40 Jahren getrennter Entwicklung wieder ein Volk werden? Die Unterschiede sind auffällig, die Besonderheiten groß. Die Brüder — und Schwestern — passen kaum zusammen. Die Ostdeutschen verhalten sich wie Deutsche zweiter Klasse — und werden auch so behandelt. [...] Jetzt ist die Witzlust im Westen angekommen, das Ergebnis ist bösartig: Es geht gegen die östlichen Brüder.

*Die Bundesregierung zahlt für jeden Trabi, der verschrottet wird, 1500 Mark. Aber nur mit Inhalt.*

Die Ossis, sagt der westliche Volksmund, sind sogar schlimmer als die Türken, gehören auf den allerletzten Platz der Sozialskala:

*Warten zwei DDRler bei Aldi 20 Meter vor der Kasse. Mosert der eine: ›Das ist ja wie früher bei uns. Zum Schlangestehen sind wir nun wirklich nicht rübergekommen.‹ Dreht sich vor ihnen ein Türke um und sagt streng: ›Wir euch nix gerufen‹.*«

*Der Spiegel* 42/1990 (15. Oktober) unter dem Titel »Die Ossis lösen die Ostfriesen ab«:

»Die Deutschen der Ex-DDR werden — wie einst die Ostfriesen — als Deppen der Nation verspottet. [...] Hämische Scherze über 16 Millionen Ostler breiten sich im Westen derzeit wie eine Schnupfenepidemie aus. Kaum eine Party ist mehr ossiwitzsicher, das Zeitgeistmagazin *Tempo* veröffentlichte in seiner Oktobernummer über mehrere Seiten ›die besten Witze zur deutschen Einheit‹. [...] Viele Wessis reagieren mit derlei Späßen ihre Vorbehalte gegenüber der Wiedervereinigung ab; diskreditiert werden, ganz nebenbei, die unwillkommenen Mitbewerber auf dem Arbeitsmarkt. Manche Scherze fallen dabei ziemlich rüde aus.

*Frage: ›Was ist der Unterschied zwischen einem Ossi und einem Terroristen?‹ Antwort: ›Der Ossi hat keine Sympathisanten.‹*

Die Witzverfolgten finden das gar nicht komisch. ›Das sind keine Witze, das sind Diffamierungen‹, empört sich Clement de Wroblewsky, lange Jahre Clown in Ost-Berlin. [...] Selbst die Türken stehen mittlerweile, so scheint es, auf der Sozialskala noch vor den Ostbürgern. In einem zur Zeit besonders populären Scherz erscheinen sie gar als die besseren Deutschen und als die Klügeren:

*Fragt ein Ossi auf der Straße einen Türken: ›Wo geht's denn hier nach Aldi?‹ Der verbessert: ›Zu Aldi!‹ Darauf blickt der Ossi entgeistert auf die Uhr: ›Was, schon zu?‹*

Zur humoristischen Gegenwehr sind die Ostler kaum in der Lage. Sie haben sich gerade vorgenommen, wie die Wessis zu werden — da macht man keine Witz. So halten die Gefoppten sich allenfalls an Polen- oder Russenwitzen schadlos und treiben damit die Witzgrenze weiter nach Osten.«

*Der Spiegel* 49/1990 (3. Dezember) unter dem Titel »Hof: In der bayerischen Grenzstadt wächst der Haß auf die Ossis«:

»Im kleinen Kreis wird Silvia Matthes später von der Ablehnung, ja dem Haß erzählen, den sie seit einigen Wochen auf den Straßen von Hof spürt: ›Wir trauen uns kaum mehr aus dem Haus.‹ Von diesem Stimmungsumschwung, klagt sie, können alle ihre Freunde aus der ehemaligen DDR berichten. ›Leute, die zuerst so nett waren, sind plötzlich nur noch ekelhaft.‹ Die Herzlichkeit von einst, die Euphorie der ersten Wochen nach der Grenzöffnung ist in Hof längst deutsch-deutsche Vergangenheit, es regieren Feindschaft und Aggression. [...] Der Hofer Oberbürgermeister Dieter Döhle (SPD) hat sich bereits in ostdeutschen Regionalblättern für beleidigende Flugschriften entschuldigt, die in Plauen auftauchten: ›Scheiß Sachsen, bleibt wo ihr seid!‹ Unterschrift: ›Alle Hofer.‹ Regelmäßig beschweren sich Besucher aus dem neuen Nachbarland über mutwillige Beschädigungen ihrer Autos. [...] Die Stimmung in Hof, klagt Döhle, ›ist schon ziemlich explosiv‹. [...] Peter Tschoepe, Chef des Hofer Informationsamts, erzählt, wie erschüttert er nach einem Gespräch mit Schülern der Stadt war: ›Da war keiner dabei, der nicht über die Menschen von drüben geflucht hat.‹ Ein paar hätten sich sogar die Mauer wiedergewünscht. ›Wenn wir nicht aufpassen, haben wir bald einen Bruderkrieg‹, sagt Tschoepe. Eine Ahnung davon gibt es manchmal schon. Frank Mahler, Hilfsarbeiter in der Textilbranche, hat ein paarmal mitbekommen, ›wie so ein DDRler von ein paar Jungs aufgemischt worden ist‹. Etwa vor dem Bahnhof: Ein ›junger Typ von drüben‹ habe da ein bißchen laut von ›seinem vielen Geld‹ geschwärmt, das er zu Hause in Zwickau gespart habe. ›Auf einmal lag er mit blutiger Nase auf der Straße.‹ [...] In Hof, dieser kleinen, grauen Stadt in der Mitte von Deutschland, verwandelt sich ein Wunder so allmählich in einen Alptraum.«

### **Phase Nr. 4** (Winter 1990/91)
### *Der Golfkrieg vereint temporär die entzweiten Deutschen im Kampf gegen die Siegermächte*

Nachträglich offenbarte die Metapher von den Brüdern und Schwestern in der Zone ihren Wahrheitsgehalt, die Bevölkerung verhielt sich wie eine gestörte Familie. Wenn dort die Eheleute einander nicht leiden können (siehe ›Unwirklichkeit und Gleichzeitigkeit, Verschärfung der Gemeinschaftskrise‹), haben sie drei Möglichkeiten: sie quälen gemeinsam ein anderes Familienmitglied; sie quälen einander; oder sie rotten sich gegen die Nachbarn zusammen.

Von dieser dritten Möglichkeit machten die Landsleute im Winter 1990/1991 um so lieber Gebrauch, als die Notlösung zugleich ihren Ambitionen entsprach. Schon der *Spiegel* 40/1990 (1. Oktober) war mit dem Titel: »Nach der Einheit. *Weltmacht Deutschland?*« erschienen. Im Bericht wurde Kohl zitiert, der über die Folgen der unmittelbar bevorstehenden Vereinigung im Deutschlandfunk meinte: »Wir sind dann nicht nur nach der Zahl, sondern auch nach allen anderen Daten das stärkste Land in Europa.« Natürliche Rivalin der kommenden Weltmacht war damit deren noch amtierende Vorgängerin. Drei Nummern später (43/1990) begann deshalb im *Spiegel* eine Serie über den Niedergang der USA. Im Golfkrieg wurden aus den deutschen Weltmachtträumen dann die üblichen Friedensweltmachtträume, der Haß war von der Propagandaschlacht gegen Israel und die USA absorbiert (siehe ›Golfkriegspazifismus, Alte Rechnungen: Die Juden und die Siegermächte‹). An der Heimatfront wurde es stiller.

**Phase Nr. 5** (Frühjahr 1990)
*Verfolgung von Ausländern eskaliert im Osten; der erste Tote*

Umgekehrt war das Ende des Kriegs am Golf der Beginn neuer Offensiven im hiesigen Bürgerkrieg, wo die Kampfbereitschaft mit zunehmender Verbitterung wuchs (siehe Anmerkung 6). Als Pleiteunternehmen hatte sich die Wiedervereinigung entpuppt, die erste gegen Ausländer gerichtete Angriffswelle im Osten hatte kein richtiger Sieg gekrönt, die Scharmützel zwischen Ossis und Wessis hatten den Haß nur steigern können, und nun kam auch noch die Niederlage hinzu, welche die an der Seite des Iraks im Geiste mitkämpfenden Deutschen hatten einstecken müssen. Das Spiel wiederholte sich daher, zum Auftakt gruben die Ossis das Kriegsbeil aus und schwangen es gegen andere Exoten.

*Der Spiegel* 11/1991 (11. März) unter dem Titel »Brutale Ausländerhatz im Osten. Anhaltender Terror«:

»Bis um halb zwei morgens wurde am letzten Februarsamstag in der Gaststätte ›Johannistal‹ im sächsischen Leisnig gezecht wie an jedem Wochenende: Die Musik dröhnte, Bier und Schnaps flossen in Strömen, und am Ende mußte die Funkstreife eine kleine Schlägerei schlichten. Danach probierten die überwiegend jugendlichen Gäste etwas Neues. Etwa 30 Zecher marschierten geschlossen zur Chemnitzer Straße, bewaffneten sich unterwegs mit Zaunpfählen, Spaten oder Eisenstangen und drangen gewaltsam in das Wohnheim der örtlichen Firma Obstproduktion ein. In der einstigen Arbeiterunterkunft, nun ein staatliches Ausländerwohnheim, prügelten sie fast 60 Asylbewerber aus dem Schlaf, schrien immer wieder ›Scheiß-Ausländer‹ und schlugen die Einrichtung kurz und klein. Die meisten Bewohner, überwiegend Eritreer und Pakistani, retteten sich mit Sprüngen durch die geschlossenen Fenster. Ihre Hilferufe verhallten ungehört, ein Telefon gab es nicht. Schwerverletzte konnten deshalb erst am nächsten Morgen ins Krankenhaus gebracht werden. Der bisher brutalste Überfall auf ein deutsches Asylantenheim blieb der Öffentlichkeit über eine Woche lang verborgen. Lediglich der *Döbelner Anzeiger* schilderte das blutige Scharmützel später im Lokalteil. Berichte über Attacken gegen Ausländer, begründet ein Leipziger Journalist die Zurückhaltung, seien in Sachsen ›eben keine Nachricht mehr‹. [...] Die Angst [der Asylbewerber um ihr Leben] ist berechtigt, denn Überfälle wie der in Leisnig sind mittlerweile an der Tagesordnung. Im thüringischen Geisa beispielsweise verübten Unbekannte vor dem Erstbezug der Asylantenunterkunft einen Brandanschlag. [...] Die Täter gehörten stets zu rechtsextremistischen Banden, die inzwischen überall in Deutsch-Ost regelrecht Hatz auf Ausländer machen: In Schwerin wurden Syrer zusammengeschlagen, Türken in Rostock und Vietnamesen in Cottbus. Anhaltenden Terror erlebten Ende Februar die Bewohner eines Asylantenheims im sachsen-anhaltischen Klötze. Zwei Tage und zwei Nächte verfolgte eine 30köpfige Jugendbande, darunter ein Mädchen, die Bewohner. Ein Afrikaner wurde im nahen Wald brutal zusammengeschlagen, ein rumänischer Flüchtling mit mehreren Messerstichen niedergestreckt, die Außenanlage des Heims total demoliert. ›Die Polizei‹, meldete die *Klötzer Rundschau* anderntags, ›blieb inaktiv‹. [...] Im Auftrag von Bundesarbeitsminister Blüm (CDU) untersuchte das Kölner Institut für Sozialforschung den Ausländerhaß in Ostdeutschland — mit eindeutigem Ergebnis: Die Fremdenfeindlichkeit sei in der Ex-DDR ›deutlich höher als im übrigen Deutschland‹.«

*Der Spiegel* 16 /1991 (15. April) berichtet unter dem Titel »Alltägliche Jagdszenen« über die Ermordung von Jorge Joao Gomondai in Dresden:

»Jorge Joao Gomondai, 28, hatte keine Chance: Als die Linie 7 der Dresdner Straßenbahn um 4 Uhr morgens am ›Platz der Einheit‹ hielt, stiegen seine letzten beiden Mitfahrer aus — dafür stürmte ein halbes Dutzend Skinheads den Wagen. Der Mosambikaner Gomondai saß in der Falle. Die Straßenbahn zog an. In dem Moment schlugen die Rechtsradikalen auch schon auf ihn ein. Nach wenigen Metern rissen sie die Türen auf und stießen Gomondai aus der rollenden Tram. [...] Am

Sonntag vor einer Woche starb er an seinen Kopfverletzungen. Bisher fahndet die Polizei erfolglos nach den Tätern. ›Eine Gruppe terrorisiert diese Stadt‹, klagt Dresdens Ausländerbeauftragte Marita Schieferdecker-Adolph, 45, ›Ausländer können einfach nicht mehr sicher leben‹. Rund 500 Rechtsradikale aller Art tummeln sich in Sachsens Hauptstadt. Fast täglich werden Mosambikaner oder Vietnamesen angepöbelt und verprügelt — zumeist Gastarbeiter, die von der SED ins Land geholt worden sind. ›Dresden ist das Zentrum des Rechtsradikalismus geworden‹, sagt die Ausländerbeauftragte, ›und die Szene wächst weiter rasant‹. Auch der Terror nimmt zu: [...] In der vergangenen Woche trieben dann rund 80 Skins eine Handvoll Roma und Sinti quer durch die Innenstadt. Auch rumänische Asylbewerber mußten dran glauben: Die Skinheads machten sich einen Spaß daraus, sie mit Steinen zu bewerfen. ›Alltägliche Jagdszenen‹, kommentierte die *Dresdner Morgenpost* das Geschehen. [...] Es sei leider normal, daß sich Dresdner abwenden, wenn Ausländer zusammengeschlagen werden.«

*Der Spiegel* 22/1991 (27. Mai) berichtet unter dem Titel »Rechtsextremismus: Neonazis in der Ex-DDR auf dem Vormarsch«:

»Das Potential, das sich, im Durcheinander der Vereinigung kaum registriert, im Osten formiert hat, muß die Sicherheitspolitiker in Alarmstimmung versetzen: Auf etwa 10.000 bis 15.000 Mann schätzt der Staatsschutzexperte Bernd Wagner vom GLKA das rechtsextremistisch orientierte Gewaltpotential in den fünf neuen Bundesländern — weitaus umfangreicher als in der dreimal so großen Altbundesrepublik.«

## **Phase Nr. 6** (Frühjahr/Sommer 1990)

*Parallel zur Verfolgung von Ausländern wächst im Osten der Haß auf die Westdeutschen; der zweite Tote*

Gemessen am Ziel, das es zu erreichen galt, war die Hetzjagd auf Ausländer im Osten nicht mehr als eine Art Indianerspiel. Sie konnte nur eine Übung oder eine Vorstufe sein, aus dem einfachen Grund, daß es in der Zone gar nicht genug Ausländer gab, um an ihnen den

Haß abzureagieren, der sich mittlerweile zwischen Ossis und Wessis aufgestaut hatte. Nur folgerichtig daher, daß nach dem Mosambikaner das nächste Opfer ein Wessi wurde.

Beachtung im Bericht über den Zonenhumor verdient vor allem der Satz, wonach nur ein toter Wessi ein guter Wessi sei. Er trifft sehr gut die Stimmung und einen Sozialcharakter, der auch denjenigen befremden muß, dem, wie man hier zu sagen pflegt, nichts Menschliches fremd ist. Bei allem Verständnis für mörderischen und grausamen Haß kennt man normalerweise diese gleichgültige Variante nicht, einen Haß ohne jede Spur von Objektbeziehung, oder man kennt ihn nur aus den Vernichtungslagern oder von Berichten über psychopathische Killer. Von Mordlust zu sprechen wäre Beschönigung, hier drückt sich vielmehr ein Vernichtungswille aus, der nicht mal besonders stark sein muß, weil er auf keine Hemmungen stößt. Die Deutschen sind keine großen Hasser, und wenn Gerhard Frey, der Bundesvorsitzende der *Deutschen Volksunion* (DVU) eine Pressekonferenz mit den Worten eröffnet: »Ich schicke voraus, daß wir alles andere als ausländerfeindlich sind« (*FAZ* vom 8.4.92), so lügt er nicht. Schwach ist der Haß, weil er sich an keinem Widerstand gegen ihn stärken kann. Es fehlt die Liebe zu anderen Menschen und die Achtung vor ihnen, die normalerweise dafür sorgt, daß man sogar furchtbar hassen kann, ohne deshalb verletzen oder töten zu müssen. Die Ossis hingegen würden anscheinend, wenn man sie ließe, schon töten, wenn sie nur ein bißchen verärgert sind, weil das Geschenk der Wessis kleiner ausfiel als erhofft.

*Der Spiegel* 24/1991 (10. Juni) bringt ein Gespräch mit Vertretern des Burdaverlags:

*Spiegel:* Unverantwortliche Stimmungsmache wird Ihnen vorgeworfen.

*Burda:* An was denken Sie?

*Spiegel:* An Schlagzeilen wie diese: ›Angeber-Wessi mit Bierflasche erschlagen. Ganz Bernau glücklich, daß er tot ist‹.

*Burda: Super* macht die Stimmung im Osten nicht, sondern beschreibt sie. Die Stimmung in Bernau, wo der scheußliche Mord geschah, war so.

*Der Spiegel* 28/1991 (8. Juli) berichtet unter dem Titel »Humor: Haß-Witze über Wessis«:

»Im Osten kursieren Wessi-Witze — böser und bissiger noch als die Ossi-Witze der Westdeutschen. [...] Obwohl der schmale Band [Witzsammlung unter dem Titel *Der Besser-Wessi*] erst seit wenigen Wochen auf dem Markt ist, sind 10.000 Exemplare schon über den Ladentisch gegangen, und die nächste Auflage von 15.000 Stück ist bereits im Druck — ein Indiz dafür, wie groß die Nachfrage nach dem Inhalt der Broschüre ist: bissiger Spott, bisweilen blanker Haß auf die Westdeutschen. [...] Solche Witze verschaffen denen, die sich ein Jahr nach der Währungsunion als die Erniedrigten und Betrogenen fühlen, wenigstens Erleichterung. [...] Daß der neue Volkswitz oft hart an der Grenze zur Volksverhetzung rangiert, verwundert nicht angesichts der zunehmend explosiven Stimmung im Osten. [...] Letzte Woche berichtete die *Frankfurter Allgemeine* (FAZ) über die viertägige Bildungsfahrt einer elften Schulklasse aus dem Westen nach Mecklenburg. Das Reiseprotokoll des Berichterstatters — kein Witz — erhellt die deutsch-deutsche Seelenlage in der Jahresmitte 1991 nicht minder grell als das Humor-Brevier aus Leipzig: *Die elfte Klasse der Sankt-Angela-Schule, etwa zwanzig Mädchen, fährt nach Kühlungsborn. Dort ist sie für eine Nacht in einer Jugendherberge untergebracht, zusammen mit einer Klasse aus Ostdeutschland. Die Mädchen aus dem Westen werden an den Haaren gezogen, belästigt, als ›Zeckenvieh‹ beschimpft. Einem Mädchen mit schwarzen Haaren wird ›Türkensau‹ hinterhergerufen, Schläge werden ihm angedroht. Bei einem Ausflug nach Rostock wird den Schülerinnen aus dem Westen kein Brot verkauft. Das sei nicht für sie bestimmt, heißt es.* [...] In diesem Klima von Neid und Verunsicherung gedeiht unter Zukurzgekommenen sogar die Angst, die reichen Westler könnten den armen Ostlern auch noch die Frauen abspenstig machen. Im Witz findet diese Furcht deutlichen Ausdruck:

> *Ossi zum Wessi: ›Meine Frau erwartet ein Baby.‹ Wessi: ›Sehen Sie mich nicht so an, ich hab' schon lange nichts mehr mit ihr gehabt.‹*

Bis ein Ostdeutscher, der ansonsten wenig zu lachen hat, mal so richtig vor Freude brüllt, muß offenbar einiges passieren. Nur ein toter Wessi ist ein guter Wessi — nach diesem bitterbösen Muster funktionieren auffallend viele der Pointen, die Serwuschok [der Herausgeber des Witzbandes] gesammelt hat — etwa:

*Zwei Ossis treffen sich. Fragt der eine: ›Warum küßt du alle Straßenbahnen?‹ Antwort: ›Weil ich nicht weiß, welche den Wessi überfahren hat.‹*

*Ossi und Wessi an der Ostsee am Strand. Wessi: ›Sehen Sie mal, da vorn geht der Rettungsschwimmer, der mir heute vormittag das Leben gerettet hat.‹ ›Ich weiß‹, sagt der Ossi, ›er hat sich schon bei mir entschuldigt.‹*

*Der Spiegel* 30 und 31/1991 (22./29. Juli) bringt die Ergebnisse einer Umfrage »Deutsche über Deutsche«:

»Ost- und Westdeutsche sind sich seit der Vereinigung nicht nähergekommen, sondern fremder geworden. [...] Häufigste Vorwürfe: Die einen seien überheblich, die anderen faul. Nur Minderheiten sind frei von Mißtrauen. [...] Im vorigen Herbst standen die Ostdeutschen bei den Westdeutschen noch so hoch im Kurs wie die Franzosen, die längst aus einstigen Erbfeinden zu den liebsten Nachbarn geworden sind. In der Jahresmitte 1991 sind die Sympathien der Westdeutschen für die Ostdeutschen so gering wie für die Russen, für die hierzulande überhaupt erst dank Gorbatschow die positive Einstellung überwiegt. Nunmehr sind den alten Bundesbürgern nicht nur die Franzosen, sondern auch die Österreicher und die US-Amerikaner lieber als die eigenen Landsleute in der einstigen DDR. [...] Einen Sympathieverlust dieser Größenordnung, noch dazu binnen weniger Monate, stellen die Meinungsforscher selten fest, wenn sie die Popularität von Politikern messen, und noch seltener, wenn es um Gruppen oder Völker geht. Auch in den neuen Bundesländern haben sich die Sympathien im anderen Teil der Bundesrepublik vermindert, etwa im gleichen Maße. [...] In Ost und West gleich groß ist die Aversion gegen den Zustrom von Aussiedlern und Ausländern.«

Es ist also keine Polemik, sondern Demoskopie, wenn man sagt, daß die Deutschen außer ihrer gemeinsamen Abneigung gegen Ausländer wenig verbindet. Tatsächlich bestand dann die wirkliche Wiedervereinigung ein Jahr nach der formellen eben darin, daß im Osten wie im Westen gleichzeitig Ende September 1991 eine Welle von Überfällen auf Ausländer und deren Unterkünfte begann. Zum ersten mal war die Spaltung überwunden.

Zuvor aber hatten die Landsleute noch Gelegenheit zu zeigen, daß sie keineswegs nur gegen den Zustrom von Ausländern sind, sondern auch die im Ausland ansässigen Ausländer nicht besonders leiden mögen.

**Phase Nr. 7 (Sommer 1991)**

*Niederlage im Propagandakrieg gegen Serbien und in der Machtprobe mit den europäischen Nachbarn verstärkt die Ressentiments gegen das Ausland*

Die Einzelheiten werden an anderer Stelle entwickelt (siehe ›Entscheidung in Jugoslawien‹). Wie während des Golfkriegs traten die internen Konflikte vorübergehend in den Hintergrund, um danach mit größerer Intensität als zuvor wieder auszubrechen. Anders als im Golfkrieg jedoch war der äußere Feind diesmal konkreter geworden, näher gerückt, und außerdem waren die Feinde so zahlreich, daß man schon fast von einer Umzingelung Deutschlands sprechen konnte. Und während der Golfkrieg für die faktisch völlig unbeteiligten Deutschen doch nur ein propagandistischer um die moralische Überlegenheit war, stand diesmal eine Machtprobe auf dem Programm, von deren Ausgang es abhing, ob Deutschland innerhalb der EG künftig die Rolle einer politischen Führungsmacht spielen würde.

Umso schwerer wurde die komplette Niederlage verwunden, die sich in der zweiten Septemberhälfte abzuzeichnen begann, und die dann am 27. September mit der bedingungslosen Kapitulation besiegelt war.[42] Gereizt und gehässig wie nie zuvor wurde deshalb der Ton von Kommentaren und Berichten in der Presse, wenn das Thema das Ausland war. Fast könnte man denken, daß Asylbewerber und andere Ausländer in Deutschland während der zweiten Septemberhälfte zu Geiseln geworden waren, an denen der Volkszorn ersatzweise vollstreckte, was Regierung und Medien an den Holländern, Engländern, Italienern und Franzosen nicht vollstrekken konnten.

*Die Zeit* vom 23.8. 1991 unter der Schlagzeile »Briten raus!«:

»Seit über vierzig Jahren verwüstet britisches Militär die Lüneburger Heide. Das Soltau-Abkommen, ein in Westeuropa einmaliger ›Besatzungsvertrag‹, macht es möglich. Doch jetzt soll endlich Schluß sein mit dem englischen Krieg in deutschen Dörfern.«

Das *Straubinger Tagblatt/Landshuter Zeitung*, zitiert nach der *FAZ* vom 17.9.1991:

»Die Vorwürfe Den Haags sowohl an die kroatische als auch an die deutsche Adresse sind haarsträubend. Die Niederlande, die für das vereinte Deutschland keine ungeteilte Sympathie aufbringen, machen die deutsche Diplomatie für die Zuspitzung auf dem Balkan ›mitverantwortlich‹. Das früher ausgezeichnete Zusammenspiel zwischen Bonn und Den Haag ist gestört. Holland geht — anscheinend von Zwangsvorstellungen getrieben und nicht allein wegen Jugoslawien — gegenüber Deutschland auf Distanz und verstärkt den Schulterschluß mit Paris und London. Eine ähnliche Entwicklung ist [...] in Italien zu beobachten. Dort sprechen die Medien sogar von einem ›Deutschen Drang zum Mittelmeer‹.«

Die *FAZ* vom 16.9.1991 kommentiert unter dem Titel »Debakel in Jugoslawien«:

»An der Katastrophe haben der holländische Außenminister van den Broek und seine Mitarbeiter maßgeblich Anteil. [...] Man vermutet, der ›jugoslawische Integralismus‹ der Holländer sei mit den Vereinigten Staaten abgestimmt. Dort schien man vor dem 25. Juni, dem Tag der Unabhängigkeitserklärungen Sloweniens und Kroatiens, für ein bewaffnetes Eingreifen der Armee zur Aufrechterhaltung des jugoslawischen Gesamtstaates teilweise Verständnis zu hegen. Das Verhalten der holländischen Beobachter in Jugoslawien seither wirkt verdächtig. [...] Wird der Alleingang der Holländer und ihrer Verbündeten in der EG nicht bald gestoppt, können die Folgen auch für die Gemeinschaft schwerwiegend sein. Gegenüber den

Slowenen wird offener Wortbruch begangen. [...] Die Slowenen haben damals ihr Nachgeben in Brioni als Schritt zur internationalen Anerkennung aufgefaßt. Jetzt wird offen gesagt, die ›Friedenskonferenz‹ in Den Haag diene dazu, eine solche Anerkennung zu verhindern. Neben den Holländern bestehen darauf besonders ausdrücklich die Spanier und die Briten, teilweise auch Italiener und Franzosen. [...] Die deutsche Politik hat sich allzu lang einer aktiven Minderheit innerhalb der EG gebeugt. [...] Genscher hat offenbar auch in Venedig nicht bemerkt, daß sich hinter der angeblich auf die ›Einheit‹ Jugoslawiens gerichteten Politik des italienischen Außenministers De Michelis bereits zweifelhafte Machenschaften in Istrien verbergen.«

Die *Welt* kommentiert unter dem Titel »Alibi aus Holland« am 16.9. 1991:

»Deutschland kann sich in dieser Frage [Anerkennung Kroatiens und Sloweniens] nicht länger hinter der EG und den Eskapaden des niederländischen Außenministers van den Broek verstecken, der sich nicht schämt, den um ihr Leben kämpfenden Kroaten vorzuwerfen, sie hätten den Serben den Ölhahn abgedreht und eskalieren somit die Gewalt.«

Die *FAZ* vom 21.9. 1991 berichtet unter dem Titel »Pforzheims Bürgermeister empört / Luftmarschall Harris soll in London ein Denkmal bekommen«:

»Der Oberbürgermeister der Stadt Pforzheim, Becker (SPD) hat sich als ›tief betroffen‹ darüber bezeichnet, daß in Großbritannien geplant wird, dem Oberkommandierenden des Strategischen Bomberkommandos der britischen Luftwaffe (Royal Air Force), Arthur Harris, in London ein Denkmal zu setzen. [...] Pforzheim gehört zu den deutschen Städten, die am schwersten von den britischen ›Flächenbombardements‹ betroffen wurden, die Harris organisierte, allerdings in Vollzug einer Weisung des britischen Premiers Churchill.«

Die *FAZ* vom gleichen Tag kommentiert diese Meldung unter dem Titel »Denkmal für Harris?«:

»Verständlich ist der Protest des Pforzheimer Oberbürgermeisters dagegen, daß dem Chef des britischen Bomberkommandos, das zuständig war für die Flächenangriffe, vorzugsweise gerichtet gegen die deutsche Zivilbevölkerung, Arthur Harris, in London ein Denkmal gesetzt werden soll. Dabei bestreitet Becker, ein SPD-Mann, nicht die Schuld Hitlers am Krieg, aber er teilt die Empfindlichkeiten der Bewohner seiner fast zur Gänze zerstörten Stadt gegen ein Denkmal für den selbst in England umstrittenen Harris. Es gibt neben der Kriegsschuld auch eine Kriegsführungsschuld, die dann einsetzt, wenn in einem namens Demokratie und Humanität geführten Krieg inhumane und völkerrechtswidrige Mittel eingesetzt wurden. Harris war Befehlsempfänger, wie es sie allenthalben gibt, aber auch ein Mann, der sich nichts bei der Ausführung von Befehlen, die auslegbar gewesen sein mögen, gedacht hat. In Dresden, einer Stadt, die kurz vor Pforzheim ein Opfer der Harris-Barbarei wurde, haben tadelsfreie Leute, Politiker der Nach-SED-Zeit, angeregt, ob es nicht auch einmal ein Wort des Bedauerns der Briten geben sollte. Ein Denkmal für den ›Schlächter Harris‹ wäre das Gegenteil.«

## Phase Nr. 8 (Herbst 1991, Hoyerswerda)

*(Die vielen vereinzelten Überfälle auf Ausländer verdichten sich zum Pogrom, weil die Täter eins sind mit dem Volk)*

Weil das verhaßte Ausland unerreichbar war, lag die folgende Hoyerswerda-Phase zwar ohnehin in der Logik der Entwicklung. Immer nur zetern und schimpfen wird langweilig, wenn man nicht auch mal hauen kann.

Verschärfend hinzu kam allerdings, daß das Anwachsen des Wunsches, zuzuschlagen, mit der Einstimmung auf die Feiern zum ersten Jahrestag der neuen deutschen Einheit und zum zweiten Jahrestag des Mauerbruchs zusammenfiel. Schon im August 1991 kündigte sich an, daß das Fest am 3. Oktober kein fröhliches werden würde. Vorweihnachtliche Beklemmungsgefühle artikulierten sich, als am 14.8.91 in der *Stuttgarter Zeitung* unter dem Titel »Deutsche Lasten« stöhnte:

»Mühsam finden die Deutschen zu ihrer neuen Republik. Unsicherheit lastet auf dem Land. [...] Das Tal der Tränen ist keineswegs durchschritten. Nicht die Gemeinsamkeiten wachsen, die gegenseitige Entfremdung nimmt zu.[...] Noch ist keineswegs sicher, ob die so stabil scheinenden Grundlagen der vergehenden Bonner Demokratie all die Belastungen ertragen, denen wir auf dem Weg zur Berliner Republik zwangsläufig ausgesetzt sind.«

Trübsinnig wie die Stimmung davor war dann auch die Feier selber. In der *Zeit* vom 26.9.91 jammerte der Festredner:

»Es ging alles so schrecklich schnell. Es kam ganz anders als erwartet. ›Hier‹ und ›da‹ sind immer noch ›hüben‹ und ›drüben‹. Längst sind ›Ossis‹ und ›Wessis‹ mit Ressentiment beladene Schimpfwörter geworden. Die Atmosphäre im vereinten Land ist voll von Vorurteilen und falschen Vorstellungen, von Mißbehagen und Mißtrauen.«

Die *FAZ* vom 2.Oktober betitelt eine Seite im Feuilleton mit dem Befund »Der Nationalrausch war erfunden, der Kater ist echt«, der Untertitel hieß: »Ernüchterung ist der erste Konsens der neuen Bundesrepublik«, und im Vorspann las man: »Auch im Westen ist die Begeisterung verflogen, man redet öfter von den Lasten als von den Chancen der Vereinigung.« Die *taz* vom gleichen Tag erschien mit der Schlagzeile »Wie Fremdlinge im eigenen Haus«, brachte einen Beitrag über »Die Einheit der Mißvergnügten« und schrieb: »Zum ersten Jahrestag erinnert die vereinte Nation eher an eine Zwangsgemeinschaft — mit wechselseitigen Ressentiments«. Der Geburtstagsglückwunsch der *Stuttgarter Zeitung* (vom gleichen Tag), »Ernüchterte Nation« betitelt, klang fast wie ein Obduktionsbericht:

»Schmerzhaft war der Weg von der großen Begeisterung in die große Enttäuschung. Ein Jahr nach der staatlichen Einigung Deutschlands sind alle ernüchtert. So wie die Utopie eines einigen Europa vom Atlantik bis zum Ural eher einer Bedrükkung gewichen ist, so ist für manchen Zeitgenossen aus dem Traum der Wiedervereinigung ein Alptraum geworden. [...] Jäh und unvorbereitet sind die Westdeutschen in eine Jahrhundertaufgabe hineingestoßen worden; unvorbereitet kam auch für die Bürger der neuen Länder der Zusammenbruch ihrer gewohnten Welt. Die Scheinsicherheit im Osten ist unwiderruflich dahin; aber auch die Behaglichkeit der alten, geradezu ›verschweizerten‹ Bundesrepublik ist nur noch nostalgische Erinnerung, längst nicht mehr Realität. Ob das neue Deutschland eine stabile Demokratie werden wird, liegt an uns selbst. Wir machen genau das, was kaum jemand mehr in Deutschland machen wollte: wir machen Geschichte. Und es gibt keine Garantie aufs Gelingen.«

Am Vorabend zum ersten Jahrestag ihrer Einheit, die sie eigentlich gemeinsam hätten freudig feiern sollen, fühlten die Deutschen sich einander entfremdet, wie Fremdlinge im eigenen Land, bedrückt und belastet, verkatert, ernüchtert, voller Mißbehagen, Mißvergnügen, Mißtrauen. Naturgemäß fühlte man sich einsam. Der *Stern* brachte am 17.10.91, einen Monat nach Hoyerswerda, einen seine Blöße scheu bedeckenden, zusammengekauert dasitzenden und verloren zur Seite blikkenden nackten Mann auf's Titelblatt — Symbolfigur für »Das verborgene Leid. **Einsamkeit**«. Ein vom Schicksal geschlagenes Volk also, das grausam aus seiner Sicherheit und Behaglichkeit hinausgestoßen worden war und hinein in Jahrhundertaufgaben, unter denen es schier zusammenbrach.

Kein Wunder daher, daß man warmes Verständnis und viel Mitgefühl den rechtsradikalen Schlägern und Brandstiftern entgegenbrachte, die eigentlich — aus der Perspektive der Landsleute gesehen — nur zurückstießen und zurückschlugen. Zu pogromartigen Erscheinungen verdichteten die vielen vereinzelten Überfälle auf Ausländer und ihre Wohnungen sich, weil die Täter eins waren mit dem Volk. Unter dem Titel »Hoyerswerda — die Anonymität und Seelenlosigkeit einer sozialistischen Stadt« hatte die *FAZ* vom 24.9.91 statt der Opfer deren angeblich milieugeschädigte Quälgeister bedauert, weil in den letzteren die Deutschen insgesamt sich wiedererkannten. Sie gaben dies offen zu, insofern Hoyerswerda, die »sozialistische Stadt« und vermeintliche Verursacherin der Gewalttätigkeit gegen Ausländer, exakt so beschrieben wurde, wie den Landsleuten die neue großdeutsche Bundesrepublik nach eigenem Bekunden vorkam, nämlich anonym und seelenlos.

Unter dem Titel »Überfordert« schrieb die *FAZ* vom 19.10.91 über die Nation: »Deutschland ist kein ausländerfeindliches, sondern ein überfordertes Land. [...] Wer der gegenwärtigen Debatte in Deutschland gerecht werden will, muß die wirklichen Lasten ermessen.« Der Kommentar nahm den Tenor einer später, in der FAZ vom 28.10.91 erschienenen Kolumne vorweg, die statt von der Nation von den rechtsradikalen Gewaltverbrechern handelte. Schon im Titel besaß das Werben um Verständnis fast die Intensität eines Flehens. »Mensch, nicht Wolf« hieß der Artikel, der vor Rührseligkeit nur so troff — ungewohnte Töne in einem Blatt, das für die Milieutheorien der Sozialarbeiter sonst wenig Sympathien hat. Förmlich verhätschelt und liebkost wurden diesmal die bösartigen Knochenbrecher und Menschenschinder, weil ihr Porträt — und ihr Selbstporträt — aufs Haar dem Bild glich, das die Nation am Jahrestag der Einheit von sich entworfen hatte. In eckige Klammern sind kurze Hinweise des Verfassers, W.P., gesetzt, gleichsam Übersetzungvorschläge und Verständnishilfen:

»Für die Gewalttätigkeit Jugendlicher gibt es viele Gründe. Am auffälligsten sind Spaß am Dreinschlagen und der Kitzel der Provokation. Darüber wird der Wunsch übersehen, in einer Bande von Kameraden der Einsamkeit [*Das verborgene Leid*, wie der *Stern* schrieb] und Bedeutungslosigkeit zu entfliehen. Ein jugendlicher Gewalttäter aus Sachsen versuchte, dies seiner Mutter in einem Brief zu erklären: ›Liebe Mutti! Es fällt mir schwer, Dir zu schreiben, daß ich Dich unendlich liebhabe — nach allem, was ich tat. Trotzdem ist es so. Alle haben mich verkannt und meine Gewalttätigkeit als Kraftakt eingeschätzt. [Wie die Vereinigung auch kein Willensakt war, sondern, laut *Stuttgarter Zeitung*, ein *Hineingestoßenwerden*] Dabei bin ich total kaputt. [Wie die Staatsfinanzen] Herr im Himmel, ich habe Angst. [Weil es *keine Garantie aufs Gelingen* gibt, und die Wiedervereinigung ein *Alptraum* geworden ist] Ich bin ein Mensch und kein Wolf. Aber bei den Freunden in der Gruppe fand ich, was ich brauchte. Ich fühlte mich gebraucht. Jeder hatte die volle Freundschaft des anderen.‹ Straßenbanden, in denen Schüler und Lehrlinge ihre Rauflust austoben, hat es immer gegeben. Je abenteuerlicher, desto wohliger hat man die Wärme der Kameradschaft genossen. Es darf daher nicht überraschen, daß sich in den neuen Bundesländern Banden bilden. Die expressiven Gruppenstile [etwa die Balkanpolitik der Bundesregierung] finden hier wie dort ihre Erklärung nicht zuletzt darin, daß man Orientierungsmarken setzen, Zusammengehörigkeit demonstrieren will: von der Frisur bis zu den Stiefeln. Viele haben ihre Freunde verloren, weil die sich in den Westen begaben. [...] Gar mancher hat seine soziale Nische verloren [im Westen die *Behaglichkeit*, im Osten die *Sicherheit*] und findet sich buchstäblich auf der Straße wieder. Zur Sehnsucht nach Kameradschaft gesellt sich die Neugierde; denn zum erstenmal darf man sich dort zu Straßengruppen zusammenschließen. Die Unbehaustheit [*Wie Fremdlinge im eigenen Land*] ist oft der äußerliche Ausdruck der inneren Orientierungslosigkeit. [...] Haben sich die meisten schon bei der Wiedervereinigung weniger als Akteure denn als passive Opfer gesehen [indem sie unvorbereitet in eine Jahrhundertaufgabe *hineingestoßen* wurden] [...]«

Keineswegs war der irgendwie an Heintjes unvergessene Schnulze »Mama« erinnernde Artikel ein Ausreißer oder ein Einzelfall, vielmehr war er Teil einer ganzen Verharmlosungskampagne. Am 28.12. schlug die FAZ wieder in dieselbe Kerbe. Das gleiche Blatt, das bei linksradikalen ›Randalierern‹ und ›Chaoten‹ unabhängig von ihrem Alter nie nach den Gründen und Motiven fragt, sondern sie mit der ganzen Härte des Gesetzes bestraft wissen will, meinte in diesem Fall, selbst ›Wortkeulen‹ — an anderer Stelle (FAZ vom 26.9.91) auch ›Totschlag-Rhetorik‹ genannt — wären gegen die armen Kleinen mit den Base-Ball-Schlägern, den Klappmessern, den Brandsätzen und den Fahradketten eine viel zu harte Waffe:

»Einige hundert auf nichts als Provokation versessene frustrierte Jugendliche reichen offenbar aus, um Zehntausende in den pathetischen Ruf ausbrechen zu lassen: ›Liebe Ausländer, laßt uns mit diesen Deutschen nicht allein!‹ Die ›lieben Ausländer‹ werden uns aber nicht helfen, wenn wir es nicht selbst schaffen, verwahrlosten, milieugeschädigten und orientierungslosen Jugendlichen ihre irrationalen Ängste und Aggressionen zu nehmen. Mit Wortkeulen wie ›Fremdenhaß‹ und ›Rassismus‹ wird eher das Gegenteil erreicht.«

Im Maße freilich, wie die Deutschen sich in den schadhaften Sadisten wiedererkannten, konnte es nicht ausbleiben, daß sie einander unheimlich zu werden begannen. Während die bemutterten Menschenschinder Nacht für Nacht neue Asylbewerberheime überfielen und die Bundesregierung derweil für die Menschenrechte auf dem Balkan stritt, verdüsterte sich die Stimmung weiter. »Pulverfaß Deutschland. Die Angst steigt«, titelte *Bild* vom 12.11.91 und warnte: »Immer mehr Verbrechen. Neo-Nazis. Stasi-Banden. Asylantenflut. Was wird aus den Renten und der Mark? Viele Junge sehen schwarz«. Am 22.11.91 kupferte das Blatt die Sprüche der Linken von 1977 ab: »Deutschland im Herbst. Das Unbehagen wächst« und fragte: »Ladendiebstahl, Fahrradklau normal? Verkehrsinfarkt unvermeidbar? Sind die Kleinen die Dummen?« Auch beim ersten Wort der Schlagzeile vom 2.12.91 wurden alte Erinnerungen wach, solche aus der friedensbewegten Zeit ums Jahr 1982: »Angst! Chaos in Moskau. Weltkrise?«. Am 9.12.91 wurde das Blatt unter dem Titel »Deutschland im Advent. Sorgen, überall Sorgen« besinnlich:

»Deutschland im Advent. Vor zwei Jahren brach die Mauer. Hat uns das glücklicher gemacht? Natürlich, wenn wir ehrlich sind. Hat es uns herzlicher gemacht, nachdenklicher, vernünftiger? Zweifel sind angebracht. Sorgen, Angst machen sich breit. Wut übers Weihnachtsgeld, Furcht angesichts immer weiter steigender Kriminalität. [...] Insgesamt aber: Die Deutschen sind sauer am Ende des Jahres '91«.

*

Da die Grundkonstellation sich nicht ändern kann, war zu erwarten, daß nach Hoyerswerda der Haß zwischen den Einheimischen mit neuer Wucht hervorbrechen würde. Wuchtig war er dann zunächst zwar noch nicht, eher zäh, gemein und verbissen. Der Stasi-Zank — im

Spätherbst 1991 das neue Medienthema —, glich einem paranoiden Ehekrieg, wo berechtigte Vorwürfe selten das wirkliche Motiv für die Kabbeleien sind: Kollaborateure und Kollaborationswillige hüben wie drüben, denen der Staat nun die kalte Schulter zeigte, bezichtigen einander der Kollaboration. Einerseits hatten die Stasi-Fehden im Feuilleton die Funktion, Intellektuellen wie Biermann oder Broder, denen die alte Bundesrepublik ein Dorn im Auge gewesen war, den Weg heim ins erweiterte Reich zu ebnen. Sie nahmen die Resozialisierungschance ebenso dankbar an, wie die *Revolutionären Zellen* und die *RAF* nun Frieden gelobten, so daß der Verdacht sich bestätigt, gerade die Linksradikalen hätten in Wahrheit unter der Teilung gelitten. Wichtiger aber ist die Einübung bestimmter Wahrnehmungsmuster, vor allem der Ausfall der Selbstwahrnehmung.

Das Spiel dürfte sich dann endlos wiederholen, und wie bei jedem Spiel sind weder die Einzelheiten des Ablaufs noch der Ausgang vorherzusehen. Sicher ist nur, daß irgendwann der Punkt kommen wird, wo zumindest der Teil der Einheimischen, der jetzt die Ausländer bedauert, sie beneiden wird. Die *Bild*-Zeitung, eines der informativsten Blätter der BRD, wenn man sie zu lesen versteht, hatte es schon am 24. Juli 1991 gewußt. Die Schlagzeile hieß:

So schlimm war's noch nie
**Welle der Gewalt**
**bedroht uns alle**

Knapp acht Monate später, am 9.4.1992, schrie das Blatt:

Gewalt immer schlimmer
**Kanzler**
**handele!**
Blinde vergewaltigt. Einbeiniger erstochen.
80jährige von 10jährigem überfallen, tot.
Drogenhandel in Asylantenhand.

# Reaktionen[43]

Eine die Zeiten überdauernde Eigenschaft der Deutschen scheint es zu sein, daß Schwäche nicht ihr Mitleid weckt oder sie wenigstens gleichgültig läßt, sondern ihren Verfolgungseifer reizt. Ob es Feigheit ist, oder ob es damit zusammenhängt, daß sie am anderen ausrotten müssen, was sie selbst im Übermaß haben, ohne es sich eingestehen zu dürfen, nämlich Unlust, Unfähigkeit, Unlebendigkeit, kurz alle Attribute des Untergangs und des Todes — jedenfalls können sie keinen am Boden liegen sehen, ohne nach ihm treten zu wollen. Wie schon der hiesige Antisemitismus eine Reaktion auf die vorangegangene gesellschaftliche und ökonomische Entmachtung der Juden war, auf die Bedeutungslosigkeit der Zirkulationssphäre im Zeitalter der Monopole, bildet sich heute, wo ein Honecker ins Moskauer Exil flüchten mußte, in Deutschland ein Antikommunismus heraus, der mit seinem ideologischen Vorgänger zweierlei teilt, zum einen die Funktion, als jeweils volksfremd zu deklarieren, was die Landsleute gerade an sich selber nicht mögen, zum anderen die Neigung, selbst vor den absurdesten Tatsachenverdrehungen nicht zurückzuschrekken.

So rühren etwa nach neuester Lehrmeinung alle gravierenden ökonomischen Probleme daher, daß ums Jahr 1918 herum, mitten in einer satten, glücklichen und zufriedenen Zeit, die russischen Arbeiter sich aus lauter Übermut auf den marxistischen Irrweg begaben und ihn später auch anderen Nationen aufzwangen. Doch schwerer noch als die materiellen Folgen der kommunistischen Mißwirtschaft wiegt besonders in der ehemaligen DDR die seelische Altlast, denn wie der Kettenhund mit der Zeit bissig wird, wurde dort unter der Knute von SED-Funktionären ein gutartiges Volk böse. Über die SA-Banden, die heute in der Zone Andersfarbige und Ausländer terrorisieren, schrieb Richard Szklorz im Ostberliner *Freitag*:

»Die Skin-Banden [...] sind auf dem Mist der DDR gewachsen: In der Trostlosigkeit der Satellitenstädte, in der Atmosphäre einer totalitären Ideologie, die sich in den pubertären Köpfen von Jugendlichen geradezu das faschistische Konterpart schuf. [...] Was liegt für solche Menschen näher, als auf die Schwächsten in der Gesellschaft einzuschlagen und so die Minderwertigkeitskomplexe abzureagieren!«

Dieses »was liegt für solche Menschen näher« — ein Argument, das als Entschuldigung für straffällig gewordene Asylbewerber herangezogen werden könnte, niemals aber die Attacken Privilegierter gegen Benachteiligte erklären kann — kennt viele Varianten. Über das Pogrom von Hoyerswerda schrieb am die *FAZ* am 25. September:

»Daß der Krawall gerade in einer Stadt wie Hoyerswerda losbrach, ist nicht verwunderlich. Die Menschen, die von der Entfremdung ihrer sozialistischen Einheitsexistenz tief gezeichnet sind, erleben die Zeit nach der Wende nicht mehr als Befreiung oder gar als Aufbruch, sondern immer mehr als eine weitere Stufe der Demütigung. Was hatten sie viel mehr vom Leben als ihre vollkommen verbaute Einheitswohnung, den sogenannten ›Regalplatz‹, wie sie spotten, für den die alten Bonzen jetzt auch noch teure Umlagen und höhere Mieten kassieren wollen. Und dann, so der Tenor der Empörung, quartiert man ihnen auch noch wildfremde Kostgänger ein, die dazu noch Taschengeld vom Staat bekommen.«

Die *FAZ* vom 28.9. 1991 unter dem Titel »Vom Verstehen«:

»›Durch nichts‹ seien die Ausschreitungen von Hoyerswerda zu rechtfertigen, hat der SPD-Bundestagsabgeordnete Jürgen Schmude erklärt. [...] Aus Schmudes Verdikt spricht die Hybris des Westdeutschen, der von den Menschen im Osten fordert, ihre traurigen Lebensverhältnisse zu vergessen und aus dem Stand auf das moralische Niveau des Westens zu springen.«

Das gleiche Blatt in der Ausgabe vom 7.8. 1991:

»Nun hinterläßt die DDR ohne Zweifel seelische Schäden, die das vereinte Deutschland auszuheilen hat. Nur haben diese psychischen Deformationen vermutlich wenig mit dem Bodensatz des Dritten Reiches zu tun und viel mit dem erst jetzt unterbrochenen Wechselspiel zwischen autoritärem Regime und autoritärem Charakter. Für ein halbes Jahrhundert stützte sich die Herrschaft auf dem halben Kontinent auf die drohende Präsenz der Roten Armee. Ihren Untertanen drängte sich der Schluß auf, daß alle Macht aus den Gewehrläufen komme. Wo auf die Dauer die Gewalt regiert, mag man sie schließlich für die einzige Legitimation halten. [...] Vielleicht ziehen die prügelnden Skinheads im Osten aus solchen Erfahrungen bloß die fatale Konsequenz. [...] Allein deshalb verbieten sich hochmütige Mahnungen aus den alten Bundesländern. Der Streit um den Supermarkt auf dem Gelände des ehemaligen KZ Ravensbrück nimmt sich vor diesem Hintergrund beunruhigend aus. Die Überlebenden des Lagers besaßen jedes Recht, sich eine kommerzielle Nutzung zu verbitten. Die Unternehmer waren klug beraten, den Protest zu respektieren. Die laute Empörung in Westdeutschland jedoch klang verräterisch. Hier ergriffen die Söhne und Töchter der Täter entschlossen die Gelegenheit zur Identifikation mit den Opfern.«

Detlev Claussen in der *Frankfurter Rundschau* mit der gleichen Leier:

»Der Westen mit seiner Demokratie ohne Antifaschismus machte es dem Osten leicht, Antifaschismus ohne Demokratie zu praktizieren. [...] Die realsozialistische Verfassung schürte Fremdenfeindlichkeit, an der alle Volkspädagogik internationaler Solidarität scheitern mußte.«

Ob Regierungsmitglieder die Wirtschaftsmisere im ehemaligen Ostblock erklären, ob Linksintellektuelle oder Rechtsintellektuelle um Verständnis für die in der Zone praktizierte Verfolgung von Ausländern werben, stets meint man im ersten Augenblick, da habe jemand was anderes als Hirn unter seiner Schädeldecke oder er lebe in einer anderen als der wirklichen Welt. Denn simple Dummheit allein bietet keine hinreichende Erklärung dafür, daß Leute, die es besser wissen müßten, den Kommunismus als Ursache von Rückständigkeit, Armut, Massenelend und Faschismus denunzieren, als

Ursache von Dingen also, die er vorfand, und die abzuschaffen oder zu verhindern sein Ziel war. So naiv kann einer kaum sein, daß er gar nicht fragt, warum es wohl im Westen Demokratie ohne Antifaschismus gab, und so blöde nicht, daß er ernsthaft meint, Antifaschismus ließe sich mit Demokratie bei einer Bevölkerung kombinieren, die sich per demokratischer Abstimmung für den Faschismus entschieden und bis zu dessen militärischer Niederlage für ihn gekämpft hatte. Daß es den kommunistischen Regimes in der DDR wie anderswo nicht gelang, die Menschen wirklich vernünftiger zu machen, ist leider wahr. Der SED aber die Schuld an der Entstehung jenes Sozialcharakters zu geben, der sie am Ende scheitern ließ, ist nur der Versuch, von aller Verantwortung für ihre Schäbigkeit eine Bevölkerung zu entbinden, die als linientreueste im ganzen Ostblock schon so widerlich war, wie sie heute widerlich und gefährlich ist, wo sie nun die radikalste Gemeinschaft von Kommunistenfressern und Ausländerhassern im ganzen ehemaligen Ostblock bildet.

Im unendlichen Zartgefühl, in der Nachsicht und Milde, welche die Schreiber ihren schlagenden Landsleuten in der Zone entgegenbringen, wenn sie die Menschenschinder als die eigentlichen Opfer beweinen, als Opfer der seelischen Grausamkeiten, welche die Kommunisten am deutschen Volk begingen, drückt sich nicht nur Parteilichkeit aus, sondern die innere, wesenhafte Verwandtschaft politisch rivalisierender Gruppen hier. Sie mögen einander nicht bloß, sie bringen für einander nicht nur Verständnis auf, sondern sie zeigen die gleiche Haltung, die gleichen Reflexe und Instinkte, die deutschen Rechtsradikalen einerseits, die sich zu vielen den verlorensten unter den vereinzelten armen Teufeln schnappen, und andererseits diese deutschen Linksintellektuellen, die es ausgerechnet jetzt dazu drängt, sich gegen den Kommunismus stark zu machen, was ihnen wenn schon nicht der Verstand oder die politische Moral, dann wenigstens der simpelste Sinn für Fairness, die Selbstachtung oder der gute Geschmack verbieten müßte, eben jene unter normalen Menschen fortentwikkelte und zivilisierte Hemmung, die selbst einen Hund daran hindert, dem kranken oder offensichtlich und eingestandenermaßen schwächeren Artgenossen nachzustellen, weshalb das Tier im Unterschied zum deutschen Menschen den gleichstarken Rivalen als Gegner bevorzugt. — Ein Polizeibeamter über die rechtsradikalen Schläger in der Zone: »Wo Tiere aufhören, da fangen sie an.«

Daß es bei der bloß wesenhaften Verwandtschaft nicht bleibt, sondern das Wesen zunehmend auch zur Erscheinung kommt, mit dem Effekt, daß die Linksintellektuellen, während sie die Rechtsradikalen noch zu kritisieren meinen, faktisch schon deren Propagandisten und Vordenker sind, das zeigen exemplarisch die Aufsätze eines Wilhelm Heitmeyer, der zusammenschreibt, was seit anderthalb Jahren in jeder Zeitung steht — schon im *Spiegel* vom 26. Februar 1990 durfte Psychiater Hans-Joachim Maaz sich »über die seelischen Verformungen in der DDR« verbreiten —, der in der *taz* wie in den *Blättern für deutsche und internationale Politik* publiziert, als Experte für Rechtsradikalismus gilt und auch schon im TV zu sehen war. In der Tradition der neuen Wehleidigkeit stehend, tischt er gern Tiraden auf, welche sich um Vokabeln wie »Verunsicherungen«, »Verletzungen«, »Fremdheitsgefühle«, »Minderwertigkeitsgefühle«, »Ohnmachtserfahrungen«, »Vereinzelungserfahrungen«, »Modernisierungsschock« etc. ranken, und bei flüchtiger Lektüre könnte man denken, daß er wohl von den Asylbewerbern schwarzer oder gelber Hautfarbe sprechen muß, die es über tausende von Kilometern und viele Klimazonen hinweg zu den Krauts verschlagen hat, wo sie nun, fern von Freunden, Verwandten, Sprache und gewohnten Lebensmitteln, wirklich fremd, vereinzelt, ohnmächtig und verunsichert sind, und wo sie außerdem wirklich verletzt werden. Das ist nicht der Fall, Heitmeyer spricht vielmehr von der Leidensvorgeschichte ortsansässiger, bodenständiger, einheimischer rechtsradikaler Schlägerbanden, welche sich der Duldung durch die Polizei und der Sympathie bei der Bevölkerung erfreuen:

> »Doch die Hauptursachen [für die Entstehung dieser Banden] liegen in den DDR-spezifischen Umständen des Aufwachsens und Lebens in autoritären und repressiven Verhältnissen, die in hohem Maße mit Minderwertigkeitsgefühlen und Verletzungen einhergingen.«

Wie Heitmeyer nicht den Opfern der rechtsradikalen Schlägerbanden, sondern deren Mitgliedern ›Verletzungen‹ attestieren kann, ohne daß dies Stichwort ihm die Verwechslung, die groteske Tatsachenverdrehung, den Wirrwar in seinem Kopf, zu Bewußtsein brächte, so ist er generell nicht um eine wenigstens in sich schlüssige Kette von Vorwürfen bemüht. Vielmehr kommt in seiner Argumentation bald der Punkt, wo die Verstöße gegen elementarste Grundsätze der logischen Beweisführung so massiv werden, daß man sich an das Formgesetz nationalsozialistischer Propaganda und deren Produkte erinnert, etwa an die vom internationalen jüdischen Finanzkapital gesteuerte bolschewistische Weltverschwörung. Gleichsam auf offener Bühne findet unbemerkt ein Kostümwechsel statt, bruchlos geht der Antikommunismus über in antikapitalistische oder antiwestliche Ressentiments. War die autoritäre, repressive Zentralverwaltungswirtschaft für die Landsleute schon ein Grund, nicht etwa im Widerstand gegen sie einen unbändigen Freiheitswillen, sondern mittels Anpassung daran vielmehr Autoritarismus zu entwickeln, so leistet die Auflösung repressiver Verhältnisse noch mehr der Faschisierung der Deutschen Vorschub, die also, wie Heitmeyer sagt, ohne daß er den Sinn seiner Rede im mindesten verstünde, die geborenen Mitläufer und Untertanen sind, weil sie auf Unterdrückung mit Unterwerfung und auf Freiheit mit Rebellion reagieren. Denn, so Heitmeyer nun,

> »zur Eskalation des Rechtsextremismus trägt bei, daß westdeutsche Politik massiv an der Zerstörung von Lebenszusammenhängen mitwirkt. Dies betrifft vor allem auch die Schlie-

ßung von Betrieben. Deren Bedeutung als sozial integrierender Faktor war im DDR-Alltag größer als in Westdeutschland. Es geht um mehr als Arbeitsplatzverlust, der für sich genommen schon schlimm genug ist. [...] Veränderungen, zumal abrupte Einbrüche von Lebenszusammenhängen, bringen verstärkt Handlungsunsicherheiten in beruflicher Hinsicht, Ohnmachtserfahrungen durch Auflösung von familiären oder Firmenzusammenhängen hervor. [...] Ohnmachtserfahrungen werden vor allem ausgelöst, beziehungsweise verstärkt durch neuartige Konkurrenzerfahrungen, die den Eindruck erwecken, man könne keine Kontrolle über die eigene Lebensplanung erhalten.«

Nicht mehr nüchtern und distanziert von repressiven Verhältnissen ist die Rede, sondern mit viel Wärme in der Stimme wird nun von Lebenszusammenhängen gesprochen, deren Auflösung durch die erzwungene Übernahme kapitalistischer Spielregeln den Rechtsradikalismus überhaupt erst hervorbringe. Eben noch rührten Minderwertigkeitsgefühle und Verletzungen der Landsleute von der Planwirtschaft her, nun, wo ihnen keine Bürokratie mehr vorschreibt, welchen Beruf sie ergreifen und wo sie arbeiten müssen, leiden sie erst recht. Eben noch galt die DDR als Zucht- und Zwangsanstalt, nun wird ausgerechnet der Sektor , wo sie dies wirklich war, nämlich die gesellschaftliche Produktion, eben das ›Reich der Notwendigkeit‹ (Marx), welches auf ein unvermeidbares Minimum zu reduzieren das leider nicht eingehaltene Versprechen der Kommunisten blieb, als wertvoller ›sozial integrierender‹ oder gemeinschaftsbildender Faktor gepriesen.

Keineswegs also zielt Heitmeyers Antikommunismus darauf, daß faktisch auch in den sozialistischen Ländern der Mensch dazu verurteilt war, sein ganzes Leben lang stumpfsinnig immerfort seinen Brötchen hinterherzurennen und es hauptsächlich in der Fabrik oder im Büro zu verbringen, bei der Ausübung von Tätigkeiten im Regelfall, welche eine fortgesetzte schwere Beleidigung seiner menschlichen Potenzen sind. Keineswegs auch richtet sich Heitmeyers Kritik an der DDR, wenn man sie nun im Spiegel seiner antiwestlichen Ressentiments betrachtet, gegen solche Phänomene, von denen ein Marxist sich nur angeekelt abwenden konnte, weil sie, wie das gräßliche neuheidnische Ritual der sogenannten Jugendweihe zum Beispiel, nichts als völkischer Hokuspokus waren. Nicht an der traurigen, aber mächtigen Realität reibt er sich, sondern am winzigen Rest vergangener besserer Hoffnungen und Ansprüche. Nicht die wirkliche DDR ist das Ärgernis, sondern das, was dort seit 45 Jahren im fast aussichtslosen Kampf gegen 17 Millionen auf verlorenem Posten stand, der Antifaschismus und Internationalismus einer Handvoll Kommunisten, die 1945 aus dem Exil gekommen waren. Eigentlich wirft er der DDR nur vor, daß sie in ihrem deutschvölkischen Erscheinungsbild nicht restlos aufging, sondern als Relikt aus den Tagen ihrer Gründung wie ein großer, langer Schatten die Idee einer solidarischen Menschheit, eines Vereins freier Individuen mißbilligend über der Datschen-Geselligkeit, den Eine-Hand-wäscht-die-andere-Beziehungen und dem FDJ-Klimbim lag, über all diesen muffigen Kumpaneien, die Heitmeyer als Lebenszusammenhänge bezeichnet, womit über die Keimzellen von Fremdenfeindlichkeit und Faschismus fast schon das Notwendige gesagt wäre, gäbe es noch ein Publikum, welches sich auf das Wort den richtigen Reim macht.

Kaum verwunderlich daher, daß die Forderungen des Antikommunisten sich lesen wie ein rechtsradikales Rumpf- oder Musterprogramm:

»Es muß eine Politik betrieben werden, die soziale Lebenszusammenhänge stiftet und nicht zerstört. Dies bedeutet, daß verstärkt soziale Einbindungsmöglichkeiten geschaffen werden müssen, man nicht durch hochgradige Konkurrenz jede Möglichkeit von Gemeinsamkeit und Solidarität von vornherein verunmöglichen darf, so daß nur wieder Niederlagen und Vereinzelung übrig bleiben. Dazu gehört auch die Schaffung von Arbeitsplätzen, damit auch die gesellschaftliche Nützlichkeit dokumentiert wird. Doch reicht selbst das heute nicht mehr aus. Jugendliche müssen das Gefühl gewinnen, daß sie durch ihre Tätigkeit ausgefüllt sind und ihre Zukunft unbeschädigt ist.«

Mittels Schaffung sozialer Einbindungsmöglichkeiten soziale Lebenszusammenhänge stiften heißt, daß die Ortsgruppen künftiger Massenorganisationen sich als Gemeinschaften erleben und die zwangsvergesellschafteten Menschen sich als frei assoziierte begreifen sollen. Die Einheimischen vor der Konkurrenz auf dem Wohnungs- und Arbeitsmarkt schützen bedeutet, daß Ausländer draußen bleiben müssen, zumal das Eindringen Fremder gewachsene Lebenszusammenhänge wie Nachbarschaften oder Betriebskollektive zersetzt. Durchs Sozialarbeitervokabular nur dürftig verbrämt, ruft Heitmeyer schließlich nach nichts anderem hier als nach dem Reichsarbeitsdienst, wo einer beim Torfstechen seine gesellschaftliche Nützlichkeit dokumentieren durfte.

So appellativ allerdings, wie Heitmeyer im letzten Satz der zitierten Passage, verlangt den Massenbetrug nur, wer ihn selber nicht begehen kann, und es scheint, als wirke die fast schon leichenschänderische Art, das Unterlegene, Niedergeworfene weiter zu hetzen, sich bei den Deutschen auf die Dauer dergestalt aus, daß den Verfolgern, den Schreibern wie den Schlägern, die Kraft zu größeren Taten abhanden kommt.*

*Etwas Tröstliches haben daher die Hochrechnungen an sich, welche zu dem Ergebnis kommen, daß im Jahre XY die Deutschen mehrheitlich Rentner sein werden. Ähnlicher Auffassung scheint der sächsische Ministerpräsident Kurt Biedenkopf zu sein. Er äußerte laut *FAZ* vom 28.4.92 »die Überzeugung, daß die fast 80 Millionen Menschen im wiedervereinigten Deutschland wegen der Überalterung und der Angst um den erworbenen Wohlstand ›nicht mehr aggressiv im traditionellen Sinne‹ sind.«

# SERBIENFELDZUG

Offener Haß gegen den Rest der Welt außerhalb der Landesgrenzen

*

## Entscheidung in Jugoslawien[44]

*Der Slowenien-Konflikt: Die Empörung der Öffentlichkeit über das ausgebliebene Gemetzel*

Als Ende Juni 1991 die jugoslawischen Republiken Slowenien und Kroatien zum wiederholten mal ihren Unabhängigkeitswillen erklärten, war dieser weitere spektakuläre und zugleich nur formelle Akt vor allem der Versuch zweier in die Klemme geratener Regimes, sich selber im Sattel und die abbröckelnde Anhängerschaft bei der Stange zu halten. Nicht anders als in der DDR hatten die 1990 noch vermeintlich an ihrem Nationalgefühl sich berauschenden Massen in Zagreb und Ljubljana in Wahrheit den Wohlstand gemeint, die Erlösung von sinkenden Löhnen und steigenden Preisen. Anders als in der DDR jedoch blieb ihnen vor der definitiven Entscheidung genügend Zeit, bislang schon unternommene Schritte zur Eigenstaatlichkeit an ihrem Einfluß auf die Einkommensentwicklung zu messen. Dabei wurde jedem klar, daß innerjugoslawische Handelsbarrieren, Zollgrenzen, Wirtschaftsboykotte und andere Autonomie-Attribute den Reichtum von Teilrepubliken nicht fördern, deren keine auf dem Weltmarkt konkurrenzfähig ist. Die beschleunigte, auch den Mittelstand erfassende Verarmung der Bevölkerung gerade in den letzten Monaten hatte dazu geführt, daß nach seriösen Umfragen der Anteil begeisterter Anhänger nationaler Unabhängigkeit, der im Winter noch rund 90 Prozent betragen hatte, bis zum Juni auf rund 50 Prozent gefallen war. Es vervollständigt das Bild, daß das regierende

DEMOS-Bündnis in der slowenischen Presse mehr durch Skandale und politische Betrugsaffären als durch seine Unabhängigkeitsbestrebungen von sich reden machte und Tudjman in Kroatien alle Züge eines nicht mehr ganz zurechnungsfähigen, weil in Torschlußpanik verfallenden Diktators anzunehmen begann.

Etwas lahm, wie die organisierten Unabhängigkeitsfeiern zum 26. Juni waren, fiel dann auch die Reaktion der Zentralregierung aus, deren Interesse an der faktischen Erhaltung der Einheit etwa so kümmerlich entwickelt schien wie der Wille der formell um Autonomie kämpfenden abtrünnigen Teilrepubliken zur faktischen Lösung aus dem Staatsverband. Beide Seiten hatten ein Jahr lang die Entwicklung in Polen, Ungarn und der DDR einerseits, andererseits in der Sowjetunion beobachten können. Beide Seiten verband die Ahnung, daß es allmählich schon gehupft wie gesprungen war, ob man nun auf sozialistische oder kapitalistische Art, gemeinsam oder jeder für sich bankrott ging. Beide Seiten mußten erkennen, daß der vergangenes Jahr noch virulente Streit um Einheit oder Autonomie mittlerweile ein Scheingefecht und ein Streit um Kaisers Bart geworden war. Statt massiv zu intervenieren, also den Ausnahmezustand zu verhängen, den Sitz der abtrünnigen Regierung stürmen und ihre Mitglieder wegen Hochverrats vor Gericht stellen zu lassen, ließ die Zentralregierung deshalb ihre Truppen nur einen zaghaften Vorstoß ausschließlich gegen bewaffnete Verbände slowenischer Separatisten unternehmen. Dabei kamen nach Angaben des Internationalen Roten Kreuzes um: 39 Soldaten der Bundesarmee, 4 Angehörige slowenischer Territorialeinheiten, 4 slowenische Polizisten, 10 Zivilisten und 10 Ausländer.[45] Ferner gerieten 2300 Soldaten in slowenische Gefangenschaft. Vermutlich zum ersten mal in der Militärgeschichte nahm eine in Bedrängnis geratene reguläre Armee lieber eigene Verluste hin, als im Kampf gegen paramilitärische Verbände rücksichtslos ihre schweren Waffen einzusetzen. Die wirklichen Gründe dafür sind bis heute nicht geklärt, ein außenstehender Betrachter aber mußte den Eindruck gewinnen, daß man bei der jugoslawischen Bundesarmee offenbar kein Blut sehen kann und sich selbst unter schwierigsten Bedingungen nicht zu Operationen bewegen läßt, aus denen leicht eines der Gemetzel werden kann, wie sie in Sezessionskriegen üblich sind.

Es versteht sich von selbst, daß soviel Verstocktheit in der deutschen Öffentlichkeit als Brüskierung empfunden wurde. Vergeblich hatte man im letzten Krieg fast vier Jahre lang den Jugoslawen eingebleut, welches im Umgang mit einer widerspenstigen Zivilbevölkerung und bewaffneten Aufständischen die richtigen Methoden seien. Als beispielsweise im Oktober 1941 die Wehrmacht nahe Kragujevac bei einem Partisanenüberfall 26 Mann verloren hatte, war der Befehl ergangen, daß für jeden gefallenen deutschen Soldaten 100 Männer aus der Zivilbevölkerung zu erschießen seien. Und weil es in ganz Kragujevac nur 2.400 erwachsene Männer gab, wurden auch 200 Jungen aus den höheren Klassen der örtlichen Schule genommen. Nachdem Maschinengewehrfeuer die 2.600 Geiseln niedergemäht hatte, zeigten die Deutschen, was Gründlichkeit ist. Vor- und zurücksetzende Panzer überrollten die Körper, denn man wollte ganz sicher sein, daß keiner von den Niedergeschossenen überlebte. Dem Massaker von Kragujevac sollten tausende ähnliche folgen, im Zweiten Weltkrieg verlor Jugoslawien rund 11 Prozent seiner Bevölkerung.

War schon die kalte Abfuhr, welche die Jugoslawen den ihnen von den Deutschen erteilten Lehren zeigten, Grund zur Verärgerung genug, so kam noch hinzu, daß die politisch engagierten unter den Landsleuten grundsätzlich zu hysterischen Anfällen neigen, wann immer eine Nation oder ein Regime weniger gewalttätig und bestialisch handelt, als die verfügbaren Machtmittel es erlauben und die Situation verlangt. Es bricht dann für sie eine Welt zusammen in dem Sinn, daß die Tatsachen nicht zu ihren vorgefaßten Meinungen über Recht und Ordnung passen, zu ihrem Bild vom natürlichen Lauf der Dinge. Wie es für Freitag unbegreiflich war, daß Robinson ihn nicht abkochen und aufessen mochte, leiden sie dann an einem Zustand, den man auch als ›kognitive Dissonanz‹ bezeichnet, sie fühlen sich unwohl, unruhig, unsicher, desorientiert, und sie reagieren mit einer Mischung aus Haß und Angst. Geheilt werden sie von der ängstlichen Unruhe, welche die Grundstimmung in ihrem Lebensgefühl ist, beispielsweise durch Akte wie den irakischen Überfall auf Kuweit, weil er die Vorstellungen bestätigte, welche sie von den Rechten und den Ambitionen des Stärkeren besitzen. Als unheimlich, weil unbegreiflich, geradezu widernatürlich hingegen mußte ihnen die amerikanische Politik erscheinen: Die Skrupel des Mächtigen, unbeschränkte Machtmittel schrankenlos anzuwenden, die Großzügigkeit des Siegers, sein Verzicht auf die Inanspruchnahme ihm zustehender Beuterechte. So ist die Greuelpropaganda, mit welcher die Deutschen regelmäßig auf das Ausbleiben wirklicher Greuel und erstaunliche Milde reagieren, keineswegs nur das Produkt einer im Dienst sadistischer Wünsche stehenden Phantasie, sondern sie verfolgt zunächst einen viel neutraleren Zweck, nämlich den, die Tatsachen in Einklang mit wesentlichen Ordnungsvorstellungen zu bringen. Wenn die Landsleute sich einreden, die amerikanische Intervention im Irak habe schon Millionen Tote gefordert und sei der Tendenz nach nichts als ein Raubkrieg um Öl, oder wenn sie nicht müde werden, dem früheren DDR-Regime und seinem zahnlosen Geheimdienst die scheußlichsten Verbrechen anzudichten, dann geben sie keineswegs nur ihren Vorlieben und Lüsten nach, sie gönnen sich dann gewissermaßen keinen Luxus, auf den man auch verzichten könnte. Vielmehr versuchen sie nur, das temporär erschütterte Vertrauen in die Existenz einer Ordnung zurückzugewinnen, welche lebenswichtig für sie ist, weil sie der einzige Rechtfertigungsgrund wäre für den Wiederaufstieg Deutschlands als Nation.

Gewiß haben die hiesigen Ordnungsvorstellungen eine lange Ahnengallerie, doch wäre es falsch, ihre Existenz mit der geistesgeschichtlichen Tradition zu erklären, mit der Weitergabe bestimmter Ideen von einer Generation zur anderen, mit der Macht von Gewohnheit und Trägheit. Nicht deshalb, weil die Großväter bestimmte Ideen hatten, sondern weil sie vollendete Tatsachen schufen, hängen die national gesonnenen Enkel heute am Bild einer von nackter Gewalt regierten Welt, und man wird ihnen gerechterweise zubilligen müssen, daß ihr Interesse daran logisch begründet ist. Weil geschaffene Tatsachen nicht ungeschehen zu machen sind, lassen begangene Verbrechen sich nur durch eine andere Bewertung der Fakten tilgen. Umwertung der von Deutschen geschaffenen Fakten heißt, das Bild von einer Welt zu entwerfen, worin Auschwitz zwar nicht gerade der Normalfall, aber auch nicht besonders außergewöhnlich ist. Temporär auftauchende Zweifel an diesem Weltbild lösen verständlicherweise Abwehrreaktionen aus, und zwar besonders massive dann, wenn es ausgerechnet die ehemaligen Opfer sind, welche sich nicht in dies Weltbild fügen. Daß es in Israel keine Massendeportationen von Palästinensern gibt, keine Massenerschießungen, keine Konzentrationslager, von Vernichtungslagern nicht zu reden, ist der wahre Grund für eine dauernd von Deportationen und Erschießungen sprechende antiisraelische Greuelpropaganda hier, weil der vergleichsweise humane Umgang der Israelis mit ihren erklärten Feinden eine Fiktion zerstört, an welche die Nationalisten unter den Deutschen sich wie ein Ertrinkender an den Strohhalm klammern müssen: Die Juden hätten mit uns das Gleiche gemacht, wären sie in unserer Lage gewesen, wir sind nicht schlechter als sie, es war eben nur so, daß wir die Macht hatten und sie nicht.

Auch die antijugoslawische Medienkampagne in der Bundesrepublik, die so plötzlich und heftig aufschäumte, daß sie den unvorbereiteten Leser wie ein Naturereignis traf, war zunächst eine Abwehrreaktion und beherrscht vom Willen, an die Stelle wirklicher Fakten Informationen zu setzen, die sich mit den hiesigen Ordnungsvorstellungen vertragen. Ein Feindbild wurde daher entwickelt, das nicht der jugoslawischen Volksarmee im Jahr 1991 glich, wohl aber der deutschen Wehrmacht im Jahr 1941. Weil die Deutschen sich die Existenz einer nach ihrem Ebenbild geformten Welt einreden wollen, spricht ihre Greuelpropaganda gegen andere stets von der eigenen Vergangenheit, zum Befremden der Ausländer zumeist, die zwar den Sinn der Rede begreifen, aber den Grund nicht verstehen, warum jemand an die eigenen längst vergessenen und vergebenen Verbrechen dergestalt erinnert, daß er sie anderen vorwirft; warum die deutsche Presse unentwegt von einem *Großserbien* spricht, obgleich dies Wort nur die Assoziation *Großdeutschland* provoziert, also alte Schrecken beschwört und vor neuen Ambitionen der Deutschen warnt, wobei die Warnung fast schon einer Drohung ähnelt.

### *Mobilmachung in den Medien: Die Wiederkehr der Nazi-Propaganda als anti-serbische Hetzkampagne*

Wenngleich zu erwarten war, daß die Schilderung der Vorgänge in Jugoslawien durch die deutsche Presse eine Projektion vergangener eigener Verbrechen in die Gegenwart sein würde, so gaben der Eifer und die Einmütigkeit, mit welcher an der Herstellung des Wahnbildes gearbeitet wurde, doch Rätsel auf. Ein »Völkergefängnis« nannte der *Spiegel* vom 8.7. 1991 Jugoslawien auf der Titelseite, etwa so, als wäre dies Land das verkleinerte Abbild Europas unter deutscher Besetzung. »Serbien sucht seine Vormachtstellung im Reich der Südslaven mit Terror zu behaupten«, hieß es weiter, als würden noch immer auf dem Balkan Erschießungskommandos der Wehrmacht eine in Geiselhaft genommene Zivilbevölkerung massakrieren. Von einem »Amoklauf Belgrader Panzerkommunisten« war die Rede, als habe gerade General Guderian seine Kettenfahrzeuge Richtung Osten in Marsch gesetzt, wo sie damals in der Tat nichts als eine breite Spur der Verwüstung hinterlassen hatten.

Zu ganzer Pracht entfaltete sich das auf Projektion beruhende Wahnbild in der *FAZ*, wo Mitherausgeber Johann Georg Reißmüller drei Wochen lang beinahe täglich Kolumnen schrieb, deren jede fast den Tatbestand der Volksverhetzung erfüllte. Wohl zum ersten mal in der Nachkriegsgeschichte wurde von einer als seriös geltenden deutschen Zeitung über einen längeren Zeitraum hinweg kontinuierlich und systematisch eine ethnisch definierte Gruppe als Inbegriff des Bösen schlechthin dargestellt. Offen schlägt politische Polemik in völkische Feindschaft um, wenn Reißmüller etwa am 4.7. nach der eigentlichen Ursache allen Übels in Jugoslawien sucht, und wenn er dann bei der Suche zwar keine Juden, aber immer Serben findet:

»Die verfallende jugoslawische Staatsmacht ist seit Jahren ein Verbund aus den führenden Politikern der Republik Serbien, wie Milošević oder Jović, und den maßgeblichen Generälen der ›jugoslawischen Volksarmee‹. Alle sind serbischer Nationalität, großserbisch orientiert und Kommunisten. [...] Der serbische militär-bolschewistische Komplex führt seit dem Frühjahr 1990, als die Republiken Slowenien und Kroatien sich vom Kommunismus abwandten und sich der großserbischen Herrschaft zu entziehen suchten, einen verbissenen Kampf um die Erhaltung Jugoslawiens als eine Art Eigentum. Dabei bedient er sich vor allem physischer Gewalt und der Drohung mit ihr. [...] Einmal trieben die Belgrader Politiker, dann wieder die Belgrader Generäle die Erpressungspolitik mit einem neuen Stoß voran. [...] Die mißhandelten Völker in dem, was bisher Jugoslawien war, sind in der Hand serbischer Herren, von denen manche Uniform, andere Zivil tragen.«

Keineswegs machen die falschen Tatsachenbehauptungen selber schon in der zitierten Passage deren demagogischen Charakter aus, vielmehr ist es der Trick, das Triviale, das unter bestimmten Prämissen logisch Selbstverständliche wie die Offenbarung eines Geheimnisses darzubieten. Gesetzt den Fall, Serbien würde im jugoslawischen Staatsverband wirklich eine dominierende Rolle spielen: Dann wäre dies ein aus der Geschichte nur zu gut bekanntes Phänomen, welches mit den Serben als besonderer ethnischer Gruppe wenig zu tun hat, viel aber damit, daß sich zwischen Bevölkerungsgruppen leider Machtstrukturen und Machtgefälle herauszubilden pflegen. Eine serbische Dominanz vorausgesetzt, wäre es wiederum das Normalste von der Welt, in führenden Positionen, wenn sie mit Machtausübung verbunden sind, häufiger Serben anzutreffen, und dies läge nicht in einer besonderen serbischen Eigenart begründet, sondern wäre der übliche Ausdruck von Machtverteilung, analog etwa zum Parteien- und Konfessionen-Proporz beim hiesigen Rundfunk. Reißmüller gibt nun in seiner Kolumne vor, diese simplen Zusammenhänge nicht zu verstehen. Er setzt die serbische Dominanz in Jugoslawien einerseits voraus, um andererseits mit gespieltem Erstaunen und wachsendem Grimm festzustellen, daß unter den Generälen und Politikern viele Serben sind. Seine Botschaft heißt: Es muß etwas Besonderes, etwas Geheimnisvolles dran sein an den Serben.

Zu den Eigenheiten des faschistoiden Wahrnehmungsmusters gehört, daß ihm die Fremdgruppe am fremdesten ist, wo sie sich normal verhält. Daß die Juden auch aßen, daß sie auch schliefen, daß sie auch lebten, überhaupt daß es sie gab, war der eigentliche Skandal. Wann immer der Faschistoide die Normalität beschreibt, wird daraus folglich eine Enthüllungsgeschichte. Wie in der Nazipropaganda hinter dem Bankier und dem Literaten, dem Spekulanten und dem Bolschewisten, wenn man nur tief genug blickte, immer wieder der Jude zum Vorschein kam, so haben auch Reißmüllers Serben es an sich, daß sie nicht hauptberuflich nur Serben sind, sondern sich hinter vielen Masken verbergen und vielerlei Gestalt annehmen können. Reißmüller zitiert beispielsweise einen Kroaten mit dem Satz: »Die Serben wollen uns umbringen«, um ihn durch eigene Betrachtungen zu ergänzen: »Die Serben in vielerlei Gestalt. Da ist vor allem die jugoslawische Volksarmee mit ihren serbischen Generälen. Dann der Staat Serbien, bedrohlicher

Nachbar. Schließlich die serbischen Volksgruppen in Kroatien.« (24.7.) Die längst noch nicht vollständige Aufzählung dessen, was es, wenn man das Serbische voraussetzt, alles an Serbischem gibt, ist in Deutschland eine beliebte Methode, das Attribut als etwas Wesenhaftes auszugeben, das durch alle Erscheinungsformen hindurch, in denen es sich angeblich manifestiert, mit sich identisch bleibt. Das Frauen-Café ist dann nicht wesentlich Café, sondern wesentlich eine Erscheinungsform des Weiblichen, die jüdische Wissenschaft im Wesen nicht Wissenschaft, sondern jüdisch, und die serbischen Generäle sind nicht vor allem Generäle, sondern Serben. Der Subsumtionsbegriff oder der Zuordnungsbegriff, der zunächst nur klassifikatorischen Zwecken, eben der Zurechnung von Menschen zu Nationen oder Völkern diente, verwandelt sich dabei stillschweigend in einen letzten Erklärungsgrund: Ein Serbe ist, wie er ist, nämlich schlecht, weil er Serbe ist.

Wie die Nazipropaganda den Hilfsbegriff des »Verjudeten« entwickeln mußte, zur Beschimpfung von Gegnern, denen beim besten Willen keine jüdische Urgroßmutter nachzuweisen war, kennt auch Reißmüller neben den Serben von Geblüt solche von Gesinnung:

»Die Armee des zerfallenden Vielvölkerstaates Jugoslawien ist ihrer Anlage nach eine Vielvölkerarmee. Eigentlich müßte der Zerfall des Staates auch sie erfassen. Doch bei näherem Hinsehen erweist sich die JVA als ein serbisches Instrument. Die Generalität besteht vorwiegend aus Serben und Montenegrinern. Kroatische, slowenische, mazedonische, bosnisch-muslimische Generäle gibt es auch; aber nicht viele. Manche von ihnen sind in jahrzehntelangem Dienst in einer serbisch geführten und orientierten Armee zentralistische Jugoslawisten geworden; diese Einstellung kommt der großserbischen nahe.« (28.6.)

Wie die Rassisten an ihrer eigenen Ideologie verzweifeln müßten, hielten sie diese nur konsequent durch, so steht auch Reißmüller bisweilen vor der Schwierigkeit, daß im wirklichen Leben die dort auch kaum noch einwandfrei nachzuweisende Abstammung keineswegs die Denkweisen und Verhaltensweisen der Menschen determiniert. Und wie die Rassisten löst Reißmüller das Problem nach der Devise: Wer Serbe ist, bestimme ich.

Wie in der Nazipropaganda ein als Jude Bezeichneter eigentlich gar nicht mehr beschimpft werden mußte, weil der Name selber schon ein Schimpfwort geworden war, stellt Reißmüller in seinen Artikeln systematisch Konnotationen zum Wort ›serbisch‹ her, die am Ende jede weitere Bewertung des einmal als serbisch identifizierten Gegners überflüssig machen. In einer einzigen Kolumne, der von 2.7., empört er sich über: den »brutalen Herrschaftswillen serbischer Politiker und Generäle«; die »serbisch-kommunistische Macht, die sich Jugoslawien nennt«; die »im serbischen Dienst stehende Belgrader Zentralregierung«; die »Belgrader Aggressionslust«; den »gewalttätigen Belgrader Staat«; den »Belgrader Serbo-Kommunismus«; den »großserbischen Machtanspruch«; den »Belgrader Zwangsverband«. Wie ein Kampfblatt der früheren Nazi-Presse setzt die *FAZ* sich über das sonst in bürgerlichen Zeitungen respektierte Gebot hinweg, daß man sich im Ton zu mäßigen habe; daß Polemik erlaubt sei, nicht aber die einfach nur Beleidigungen aneinanderreihende Schimpfkannonade; daß ein blutrünstiges Sprachbild wie etwa das vom »goßserbisch-kommunistischen Messer am Hals« (18.7.) der Slowenen und Kroaten allenfalls ins Revolverblatt gehöre oder in den Groschenroman.

Ähneln Reißmüllers Serben einerseits dem antisemitischen Stereotyp vom Juden, der nur schlecht sein kann, so konstruiert er andererseits Greuelgeschichten, worin die Serben wie ein Abziehbild der Deutschen zwischen 1939 und 1945 wirken:

»Das erste, königliche Jugoslawien war ein großserbischer Staat, der die anderen Nationen unterdrückte; im Fall der albanischen Volksgruppe im Süden ging das bis zu genozidhafter Verfolgung. Und dieser Staat unterwarf alle seine Untertanen einem grausamen Regime. [...] Unter dem kommunistischen Regime, das sich schon in der Kriegszeit festsetzte, wurde das Übel noch größer. Tito begründete seine Herrschaft auf Menschenvernichtungsaktionen, vor allem gegen Kroaten, Albaner, Slowenen.« (29.6.)

Auch wer beim Wort von den Menschenvernichtungsaktionen noch nicht hellhörig geworden ist, wer noch nicht verstanden hat, wen der Kolumnist meint, wenn er von den Serben spricht, ist bei Reißmüller kein hoffnungsloser Fall. Damit auch die Tauben und die Begriffsstutzigen ihn verstehen, fordert er: »Die zivilisierte Welt muß die serbische Nation mit allem Ernst und auch mit der Ankündigung von Konsequenzen mahnen, von ihrem Herrenvolk-Wahn abzulassen.« (8.7.)

Man fragt sich schon, von welchem Teufel ein patriotisch-konservativer deutscher Kolumnist geritten sein mag, ausgerechnet jetzt den ›Herrenvolk-Wahn‹ ins Gespräch zu bringen und so dem Ausland das Stichwort für eine plausible Erklärung der aktuellen deutschen Politik zu liefern, aber es kommt noch besser. Als ließe ihn die Erinnerung an die Schuljungen von Kragujevac nicht mehr los, die 1941 von der Wehrmacht als Geiseln erschossen wurden, suggeriert er dem Leser und wohl mehr noch sich selbst, die jugoslawische Geheimpolizei habe eine Massenvergiftung albanischer Kinder versucht:

»Im März 1990 erkrankten auf dem Amselfeld plötzlich mehr als tausend albanische Kinder, vor allem Schulkinder, an schwerer Vergiftung. Die von der serbischen Obrigkeit mit der Untersuchung der Ursache beauftragten serbischen Ärzte behaupteten, sie könnten nichts feststellen. Der Verdacht besteht, daß die serbische Geheimpolizei die Kinder mit Gift umzubringen versuchte. Das würde sich in die serbischen Bestrebungen einfügen, die albanische Bevölkerungsgruppe auf dem Amselfeld zu reduzieren.« (17.7.)

(Zur Erinnerung: Der Vorgang war die Kopie eines anderen, der sich davor in Israel abgespielt hatte. Das zu Propagandazwecken ausgestreute Gerücht, palästinensische Schulkinder würden von den Israelis vergiftet, hatte dort zu einer Massenhysterie mit ausgeprägten somatischen Symptomen geführt. Weder in Israel noch in Albanien konnte Ärzte ein medizinische Erklärung für das massenhaft auftretende Unwohlsein finden. In beiden Fällen wurde es dennoch propagandistisch ausgeschlachtet, wobei weder die palästinensischen noch die albanischen Agitatoren sich darüber zu wundern schienen, daß vom jeweils zuständigen Geheimdienst hinterrücks verabreichtes Gift nicht besser wirkt: Es gab keine Toten.)

Wie die Nazi-Propaganda keineswegs in sich schlüssig war, so unterstellt Reißmüller einerseits den Serben einen Herrenvolk-Wahn, und andererseits findet er eine gemeine Lust daran, zusammen mit den Slowenen die Serben aus der Herrenvolk-Perspektive als Untermenschen zu betrachten. Der Genuß an der Demütigung armer Leute um ihrer Armut willen spricht aus seinen Worten, wenn er die folgende Episode erzählt, und geschickt, wenn auch gewiß unbewußt, spekuliert er auf das Reaktionsmuster des deutschen Analcharakters, dem eine blitzblanke Klo-Schüssel als Inbegriff von Zivilisation gilt:

»Viele Serben wären sogar erleichtert, wenn die ihnen im Wesen fremden, weil gänzlich unbalkanischen Slowenen, deren Blicke und Worte sie oft als hochmütig empfinden, nicht mehr mit im jugoslawischen Staat wären. ›Nein, wir möchten unbedingt ein Zimmer mit Dusche und WC, so sind wir es halt bei uns daheim in Slowenien gewohnt‹, sagt nach langem Hin und Her eine Slowenin am Empfang eines Hotels in einer serbischen Kleinstadt. Man muß die Gesichter der Serben, die danebenstanden, und des Personals gesehen, man muß ihre Bemerkungen dazu gehört haben, um zu wissen, wie ein solches Erlebnis Serben aufbringt.« (15. 7.)

Ganz abgesehen davon, daß Reißmüller hier seine eigene Legende vom serbischen Herrenvolk dementiert und er also den Serben zugleich vorwirft, sie seien zu stark und zu schwach, zu arm und zu reich, exakt so, wie die Nazis dies bei den Juden taten: Der Ton der Schilderung erinnert an jene Polen- oder Russenwitze, die meist zur Pointe haben, daß einer das Wasserklosett für ein Fußbad hält, welcher Irrtum den Lachern dann das im Leben so schmerzlich entbehrte Überlegenheitsgefühl gewährt. Möglich, daß der Iwan oder der Polacke aus der NS-Propaganda und den Landserromanen als Serbe wieder eine Zukunft hat, denn im Maße, wie das wiedervereinigte Deutschland in einander fremde Stämme zerfällt und immer mehr Deklassierte den Trost aus der Flasche suchen, muß das unerträglich gewordene Bild der Landsleute voneinander auf einen fremden Feind projiziert werden.

In seinem Bericht über den »Kampf serbischer Extremisten in Kroatien« meint *Spiegel*-Reporter Erich Wiedemann (Ausgabe vom 8.7.) zwar, einen Serben zu zitieren und zu porträtieren, wenn er schreibt:

»›Papirr, Papirr, Papirr!‹ Der kleine dicke Mann klopft mit seinem Kugelschreiber ungeduldig auf die Kühlerhaube. Der Lauf der Kalaschnikow schrammt häßlich quietschend über die Wagentür. ›Er will deinen Reisepaß sehen‹, brummt Jovan, der Dolmetscher. ›Mach schnell.‹ Aber der Dicke schlägt den Paß gar nicht auf. Er will überhaupt nicht wissen, was drinsteht. Er beugt sich schäfisch lächelnd durchs Wagenfenster, klatscht den Paß auf die flache Hand und läßt warmen süßen Sliwowitzdunst nach innen wehen. Es handelt sich hier zweifellos um einen hoheitlichen Akt.«

Doch fällt es nicht schwer, im versoffenen, radebrechenden Subjekt den Ossi wiederzuerkennen, wie er über die Mattscheiben geistert, den feisten, angetrunkenen, der deutschen Sprache nicht mächtigen Dresdener Rechtsradikalen, wie er gerade Polizist spielt und sich einen Hütchenspieler schnappt.

Das Bemerkenswerte an der anti-serbischen Medienkampagne war nicht nur, daß wohl erstmals in der Nachkriegsgeschichte auch im Ausland vertriebene deutsche Blätter auf die dort zu erwartenden Reaktionen keine Rücksicht mehr nahmen und Artikel druckten, welche den Vergleich mit der nationalsozialistischen Hetzpropaganda gegen den inneren Feind oder gegen später überfallene Nationen förmlich herausfordern. Bemerkenswert war vielmehr auch die Dynamik dieser Kampagne, ein Entwicklungstempo, bei welchem die rechtsradikale *Nationalzeitung* bald kurzatmig wurde und einfach nicht mehr Schritt hielt. Wie Reißmüller erwähnte zwar auch die *Nationalzeitung* (vom 19.7.) die »Völkermorde Jugoslawiens«, sie deckte ein weiteres mal »Jugoslawiens blutiges Geheimnis« auf, nämlich die »Massenmorde an Deutschen«, doch während die *FAZ* Tag um Tag einen Hetzartikel nach dem anderen produzieren konnte, stieß die *Nationalzeitung* bald an die Grenzen ihrer redaktionellen Kapazität. Statt den Leser mit frisch Aufgebrühtem zu beliefern, schlug sie ihm Bücher zur Lektüre vor. Einer der Titel könnte den *Spiegel* zu seiner Cover-Story über das jugoslawische Völkergefängnis inspiriert haben, müßte man von den Redakteuren nicht mittlerweile annehmen, daß sie auch ganz von allein darauf gekommen sind: »Völkermord der Tito-Partisanen: Das blutige Ausmaß der Untaten«; »Titostern über Kärnten: Die Verbrechen der Partisanen«; »Die Peitsche des Tito-Kommissars: Das Schicksal einer Mutter, die die Hölle eines jugoslawischen Vernichtungslagers überlebte«; »Er hat gestanden: Erinnerungen — das wahre Gesicht des jugoslawischen Vielvölkerkerkers.«[46]

Bemerkenswert war ferner, daß die Kampagne ohne Vorwarnung und Vorbereitung kam. Binnen weniger Wochen nur hatten die Medien gleichsam aus dem Nichts kein einfaches, nur flüchtig hingestricheltes Feindbild, sondern ein wahres Kolossalgemälde von einem Feindbild an die Wand gezaubert, denn bis vor kurzem noch waren die Serben für die hiesige Öffentlichkeit nichts weiter als ein unbeschriebenes Blatt. Wer vor einem halben Jahr hätte voraussagen müssen, welches Volk das bevorzugte Haßobjekt der deutschen Medien werden würde, hätte vielleicht auf die Polen oder auch die Tschechen, aber bestimmt nicht auf die Serben getippt, denn nach Jugoslawien ist es ein weiter Weg, noch liegt Österreich dazwischen, und sogar die Nazis waren realistisch genug, sich ihre Feinde zunächst nach Maßgabe der Erreichbarkeit auszusuchen. Bemerkenswert ist obendrein, daß diese Kampagne in dem Sinn eine inszenierte und gesteuerte war, als sie nicht eine schon vorhandene Grundstimmung in der Bevölkerung aufgriff, artikulierte, propagierte und radikalisierte. Vielmehr warfen die Medien ein von ihnen entwickeltes neues Produkt auf den Meinungsmarkt, und es stieß bei den breiten Massen nicht mal auf sonderliche Resonanz. Anders als sonst muß in diesem Fall unterschieden werden zwischen der breiten Masse der Bevölkerung und einer sozialen Schicht, die man früher als die bildungsbürgerliche bezeichnet hätte, während man heute vielleicht besser von den Funktionären der Meinungsindustrie spricht, deren Branchen die Medien, die Parteien, die Verbände und deren Abteilungen für Öffentlichkeitsarbeit sind. Hier, nicht in Wohnghettos mit hoher Arbeitslosen- und Sozialhilfeempfängerquote, entstand binnen kürzester Frist ein System aus Anschauungen und Ideen, wie sie in der deutschen Geschichte das staatlich organisierte Pogrom und den Ausrottungskrieg legitimieren halfen. Während die Aversion gegen Asylbewerber ein ebenso klassen- und schichtenübergreifendes Phänomen ist, wie es die nationale Begeisterung im Herbst 1989 oder im Juli 1990 gewesen war; während auch die antiamerikanische Medienkampagne im Golfkrieg sich auf eine wirkliche Massenbewegung berufen konnte, obgleich diese Massenbewegung keineswegs die überwältigende Mehrheit der Bevölkerung stellte, bot die antiserbische Stimmungshetze sich als eine nur von den Medien erzeugte und ausschließlich auf sie beschränkt bleibende dar, was dem Propagandafeldzug etwas Spukhaftes gab, denn er war zunächst Massenmobilisierung ohne Massen. Einerseits liegt damit die Vermutung nahe, daß ein neuer deutscher Faschismus keiner des Mobs, sondern einer der Elite sein würde, und daß man die Entwicklung nicht an den Rändern, sondern im Zentrum beobachten muß. Andererseits stellt sich die Frage, ob dieser Elitenfaschismus, dessen Kampfblatt beispielsweise die *FAZ* werden könnte, die notwendige massenmobilisierende Kraft aufbrächte. Zur Hoffnung gibt Anlaß, daß die *Bild*-Zeitung sich auffällig zurückhielt.

Bemerkenswert war schließlich, daß nun schon zum zweiten mal in diesem Jahr, und wohl auch zum zweiten mal in der Nachkriegsgeschichte überhaupt, eine heikle außenpolitische Entscheidung von den Medien getroffen wurde, als deren williges Vollzugsorgan sich Parteien und Regierung erwiesen. Wie schon im Golfkrieg, so gab es auch diesmal eigentlich keine Parteien mehr, denn hinsichtlich der Parteinahme für Slowenien und Kroatien waren sich von der NPD bis zur PDS alle einig. Und deutlicher noch als im Golfkrieg ließ unter dem Druck der Medien die Bundesregierung sich ein auf ein außenpolitisches Powerplay, das sie weder durchhalten noch gewinnen konnte. Was die Regimes in Slowenien und Kroatien fortan mit Bonn verband, war nicht nur wechselseitige Sympathie, sondern eine Art Schicksalsgemeinschaft, die Zwangslage von Regierungen, die aus innenpolitischen Gründen außenpolitisch zu hoch gepokert haben.

Das Abenteuerspiel begann damit, daß die Kolumnisten von *FAZ*, *Welt*, *FR*, etc. einen Widerhall bei den Parteien fanden, die sämtlich seit der Wiedervereinigung in der Krise steckten und nichts mehr fürchteten als weitere Popularitätsverluste und die nächste Wahl. Die *Welt* vom 28.6. verschwieg, daß die wirklichen Scharfmacher aus der SPD kamen, nämlich Voigt und Gansel hießen, und berichtete unter dem Titel »Union rügt Jugoslawien-Politik. Kurskorrektur von Bonn und EG verlangt«:

»Die CDU/CSU hat sich unter Hinweis auf das Selbstbestimmungsrecht der Völker Jugoslawiens von der bisherigen vorsichtigen Haltung der Bundesregierung und der Europäischen Gemeinschaft zum Zerfall des Adria-Staates abgesetzt. Die Bundesregierung und die EG ›müssen endlich von ihrer Bevorzugung der jugoslawischen Zentralregierung abrücken‹, forderte in Bonn die Führung der CDU/CSU-Fraktion.«

Den Forderungen von Parlament und Parteien wiederum konnte eine Regierung sich nicht verschließen, die ihrerseits unter rapidem Popularitätsverlust sowie einem Ohrwurm in Gestalt des Sprüchleins »Wehe, wehe, wenn ich auf das Ende sehe« litt. Wie man den slowenischen und kroatischen Aktionismus nicht verstehen kann, ohne die prekäre Situation der dort amtierenden Regimes zu begreifen, so muß die Haltung der Bundesregierung rätselhaft bleiben, wenn man von den innenpolitischen Motiven für das außenpolitische Vabanque-Spiel abstrahiert. Zur Illustration der Lage in Deutschland wiederum genügt fast schon der Hinweis darauf, daß der *Spiegel*-Titel Nr. 28 »Völkergefängnis Jugoslawien. Terror der Serben« ein Lichtblick zwischen zwei anderen war. Davor gab's den zerquetschten kleinen Mann im Würgegriff und die bange Frage: »Steuer-Opfer für den Osten. Wieviel noch?«, danach Gorbatschow mit der Schlagzeile »Teurer Gast«.

Nicht nur hatten die Wirtschaftsdaten sich gravierend verschlechtert, als die Regierung vom Parlament die Chance zur außenpolitischen Entlastungsoffensive offeriert bekam, sondern unter den Daten hatte auch schon das Nationalbewußtsein gelitten und es breitete sich wieder einmal Endzeitstimmung aus. Die *Stuttgarter Zeitung* vom 11.7. kommentiert unter dem Titel »Das Ende des Wunders«:

»Vierzig Jahre lang war die Bundesrepublik das Land des Wirtschaftswunders, stabil und fast immer voller Dynamik. Es waren die anderen, die sich mit Inflation und Defiziten herumschlugen. Das droht sich zu ändern: jetzt werden die Deutschen vom Ausland zu soliderer Wirtschaftspolitik ermahnt. Und in Bonn dämmert es den ersten: Hat man sich, so reich man auch ist, an der DDR verhoben? [...] Auch wenn wir es nicht wahrhaben wollen: nach der Einheit sind wir nicht mehr ›Supermann‹. Die Franzosen haben die Deutschen in puncto Leistungsfähigkeit übertroffen.«

Die *FAZ* vom gleichen Tag berichtet:

»Tiefe Sorge bereitet der Bundesbank außerdem der Ansehensverlust Deutschlands im Ausland, der am Devisenmarkt seine Entsprechung in einer stetigen Aufwertung des Dollars findet.«

Das Blatt kommentiert:

»Die Bundesrepublik Deutschland steht an einem kritischen Punkt. Im Etat für 1992 geht es nicht nur um finanzwirtschaftliche Zahlen, sondern um das Vertrauen in die wirtschaftliche und politische Stabilität des Landes.«

Und zum Beweis dafür, daß dergleichen Sorgen keineswegs nur die gebildeten und die wohlhabenden Stände plagten, sei auch noch die *Bild*-Zeitung vom 16.7. mit der Balkenschlagzeile »Angst um die D-Mark«, Untertitel »Die Inflation nimmt zu, Steuern steigen, Zinsen rauf« zitiert:

»Was ist nur mit unserer D-Mark los? Vier Jahrzente lang war sie strahlendes Symbol unseres Fleißes, garantierte Wohlstand für uns alle. Seit Anfang des Jahres wird die harte Mark beinahe täglich weicher. [...] Hier die beängstigenden Zahlen: In diesem Jahr hat sich der Staat bereits mit über 190 Milliarden Mark (netto) verschuldet. [...] Die hohen Kredite, die dafür aufgenommen werden müssen, bedrohen den Wert der Mark: Das Ausland zweifelt, ob die Deutschen mit diesem Finanzproblem fertig werden. Mißtrauisch stoßen die Devisen-Händler die D-Mark ab, kaufen stattdessen den Dollar. Der Wert der Mark geht runter, der des Dollars rauf.«

Zwar wäre dies alles ein logisch zwingender Grund gewesen, nun von Jugoslawien erst recht die Finger zu lassen, nachdem man sie sich an der DDR schon einmal verbrannt hatte. Hinlänglich war mittlerweile belegt und bewiesen, daß die Destabilisierung des Ostblocks ein Spiel ohne Gewinner ist. Auch die überzeugtesten Großraum- und Geopolitiker hätten inzwischen erkennen müssen, daß das Streben nach politischen Macht- und Einflußsphären im Osten eines nach dem eigenen ökonomischen Ruin geworden war. Daß die hiesige Öffentlichkeit sich dennoch begeistert und voller Gier ins Getümmel stürzte, mag mit der Präferenz für die Alternative *Endsieg oder totale Niederlage* zusammenhängen, mit der Unfähigkeit zum geordneten Rückzug — wirklich begreifen läßt diese selbstzerstörerische Haltung sich zunächst nicht.

Nicht, daß man für die Empfindungen der geschichtsbewußten unter den Landsleuten kein Verständnis aufbringen könnte, war Jugoslawien doch aus dem Zweiten Weltkrieg als antifaschistische Siegermacht hervorgegangen. Ferner gehört es sich, daß man alten Freunden hilft, also den wieder zur Macht drängenden kroatischen Klerikalfaschisten. Außerdem steht der Zerfall Jugoslawiens für das Scheitern einer Politik, unter welcher die Deutschen seit fast 100 Jahren immer litten, wenn sie einen Krieg anfingen und ihn nicht gewannen. Während die linksliberale *Frankfurter Rundschau* (vom 28.6.) das Ende Jugoslawiens als Überwindung von Jalta — Stichwort: Teilung Deutschlands — feierte, blickten konservative Blätter noch weiter zurück. Die *Welt* vom 29.6. erinnerte an eine »uralte Kultur-, Religions- und Nationengrenze«, die angeblich ewig durch Jugoslawien ging, und schrieb:

»Das System der Pariser Vorort-Verträge — Versailles, Saint-Germain, Trianon —, das nach dem Ersten Weltkrieg entstand, versuchte, diese Grenze aufzuheben. Es hat Völker und Länder in einen gemeinsamen Staat gepreßt, die in ihrer über tausendjährigen Geschichte niemals zueinander gehörten. [...] Jetzt allerdings zeigt sich, daß tausend Jahre Geschichte mehr wiegen als siebzig Jahre Einheitsstaat und vierzig Jahre Kommunismus.«

Auch die *FAZ* vom gleichen Tag erwähnte die »Pariser Vorortverträge« — zu Deutsch: Das Versailler Diktat — und meinte:

»Durch sie wurde die Staatenföderation aus Serben, Kroaten und Slowenen geschaffen; Amerika und die westeuropäischen Mächte waren dabei Taufpaten und stehen bis heute, in falsch verstandener Verantwortung, zu der historischen Mißgeburt.«

Das Wort von der Mißgeburt, ausgerechnet im Kampfblatt der Abtreibungsgegner, deutet schon darauf hin, daß man den Landsleuten unrecht täte, würde man in ihren antijugoslawischen Gefühlen ausschließlich Rachegelüste sehen. Vielmehr flößt dieses Land ihnen auch bei unvoreingenommener Betrachtung ästhetisches

Unbehagen ein. Allerdings fällt die Unterscheidung zwischen Rachegelüsten und ästhetischem Unbehagen in der Praxis nicht ganz leicht, weil die auslösenden Objekte stets Anlaß für beides sind. In einer Fernsehkritik aus der *Stuttgarter Zeitung* vom 5.7. über die ARD-Sendung »Amerika '91« beispielsweise war zu lesen:

»Daß es um die amerikanische Wirtschaft nicht zum besten bestellt ist, flüstert man sich schon lange. Dafür geht es mit dem Nationalgefühl wieder aufwärts, und das spielt für eine künstlich zusammengefügte Nation eine große Rolle. [...] Hier kündigt sich das Ende des lange Zeit liebevoll gehegten (angelsächsischen) Wunschbildes vom Schmelztiegel der Nationen an. Heutzutage lassen sich die ethnischen Minderheiten nicht mehr so willenlos unterbuttern. Die Kehrseite der Medaille ist nur angedeutet: Das mentale Zerbrechen eines Kunstgebildes.«

Auch in der *Hamburger Morgenpost* vom gleichen Tag findet man ein Kunstgebilde, welches nur diesmal nicht Amerika, sondern Jugoslawien heißt: »Der Bundesstaat Jugoslawien war ein ziemlich widernatürliches Kunstgebilde und zerbröselt folgerichtig.« Ferner kommt das »Kunstgebilde Jugoslawien« in der *Süddeutschen Zeitung* vor, während die *FAZ* vom 29.6. es diesmal etwas anders nennt: »Das ›Königreich der Serben, Kroaten und Slowenen‹, wie Jugoslawien bis 1929 hieß, war von vornherein ein Mißgebilde.« In der *Nationalzeitung* vom 19.7. schließlich wächst dann wieder zusammen, was zusammengehört, das Rachegelüst gegen die Siegermächte und ein Kunstverständnis, dem Mißgeburt, Mißgebilde, Kunstgebilde und Kunstgeburt Synonyme sind: »Die Kunstgeburt der Sieger des ersten Weltkriegs und zugleich das Verbrechersystem des Massenmörders Tito, Jugoslawien, geht unaufhaltsam dem verdienten Ende entgegen.«

Gewiß half bei der Entwicklung von Sympathie, daß die Gebildeten unter den Landsleuten etwas Artverwandtes an den slowenischen und kroatischen Unabhängigkeitsbestrebungen zu erfühlen meinten, die Sehnsucht nach dem ethnisch homogenen oder rassereinen

Staat. Und sicher empfinden sie stets Genugtuung, wenn andere scheitern am Versuch, die Menschen aus jenen Naturzusammenhängen herauszulösen, die inzwischen ohnehin nur noch eingebildete, die sozialen Gegensätze überkleisternde sind. Denn unter ethnischen Gesichtspunkten sind nach 45 Jahren friedlichen Zusammenlebens und Heiratens als Gastarbeiter in Deutschland und anderswo die Jugoslawen ungefähr so kroatisch oder serbisch, wie ein deutscher Arier arisch war — Tudjmans Schwiegersohn ist Serbe. Gewiß begleiten die meinungsführenden Deutschen mit der gleichen Ranküne, mit den gleichen gehässigen Ressentiments, die sie gegen die von ihnen gern als ›künstliche Nation‹ abgewerteten Vereinigten Staaten richten, jede zivilisatorische Anstrengung, das Zusammenleben der Menschen wenigstens innerhalb gewisser größerer Grenzen auf eine vernünftigere Basis als Herkunft und Hautfarbe zu stellen. Gewiß ist ihnen alle Emanzipation, aller Fortschritt auf dem Wege zu einer solidarischen Menschheit verhaßt, und wo ein Rückfall in die Barbarei droht, wo sich ein völkisches Erwachen regt, wird man sie immer auf dessen Seite finden.

Doch kann auch die leidenschaftlichste Sympathie nicht erklären, warum sich Bürger von ihr zu einer Entscheidung bewegen lassen, die ihren Ruin bedeuten muß. Geht man nun weiter der Frage nach, ob nicht vielleicht doch ein Motiv oder ein Kalkül übersehen wurde, so bietet sich noch die Vermutung an, daß die Entscheidung *für* Kroatien und Slowenien vielleicht eher eine *gegen* konkurrierende westliche Industrieländer war. In seiner Kolumne vom 4.7. hatte Reißmüller in der *FAZ* sich beklagt über »französische Ansichten, die das deutsch-österreichische Engagement allen Ernstes als Streben nach einer Einverleibung Sloweniens und Kroatiens in eine ›germanische Einflußzone‹ darstellen.« Das seien, fährt er fort, »genau die Stichworte, auf die Serbiens Generäle gewartet haben, um ihren Krieg gegen zwei Völker zu rechtfertigen.« Noch deutlicher war Reißmüller in seiner Kolumne vom 2.7. geworden, wo es über die drei von der EG mit Schlichtungsbemühungen beauftragten Außenminister De Michelis, van den Broek und Poos hieß:

»Schon die Zusammensetzung der ›Trojka‹ mutet an wie das Ergebnis einer bösartigen Spielerei. Der italienische Außenminister hatte mit immer neuen Reden für die unbedingt zu bewahrende Einheit Jugoslawiens vor aller Welt bewiesen, daß ihm die Einsicht in das fehlte, was in dem zerfallenden Belgrader Staat vorging. [...] Vom niederländischen Außenminister war nichts bekannt, was hinreichende Offenheit für den Willen der slowenischen und kroatischen Nation hätte erkennen lassen, in Freiheit und Würde zu leben.«

Ein Hauch von Balkankrise aus den alten Tagen vor 1914 lag schließlich in der Luft während des deutsch-französischen Propagandakleinkriegs, der in der Form eines Billardspiels abgewickelt wurde: Wenn die französische Regierung der deutschen die Meinung sagen mochte, wurde der österreichische Botschafter in Paris einbestellt; wenn die deutsche Regierung der französischen eine Rüge verpassen wollte, drohte sie Serbien für den Fall weiterer unartiger Zeitungsartikel mit Konsequenzen. Statt aber das Rätsel zu lösen, fügen solche Überlegungen nur ein weiteres hinzu: Welches Interesse konnten die deutschen Bürger daran haben, sich nicht nur die bankrotten Slowenen und Kroaten aufzuhalsen, sondern es obendrein auch noch mit ihren wichtigsten Handelspartnern zu verderben?

Ganz anders freilich verhält es sich, wenn man statt der Bürger die Regierung betrachtet, die seit Jahresbeginn jeden Monat schlechtere Sympathiewerte erhielt und längst angekommen war an dem Punkt, wo Rückzug Rücktritt bedeutet. Lange dauerte es nicht, bis sie begriff, daß sie von der Öffentlichkeit und vom Parlament förmlich gedrängt wurde zu einer Politik, die gegen Öffentlichkeit und Parlament durchzusetzen ihr natürliches Ziel hätte sein müssen, weil es das natürliche Ziel jeder Regierung ist, durch außenpolitische Manöver von einer innenpolitischen Krise abzulenken, die ihren Sturz bedeuten muß. Einer solchen Versuchung widersteht der Stärkste nicht, und so konnte die *Welt* am 2.7. schon zufrieden melden:

»Endlich hat sich der Kanzler klar zum Selbstbestimmungsrecht der Völker auch im Fall Jugoslawiens bekannt. Dies war überfällig — die Bundesregierung hat sich mit ihrer bisher primär auf die Bewahrung der Einheit Jugoslawiens gerichteten Politik zunehmend in der deutschen Öffentlichkeit isoliert. Es mußte Kohl zu denken geben, daß im auswärtigen Bundestagsausschuß Politiker aus Koalition und Opposition übereinstimmend eine Kurskorrektur verlangt haben.«

Während normalerweise der Diktator die Gefolgschaft mit der Parole *Ich oder die Anarchie* einzuschüchtern sucht, war es in diesem Falle so, daß freie Bürger mit der Parole *Du oder das Chaos* vor die demokratisch gewählte Regierung traten und ihr dringend schärfere Maßnahmen zum Erhalt ihrer Macht empfahlen, koste es was es wolle. In viel größerem Maße noch, als den sich häufenden demoskopischen Hiobsbotschaften, den pessimistischen Kommentaren und den Katastrophenmeldungen vom verwaltungstechnischen wie ökonomischen Zusammenbruch der Ostfront ohnehin schon abzulesen gewesen war, hatte sich unter den meinungsführenden Deutschen offenbar die Stimmung eingenistet, daß man vor einem Abgrund stehe. Hinter Kohl, so die Perspektive, kam das Nichts; nicht mal ein Sozialist, sondern einfach gar nichts. Und wenn es brennt, kann man beim Löschen ebenso keine Rücksicht auf entstehenden Wasserschaden nehmen, wie ein Todkranker bei der Einnahme des lebensrettenden Medikaments keine Gedanken an die schädlichen Nebenwirkungen verschwendet. Begreiflich wird die Entscheidung für eine Intervention im Jugoslawienkonflikt, wenn man sie als Panikreaktion einer Gesellschaft betrachtet, die jedes Vertrauen in die eigene Stabilität verloren hat, weder Perspektiven noch Alternativen sieht. Also bedeutete man Kohl, daß er einen Tiger ritt — bei seiner Statur eine höchst unkomfortable Sportart.

Am 2. Juli also hatte die Bundesregierung sich frohlockend der öffentlichen Meinung gebeugt, der Außenminister spielte den strammen Max und spuckte große Töne. In Bonn drohe man für den Fall, daß das jugoslawische Militär die Macht im Staat übernehmen sollte, mit »harten Reaktion« und »ernstesten politischen und wirtschaftlichen Konsequenzen«, meldete stolz die *FAZ* vom 4.7. »Bonn stärkt die Slowenen und Kroaten« titelte gar die *Welt* vom 5.7., und der arglose Leser mußte aus dem Bericht den Eindruck gewinnen, eine Weltmacht verliere allmählich die Geduld und lasse sich Insubordination nicht länger bieten:

»Zwischen allen Parteien und der Bundesregierung hat sich ein grundsätzlicher Konsens darüber entwickelt, daß Deutschland mit Nachdruck für das Selbstbestimmungsrecht der Slowenen und Kroaten eintreten müsse. Dies ergab sich gestern aus allen Stellungnahmen in Bonn. [...] Der Bundesaußenminister, dessen Haltung sich in der Jugoslawienfrage deutlich verhärtet hat, betonte in einem Fernseh-Interview weiter: ›Deutschland wird sich nicht übertreffen lassen, wenn es darum geht, die Menschenrechte, das Selbstbestimmungsrecht der Völker und die Minderheitenrechte zu wahren. [...] Wie ergänzend dazu verlautet, ist die Möglichkeit einer Anerkennung Sloweniens und Kroatiens oder zumindest die Drohung damit in Telefongesprächen mit anderen Außenministerkollegen in den letzten Tagen zunehmend in den Vordergrund gerückt.«

Etwa zur gleichen Zeit berichtete die *FAZ* aus Prag, daß dort französische und englische Rundfunkprogramme ausgestrahlt würden, aber: »Nach Sendungen in der dritten Weltsprache, der des deutschen Nachbarn, sucht man vergebens.« Und wie die Presse, offensichtlich unter dem Eindruck der katastrophalen Wirtschaftsentwicklung, allmählich den Sinn für Proportionen ganz verlor, so hatte auch die deutsche Diplomatie jeden Sinn für die Realitäten und für das Schickliche eingebüßt. Es grenzte an Sabotage, daß ein deutscher Außenminister öffentlich versprach, Deutschland werde sich nicht übertreffen lassen, denn zu seinen Pflichten gehört es in diesem besonders gelagerten Fall mit Sicherheit nicht, die Welt an wirklich unübertroffene Leistungen seiner

Landsleute zu erinnern. Und es kam fast schon außenpolitischem Selbstmord gleich, eine drohende Haltung einzunehmen gegenüber einer Nation, die bereits 1941 von den Deutschen überfallen und zerstört worden war.

So leichtfertig handelt in der Regel nur, wer nichts mehr zu verlieren hat, und es bestätigte sich wieder die Erfahrung, daß die Deutschen sich umso siegesgewisser geben, je näher sie einer Niederlage sind. Vom EG-Außenministertreffen am 5.7., auf welches die *Welt* so große Hoffnungen setzte, berichtet die *Frankfurter Rundschau* einen Tag später:

»Die Meinungsverschiedenheiten zwischen den EG-Regierungen über die Zukunft Jugoslawiens sind von den Außenministern der zwölf jetzt mühsam überbrückt worden. Die Haager Sondersitzung war auf Wunsch der Franzosen einberufen worden, um ›die Deutschen an die Gemeinschaftsdisziplin zu erinnern‹. [...] Nicht nur in Frankreich, sondern auch in den kleineren EG-Staaten hatten schon die Reise Genschers nach Belgrad und die Kontakte mit Slowenen und Kroaten Mißtrauen geweckt. Daß die großen Bundestagsfraktionen bereits offen die Anerkennung der Unabhängigkeit der beiden nördlichen Teilrepubliken des Vielvölkerstaats fordern, wird als Zeichen deutschen Großmachtstrebens ausgelegt. [...] Deutsche Alleingänge jedenfalls sind gefährlich, auch wenn die Stimmung im Land sie erfordert.«

Er war aus, der kaum eine Woche dauernde Traum von der Rolle Deutschlands als glorreiche Schutzmacht der Kroaten und Slowenen. Verbittert erinnert sich Reißmüller in der *FAZ* vom 12.7. an den schwarzen Tag: »Genscher, der sie [die völkerrechtliche Anerkennung Sloweniens] nach dem Überfall auf Slowenien ins Auge faßte, fand sich ziemlich allein und sogar noch beargwöhnt.« In Paris dachte man, laut *Libération*, über die »Zone eines erneuerten germanischen Einflusses« nach, »welche Deutschland, Österreich und das sich nach dem österreichisch-ungarischen Kaiserreich der Zeit vor dem Ersten Weltkrieg zurücksehnende Slowenien« vereinigen solle, und natürlich brachte man die Sympathie für das heutige Unabhängigkeitsstreben der Slowenen und

Kroaten mit der Politik der Nazis in Verbindung, deren erste Sorge es nach dem Einfall in Jugoslawien gewesen war, ein unabhängiges kroatisches Faschisten-Regime unter deutscher Vormundschaft zu errichten.

### *Die zweite Balkan-Offensive: Verwandlung der antiserbischen in eine profaschistische Kampagne und Übergang zum Stellungskrieg*

Die Klärung der Mehrheitsverhältnisse in der EG und damit der Machtverhältnisse in Europa vom 5.7. in Den Haag hätte auch das Ende der Medienkampagne bedeuten müssen, sofern ihr einziges Ziel die Ermunterung der Bundesregierung zu außenpolitischen Profilierungsversuchen war. Sie wurde weitergeführt, in der *FAZ* sogar mit unverminderter Schärfe, und das hieß, daß sie ihre Funktion gewechselt hatte, oder daß eine frühere Nebenfunktion nun in den Vordergrund trat. Zwangsläufig nahm sie nach dem 5.7. zunächst einen subversiven Charakter insofern an, als man sich vorläufig keine Einflußnahme auf die offizielle Politik der Bundesregierung mehr von ihr erhoffen durfte. Reißmüller zog die Konsequenz daraus. In der zweiten Julihälfte verabschiedete er sich von seinem Schreibtisch und geisterte fortan als Kriegsberichterstatter im Troß irgendwelcher bewaffneter Banden in Kroatien herum. Von dort setzte er Berichte ab, die in der *FAZ* eigentlich nur erschienen, damit der Zagreber *Vjesnik* sie als einflußreiche Stimme aus einem befreundeten und mächtigen Land zitieren konnte, im innerkroatischen Meinungskampf gegen eine Opposition, welche den selbstmörderischen, kriegstreiberischen Kurs des Tudjman-Regimes, seine diktatorischen Praktiken und seine faschistoiden Tendenzen kritisierte.

Nicht mehr um den Versuch einer Einflußnahme auf die deutsche Öffentlichkeit und auf die Politik der Bundesregierung, sondern um unmittelbare Pogromhetze handelte es sich, als Reißmüller in seinem Bericht vom

26.7. aus Sisak die in Kroatien lebenden Serben pauschal, en block, als Volksgruppe beschuldigte, sie würden allesamt Waffen besitzen und nur danach lechzen, Kroaten zu überfallen:

»Die Gefahr droht nicht aus der Stadt. Hier sind die Kroaten bei weitem in der Mehrheit, und die Serben vermeiden Auffälliges. Wahrscheinlich haben viele, wahrscheinlich sogar die meisten von ihnen daheim Waffen; und vielleicht würde mancher in der Nacht gern sein nationalistisches Mütchen kühlen. Doch da käme er nicht weit — Sisak ist nachts von Sicherheitskräften der Republik Kroatien sorgfältig bewacht.«

Reißmüller weiter über die Behandlung kroatischer Polizisten, die von serbischen Milizen in Gefangenschaft genommen wurden:

»Sie werden dort mißhandelt. Ein Serbe muß sie alle zwei Stunden prügeln. Bleiben die Schmerzensschreie der Kroaten einmal aus, bekommt der Serbe selber Schläge von seinem Vorgesetzten. Freigelassene haben es in allen Einzelheiten berichtet.«

Man sollte das Wort verbrecherisch meiden, aber man muß diesen Bericht so nennen, weil er selbst dann, wenn sich der Vorfall zugetragen hätte, eine zu weiterem Blutvergießen anstachelnde Lüge insofern wäre, als er die Tatsache unterschlägt, daß sich im Kampfgebiet auf serbischer wie kroatischer Seite längst bewaffnete Banden gebildet hatten, die in erster Linie weder serbisch noch kroatisch waren, sondern einfach Banden — ein Phänomen, welches selbst Tudjman eingestand und ihn erklären ließ, gegen solche Verbände in den eigenen Reihen würde künftig schärfer vorgegangen.

Schon die Fortdauer der Hetze über den Tag hinaus, wo alle Hoffnungen auf einen außenpolitischen Blitzsieg aufgegeben werden mußten, lieferte den Beweis dafür, daß in der Bundesrepublik neben dem nur instrumentellen Interesse an der Unterstützung für Kroatien und Slowenien auch ein substanzielles an der Errichtung faschistischer Herrschaft existierte, das Interesse an einem Ziel, welches sich derzeit in der Bundesrepublik selber noch nicht erreichen ließ, weshalb seine Protagonisten ihre Tätigkeit ins Ausland verlagerten, nicht ohne die Hoffnung, dort Erfahrungen zu sammeln und Verbündete zu gewinnen, die im Falle eines Falles hilfreich sein könnten. Nahm man die deutschen Waffenlieferungen nach Kroatien und Slowenien hinzu, die von der Bundesregierung so überzeugend dementiert wurden wie damals die Lieferung der Giftgasfabrik nach Rabda, so verdichtete sich das Bild von einem Land, worin einflußreiche Kräfte mit aller Macht faschistische Bestrebungen unterstützen, wo immer sie sich regen.

Obendrein bekam die Kampagne Mitte Juli abermals eine neue politische Qualität, denn mit dem Beschluß der jugoslawischen Zentralregierung vom 18.7., alle Truppen aus Slowenien abzuziehen, verlor die Unterstützung der Separatisten ihren besten Vorwand. Konnte man die Autonomiebestrebungen im ethnisch homogenen Slowenien noch als Ringen um Demokratie und Völkerfreiheit verkaufen — obgleich auch dort die politische Führung, Kučan und Pučnik, ebenso wie das Parlament schnell an Macht verloren und als neuer starker Mann sich Verteidigungsminister Janša in den Vordergrund schob, pikanterweise ein Ex-Pazifist, dessen Karriere in der slowenischen Friedensbewegung begonnen hatte — so sah die Lage ganz anders in Kroatien aus, wo das Staatsvolk mit der Bevölkerung nicht identisch war und kroatische Souveränität gleichbedeutend wäre mit der Unterdrückung von 600.000 Serben durch einen völkischen Staat, über dessen Führer sogar der *Spiegel* vom 16.4. 1990 angesichts der damals bevorstehenden Wahlen geschrieben hatte:

»Die größten Aussichten hat die ›Kroatische demokratische Gesellschaft‹ (HDZ), eine extremistische Gruppe, die offen von ›Groß-Kroatien‹ träumt, Gebietsforderungen an die Nachbarrepublik Bosnien-Herzegowina stellt und fanatischen Haß auf die Serben verbreitet. Ihr Anführer ist der ehemalige General Franjo Tudjman, 68, der Mitte der 60er Jahre wegen der nationalen Frage mit Tito brach und im Gefängnis landete. Buchautor Tudjman (Titel: ›Große Ideen und kleine Völker‹), dessen Gedankengut mitunter dem des faschistischen Ustaschen-Staates Kroatien nahekommt, fordert ein souveränes Kroatien unter Anschluß der Bosnier. Gemessen an Tudjmans Janitscharen, die ihren Führer mit gezogenem Colt bewachen, wirkt die stärkste Konkurrenz der ›Koalition der nationalen Verständigung‹ nahezu zivil.«

Über den kroatischen Ustaschen-Staat und seinen ›Poglavnik‹ (Führer) Ante Pavelić wiederum, in dessen Fußstapfen der *Spiegel* Tudjman wandeln sah, wußte sogar die *FAZ* (12.7.91) zu berichten:

»Dann besetzten deutsche und verbündete Truppen Jugoslawien. Unter deren Schutz bildete Pavelić den ›Unabhängigen Staat Kroatien‹, der sich damit brüstete, die Juden schneller auszurotten als die Nationalsozialisten es taten. Ihm fielen auch ungezählte Serben und Zigeuner zum Opfer.«

Konnte die Kampagne anfangs zur Not noch als Ausdruck einer blauäugigen, romantisch gefärbten Begeisterung für das Streben kleiner ethnischer Gruppen nach Souveränität und Autonomie passieren, so stand spätestens seit dem 18.7. fest, daß das ordnungspolitische Ziel nicht die kompromißlose völkische Selbstbestimmung war, sondern die völkische Diktatur eines faschistoiden Regimes über die ethnischen Minderheiten innerhalb seines Herrschaftsbereichs. War die radikal pro-slowenische Haltung bei angestrengt gutwilliger Auslegung noch zu begreifen als Versuch, auf billige Weise im Golfkrieg verspieltes Ansehen bei den Westmächten zurückzugewinnen, wo man grundsätzlich bis zum Beweis des Gegenteils jede Installation völkischer Tyrannei im Ostblock als Sieg der Demokratie über den Kommunismus begrüßt, so stellte die pro-kroatische Parteinahme einen Affront gegen die westlichen Länder dar, die im zweiten Weltkrieg zunächst mit den Četniki und später mit den Partisanen gegen das Dritte Reich und sein Vasallenregime in Kroatien verbündet gewesen waren, und wo man heute seine Schlüsse daraus zieht, daß Tudjman von Le Pen besucht wird und er keine

Notwendigkeit sieht, sich anderer Enbleme, Wappen und Fahnen als sein Vorgänger Pavelić zu bedienen.

Umso erstaunlicher daher, daß auch die formell prokroatische und faktisch profaschistische Medien-Kampagne wieder unmittelbaren Ausdruck in der Politik der Bundesregierung fand, die Ende Juli dazu überging, die offene Parteinahme für das Tudjman-Regime mit anmaßenden Invektiven gegen die EG und ihre Gremien zu verbinden. »Sicher werden wir bald wissen, wer in der EG die Fäden so gezogen hat, daß beim Außenministertreffen in Brüssel kein Bevollmächtigter Kroatiens sein wird«, kommentierte die *FAZ* vom 30.7., und der drohende Ton war diesmal kein Eigenprodukt, sondern dem Außenminister abgelauscht, über den das Blatt zu berichten wußte: »Genscher sagte, es müsse festgestellt werden, wer die Verantwortung dafür trage.« Und wie schon am 4.7. 1991, so mußte genau einen Monat später das Publikum aus den Verlautbarungen von Regierung und Medien abermals den Eindruck gewinnen, als wäre die Vorstellung von einem Europa beherrschenden Vierten Reich schon Wirklichkeit. Zwar scheiterte auch diesmal der Versuch, der EG Termine und Beschlüsse zu diktieren, doch während die erste Balkan-Offensive noch die Form eines kurzen Vorstoßes hatte, dem ein schneller Rückzug folgte, waren nun Interessen und Positionen im Spiel, welche die Bundesregierung zu größerer Beharrlichkeit ermutigten oder zwangen, denn ohne Rücksicht auf die Beschlußlage vom 6.8. in Den Haag fuhr das Außenministerium fort, Serbien mit Sanktionen zu drohen. Der Bundeskanzler tat dies sogar an seinem Urlaubsort, wo er in einem ORF-Interview am 6.8. etwa den folgenden Gedankengang entwickelte: Serbien werde, wenn es nicht pariere, keineswegs nur von der Bundesrepublik, sondern von der ganzen EG mit dem Entzug von Wirtschaftshilfe bestraft. Gewiß, noch teile die EG nicht die deutsche Position, aber sie werde sich dazu durchringen müssen, denn schließlich gebe es keine Währungsunion ohne eine politische Union, und die harte D-Mark sei es doch, was alle wollten.

Am gleichen Tag erschien zwar die *Frankfurter Rundschau* mit zwei nebeneinander stehenden Schlagzeilen, denen das Motiv für die Aggression abzulesen war. »Bonn schlägt gegen Serbien harten Ton an«, hieß die eine, und die andere: »Mehr als eine Million Arbeitslose im Osten«. Die *FAZ* vom Tag darauf wurde sogar lyrisch:

»Die deutsche Wirtschaft befindet sich auf einer schwierigen Wegstrecke. Nach Osten öffnet sich ein tiefes Tal, verwüstet vom Bergrutsch des Kommunismus, aus dem der Wiederaufstieg nur mühsam gelingt.«

Doch wäre es falsch, ein seine innere Schwäche nach außen aggressiv überspielendes Land für harmlos zu halten, und außerdem verlieren Begriffe wie Sieg oder Niederlage ihren herkömmlichen Sinn in einer geschichtlichen Phase, deren Ablaufschema die fortschreitende Destruktion und deren Ziel der Rückfall in die Barbarei ist. Fast scheint es, in Deutschland kümmere man sich um die Meinung der westlichen Verbündeten nicht mehr, welche die Libanonisierung des Balkans verhindern wollen, weil man sich mit einer stärkeren Macht, der des Zerfalls, im Bunde weiß. Nicht auszudenken, wenn die Deutschen in diesem Sinn ein weiteres mal erfolgreich wären.[47]

## *Entscheidung in Jugoslawien*

So trostlos grundsätzlich die neuerdings sich aufdrängende Vermutung war, daß die Geschichte sich immer nur wiederholt — in diesem Fall gab sie auch Anlaß zur Zuversicht. Schon einmal kamen die deutschen Faschisten von ihrem Ausflug nach Jugoslawien nicht als Sieger zurück, ganz im Gegenteil. Nicht, daß man es von den Jugoslawen, die wirklich andere Sorgen haben, hätte verlangen können, aber es wäre schön gewesen, hätten sie Reißmüller von seinen fixen Ideen kuriert, und er wären aus dem Kampfgebiet so geläutert zurückgekommen wie die Wehrmacht 1945. Tatsächlich hatten die Fronterfahrungen Reißmüller schon so schlau gemacht, wie die Nazis Ende 1944 geworden waren, als mancher von ihnen auf den Gedanken kam, nun sei es höchste Zeit, sich mit den westlichen Kriegsgegnern zu verbünden und gemeinsam die Sowjetunion zu besiegen. Weil das Tudjman-Regime Ende Juli innenpolitisch, außenpolitisch und militärisch bankrott war, forderte er am 30.7. 1991:

»Die westliche Welt muß Kroatien (ebenso wie Slowenien) als Staat anerkennen und es dann solange mit allen, notfalls auch mit bewaffneten Kräften, schützen, bis es sich selber großserbischer Gewalt erwehren kann.« Tags darauf wiederholte er: »Die Rettung für die gequälte kroatische Nation kann nur von draußen kommen: von der westlichen Welt.«

Es könnte sein, daß die Entwicklung in Jugoslawien entscheidend nicht nur dafür ist, ob die vom Baltikum bis zum Kaukasus reichende Kette völkischer Diktaturen Bestand haben wird. Dort wird sich vielmehr die Frage stellen, wie die gesellschaftliche Produktion des materiellen Reichtums zu organisieren sei, nachdem der Kapitalismus einschließlich seiner staatsbürokratischen Spielarten sich als unfähig erwies, die Menschen auch nur von der schlimmsten Not zu befreien. Ein weiteres mal in der Geschichte heißt die Alternative Sozialismus oder Barbarei, welch letztere bedeuten würde, daß vom Hunger und vom Elend verdummte und fanatisierte Massen sich mit modernen Waffen wie wilde Stämme niedermetzeln.

# Der Durchbruch der deutschen Politik in die gleiche Richtung[48]

Fünf Jahre lang waren Glasnost und Perestroika der Lockruf, der den Intellektuellen im Osten Macht, den Arrivierten Aufstieg und den Massen Konsum versprach. Verlangt wurde dafür, daß sie sich dem Gesetz der Bandenbildung unterwerfen. Skrupellose Intellektuelle und ehrgeizige Funktionäre rufen seither eine autonome Republik nach der anderen aus, um die Reviere abzustecken. Während der Westen sich noch onkelhaft müht, dem Adoptivkind die Spielregeln der freien Marktwirtschaft einzutrichtern, hat es längst tiefer geblickt, nämlich durch die frommen Sprüche hindurch aufs Prinzip, wonach der moderne Unternehmer handelt. Daß der ökonomische Erfolg für ganze Industriezweige wie für jedes Unternehmen von Rang im Zeitalter der Monopole eine Frage der gekauften oder erpreßten politischen Protektion geworden ist, blieb der neuen Bourgeoisie nicht verborgen. Nach oben gekommen im Privilegiendschungel eines korrumpierten Sozialismus, brauchte sie sich nur von den Hemmungen befreien, welche die kommunistische Ideologie ihr auferlegt hatte. Was sie fürs höhere Management qualifiziert, sind der Scharfsinn und der Instinkt der Gosse. Wenn die russischen Patrioten den Antifaschisten Honecker an die Häscher des Staates verschachern, wo drei von fünf Präsidenten Mitglieder der NSDAP oder ihrer Gliederungen gewesen waren und die Mörder von Millionen Russen nie verfolgt wurden, ist das ein Geschäft unter Brüdern. Bushs Wort von der *neuen Weltordnung* ist keine Zukunftsvision, sondern die gesellschaftliche Wirklichkeit nach der faschistischen Konterrevolution im Osten.

»Die neue Ordnung«, schrieb Horkheimer 1941 in »Vernunft und Selbsterhaltung«, »bezeichnet einen Sprung in der Transformation der bürgerlichen in die unvermittelte Herrschaft und setzt doch die bürgerliche fort. [...] Die gesellschaftliche Herrschaft geht aus ihrem eigenen ökonomischen Prinzip heraus in die Gangsterherrschaft über.«[49] Statt wie im Märchenbuch auf die Aneignung unbezahlter Mehrarbeit durch den gerechten Tausch und die eigene Tüchtigkeit allein zu vertrauen, helfen die Neuen mit direkteren Mitteln nach. Sie sichern ihre Herrschaft, indem sie sich als Clique organisieren, die von den Mitgliedern statt Gesetzestreue Gruppenloyalität und Abgaben verlangt, die in keiner Abgabenverordnung aufgeführt werden. Der Rechtsbruch wird zur Voraussetzung für die Mitgliedschaft. Wer an der Spitze steht, steht auch mit einem Bein im Knast, ganz gleich, ob er die Finanzen einer Bundestagspartei, ein Ministerium oder die Exportabteilung eines Chemiekonzerns leitet. Der Praxis im Berufsalltag passen die Manieren und der Umgangston sich an. »Ultimatum aus Bonn: Honecker her, sonst gibt's kein Geld«, titelt *Bild am Sonntag* (24.11.91) im Jargon der Unterwelt und gibt damit die Meinung von CDU- wie SPD-Politikern wieder, die zwischen Diplomatie und erpresserischem Menschenhandel keinen Unterschied machen. Wenn die *Tagesschau* aus Bonn berichtet, drängt das vage und doch nicht zu verscheuchende Gefühl sich auf, die Visagen auf der Mattscheibe kenne man alle aus irgendwelchen drittklassigen Krimis. In der Physiognomie ihrer Hauptfiguren spiegelt sich die derzeitige Verfassung der Gesellschaft. Freie Marktwirtschaft in der Bundesrepublik ist, wenn der letzte Würstchenbudenbesitzer gut gepflegte Kontakte zur Stadtverwaltung, nach Möglichkeit das richtige Parteibuch und ein paar Spendenquittungen braucht, um auf dem Rummel einen Standplatz zu kriegen.[50]

Später wird auch die Masse der Bevölkerung reorganisiert. Statt sich nur ausbeuten zu lassen, muß sie den neuen Führern obendrein Dankbarkeit, Treue und Aufopferungswillen schenken. Vorher aber verordnen die Privilegierten die Bandendisziplin sich selbst. Zuerst reihen sich die ein, die außer ihrer Parteilichkeit nichts zu verkaufen haben, vor allen anderen legen sich die sogenannten Intellektuellen flach. Von Berufs wegen auf den Betrug dressiert, die Halbbildung mit Autorität heischender Gebärde als Sachkompetenz auszugeben, dient der funktionslos gewordene Teil der alten Bourgeoisie sich den künftigen Machthabern in der Übergangszeit als Zeremonienmeister an. Die Selbstzensur der Presse und der Medien, das tägliche Lügen und Verschweigen hat weniger die Funktion, kriminelle oder skandalöse Interna vor einem kritischen Publikum geheimzuhalten, das schon gar nicht mehr existiert. Ob die Lüge einen politischen Zweck, ob sie überhaupt einen Zweck erfüllt, ist einstweilen nebensächlich, denn zunächst kommt es darauf an, alle zu Komplizen zu machen. Die Clique muß zur verschworenen und verschwiegenen Gemeinschaft verfestigt werden, deren Grundregel nichts ausplaudern und nie die Wahrheit sagen heißt.

Lange bevor die Faschisten die Macht übernehmen, wird das Personal gesiebt. Wer zum Mitmachen und zur Verschwiegenheit erst gezwungen werden muß, hat sich schon als unsicherer Kantonist erwiesen. Es setzt daher die freiwillige Selbstgleichschaltung der öffentlichen Meinung ein, und sie nimmt die Form eines Wettbewerbs an, wo den Siegern die schönsten Preise winken. Besonders tut sich dabei hervor, wer Grund zur Annahme hat, daß er den künftigen Machthabern suspekt sein könnte. Die ehemaligen Linken spüren, daß man von ihnen mehr als von den anderen verlangt. Sie hatten einmal für den Kommunismus geworben, nun müssen sie tätige Reue und Wiedergutmachung leisten. Wenn sie sich bei der Kommunistenhatz von keinem übertreffen lassen, so heißt das nicht, daß sie einfach den Chor um ein paar besonders schrille Stimmen verstärken. Was sie sagen, ist unerheblich, wichtig ist, was sie tun. Dem Publikum sollen sie, die einmal Kommunisten waren, durch ihr eigenes Verhalten vorführen, daß Kommunisten zu jeder Schäbigkeit bereit sind. Nur sie selber können das, deshalb sind sie für einen Augenblick unersetzlich, danach kann man sie verhaften. Wenn die *taz* antijugoslawische Hetzkommentare aus der Feder des

SDS-Alt-Apparatschiks Semmler druckt, hat die Linke die ihr vorbehaltene Aufgabe der Selbstdiskreditierung erfüllt.

Das Muster des Vorgangs hat Arthur Koestler, damals Redakteur beim als anti-nationalsozialistisch geltenden Ullstein-Konzern, in einem Rückblick auf das Jahr 1931 beschrieben:

»Jede Phase dieses Auflösungsprozesses spiegelte sich in der Meinungsfabrik, in der ich tätig war. Der Ton unserer Zeitungen änderte sich merklich. In der *Vossischen Zeitung* erschien wöchentlich eine Spalte, die Meldungen über deutsche Minderheiten außerhalb der Reichsgrenze brachte. Nicht wenige von uns hörten damals das Wort ›Sudetendeutsche‹ zum erstenmal. Es klang so hinterwäldlerisch, daß es zu einem ständigen Witz der Feuilletonredakteure wurde, zu sagen: ›Du bist ein typischer Sudetendeutscher‹. Doch die neue Spalte war nicht als Witz gedacht. Sie war das Symbol einer unbewußten Neuorientierung vom Kosmopolitismus weg zum Alldeutschtum. [...] Die Leitartikel wurden gespreizt, patriotisch und provinzlerisch. Es war nicht nötig, die Redakteure und Auslandskorrespondeten zu diesem Kurswechsel aufzufordern. Nachdem der Ton einmal angeschlagen war, paßten sie sich an — instinktiv und automatisch. Hätte man ihnen vorgeworfen, daß sie ihren Standpunkt geändert haben, würden sie es entrüstet und überzeugt verneint haben. [...] Ich war eine kurze Zeit lang stellvertretender Chef der *B.Z. am Mittag* und bei einer Konferenz zugegen, in der beschlossen wurde, den Feldzug gegen die Hinrichtung Harmanns abzubrechen. Es ging ganz rasch und reibungslos. Der Verlagsdirektor führte aus, Harmann sei ein unsympathischer Charakter, und wenn wir für seine Begnadigung einträten, so würde das die Öffentlichkeit gegen uns aufbringen — ›was wir uns zur Zeit nicht leisten können‹. Da sich die meisten Redakteure bereits damals in ihren Posten nicht mehr sicher fühlten, gab es keinen einzigen Protest. [...] So wurde sang- und klanglos in wenigen Minuten eine Kampagne aufgegeben, die wir jahrelang aus tiefster Überzeugung geführt hatten. Es war das nur eine Kapitulation aus einer ganzen Serie, die aber umso auffälliger war, als sie keinen unmittelbaren Bezug auf politische Fragen hatte. Wir kapitulierten einfach vor der rapid wachsenden Brutalisierung der Masse.«[51]

Wie die Lügen der Presse dient die Brutalisierung der Masse in der Anfangsphase vornehmlich dem volkspädagogischen Zweck, die neuen Verhaltensregeln zu üben. Die beinahe täglichen Berichte und Reiseberichte im Fernsehen und in der Presse heute über Sudeten-, Wolga- und etc. Deutsche sollen vorläufig nur demonstrieren, daß man sich auf jeden verlassen können wird. Auch in Hoyerswerda und anderswo ging es noch gar nicht darum, wirklich massenhaft die Ausländer zu vertreiben. Vor dem großen Coup, der später kommt, müssen alle schon soviel auf dem Kerbholz haben, daß nachher, im Ernstfall, keiner petzt oder abspringt. Die Mordanschläge rechtsradikaler Banden auf Asylbewerber und andere Ausländer waren ein Eignungstest. Geprüft wurde, ob allen klar ist, daß sie stillhalten müssen. Der Test wurde, wie der Pariser *Libération* auffiel, erfolgreich bestanden. Unter dem Titel »Neo-Nazis rütteln das vereinte Deutschland nicht auf« schrieb das Blatt über die Resonanz, welche der Aufruf gefunden hatte, am 9. November gegen die gewalttätige Verfolgung von Ausländern zu demonstrieren:

»Dieses Wochenende mit dem doppelten Jahrestag war eine Art Test für die deutsche öffentliche Meinung. Gleichgültigkeit oder Apathie? Eine dermaßen kümmerliche Mobilisierung beweist nur wieder, daß es den Deutschen schwer fällt, ihre Solidarität mit Ausländern und Asylsuchenden zu bezeugen.«

In Ländern mit demokratischer Tradition und entwickeltem Kapitalismus ist die Transformation der bürgerlichen Herrschaft oft ein mühsamer Prozeß, weil gegen die Brutalisierung der Masse, die sukzessive Ausschaltung der freien Konkurrenz, die Lähmung der öffentlichen Kontrollorgane und die kriminellen Touren des Führungspersonals sich hinhaltender, manchmal sogar erfolgreicher Widerstand bildet. Hier bildet er sich nicht. Für die neue Bourgeoisie im Osten hieß dies, daß sie sich die Deutsche zum Vorbild nehmen mußte, um in einem Sprung auf die Höhe der Zeit zu kommen. Schon die Methode des Machterwerbs, nämlich der Funktionärsputsch gegen die kommunistische Parteibasis, wies sie als gelehrigen Schüler aus. Die Folge davon war, daß jedes ihrer neuerdings auf Demokratie und freie Marktwirtschaft eingeschworenen Mitglieder sich im Hinblick auf die eigene politische Vergangenheit als Verräter betrachten muß. Im Unterschied zur alten Bourgeoisie, die eine Weile vom moralischen Heroismus ihrer frühen Tage zehren konnte, kam die neue im Osten gleich als fertige Bande von Überläufern auf die Welt. War die bürgerliche Revolution einmal die Eroberung der politischen Macht durch die ökonomisch schon führende Klasse gewesen, so sind die friedlichen Revolutionen im Osten heute das Betrugsmanöver einer parasitären Kaste, die auch zum Islam oder zum Hinduismus konvertieren würde, wenn sie sich davon Macht und Privilegien verspricht. Darin ähnelt die neue Bourgeoisie im Osten der deutschen, die sich mit gleicher Begeisterung dem Führer wie der freiheitlich-demokratischen Grundordnung verschrieb. Die vermeintliche Rückständigkeit ihres Regimes ist leider keine, sondern sie nimmt das ein weiteres mal sich abzeichnende Ende der bürgerlichen Epoche und den Übergang vom Kapitalismus zur Barbarei vorweg.

Das Ende der bürgerlichen Gesellschaft kündigt sich an, wenn die Bürger an keine Nachwelt mehr glauben und stellvertretend für diese Nachwelt ihre eigene Zeitgeschichte aus der kosmischen Perspektive eines späteren, auf die Jahrhunderte zurückschauenden Erzählers betrachten. Was Victor Klemperer in seinem Buch LTI über die Sprache des zwölfjährigen Reiches schrieb, das sich in Vorahnung seines nahen Endes beschwörend ein tausendjähriges nannte, liest sich wie ein Bericht über den Verlautbarungsjournalismus und die politische Rhetorik im Fusionsjahr 1990:

»Er [der Nationalsozialismus] nimmt sich so wichtig, er ist von der Dauer seiner Institutionen so überzeugt, oder er will so sehr davon überzeugen, daß jede Bagatelle, die ihn angeht, daß alles, was er anrührt, historische Bedeutung hat. Historisch ist ihm jede Rede, die der Führer hält, und wenn er hundertmal dasselbe sagt, historisch ist jede Zusammenkunft des Führers mit dem Duce, auch wenn sich gar nichts an den bestehenden Verhältnissen ändert; historisch ist der Sieg eines deutschen Rennwagens, historisch ist die Einweihung einer Autostraße, und jede einzelne Straße und jede einzelne Strecke jeder einzelnen Straße wird eingeweiht; historisch ist jedes Erntedankfest, historisch jeder Parteitag, historisch jeder Feiertag jeglicher Art; und da das Dritte Reich nur Feiertage kennt — man könnte sagen, es habe am Alltagsmangel gekrankt, tödlich gekrankt, ganz wie der Körper tödlich krank sein kann an Salzmangel —, so hält es eben alle seine Tage für historisch.«[52]

Damals schon fiel dem Beobachter ein Wörtchen auf, welches seit 1982 wieder in der Bundesrepublik herumgeistert, zunächst den politischen Umschwung nach dem Machtantritt der Regierung Kohl meinte, dann den Zusammenbruch der DDR bezeichnete und heute endsiegesgewiß den wirtschaftlichen Aufschwung im Osten verheißt:

»Und im April 1945, als für den Blindesten alles zu Ende war, [...] da fand sich unter diesen kriegsmüden und Enttäuschten und Verbitterten doch immer noch der eine und der andere, der mit starren Augen und gläubigen Lippen versicherte, am 20. April, am Geburtstag des Führers, werde ›*die Wende*‹, werde die siegreiche deutsche Offensive kommen.«[53]

Die Barbarei, die nah ist, wenn von der Wende gesprochen wird, tritt ein, wenn die Wirtschaft zusammenbricht. Bislang war die Krise das die Produktivkräfte revolutionierende Moment im Prozeß der Kapitalakkumulation. Aus der periodisch wiederkehrenden und zeitlich befristeten Kapitalvernichtung mit Massenarbeitslosigkeit und Massenelend wird nun die dauerhafte Zerschlagung des gesellschaftlichen Produktions- und Verteilungsapparats. Die Menschen, in der kapitalistischen Produktion ohnehin ein zu minimierender Kostenfaktor, verwandeln sich dann in unnütze Esser und Gefolgschaft, nur für Massenaufmärsche und im Krieg lassen sie sich noch verwenden. Tendenziell gleichen alle schon den Wirtschaftsasylanten, wie man heute die Verelendeten nennt, die weltweit vor dem Hunger aus den immer größer werdenden Armutsgebieten auf die schrumpfenden Wohlstandsinseln flüchten; nur der Zufall unterscheidet die Bessergestellten vom Menschenmüll, der sich von Washington bis Moskau vor Suppenküchen und Wärmestuben drängelt. Die Implosion des Produktions- und Verteilungsapparats erscheint denen, die sie nicht wahrhaben wollen, als Bevölkerungsexplosion, und sie können sich auf Tatsachen berufen. Denn Tatsache ist, daß eine in ihrer politischen und ökonomischen Entwicklung um hundert Jahre zurückgeworfene Welt die zahlreicher gewordenen Menschen nicht ernähren könnte, die heute auf ihr leben. Wäre die Niederlage der Oktoberrevolution, die endgültig zu nennen hoffentlich voreilig war, nur moralischer Natur, so ließe sich die philosophische Enttäuschung verschmerzen. Es steht im Osten aber nicht bloß der Glaube an die richtige Sache auf dem Spiel, sondern das Leben von Millionen Menschen.

*

Wenn der Kapitalismus ein innerhalb seiner Entwicklungsmöglichkeiten nur durch Krieg zu lösendes Bevölkerungsproblem produziert und die Menschen die Ursache des Problems nicht erkennen wollen, verhält sich erfahrungsgemäß die Weltbevölkerung instinktiv wie eine niedere Tierart. Als hätten alle den Ruf vernommen, daß gestorben werden muß;[54] als gelte es, eine naturgesetzlich vorgeschriebene Selbstdezimierung im Interesse der Arterhaltung zu vollstrecken, wie sie bei Bienenvölkern wohl üblich ist, werden in den großen Nationen wie bei den entlegensten Bergstämmen plötzlich völkische Gefühle wach. Leute, die am dringendsten einen warmen Wintermantel und eine zusätzliche Mahlzeit bräuchten; arme Schlucker, die ihren Namen nicht schreiben können, hören den Demagogen zu, die meist Schriftsteller oder andere verkrachte Intellektuelle sind, ehrgeiziges Gesindel, das zu Ruhm oder an die Macht kommen will und deshalb von der Nation, ihrer Kultur,

Tradition, Würde[55] etc. faselt. Statt die Halunken auszulachen oder zu verhauen erklären die Massen sich demonstrativ bereit, zu morden und sich selber ermorden zu lassen im Kampf für die gleiche Gemeinschaft, die sie Zeit ihres Lebens ausgestoßen hat.

Zwischen der Bereitschaft zur Tat und der Tat selber aber besteht ein Unterschied. Zwar werden die Voraussetzungen für das große Abschlachten vom gesellschaftlichen Entwicklungsprozeß gleichsam automatisch produziert. Doch wenn die Zeit reif ist, muß einer die Initiative ergreifen, das Gemetzel beginnt nicht von allein. Halbwissend durchschauen die Massen den Schwindel auch, dem sie aufgesessen sind, sie zögern und sträuben sich dagegen, mit dem Wahn ernst zu machen, dem sie verfielen. Oft sind die Menschen humaner und klüger als das, was sie in solchen Zeiten stolz ihre nationale Identität oder ihre Kultur nennen. Wilde Feuergefechte fanden im Frühjahr 1991 zwischen einander in Sichtweite gegenüberstehenden kroatischen und serbischen Milizen statt, doch weder Tode noch Verwundete waren zu beklagen, denn beide Parteien schossen wutentbrannt und hilflos verzweifelt zugleich in die Luft. Ihre Hemmungen verloren sie erst, als man der einen Partei für den Fall, daß sie auf den Mann zielen würde, das Himmelreich versprach: Völkerrechtliche Anerkennung, militärischen Beistand, Wirtschaftshilfe in Hülle und Fülle, EG-Mitgliedschaft, Milliardenkredite.[56]

Wenn einer drängen, locken und den Anfang machen muß, damit die Geschichte ihren logischen Gang weitergehe und die Krise ihre naturgemäße Lösung finde, dann scheint es so zu sein, daß die Welt sich wieder auf eine erprobte Kraft besinnt, die zwei mal schon jeweils mittels eines Weltkriegs das Endstadium des Kapitalismus in ein Anfangsstadium zurückverwandeln half. Als habe die Vorsehung den Politikern aller wichtigen Länder ins Ohr geflüstert, daß wieder mal eine Fristverlängerung erforderlich und deshalb die Zeit gekommen sei, wo Deutschland gebraucht werden würde, wurde der böse Kadaver mit ihrer Hilfe reanimiert. Wie zur Bestätigung, daß es in diesem Sinne richtig gewesen war, die Wessis mit den Ossis zu vermählen und das monströse Paar *Partner in Leadership* zu titulieren, lief die erste außenpolitische Initiative der in die volle Souveränität entlassenen Nation dann auch darauf hinaus, an eine der letzten außenpolitischen Initiativen ihrer Vorgängerin anzuknüpfen. Überall, nur nicht hier, weckte die deutsche Balkanoffensive im Jahr 1991 die Erinnerung an jenen anderen Feldzug, der das gleiche Land zum Ziel gehabt und obendrein vor genau einem halben Jahrhundert, nämlich 1941, stattgefunden hatte. Wurden vor der Wiedervereinigung die runden Jahreszahlen noch zum Anlaß genommen, sich selber in der Rolle des schuldbeladenen reuigen Sünders zu beweinen, so hatte man im neuen Deutschland ein anderes Verhältnis zur Vergangenheit gewonnen. An die Stelle bekümmerter Mahn- und Gedenkveranstaltungsrituale trat der unbekümmerte Wiederholungsversuch,[57] und er wurde vom Ausland geduldet.

Gewiß stieß die Absicht der Bundesrepublik, die Bevölkerung Jugoslawiens in den Bandenkrieg zu hetzen, auf den Widerstand der Konkurrenz, weil der Wunsch, den Balkan zu ruinieren und dort anschließend die Funktion einer Schutz- und Ordnungsmacht zu übernehmen, sich als Wille zur Vorherrschaft in Europa entpuppte. Als die Bundesregierung Mitte November ein weiteres mal das kroatische Regime in seiner selbstmörderischen Kriegsführung durch das falsche Versprechen bestärkte, seine Anerkennung stünde nun unmittelbar bevor, argwöhnte sogar die pro-kroatische *Neue Zürcher Zeitung*:

»Umso seltsamer berührt es, daß die Bonner Politik ausgerechnet in diesem Zeitpunkt wieder den Drang verspürt, mit einer Initiative zur Anerkennung Sloweniens und Kroatiens, bevor der Konflikt um die serbische Minderheit gelöst ist, voranzugehen. [...] Aber was soll das, wenn ausgerechnet dasjenige Land, das sicher keine Blauhelme zur Trennung der Kämpfenden entsenden wird, sich für die Anerkennung stark macht.«[58]

Auch wurde im Ausland der Erfolg des Hitler-Bewunderers Haider registriert. Nicht unbemerkt blieb, daß Deutschland und Österreich einander auf vielfältige Weise nahe rückten: Beide waren wieder gegen Serbien, ihren gemeinsamen Feind aus zwei Weltkriegen, verbündet, und während erstmals seit 1945 in Deutschland SA-ähnlichen Schlägerbanden systematisch Ausländer verfolgten, wurde in Österreich eine faschistische Partei die zweitstärkste politische Kraft. Umstritten war daher die Position der Bundesregierung beim Außenministertreffen in Rom, wo Sanktionen gegen Jugoslawien beschlossen wurden. Der *Spiegel* vom 11. November:

»Die Deutschen versuchten, ihre zerstrittenen EG-Partner mit einem Kraftakt gegen Serbien in Stellung zu bringen. [...] Getragen vom seltenen Konsens im Bonner Parlament, drohten Kanzler Helmut Kohl und sein Vizekanzler Hans-Dietrich Genscher mit einer ›schweren Krise‹ in der Gemeinschaft, sollten sich die EG-Partner weiterhin umfassenden Sanktionen gegen Serbien widersetzen und den ›kooperationsbereiten Republiken‹ (Genscher) Kroatien und Slowenien völkerrechtliche Anerkennung verweigern. [...] Schon vor der Krisensitzung in Rom prophezeite ein Bonner Diplomat: ›Wir stehen einer gegen elf.‹«.

Einer gegen elf stehen zu können aber heißt, eine Position zu vertreten, mit der viele insgeheim liebäugeln. Weil der Sieg des Westens einer der Verwüstung und des Elends ist, weil er eine objektiv revolutionäre Situation produziert, halten ihn zu Recht alle für gefährdet. Das Ende der vom Kapital diktierten Produktion und der Übergang zu einer anderen, in welcher die Menschen statt des ausführenden Organs das Subjekt wären, erweist sich seit dem Zusammenbruch des Ostblocks mehr denn je als eine Frage der nackten Existenz für die überwältigende Mehrheit der Menschen. Im Moment seiner größten Schwäche wird deshalb Kuba zur ernstesten Gefahr für die USA, wie Europa sich mit der Existenz eines kommunistischen Albaniens trotz dessen Winzigkeit und Bedeutungslosigkeit nicht abfinden wollte. Wenn die Sieger ihres Sieges nicht froh werden können, darf keine Erinnerung an den Feind übrig bleiben. Der Kampf geht dann in den Ausrottungsfeldzug und später in die Spurenbeseitigung über, die beginnt, wenn der Gegner noch im letzten Schlupfwinkel aufgespürt und geschlagen wurde. Nicht nur die Denkmäler und die Städtenamen müssen verschwinden, sondern überhaupt stellen einmal kommunistisch gewesene Länder als Erinnerung an eine andere Zeit eine permanente Bedrohung dar. Weil der Kommunismus, statt endgültig überwunden worden zu sein, vielmehr objektiv auf der Tagesordnung steht und nicht er, sondern die sogenannte Marktwirtschaft am Ende ist, besteht das Risiko, daß die dem Kommunismus schon einmal verfallenen Länder rückfällig werden. Es genügt nicht, daß sie sich zum Kapitalismus bekennen, zumal dies Bekenntnis nur ein leeres Wort bleiben und keiner den Halunken, die es im Munde führen, über den Weg trauen kann. Die Länder müssen sich auflösen, untergehen, von der Landkarte verschwinden.

*

Wie man dem nachhilft, wenn es nicht freiwillig geschieht, und wie man am Ende dann doch das genaue Gegenteil des Bezweckten erreicht, hat Deutschland vor 50 Jahren gezeigt, als es Jugoslawien mittels einer Doppelstrategie verwüstete. Sie bestand darin, zunächst den Staat militärisch zu zerschlagen, und anschließend das wehrlose Land einer Clique als Revier zu überlassen, die eine überdrehte Version, fast eine Karikatur der in Deutschland herrschenden Mörderbande war. Während heute die diplomatische Unterstützung für kroatische Staatsgründungsversuche in Jugoslawien de facto zwar Anstiftung zum Massenmord ist, aber nicht unmittelbare Beteiligung an dem sich mit logischer Konsequenz aus der eingeschlagenen Politik ergebenden Verbrechen, griffen damals die Nazis direkt in das Geschehen ein,[59] indem sie einen Haufen Krimineller als Staatsführung installierten.

Die Sache begann damit, daß es in Jugoslawien sonderbarerweise viele Leute gab, die zäh an der bürgerlichen Vorstellung hingen, daß der Tausch keine Abhängigkeit begründet, weil darin jeder schon bekommt, was ihm zusteht. Sie sahen deshalb nicht ein, daß intensive Handelsbeziehungen zum Deutschen Reich mit politischer Fügsamkeit zu bezahlen wären. Weil nach bürgerlichem Recht auch das Schuldverhältnis den Gläubiger nur zu sachlichen, nicht zu persönlichen Ansprüchen berechtigt — ich kann meinen Schuldner zur Hergabe des ausstehenden Betrages zwingen, aber nicht dazu, daß er mir schmeichelt oder meine Schuhe putzt —, waren sie ferner nicht bereit, sich als Gegenleistung für erhaltene Wirtschaftshilfe zu Komplizen und Befehlsempfängern der Nazis degradieren zu lassen. Nicht jeder, der nimmt, ist käuflich.

Der Monopolkapitalismus aber setzt die Käuflichkeit der Menschen und der Nationen voraus. Sind nach traditioneller bürgerlicher Vorstellung mit der Übergabe der Ware und des Geldes die Verpflichtungen für beide Parteien erfüllt und die wechselseitigen Ansprüche erloschen, so begründet der Tausch unter dem Monopol ein Treueverhältnis. Der Verkäufer seiner Arbeitskraft oder seiner Produkte hat es als Gnade zu betrachten, wenn er überhaupt arbeiten oder liefern darf. Für die ihm gewährte Gunst muß er sich erkenntlich zeigen, Wohlverhalten, Dankbarkeit und Komplizenschaft werden von ihm als Gratiszugabe verlangt. Mit seinen Leistungen und seinen Produkten allein, so wird ihm bedeutet, kann er verschimmeln und verhungern, wenn er nicht das Wohlwollen der Machthaber besitzt. Mußte der alte Bürger als seines eigenen Glückes Schmied nur tüchtig und fleißig sein, um sich auf dem Markt gegen die anonyme Konkurrenz zu behaupten, so muß der neue vor allem den Agenten des Abnahmemonopols seine persönliche Treue beweisen. Auf die Qualität der Ware oder der Leistung kommt es dann gar nicht mehr so sehr an. In Eric Amblers »Ungewöhnliche Gefahr« (1941) bemerkt dazu der britische Handelsvertreter

Hodkins über die faschistischen Kontinentaleuropäer, die er haßt:

»Diese Leute haben gar keinen Berufsstolz. Sie haben keine Ahnung von echtem Handwerk. Es ist ihnen auch egal. Alles, was sie wollen, ist Geld verdienen. Aber das ist nicht der Grund, warum ich sie hasse. Geld verdienen wollen wir ja schließlich alle. Aber sie geben einem nichts Rechtes fürs Geld. So etwas käme ihnen gar nicht in den Sinn. Für sie ist ein Geschäft nicht ein ehrlicher Handel, sondern bloß eine andere Art von Politik, und ebenso unehrlich.«

Die bürgerliche Gesellschaft, die ihrem Begriff nach die Versammlung von freien Individuen war, die nur den Gesetzen des Markts gehorchen müssen, bildet sich zurück in ein Geflecht von Unter- und Überordnung und persönlicher Abhängigkeit. Für die Beziehungen zwischen den Nationen heißt dies, daß Handelspolitik unmittelbar mit Machtpolitik identisch wird. Zu den ersten, die von der neuen Möglichkeit Gebrauch machten, gehörten die Deutschen. Während England, Frankreich und die USA noch nach alter Tradition Kapital nach Jugoslawien exportierten, setzte das Reich schon auf die modernere Strategie. Im März 1933 hat der damalige Staatssekretär im Auswärtigen Amt, von Bülow, sie in einer Denkschrift erläutert:

»Unsere Politik gegenüber der Kleinen Entente [Tschechoslowakei, Rumänien, Jugoslawien] wird sich zum Ziel setzen müssen, ihre Bindung an Frankreich möglichst zu lockern und insbesondere auch die Tschechoslowakei von einer allzu engen Anlehnung an Polen abzuhalten. Das beste Mittel hierfür ist zweifellos eine Wirtschaftspolitik, die den deutschen Absatzmarkt für die Produkte dieser Länder öffnet. Vor allem Rumänien und Jugoslawien könnten bei ihrer heutigen katastrophalen Wirtschaftslage auf diesem Wege in der Richtung ihrer Außenpolitik maßgebend beeinflußt werden.«[60]

Acht Jahre später, im Januar 1941, fand die »Forschungsstelle für Wehrwirtschaft beim Amt des Beauftragten für den Vierjahresplan« einerseits zwar Grund zum Jammern:

»Wir haben die Erzeugnisse dieser Gebiete, die damals am Weltmarkt fast unverkäuflich waren, zu höheren als Weltmarktpreisen importiert, haben unsere Ausfuhr durch ZAV [Zusatzausfuhrverfahren, eine Art Exportsubventionierung wie heute im Osthandel] verbilligt und uns eine Abwertung der Mark gefallen lassen. Die Südoststaaten haben also von uns erheblich mehr Arbeitsstunden als Gegenwert für ihre Leistungen erhalten können.«

Andererseits wurde triumphierend festgestellt, dafür habe Deutschland eine »marktbeherrschende Stellung im Südosten« gewonnen,[61] und natürlich war damit gemeint, daß man die Länder dort am kurzen Zügel habe.

Tatsächlich sah es dann so aus, wie wenn die gewährten Vergünstigungen sich rentieren würden, allerdings nicht lang. Am 25. März 1941 hatten die Bemühungen des Dritten Reiches, das ökonomisch von Deutschland abhängige Jugoslawien zum Anschluß an den Dreimächtepakt (Deutschland, Italien, Japan) zu drängen, mit der Unterzeichnung eines entsprechenden Abkommens zunächst zwar Erfolg. Zwei Tage später aber wurde die nachgiebige jugoslawische Regierung gestürzt, durch einen unblutigen Putsch serbischer Offiziere zwar, doch mit großer Unterstützung der Bevölkerung, wie eine Schilderung des Putschtages zeigt:

»In den frühen Morgenstunden füllte sich die Innenstadt Belgrads mit einer unüberschaubaren Menschenmenge. Aus den Fenstern und von den Balkonen wurden Fahnen herausgehängt. Die Menge rief ›Lieber Krieg als den Pakt‹ und ›Lieber das Grab als die Sklaverei‹.«

Der Berichterstatter fährt fort:

»Kaum einer von den begeisterten und stolzen Menschen ahnte, wie schnell sich die Losungen erfüllen sollten. Während die Belgrader noch im Gefühl der wiedererlangten Ehre und Freiheit auf den Straßen tanzten, beschloß Hitler, Jugoslawien militärisch zu vernichten.«[62]

Den gleichen Gedanken — daß die Serben zu bestrafen waren — notierte Ernst von Weizsäcker, der Vater des heutigen Bundespräsidenten, damals Staatssekretär im Auswärtigen Amt:

»Unser Versuch, Jugoslawien unter Druck in die Achsenfront zu drängen, war vielleicht etwas zu sehr unter Zeitmangel ausgeführt. [...] Wie dem auch sei, nun hat Serbien umgeschmissen. [...] Belgrad wird demnächst noch die Rechnung zahlen und als Stadt sehr viel auszustehen haben. Wir lassen uns auf die dämmernde Vernunft nicht mehr ein, weil das Heft nicht mehr in der Hand der Vernünftigen ist. Das Fatum schreitet weiter.«[63]

Das tat es, am 6. April 1941 wurde Belgrad ohne Kriegserklärung und Vorwarnung in mehreren Wellen von der deutschen Luftwaffe bombardiert, gleichzeitig stießen Panzerverbände über die Grenze vor. Der militärische Teil der Operation war in 11 Tagen erledigt und endete am 17. April mit der bedingungslosen Kapitulation der regulären jugoslawischen Armee.

Noch während die Wehrmachtsverbände auf Belgrad vorrückten, wurde am 10. April in Zagreb der »Unabhängige Staat Kroatien« proklamiert, der ein Ebenbild des deutschen werden sollte. Die weitere Entwicklung bewies, daß die Deutschen am gefährlichsten sind, wenn sie statt vernichten aufbauen wollen. Ihre Truppen waren schlimm, aber erst ihr Herrschaftsmodell war tödlich. Sie exportierten es in ein rückständiges, bettelarmes Land, das zu den am dichtesten besiedelten Gebieten Europas gehörte, wenn man die Einwohnerzahl nicht auf die Gesamtfläche, sondern auf die landwirtschaftlich nutzbare Fläche bezieht. Das wenige Ackerland mußte fast alle ernähren, denn rund 80 Prozent der Erwerbspersonen waren in der Landwirtschaft tätig. Lebensmittel ins Deutsche Reich exportieren konnte sie, weil der Pro-Kopf-Verbrauch beispielsweise für Fleisch in Kroatien ein Drittel des deutschen betrug, d.h. die Überschüsse hatte man sich abgehungert. Fürs Jahr 1941 wurde die Analphabetenquote auf 40 Prozent geschätzt.[64] Wenn Kroatien heute entwickelter ist, so hat es dies der kommunistischen Mißwirtschaft zu verdanken. Wenn das alte kroatische Kulturvolk heute lesen und schreiben kann, so hat es dies in Jugoslawien gelernt.

Als Führer der Staatsattrappe, die das Produkt eines Unternehmens war, das schon bei den Nazis »Neuordnung Europas« hieß, wurde der Mussolini-Günstling Dr. Ante Pavelić aus dem italienischen Exil herbeigeholt. In Frankreich wurde der »Advokat ohne Klienten und Politiker ohne Anhänger«,[65] wie er in seiner Heimat hieß, per Haftbefehl wegen Beteiligung am Mordanschlag auf den jugoslawischen König in Marseille 1934 gesucht. Der promovierte Jurist, 1898 als Sohn eines Eisenbahnarbeiters in der Herzegowina geboren, war der Chef einer kleinen, rund 400 Mann umfassenden klerikalfaschistischen Terrorgruppe, die sich Ustaša (Aufständische) nannte und gelegentlich mit der ebenfalls berüchtigten mazedonischen IMRO zusammenarbeitete.

Im Unterschied zum Faschismus westlicher Prägung, der — beispielsweise in Italien und Spanien — ein etatistischer war, gehörte der Ustaša-Faschismus wie der Nationalsozialismus zur besonders widerlichen völkischen, ostischen Sorte. Am besten gedeiht diese Sorte dort, wo die Nation kein Faktum ist und man folglich bei der Stammeszugehörigkeit landet, wenn man sich seiner nationalen Identität zu vergewissern sucht. Während die etatistische Variante die Bevölkerung als gegeben voraussetzt, sich hauptsächlich um die Realisierung bestimmter korporativer oder imperialer Staatsvorstellungen kümmert und deshalb auf den Antisemitismus wie überhaupt auf den Rassismus weitgehend verzichten kann, impliziert die völkische stets eine Vertreibungs- und Ausrottungsstrategie. Beim kroatischen Faschismus kam hinzu, daß er sich mit einer Art katholischer Kreuzzugsideologie verband. Anklang fand die radikale Version der Mischung aus Blut & Boden plus Kirchenkampf beim katholischen Klerus[66] einerseits, andererseits unter den ehrgeizigen Aufstiegswilligen ohne Aufstiegschancen in den Gymnasien und an der Universität — vom künftigen völkischen Staat versprach sich das akademische Proletariat seiner Ausbildung entsprechende Posten. Angesicht der dünnen sozialen Basis blieb der kroatische Faschismus eine Angelegenheit politisch bedeutungsloser Splittergruppen, die im Ausland arbeiteten und dort am erfolgreichsten Anhänger unter Emigranten warben. Wenn man das Wort volksfremd verwenden will, so traf es am besten auf die Völkischen selber zu.

Trotz der weltanschaulichen Verwandtschaft war deshalb Pavelić, der übrigens nach dem Krieg in Argentinien untertauchte und 1955 im Madrider Deutschen Hospital starb, selbst für die Nazis nur dritte Wahl. Unter besser beleumdeten und einflußreicheren kroatischen Nationalisten hatten sie vergeblich nach einer kollaborationswilligen Figur gesucht. Der Bericht, welchen der Bevollmächtigte des deutschen Außenministers Ribbentrop, SS-Standartenführer Edmund von Veesenmayer, seiner Dienststelle nach einem Treffen mit Pavelić gab, verdeutlicht die Qualität des Mannes an der Spitze, der sich Poglavnik (Führer) nannte:

»Pavelić sei der Garant dafür, ›daß der Führer mit ihm keine Enttäuschung erleben‹ werde. Der zukünftige kroatische ›Staatschef‹ versicherte seinerseits, daß er ›überhaupt keine Außenpolitik zu führen‹ beabsichtige; ›das mache Adolf Hitler und er [Pavelić] wolle nur sein Volk hochführen und den Beweis erbringen, daß Kroaten keine Slawen sind, sondern blut- und artmäßig sich letztlich zum Germanentum bekennen‹. Er wisse, so fügte Pavelić hinzu, daß die ›Freiheit Kroatiens ausschließlich der Kraft des Führers‹ zu verdanken sei.«[67]

Eine Figur wie Pavelić an die Spitze des Staates zu stellen wiederum hieß, das Land an eine Bande von Mördern und Plünderern auszuliefern, die es nur zerstören konnten. Das für den Faschismus charakteristische Bündnis zwischen Mob und Elite konkretisierte sich in Kroatien zu einer staatstragenden kriminellen Vereinigung, in welcher buchstäblich eine Horde von Sadisten, Psychopathen und Killern unter dem Kommando eines promovierten Juristen stand. Hauptmann Haeffner, ein Volksdeutscher aus Zagreb, berichtete Mitte 1941 seinem General, in der Ustaša sammle sich

»das ärgste Gesindel der Straße«: »Jeder Lausejunge, aber auch jedes kriminell evidentierte Individuum kann in diesem Staat Ustascha werden und als solcher soviel Waffen besitzen, als ihm nur beliebt.«[68] Anfang 1942 war einem »Bericht an das OKW Abteilung Ausland über die Lage in Kroatien« zu entnehmen, daß sich »alle Volksteile mit verschwindenden Ausnahmen in der entschiedenen Ablehnung der Ustascha als der staatstragenden Einheitspartei« einig seien, denn:

»Repräsentanten der Bewegung machen sich durch Überheblichkeit, Willkür, Raffsucht, Korruption stets aufs Neue unbeliebt. Zudem hören auch Untaten, Raub und Mord nicht auf. Kein Woche vergeht, in der nicht eine ›Säuberungsaktion‹ durchgeführt wird, bei der ganze Dörfer samt Frauen und Kindern dran glauben müssen, ein Vielfaches der erbeuteten Gewehre als blutige ›Feindverluste‹ gemeldet wird und die siegreichen Ustaschakompanien mit Beute beladen heimkehren.«[69]

Von Beginn an zeichnete die deutsche Schöpfung »Unabhängiger Staat Kroatien« sich durch Massaker an der Zivilbevölkerung in einem Umfang aus, wie er selbst die Wehrmacht und die SS verblüffte, die in Kroatien keine uneingeschränkte Exekutivgewalt besaßen. Im gemischt besiedelten Gebiet einen völkisch homogenen Nationalstaat errichten zu wollen nämlich hieß, die halbe Bevölkerung ausrotten oder vertreiben zu müssen. Die Faustregel für die Behandlung der Serben war, daß ein Drittel umgebracht, ein weiteres Drittel vertrieben und das letzte Drittel schließlich kroatisiert, d.h. zwangskatholisiert werden sollte. Das erste Konzentrationslager wurde einen Monat nach der Machtübernahme eingerichtet, zahlreiche Vernichtungslager, darunter das von Jasenovac, sollten folgen.

Bei der Verfolgung der Juden brach das Pavelić-Regime alle Zeitrekorde, und der Versuch des Epigonen, sein Vorbild zu übertreffen, wurde von den deutschen Behörden gern gesehen: 10. April 1941: Unabhängiger Staat Kroatien wird proklamiert; 15. April: Pavelić trifft in Zagreb ein; 18. April: Erstes Arisierungsgesetz; 4. Juni:

Gesetz »zum Schutz der nationalen und arischen Kultur des kroatischen Volkes« verbietet Juden Tätigkeit bei Presse, Rundfunk, Theater, Film, Musik, Sport; ebenfalls 4. Juni: Verordnung zur Kennzeichnung der Juden und jüdischer Geschäfte mit dem Davidstern; 5. Juni: Entfernung der Juden aus der Beamtenschaft und den akademischen Berufen, Anmeldepflicht für alles von Juden besessene Vermögen; September/Oktober: Entschädigungslose Enteignung jüdischen Vermögens; die Juden werden in Zwangsarbeitskommandos oder in Lager gebracht, viele werden dort von den Ustaša-Wachmannschaften bereits ermordet. Wer im Frühjahr 1943 noch lebte, wurde dann nach Auschwitz deportiert.

Soweit der Vertreibung und Ermordung jedoch nicht Juden oder Zigeuner, sondern Serben zum Opfer fielen, rief der Eifer des Pavelić-Regimes bei seinen Schutzherren Verärgerung hervor. Nicht, daß die Deutschen in Jugoslawien zimperlich geworden wären, schließlich erging am 16. September 1941 der berüchtigte OKW-Befehl, wonach für jeden im Partisanenkampf umgekommenen deutschen Soldaten 50 bis 100 Zivilpersonen hinzurichten seien. Rund 80.000 Menschen wurden nach vorsichtigen Schätzungen auf Grund dieses Befehls von Wehrmachtskommandos ermordet.[70] Das ungezügelte Wüten ihres Ziehkinds wurde den Deutschen vielmehr lästig, weil die Serben nicht nur in Kroatien, sondern auch in anderen Teilen Jugoslawiens darauf mit einem erbitterten Partisanenkrieg gegen die Wehrmacht reagierten. Obendrein verlor die Ustaša den Rückhalt in der kroatischen Bevölkerung, welche die Staatsgründung bejubelt hatte, angesichts des Vernichtungsterrors gegen die Serben aber später massenhaft zum Widerstand gegen Ustaša und Wehrmacht überlief — der Anteil der Kroaten an den Partisanenverbänden[71] war höher, als es ihrem Anteil der Gesamtbevölkerung entsprach. So entstand in Kroatien die absurde Situation, daß ausgerechnet SS- und Wehrmachtsoffiziere sich in der Rolle wiederfanden, an der Zivilbevölkerung begangene Greueltaten beklagen zu müssen:

»Der Chef des Verwaltungsstabes beim Militärbefehlshaber Serbien, SS-Gruppenführer Harald Turner, teilte in einem Bericht vom 3. September 1941 an den deutschen Wehrmachtsbefehlshaber Südost mit, daß bis dahin aus Kroatien 104.000 Serben in das deutsche Besatzungsgebiet abgeschoben worden seien: ›Diese Menschen, die in ungezählten Fällen selbst Zeuge der bestialischen Hinmordung ihrer Angehörigen waren, hatten nichts mehr zu verlieren, konnten, da die Abschiebung auch ohne jede Anmeldung erfolgte, nicht aufgefangen oder untergebracht werden und gesellten sich darum zu den Kommunisten in die Wälder und Gebirge... Nach hier vorliegenden Meldungen sind allein in Kroatien rd. 200.000 Serben ermordet worden. Diese Ermordungen sind hier allgemein bekannt und werden mit Rücksicht darauf, daß die in Kroatien liegende Truppe diese Greueltaten nicht verhinderte, letztlich den Deutschen zur Last gelegt.‹ [...] In einer Denkschrift vom 27. Februar 1943 verlangte der Wehrmachtsbefehlshaber Südost, Generaloberst Löhr, die sofortige Ernennung eines Reichssonderbeauftragten zur Ausübung der vollziehenden Gewalt im USK. Er begründete seine Forderung u.a. mit der Tötung von 400.000 Serben durch die Ustaše und dem dadurch hervorgerufenen Aufstand und dem völligen Prestigeverlust der Pavelić-Regierung. In einem zum gleichen Zeitpunkt abgefaßten Schreiben Glaise-Horstenaus [er bekleidete den Posten eines ›Deutschen Bevollmächtigen Generals in Zagreb‹] an Generalleutnant Warlimont im OKW heißt es: ›In der Tat ist die von Haus aus äußerst schwach fundierte Ustašabewegung mit ihrer wahnsinnigen Ausrottungspolitik und ihren Greueltaten zum Symbol der mißglückten Staatsschöpfung geworden. War es an sich keine leichte Sache gewesen, einem Staate, der kein Nationalstaat, sondern ein Nationalitätenstaat ist, schematisch die Form des ›Führerstaates‹ zu geben, so hat inzwischen die staatstragende Totalitätspartei bei allen Völkern und Bekenntnissen jeden Boden verloren [...].‹ Hitler lehnte dennoch alle Forderungen auf eine Amtsenthebung Pavelićs ab. Er sehe keinen Grund, dem ihm ergebenen ›Poglavnik‹ in den Arm zu fallen. Man möge die Kroaten ›sich austoben lassen‹.«[72]

Am Ende hatten sogar die SS und die Wehrmacht kapiert, daß den kroatischen Nationalstaat, gar den völkischen oder rassereinen errichten zu wollen praktisch hieß, Jugoslawien in einem solchen Maße zu verwüsten, daß es nicht mal als Ausbeutungsobjekt mehr zu gebrauchen war und schon gar nicht die ihm zugedachte kriegswirtschaftliche Rolle als südöstlicher Ergänzungsraum spielen konnte. Sie begriffen nur nicht, daß die Katastrophe das logische Resultat deutscher Großraumpolitik gewesen war, deren Wesen nicht Aufbau ist, sondern Zerstörung. Zu Recht kommt Holm Sundhaussen in seiner »Wirtschaftsgeschichte Kroatiens im nationalsozialistischen Großraum 1941—1945. Das Scheitern einer Ausbeutungsstrategie« zwar zu dem Schluß:

»Aber trotz der Kollaborationsbereitschaft der Machthaber in Zagreb entwickelte sich der neue ›Staat‹ schon bald zu einem reinen Zuschußgebiet für das Reich. Die deutschen Erwartungen zerschlugen sich letztlich am geringen Entwicklungs- und Organisationsniveau der kroatischen Volkswirtschaft. Und an den politischen Fehlern Hitlers: Denn daß die geweckten Widerstandsbewegungen sowohl den politischen wie den wirtschaftlichen Zusammenbruch des kroatischen ›Staates‹ beschleunigten, steht außer Zweifel.«[73]

Doch er übersieht, daß es das System von Hitlers Politik ist, was er für dessen politische Fehler hält. Es war nicht so, daß Hitler Fehler machte. Der Fehler war er.

*

Wenn heute die Motive für den verbissenen Eifer rätselhaft bleiben, den Deutschland bei seinen Attacken auf Jugoslawien entwickelt, so deshalb, weil die Politik das Ereignis antizipiert, daß sie erklären würde. Als hätte der bevorstehende Kollaps der Weltwirtschaft schon stattgefunden, stellt man sich hier auf Verhältnisse ein, unter denen die herkömmliche ökonomische Vernunft keine Basis in der Realität mehr besitzen würde. Denn ist der Kapitalismus einmal zusammengebrochen, so gewinnt die Regression eine gewisse Plausibilität, statt in Wertverhältnissen wieder in Naturalien zu denken. Nicht mehr die Höhe des Bruttosozialprodukts, die Außenhandelsbilanz und die Stabilität der Währung zählen dann. Denkt man sich den internationalen Warentausch weg, so kommt es allein auf die direkte, nicht ökonomisch vermittelte Verfügungsgewalt über Nahrungsmittel, Ackerland, Bodenschätze, Arbeitskraft und andere Ressourcen an. Die neueste Ökonomie ähnelt der ganz alten, wo man sich statt aufs Sparbuch lieber aufs Eingemachte im Keller verließ. An die Stelle der wirtschaftlichen Konkurrenz zwischen den Nationen tritt wie zuvor im Zeitalter der Dynastien wieder der Kampf um Gebiete. Der bankrotte Osten und Südosten, den keiner geschenkt haben möchte, der in den noch gültigen ökonomischen Kategorien denkt, verwandelt sich dann in den Lebensraum, von dem die Nazis schwärmten. Wo heute die nackte Not regiert, entstehen vor dem inneren Auge auf der Landkarte schon Kornkammern und Erdöllager. Die Welt erscheint als Anhäufung von Beutegut, und sie wird mit den Augen des Plünderers betrachtet. Vergessen wird dabei freilich, daß der existierende Reichtum unter dem Kapital nur ein flüchtiges, ein verschwindendes Moment seiner Bewegung ist. Es lohnt kaum, sich in den Besitz irgendwelcher Produkte zu bringen, wenn man nicht auch produzieren kann, wozu wiederum die Einrichtung des entsprechenden gesellschaftlichen Produktionsverhältnisses erforderlich wäre. Wie die Geschichte Kroatiens, aber auch Deutschlands zeigt, ist es diese Aufgabe, woran die Faschisten scheitern. Sie können die Welt vernichten, eine dauerhafte Herrschaft auf ihr errichten können sie nicht. Das ist ein schwacher Trost, aber einen besseren gibt es nicht.

Was Deutschland dazu befähigt, in solchen Zusammenbruchszeiten eine Vorreiterrolle zu spielen, ist die Bereitschaft, sich leichter als andere Nationen von den zivilisatorischen Errungenschaften des bürgerlichen Zeitalters zu trennen. Man darf vermuten, daß die Weltwirtschaftskrise von 1929, welche zeigte, daß der Fortschritt unter dem Kapital nicht nur seinen Preis hatte, sondern obendrein ein geschichtlich befristeter war, hier als Katastrophe und zugleich als eine Art Erlösung erlebt worden ist. Die Großraumkonzepte aus dieser Zeit bekunden vor allem den Willen zum Bruch mit dem Weltmarkt, der schließlich einmal tendenziell alle lokalen Beschränkungen aufgelöst und die Menschen aus der unbedingten Abhängigkeit von den vorgefundenen natürlichen Lebensbedingungen befreit hatte. Nur auf dem Weltmarkt konnte sich die freie Konkurrenz universell entfalten, jene Kraft, die im Sinne eines unbegrenzten Fortschritts der Produktivkräfte als automatisches Regulativ der Produktion wirken und Warentausch in stets wachsendem Umfang herbeiführen sollte. Zum Welthandel gehören der weltweite Reiseverkehr, der freie Informationsaustausch und die Mobilität der Ware Arbeitskraft, in der Terminologie des Faschismus auch Völkervermischung, Entwurzelung oder Überfremdung genannt. Der Weltmarkt stellt den Inbegriff dessen dar, wogegen die Ressentiments in Deutschland nie wirklich verschwunden sind.

Keineswegs aus Gründen wirtschaftlicher Vernunft, sondern weil es die Erfüllung einer alten Sehnsucht verhieß, ließ die deutsche Außenpolitik sich seit 1929 vom Gedanken leiten, daß das Reich autark werden müsse. Autarkie im strengen Sinn aber hätte einen gewaltigen Verzicht auf wirtschaftliche Leistungskraft bedeutet. Um ohne solche Einbußen Autarkie zu erreichen, mußte Deutschland sehr viel größer werden, was sich wiederum mit der Vorstellung von Nationalstaat, gar vom völkisch reinen, nicht vertrug. Die Lösung des Problems versprach man sich von einer Neuaufteilung der Welt, zunächst von einer nationenübergreifenden »Neuordnung Europas«. Das Neue an der Neuordnung sollten deren Elemente sein, *Großräume* oder *Lebensräume*, worunter nach außen abgeschlossene Wirtschaftszonen unter Führung einer Hegemonialmacht verstanden wurden, deren Führungsrolle als durch ihre bloße Stärke — man sprach auch von *natürlicher Leistungskraft* — schon sittlich gerechtfertigt galt. Neben der Großmacht, d.h. dem Deutschen Reich, wo das Herrenvolk residierte, kamen in diesen Märchen die Hilfsvölker vor, die in der damaligen Terminologie *wirt-*

*schaftliche Ergänzungsräume* bewohnten, und eines davon sollten auch die Jugoslawen werden.

Ein halbes Jahr, bevor die Wehrmacht Jugoslawien überfiel, erklärte bei einer Zusammenkunft des *mitteleuropäischen Wirtschaftstages* im September 1940 Max Ilgner, damals Vorstandsmitglied der IG Farbenindustrie AG: »Deutschland und die Länder des Südostens bilden zusammen einen Lebensraum.« Gemeint war damit, daß deutscher *Lebensraum* keineswegs nur Gebiete umfassen solle, in denen »Deutschland siedeln oder leben will«, sondern zusätzlich solche, »mit denen Deutschland zusammenleben und Wirtschaft treiben will.«[74] Wie rege darüber diskutiert wurde, zeigt die Auswahl einiger damals erschienener und heute durchaus modern klingender Buchtitel: »Die Länder des Südostens und die europäische Wirtschaftsgemeinschaft« (1944); »Die wirtschaftliche Bedeutung Südosteuropas für das Deutsche Reich« (1939); »Deutschland und der Südosten im Rahmen der zukünftigen europäischen Wirtschaft« (1941); »Großdeutschland-Südosteuropa. Entwicklung und Zukunftsmöglichkeiten der Wirtschaftsbeziehungen« (1939); »Der Südosten, Großdeutschland und das neue Europa« (1941)[75] Europa hieß also schon damals das Zauberwort, wie auch Victor Klemperer notiert:

»Sooft der Name Europa während der letzten Jahre in der Presse oder in Reden auftaucht — und je schlechter es um Deutschland steht, um so öfter und um so beschwörender geschieht das —, immer ist dies sein alleiniger Inhalt: Deutschland, die *Ordnungsmacht* verteidigt die *Festung Europa*. In Salzburg zeigte man eine Ausstellung: *Deutsche Künstler und die SS*. Eine Schlagzeile des Berichts hierüber lautet: ›Vom Stoßtrupp der Bewegung zur Kampftruppe für Europa‹.«[76]

Innerhalb der Großräume war zwar Arbeitsteilung vorgesehen, aber keine Konkurrenz, weshalb der substitutive Warentausch behindert und der komplementäre gefördert werden sollte. Komplementärer Warentausch auf Clearing-Basis bedeutet, daß jedes Land nur Produkte importiert, die es selber nicht herstellen kann.[77] Mit der Konkurrenz freilich entfällt auch der Markt, d.h. der unparteiische Schiedsrichter oder die nach rein objektiven Kriterien urteilende Instanz, welche die Produktion — Volumen, Standorte, Verfahren, etc. — reguliert, und eben diese vakant gewordene Position wird von der Hegemonialmacht selber besetzt, die den anderen Nationen, die als Hilfsvölker, und den anderen Ländern, die als wirtschaftliche Ergänzungsräume gelten, Vorgaben macht hinsichtlich Art und Umfang dessen, was sie liefern müssen und dafür bekommen. Daß der Tausch unter Verhältnissen fortexistiert, wo seine Voraussetzungen fehlen, unterscheidet die faschistische Großraumwirtschaft vom Prinzip der kommunistischen Planwirtschaft und ähnelt ihrer schlechten Praxis. Ohne Markt, auf dem sich freie und voneinander unabhängige Subjekte — in diesen Fall autonome Völkerrechtssubjekte — begegnen, kann der Wert der Waren nicht ermittelt werden. Die Festsetzung des Preises oder der Austauschrelation wird zu einem Willkürakt. Tausch aber, der nicht auf freier Entscheidung unabhängiger Subjekte beruht, sondern durch einen Willkürakt zustande kommt — also wenn ich jemanden zwinge, mir sein Besitz für ein Butterbrot abzutreten, wie es die Nazis bei der Arisierung sogenannten jüdischen Eigentums taten — ist die legalisierte Form des Raubes. Sein Wesen ist, daß ich zwar zwischen mir und dir, aber nicht zwischen mein und dein unterscheiden will. Die Einteilung der Welt in Nationen, deren Abschaffung überfällig ist, wird im nationalsozialistischen Großraum nicht aufgehoben, aufgehoben wird nur die Verfügungsgewalt der Nationen über ihr Eigentum.

Gleichwohl sollte nach Meinung seiner Propagandisten das Großraumkonzept nicht nur das leistungsfähigere, sondern auch das moralisch überlegene sein, weil es — durch Ausschaltung der Konkurrenz — zur *echten Solidarität* zwischen den tauschenden Volkswirtschaften führen würde. Auf dieser Entwicklungsstufe wäre die Phase der *Scheinsolidarität* überwunden, worunter man die durch den Welthandel vermittelte Arbeitsteilung zwischen den Nationen verstand, und ebenfalls überwunden wäre die nachfolgende Phase der Desintegration, in welche die Weltwirtschaft durch die globale Krise von 1929 geraten war.

Die Vorstellung, welche die Nazis vom wirtschaftlichen Großraum damals besaßen, dürfte der heutigen vom Biotop verwandt gewesen sein, in welcher der Naturprozeß des Fressens und Gefressenwerdens und die uneingeschränkte Macht des Stärkeren sich zur harmonischen, symbiotischen, konfliktfreien, kooperativen, mit einem Wort: organischen Ordnung der Dinge verklärt, weshalb es auch üblich war, statt vom *Großraum* von der *Lebensraumgemeinschaft* zu sprechen. Kohls pampige Intervention zugunsten der Erhaltung des Regenwalds bei seinem Staatsbesuch in Brasilien und die Jugoslawienpolitik der Bundesregierung sind vom gleichen Schlag.

Nimmt man den Hecht im Karpfenteich, und betrachtet man die Existenz dieses Tiers unter ökologischen Gesichtspunkten, so ist es schwer zu sagen, wo seine Interessensphäre eigentlich endet, weil schließlich in der Natur im Prinzip alles mit allem irgendwie zusammenhängt und der Raubfisch angewiesen ist nicht nur auf sein eigenes Revier, sondern auch auf die Reviere seiner Beutetiere. Manche dieser Beutetiere werden vielleicht Algen fressen, während andere nach Mücken schnappen, so daß dem Hecht die Kontrolle nicht nur über den Gewässerschutz, sondern auch über das Festland und den Luftraum zugesprochen werden und er sogar gegen die Rodung der tropischen Regenwälder Einwände geltend machen könnte.

Analog dazu fiel es den Deutschen nicht leicht, ihrem Streben nach Kontrolle über den Rest der Welt überhaupt noch irgendwelche Grenzen zu setzen, wie zwei Papiere der *Reichsstelle für Raumordnung* — so hieß sie wirklich — vom April 1941 zeigen. Das Gebiet zwischen Donau und Adria sei, so meinte das eine, schon immer eine »Haupt- und Kernfrage« großdeutscher Politik gewesen, »und dies nicht aus Herrscherlaune, sondern aus raumpolitischen Gründen«:

»In unserer Zeit erleben wir sowohl das Schlagwort *Wien-Saloniki*, das zur Bezeichnung der österreichischen Politik der letzten 20 Jahre vor dem Weltkrieg von 1914 aufkam, wie das andere Zielwort *Berlin-Bagdad*, mit dem man die deutsche Politik charakterisierte, und wir erlebten dann im Weltkrieg den militärischen Durchbruch der Mittelmächte durch das Donau-Adria- und Balkangebiet nach Vorderasien mit dem schweren Fehler des Liegenlassens von Saloniki in feindlichen Händen, und wir erleben jetzt wiederum den notwendig gewordenen Durchbruch der deutschen Armeen und der deutschen Politik in die gleiche Richtung. Muß man nicht aus all diesen alten und neuen Vorgängen mit Notwendigkeit schließen, daß die Ordnung der Verkehrsräume zwischen Donau, Adria, Ägäis und schwarzem Meer ein einfach unabweisbares Gebot jeder großdeutschen, den inneren Donauraum und damit auch seine äußeren Verkehrsbedürfnisse umfassenden Politik ist?«[78]

Das nächste teilte den Balkan in zwei Zonen auf:

»Die eine zielt über das Mittelmeer nach Nordafrika, Ägypten und der syrischen Küste zu, die andere über das Marmara-Meer und über das Schwarzmeer nach Vorderasien, Südrußland, den Kaukasus und über Batum, Erzurum nach Transkaukasien und Iran.«

Geschlußfolgert wurde daraus, daß Südosteuropa und das Schwarze Meer »also nicht nur die Funktion der ergänzenden Wirtschaft des Großdeutschen Raumes« hätten, sie seien »vielmehr zum Ausgleichs- und Übergangsraum« nach Nordafrika, Vorder- und Mittelasien geworden:

»Hierin liegt die gewaltige und nicht zu übersehende Bedeutung des Donauraumes und der Länder an der unteren Donau, die sie für sich haben und ihnen im Zusammenhang und in ihrer Funktion als Ergänzung des mitteleuropäischen Raumes zukommt.«[79]

Wie alle geographischen Grenzen des Großraums in der zitierten Betrachtung zerfließen, so entweicht daraus jede Zweckbestimmung. Klar wird nur, daß die Planer, wenn es um Raum geht, am liebsten alles wollen, auch Mittelasien ist in der Relation auf Fernost wiederum Übergangsraum, usw. Völlig unklar bleibt, wie in dem immer weiter ausufernden Riesenreich gelebt und produziert werden soll, wie die Deutschen es verwalten und kontrollieren wollen. Schon als die Deutschen Jugoslawien erobert hatten, wußten sie damit so wenig anzufangen, wie der Westen heute ratlos vor dem Chaos steht, das er im Osten anzurichten half:

»Die staatlichen Planungsarbeiten zur systematischen und längerfristigen Gestaltung Südosteuropas in der nationalsozialistischen Großraumwirtschaft befanden sich im Frühjahr 1941 auf einem toten Punkt. Von der Planungseuphorie, die nach dem Waffenstillstand mit Frankreich im Sommer 1940 eingesetzt hatte, war ein dreiviertel Jahr später nur noch wenig zu spüren. Ausschlaggebend für den Stillstand war neben der unkalkulierbaren Dauer des Krieges Hitlers beharrliches Schweigen zu konkreten Fragen der Großraumplanung — angefangen von der territorialen Abgrenzung der Einflußsphären bis zu Grundsatzentscheidungen über entwicklungs- und regionalpolitische Fragen im Großraum.«[80]

Der Grund für Hitlers Schweigen wiederum war, daß konkrete und zugleich realisierbare Pläne für die Großraumwirtschaft damals ebenso wenig existierten, wie heute kein Mensch weiß, wie das Wunder geschehen soll, daß der Staat Befehle erteilt, und sich per Befehl dann im Zeitalter der Monopole die freie Marktwirtschaft entwickelt. In der Propaganda der Nazis gegen das raffende (jüdische) und für das schaffende (deutsche) Kapital drückt sich die projektiv gewendete Ahnung aus, daß sie selber ordinäre Banditen waren, die morden, brandschatzen und plündern können, aber unfähig sind, die Produktion und überhaupt ein geregeltes Leben zu organisieren.

*

»Die Größe und die Vielfalt ihrer umspannenden Aufgabe, die sie dann noch von Rackets unterscheidet«, schrieb Horkheimer 1941 über die zur Gangsterbande transformierte Bürgerklasse, »schlägt einerseits in die Qualität weitausgreifender Planung, andererseits in den Anschlag auf die Menschheit um.«[81] Ihn zu vereiteln sind heute die objektiven Bedingungen günstiger denn je, weil anders als damals eben nicht die Wehrmacht in ganz Europa steht. Der Sozialismus in Jugoslawien, der damals mit anderthalb Millionen Toten zu bezahlen war, ist heute billiger zu haben, und er könnte, weil der Preis ein geringerer ist, ein besserer Sozialismus sein. Die Präventivstrategie der Deutschen, schon vor der großen Krise Maßnahmen wie in der Zeit danach zu ergreifen, könnte sich als abschreckendes Lehrbeispiel erweisen. Im Osten bekommen die Massen im Westen vorgeführt, was ihnen selber blüht. Die Möglichkeit besteht, daß sie dies im richtigen Augenblick noch erkennen. Während der Sozialismus von 1917 scheitern mußte, weil der »Sozialismus in einem Land« nicht gelingen kann, hätte er dann als weltweiter und auch die entwickelten Länder umfassender die Chance, die in ihn gesetzten Hoffnungen einzulösen. Viele Möglichkeiten sind das nur, aber noch nie war die Revolution etwas anderes. Sie geschieht, wenn die Menschen die sich ihnen bietende Gelegenheit ergreifen, andernfalls geschieht sie nicht. Feststehende Tatsache ist nur, daß die Klassenherrschaft noch nie so schwach gewesen war, wie sie dies heute ist, im Augenblick ihres jüngsten Triumphes.

# Die Bombe tickt[82]

»Wieder«, schrieb am 7.4.92 die *Stuttgarter Zeitung*, »hat sich der deutsche Außenminister trotz der Bedenken und Skrupel einiger seiner Amtskollegen durchgesetzt. Mit dem Datum des heutigen Tages wird die jugoslawische Republik Bosnien-Herzegowina von der Europäischen Gemeinschaft als souveräner Staat anerkannt.« Weil aber, unter stammeskundlichen Gesichtspunkten betrachtet, Bosnien-Herzegowina eine »Jugoslawien im Kleinen« ist, hieß der deutsche Sieg diesmal nicht weniger und nicht mehr, als die eben noch zu ihrer Befreiung aus dem »Vielvölkerkerker Jugoslawien« ermunterten Gruppen nun in einer engen Zelle des alten Zuchthauses zusammenzusperren. Erst hatte man Kroaten, Serben, Muselmanen etc. wie Kampfhunde aufeinander scharf gemacht; ihnen eingetrichtert, daß sie aus kulturellen, ethnischen, historischen, politischen, religiösen, wirtschaftlichen und diversen weiteren Gründen viel zu verschieden seien, um einander im gemeinsamen Staat zu ertragen. Dann schloß man die Verhetzten in der Arena ein, und was kommen mußte, ließ nicht lange auf sich warten. Wo Sarajewo war, ist ein Friedhof und ein Trümmerhaufen, der zu Ehren seines Urhebers einmal »Genscher-City« heißen wird.

Doch nicht Genscher, nicht die Bundesrepublik Deutschland und nicht die EG wurden am 30.5. vom UN-Sicherheitsrat mit Sanktionen bestraft, sondern bestraft wurde der verbliebene Rest Jugoslawiens. Damit war die Willkür separatistischer Führer und Warlords im Bürgerkrieg, wo nach Rechtsgründen keiner fragt, zum Gesetz des Handelns aller Regierungen geworden, die den Schlichter spielten, während sie Öl ins Feuer gossen. Wären die Jugoslawen zur selbstlosen Bosheit fähig, die als einzige Gemütshaltung derzeit noch moralischen Trost spendiert, so hätten sie das ihnen am 30.5. zugefügte Unrecht zugleich als Triumph einer umfassenderen Gerechtigkeit feiern dürfen. Seither ist klar, daß es bei den Toten und den Trümmern von Sarajewo nicht bleiben wird. Warum das so ist, und wie es kam, versucht der folgende Text zu entwickeln.

## I

Am 24.5. erklärte der Außenminister der Vereinigten Staaten in Lissabon: »Wir dürfen diesen humanitären Albtraum im Herzen Europas nicht hinnehmen«, Amerika sei »über die Vorgänge in Bosnien-Herzegowina und das Leid der Bevölkerung erschüttert«. (*FAZ*, 25.5.92) Die Propagandalüge war freilich keine, weil a) zur Lüge die Täuschungsabsicht und damit der Anspruch gehört, daß sie glaubwürdig wäre, und weil b) inzwischen wirklich jeder weiß, daß das verworrene Getümmel auf dem fernen Balkan zu den wenigen Dingen zählt, die einen leidgeprüften Bewohner von Los Angeles nicht bedrükken.[83] Was Baker sagen wollte war, daß einer nur lügt, wenn er die Wahrheit fürchtet, und daß er selber diese Frucht nicht kennt, so wenig wie der Gangster welche vor dem korrupten Bullen. Der ist ein Narr, wenn er gegen die dem Augenschein hohnsprechende Versicherung protestiert, die Person mit dem großen Loch in der Brust sei nur ein bißchen müde. Denn eigenhändig stopft er so das kleine Schlupfloch zu, das ihm sein taktvoller Herr und Meister gnädigerweise ließ.

Wer an den Behauptungen der Machthaber zweifelt und sich dabei auf Tatsachen, Rechtsgründe oder die Logik beruft, der schadet — so warnte also Baker am 24.5. die Welt — nur sich selbst. Er wird dann eben, so Baker sinngemäß weiter, mit den Magengeschwüren leben müssen, die davon kommen, daß er das Unrecht kennt, ohne das Mindeste daran ändern zu können. Gleichzeitig jedoch zeigte der routinierte Diplomat sich kompromißbereit, und er verstand es, die Drohung mit einem Versprechen zu verbinden. Den Gutwilligen wolle er eine goldene Brücke bauen, sie sollten zu sehen bekommen, was sie sehen wollten, um glauben zu können, was sie denken mußten. In Klartext übersetzt beinhaltete Bakers vieldeutige Botschaft auch die Forderung, die Networks endlich mit zur Hauptnachrichtenzeit vorzeigbarem Bildmaterial zu versorgen.

Ein schwieriger Auftrag, weil auf dem Balkan wenig ist, was man nicht auch zu Hause filmen kann. Unmöglich, dem amerikanischen Publikum die langweiligen Kamerafahrten durch ausgebrannte Ruinen vorzusetzen. Es hätte sich allenfalls gewundert, woher in der South-Bronx und in Harlem auf einmal die vielen kleinen Häuser kamen, und dann den anderen Kanal gewählt. Stattdessen das Elend der Vertriebenen oder soziale Not groß ins Bild zu rücken, verbot sich ebenfalls von selbst. Wer Obdachlose sehen will, braucht dazu keinen Fernsehapparat. Außerdem fischte die Küstenwache gerade Flüchtlinge aus Haiti ab, deren Pech es war, daß sie nicht aus Kuba kamen. Wenig half es den Gestalten mit dem abgerissenen Hemdchen am Leibe, den paar Kindern an der Hand, mit der Angst in den Augen und nichts als Hunger im Bauch, daß man aus ihrem Elend einen guten Rührfilm fabrizieren konnte. Schnellboote brachten sie in die Heimat zurück, dorthin, wo Papa Doc und Baby Doc mit ihren Tontons Macoute ein halbes Jahrhundert lang den Außenposten der westlichen Wertegemeinschaft in der Karibik gehalten hatten. Witzlos war ferner der Ausflug ins Krankenhaus, dem Lieblingsziel deutscher Fernsehjournalisten auf Motivsuche. Denn Menschen ohne die richtige politische Einbildungskraft sehen dem am Tropf hängenden Mann im Streckverband den kroatischen Freiheitskämpfer nicht an und argwöhnen gar, ob er Meinungsverschiedenheiten mit der heimischen Stadtpolizei hatte. Auch Leichen machen sich, wenn sie erst richtig tot sind, der Unbeweglichkeit wegen im Fernsehen schlecht, das seinen Wettbewerbsvorteil gegenüber der Presse verspielt, wenn es statt *Action* Stilleben bringt. Obendrein war wegen des Umweltgipfels die Sendezeit für Leichen schon durch solche aus Rio besetzt, wo man sie angeblich an jeder Straßenecke findet. Übrig blieb nur, das Sterben life auf die Mattscheibe zu bringen, den Körper, solange er noch zuckt, das Blut vor der Gerinnung.

Drei Tage war die Bestellung alt, dann lieferte das bosnische Fernsehen die passenden Bilder. Von allen Stationen im hiesigen Kabelnetz wurden sie am 27.5.92 als Top-Meldung in die Nachrichten übernommen. Mit der Warnung, daß Kinder und empfindsame Menschen besser wegsehen sollten, machte beispielsweise die Schweizer *Tagesschau* dem Publikum Appetit. Wer sich von der Gier nicht überwältigen ließ und nüchtern blieb, durfte sich dann vor der Fantasie der Redakteure gruseln.

Das Horrorvideo vom Granateneinschlag in die Menschenmenge sah so harmlos aus wie — Version Nr.1 — von Mitgliedern des Stadttheaters Sarajewo in Heimarbeit produziert. Die Gruppierung der Verwundeten, die wie auf Befehl den Arm zum Winken erhoben, verriet die Handschrift desselben Stümpers, der 1989 in Rumänien auf dem Friedhof ausgegrabene Leichen für eine Propagandavideo über angebliche Massenschlächtereien der Securitate hatte herrichten lassen. Viel zu verschwenderisch für den modernen Geschmack war der Requisiteur mit rotem Saft umgegangen, weshalb *Bild* vollkommen zu Recht von einem »Blutbad« sprach. Den riesigen Lachen nach zu urteilen hätte ein Amokläufer die Kehle Dutzender mit dem Rasiermesser durchgeschnitten haben müssen. Obendrein wiesen die Personen, die nicht im Blut, sondern daneben lagen, und dies recht bequem, weder für Granatsplitter typische Verletzungen noch überhaupt sichtbare Wunden auf.

Sichtbar war nur, daß Menschen getragen, geschleift oder gestützt wurden, woraus serbische Militärs auf Verletzungen der Beine schlossen, wie nicht Granaten, sondern Minen — Version Nr.2 — sie hervorrufen. Experten mit Ortskenntnis wiesen auf die Ungereimtheit hin, daß bei keinem der umliegenden Häuser das Dach oder die oberen Stockwerke beschädigt waren und folglich die Granate nahezu senkrecht vom Himmel herab in die enge Gasse hätte gestürzt sein müssen, wo die Menschen vor einem Bäckerladen in der Schlange standen. Weder Ortskenner noch Militärfachmann brauchte einer sein, um die schnellen, verstohlenen Blicke in die Kamera zu bemerken, wie von Laiendarstellern, denen sie ausdrücklich verboten wurden.

Daß die Artillerie der serbischen Milizen, sonst für geringe Treffsicherheit und flächendeckende Arbeitsweise berüchtigt, auf Anhieb ein schwieriges Punktziel präzise traf — phänomenal. Daß ferner das Timing zwischen der Artillerie auf den Hügeln und den Heckenschützen in der Stadt klappte — ein Wunder. Und gleich noch ein Wunder, daß obendrein ein Kamerateam des bosnischen Fernsehen im richtigen Augenblick zur Stelle war — in einer Gegend, wo selbst zu Friedenszeiten kein Fahrplan stimmt. Der Argloseste hätte ein Komplott wittern müssen angesicht einer Szenerie wie im Film »Der dritte Mann«.

Nichts freilich sieht bisweilen gestellter und unglaubwürdiger aus als die Wirklichkeit. Doch ob gefingert oder echt — Version Nr.3 —, das Video war, was alle sehen wollten. Es bot Gelegenheit, das Gesicht zu wahren und gleichzeitig seine Ergebenheit zu beweisen. Die Presse bewies ihre Ergebenheit, indem sie nicht nach der Beweiskraft des Videos fragte, obgleich es in der Fernsehberichterstattung über diesen Krieg fast schon zur Regel wurde, die gleichen Aufnahmen mit den gleichen Personen einmal als Bericht über kroatische und einmal als Bericht über serbische Opfer zu verkaufen.[84] Auch fragte sie nicht, was das besonders Empörende an diesen Toten wäre, in einem Bürgerkrieg, wo angeblich Dutzende, wenn nicht Hunderte täglich auf ähnliche Weise sterben. Stattdessen rieb sich die *Süddeutsche Zeitung* vom 29.5.92 voller Genugtuung die Hände:

> »Ein Artillerieangriff serbischer Verbände auf einen Markt in Sarajewo, bei dem mindestens 20 Menschen getötet und über 140 verwundet wurden, hat in der EG und den Vereinten Nationen den Weg für drastische Sanktionen gegen Belgrad geebnet.«

Wer das Wort vom geebneten Weg überlas, bekam im Leitartikel des gleichen Blattes eine zweite Chance:

»Von ›Barbarei‹ hatte der amerikanische Außenminister James Baker in einer Anklage gegen Belgrad nur Tage zuvor gesprochen, und nun konnte alle Welt sehen, daß er nicht übertrieben hatte.«

## II

Als dann am 30. Mai 1992 auch noch der 15-köpfige Sicherheitsrat der Vereinten Nationen das Filmkunstwerk prämierte und bei zwei Enthaltungen ohne Gegenstimme beschloß, daß der verbliebene Rest Jugoslawiens eine harte Straflektion verpaßt bekommen und nach Herzenslust schikaniert werden solle, mit totalem Handelsembargo, Verkehrsblockade und allem was dazugehört, da drückte die Einmütigkeit des Gremiums die Bereitschaft seiner Mitglieder aus, bei nächster Gelegenheit einander die gleichen Zähne zu zeigen, die diesmal so einträchtig nach dem Schwächsten bissen.

Den Ton im Rudel gab die amerikanische Regierung an, die, seit sie im eigenen Land nur noch auf Abruf über die Amtsgewalt verfügt, zum Anhänger der Desperado-Weltanschauung wurde. Auf den Grundsatz vertrauend, daß der Mann mit der dicken Brieftasche und dem langen Arm kein guter Advokat sein muß, vielmehr wie der mit der Kanone durch umständliche Überredungsversuche nur seine knapp bemessene Zeit verplempert, nahm sie die russischen Kollegen ins Gebet, die es ohnehin besser als alle anderen wissen, daß gegen harte Dollars die beste Philosophie nichts hilft. Einvernehmen bestand zwischen dem Erpresser und den Erpreßbaren darin, daß Rechtsgründe und moralische Legitimationen ein Luxus seien, den sich in diesen schweren Zeiten keiner leisten kann.

Zwar lag den Delegierten zum Zeitpunkt der Beschlußfassung der offizielle UN-Bericht nicht vor, der auf zwei mit der Resolution unvereinbare Fakten ausdrücklich hinwies: Einerseits auf die Präsenz regulärer, Tudjman unterstehender kroatischer Einheiten in Bosnien; andererseits darauf, daß die Belgrader Regierung keine Befehlsgewalt mehr über die Milizen bosnischer Serben und die mit ihnen verbündeten Überbleibsel der ehemaligen Bundesarmee besaß. Zu den vielen kleinen Schiebereien hinter den Kulissen in der Affäre gehört, daß Generalsekretär Boutros Ghali das vom 30.5. datierte Papier vier Tage zurückhielt und es erst am 3.6. weitergab, angeblich mit Rücksicht auf die in Jugoslawien am 31.5.92 abgehaltenen Wahlen, bei denen auf Wunsch der USA die regierenden Sozialisten geschwächt werden sollten.

Arglos und gutgläubig auf einen schmutzigen Trick hereingefallen war trotzdem keiner. Es macht den besonderen Charakter und die politische Bedeutung der UN-Resolution vom 30.5. aus, daß sie gegen besseres und allgemein verfügbares Wissen zustande kam. Nicht den Bericht, aber die darin aufgeführten Fakten kannten alle. Denn sogar in der antiserbischen Hetzpresse stand, was jede zu Rückschlüssen fähige Person auch ohne Kenntnis irgendwelcher Einzelheiten wußte: Wo wochenlang schwere Gefechte tobten, konnte die »serbisch beherrschte jugoslawische Bundesarmee« nicht die einzige gewesen sein, weil zum Kriegspielen mindestens zwei gehören. Weder linke noch rechte Blätter verschwiegen, und selbst Reißmüller in der *FAZ* gab es zu, daß in Bosnien-Herzegowina auch kroatische Verbände operieren, unter ihnen solche der faschistischen HOS-Partei, deren erklärtes politisches Ziel und deren Praxis im Bürgerkrieg die Ausrottung und Vertreibung von Serben ist. Radio Sarajewo, immerhin in moslemischer Hand, wurde von sämtlichen Blättern mit dem verzweifelten Eingeständnis zitiert, daß auf allen Seiten, inklusive der eigenen, in diesem Bürgerkrieg statt eines Oberkommandos der Wahnsinn regiere. Aus der wochenlang fast täglich wiederkehrenden Meldung, im Bereich des unter serbischer Kontrolle stehenden Flughafens von Sarajewo und der Marschall-Tito-Kaserne wären erneut heftige Kämpfe aufgeflammt, konnte sich jeder selber zusammenreimen, wer dabei die Angreifer waren.

Nicht die Belgrader *Politika*, sondern die *Welt* (vom 25.2.) hatte — voller Sympathie zwar, aber gerade deshalb auch mit der nötigen Liebe zum Detail — über die Ambitionen des kroatischen Faschistenführers Paraga, übrigens studierter Theologe, berichtet:

»Heute sind ihm in Kroatien nach gängigen Schätzungen rund 20 000 bewaffnete Kämpfer in der militärischen Organisation seiner Partei ergeben. Diese Kroatische Verteidigungsarmee (HOS) verfügt in Bosnien-Herzegowina über weitere 16 000 Mann unter Waffen. Die HSP fordert ein Kroatien in den Grenzen, die unter der Habsburg-Monarchie galten. Bosnien-Herzegowina und ein Teil der Wojwodina gehörten dazu. ›Es sind die historischen Grenzen unseres Landes, und dort leben zu 80 Prozent Kroaten‹, sagt Paraga in einem Gespräch mit der WELT. Wobei er die bosnischen Moslems als islamisierte Kroaten sieht. [...] Die Ustaschas — immer wieder tauchen sie schemenhaft in den Reden der HSP-Führer auf, subtil, kaum greifbar. Klug dosiert und wie beiläufig streut Paraga Bemerkungen ein: Alle, die gegen die Serben gekämpft hätten, seien Kämpfer für eine gute Sache gewesen, auch der damalige faschistische Staatschef Pavelić. Deutlicher wird der bosnische HOS-Chef Davor Pirenović: ›Wißt ihr, wie wir ein Dorf kampflos von den Tschetniks befreit haben? Nur durch ein Lied: Wir sind keine Russen, wir sind keine Engländer — hier kommt die Ustascha!‹ Beifall und Gelächter im Saal. Die Vergangenheit lebt. Aber es wäre falsch, die HSP-Anhänger als Faschisten oder Ustaschas zu sehen. [...] In Bosnien ist die HOS die letzte Hoffnung vieler Kroaten [...] Es waren HOS-Milizen, die kürzlich Panzersperren in der Stadt Mostar errichteten. Als Zagreb nach der Unabhängigkeitserklärung Grenzschilder aufstellen ließ, wurden sie von bosnischen Kroaten 25 Kilometer weit ins Landesinnere versetzt. ›Jeder ist bewaffnet, gerade deswegen ist noch kein Krieg ausgebrochen‹, sagt Pirenović. ›Wir haben mit den Moslems einen Krisenstab eingerichtet. Wenn die Serben schießen, werden ihre Familien abgeschlachtet, und sie wissen es.‹ In geschliffenen Formulierungen sagt der in Deutschland ausgebildete Arzt, man wolle die Wiedervereinigung mit friedlichen Mitteln erreichen. Sollte dies an den Serben scheitern, sagt er ein Blutbad ohnegleichen voraus. ›Jeder Moslem, jeder Kroate hat seine Kalaschnikow. Er hat den Auftrag, wenn es losgeht, die serbischen Familien in seinem Wohnhaus, seiner Nachbarschaft zu töten. Das ist die einzige Sprache, die sie verstehen.‹ Der Akademiker lehnt sich zurück: ›Das ist natürlich nicht nach europäischem Geschmack. Aber so wird es sein.‹«

Ebenfalls kein serbisches Blatt, sondern die *FAZ* vom 11.5.92 wußte über den Landhunger der amtierenden kroatischen Regierung zu melden:

»Die Idee einer Teilung Bosnien-Hercegovinas zwischen Serbien und Kroatien spukte seit je im Kopf des kroatischen Präsidenten Tudjman, der auch aktiv dazu beitrug, daß sich in der kroatischen Partei Bosniens an stelle des für einen selbständigen Staat eintretenden Flügels unter Klujić derjenige der anschlußfreudigen Kroaten der Hercegovina unter Boban durchsetzte. [...] Tudjman muß sich nun Vorwürfe gefallen lassen, er träumte von einem ›Groß-Kroatien‹ und lasse kroatische Truppen in Bosnien kämpfen.«

Zehn Tage später, am 21.5., stöhnte das gleiche Blatt, weil unter Patzern der Kroaten am meisten der deutsche Mentor leidet:

»Der Präsident umgibt sich mehr und mehr mit Beratern aus der westlichen Hercegovina, die extrem nationalistisch eingestellt sind; außerdem hört er sehr auf Emigranten. Die reden unentwegt von einer Teilung Bosniens oder von einem Groß-Kroatien bis an die Drina. [...] Die Fehler, die man Tudjman ankreiden kann, begannen mit dem Verhalten gegenüber den Serben und der Art der Kriegführung; sie setzen sich fort mit den unglücklichen Reden über die Teilung Bosniens, die auch jetzt nicht aufhören wollen.«

Keineswegs mußte der aufmerksame Zeitungsleser der Propaganda glauben, daß in Bosnien eine schießwütige serbo-kommunistische Bundesarmee friedliebende, unbewaffnete, wehrlose muslimische Zivilisten massakrierte. Vielmehr konnte er seine Schlüsse aus Meldungen wie dieser ziehen:

»Die Angst vor einer ungewissen Zukunft hat nicht nur die Serben erfaßt, die zu Tausenden aus dem Neretva-Tal von Sarajewo nach Serbien fliehen, sondern auch die in Bosnien lebenden Juden. Am Wochenende flog die jugoslawische Armee

132 Juden zusammen mit Familienangehörigen serbischer Berufssoldaten aus Sarajewo aus und brachte sie nach Belgrad. Die Aktion soll fortgesetzt werden. Die Zahl der Juden, die auf verschiedenen Fluchtwegen von Sarajewo nach Belgrad fliehen, wird künftig nicht mehr bekanntgegeben. Klara Mandić, Sprecherin der Jüdischen Gemeinde Jugoslawiens, erklärte in Belgrad: ›Da wir Repressalien befürchten, verzichten wir darauf, Angaben über das Ausmaß der Evakuierung zu machen.‹ In Sarajewo lebt eine der größten und reichsten jüdischen Gemeinden des Balkans. Angst haben die Juden vor allem vor den muslimischen paramilitärischen Einheiten, den Grünen Baretten, die angeblich zum Teil vom Ausland bezahlt sein und mit muslimischen Fundamentalisten in Verbindung stehen sollen. Ob der Führer der Muslime, der Republikpräsident Aljia Izetbegović, in der Lage ist, auf die militanten Grünen Barette Einfluß zu nehmen, ist zur Zeit unklar.« (*Stuttgarter Zeitung* vom 13.4.92)

Keineswegs auch wurden Nachrichten über den wirklichen Frontverlauf einfach unterdrückt. Die *Stuttgarter Zeitung* vom 4.4. meldete:

»Von schrecklichen Massakern wird berichtet, von Massenflucht und zahllosen Opfern. Ein Zufall? Sicher nicht. Vielmehr scheinen sich die Extremisten aller Seiten vereinigt zu haben — im Töten. [...] Die von den Volksgruppenführern Bosniens — und unter Vermittlung der EG — kürzlich im Grundsatz vereinbarte Aufteilung der Republik in Kantone hat dazu geführt, daß um den Verlauf der noch gar nicht genau festgelegten Grenzen erbitterte Gefechte ausgebrochen sind, an denen sich Serben, Kroaten und Muslime gleichermaßen beteiligen.«

Am 9.4. schrieb das Blatt über die Lage im Bürgerkrieg:

»Zufrieden sind lediglich die kleinen Präsidenten der zahlreichen Krisenstäbe und die zahlreichen schwerbewaffneten Kommandanten der großen wie kleinen Barrikadenkämpfer-Trupps. Sie können in diesen Tagen ihre Macht in vollen Zügen genießen. [...] Plünderer und nicht identifizierte Scharfschützen haben in diesen Tagen und Nächten ihre große Zeit.«

Der Wortlaut einer dpa-Meldung vom 8.5., hier aus der *FAZ* vom 9.5. zitiert:

»›Da bahnt sich eine Katastrophe an.‹ So faßte der deutsche Diplomat Klaus Boennemann am Freitag in Belgrad die Lage in der bosnischen Hauptstadt Sarajewo zusammen. [...] In der Stadt trieben im Windschatten des Bürgerkrieges ›kriminelle Banden‹ ihr Unwesen, die ›maskiert und mit Kalaschnikow-Gewehren bewaffnet Wohnungen plündern und Passanten ausrauben‹. [...] Selbst die politischen Führer der Muslime, Serben und Kroaten seien psychisch am Ende: ›Die sorgen sich selbst ums nackte Überleben.‹ Die brutale Gewalt in Sarajevo habe sich verselbständigt.«

Zum gleichen Schluß kamen UN-Beamte, wie man in der *Stuttgarter Zeitung* vom 15.5. las:

»Lord Carringtons Vertreter im Rahmen der EG-Friedenskonferenz über Jugoslawien, Colm Doyne, begründete den Abzug der EG-Beobachter in Belgrad mit den Worten: ›Die politischen Führungen der Moslems, der Serben und der Kroaten haben die Kontrolle über Teile ihrer bewaffneten Einheiten, insbesondere über jene, die in Sarajewo kämpfen, verloren.‹ In seinem Bericht an den Weltsicherheitsrat charakterisiert der Unterstaatssekretär der UN, Goulding, die Situation in Bosnien-Herzegowina mit ›tragisch, gewalttätig, gefährlich und konfus‹.«

## III

Nichtsdestotrotz den verbliebenen Rest Jugoslawiens als für die Gewalt in Bosnien allein verantwortlichen Aggressor mit schweren Sanktionen zu bestrafen, war eine beispiellose, atemberaubende Demonstration von Willkür. Niemand soll, so die Botschaft, sich mehr in Sicherheit wiegen, daß die Entscheidungen der Machthaber vernünftig sein müssen und im Zweifelsfall unter Berufung auf die Vernunft Einspruch gegen sie erhoben werden kann.

Statt die Botschaft der Resolution zu bemänteln, hob der später vorgelegte UN-Bericht sie nur noch deutlicher hervor, weil er die Entscheidung vom 30.5. vor aller Öffentlichkeit als groteskes Fehlurteil entlarvte und die Enthüllung trotzdem absolut folgenlos blieb. Keiner wußte das Selbstbewußtsein derer, die sich als Vertreter des kommenden Machtverhältnisses begreifen, besser auszudrücken als der amerikanische Präsident. Seine Behauptung, die »schwerwiegenden Vorgänge in Serbien und Montenegro [seien] eine ungewöhnliche und außerordentliche Gefahr für die nationale Sicherheit, Außenpolitik und Wirtschaft der Vereinigten Staaten«, (*Neue Zürcher Zeitung* vom 2.6.92) war kein Rechtfertigungsversuch mehr, sondern ein anderer Ausdruck für »Ihr könnt mich« — angesichts einer demnächst wählenden Bevölkerung nämlich, die genau solche Sprüche nicht mehr hören und stattdessen Arbeitsplätze haben will.

Nicht, daß die neue Willkür bislang und anderswo unbekannt gewesen wäre, täglich berichtete darüber vielmehr die Presse. Selbst in den Blättern der herrschenden Oligarchie werfen deren Fraktionen einander Selbstherrlichkeit und autokratisches Gehabe vor, und die falschen Beweggründe ändern nichts an der Richtigkeit des Befunds. Im Wirtschaftsteil der *FAZ*, wo die Entscheidung der ÖTV-Spitze, gegen den erklärten Willen einer Mehrheit der Mitglieder den Streik abzubrechen, selbstverständlich ungeteilte Zustimmung fand, war am 5.6 über die Reaktionen auf den dänischen Volksentscheid gegen Maastricht zu lesen:

»Sprache ist entlarvend. Nach dem Volksentscheid in Dänemark haben sich manche Politiker zu der Feststellung verstiegen, nun müsse man sich erst einmal der ›Schadensbegrenzung‹ widmen. Wie? Darf sich der Souverän als Schädling der Politik eingestuft sehen, wenn er nicht blind jede Regierungsparaphe bestätigt? Mit merkwürdigen Begriffen gehen diejenigen um, die sich als Dauerpächter der Macht begreifen, obwohl ihnen doch nur ein Vertretungsbefugnis auf Zeit gegeben wurde.«

Den Umweltgipfel nach Rio zu verlegen und die geballte Ladung von einhundertzwanzig Staatsoberhäuptern mit zahllosen Wichtigtuern und Schnorrern im Troß ihren Prunk, Protz und Pomp ausgerechnet in unmittelbarer Nähe zu den Slums zelebrieren zu lassen war eine gezielte Provokation der Elenden in den Favelas. Stellvertretend für alle Elenden dieser Erde wurde ihnen klargemacht, daß sie eh keine Chance haben, nur die Luft verpesten, sich auf keinen Fall vermehren und noch besser gleich abkratzen sollen. Zur Unbekümmertheit, mit der ein vollbeschäftigter Regionalpolitiker heimlich Ruhestandsbezüge kassierte, und zur Unverfrorenheit, mit der er den Bezug öffentlich verteidigte, paßte ein Außenminister, bei dem die »Mir-kann-keiner«-Haltung berufsbedingt freilich dazu führte, daß seine Manieren denen eines Obersturmbannführers immer ähnlicher wurden. »Kinkel erklärte, jetzt müsse es das Ziel aller Politik sein, ›Serbien in die Knie zu zwingen‹. Über die Führung in Belgrad sagte der Außenminister: ›Die müssen einknicken‹«, schrieb am 22.5. die *Süddeutsche Zeitung* stolz, um drei Tage später unter dem Titel »Der diplomatische Neuling redet Klartext« die brutale deutsche Art noch schamloser zu bewundern:[85]

»Kinkel dürfte im vertraulichen Gespräch mit seinem amerikanischen Kollegen James Baker nicht weniger eindeutig gewesen sein als in seinen öffentlichen Äußerungen. ›Serbien muß in die Knie gezwungen werden‹, sagte Hans-Dietrich Genschers Nachfolger. [...] Ohne diplomatische Verklausulierung warnte er seinen russischen Kollegen Andrej Kosyrew, weiter die Hand schützend über Serbiens Führung zu halten.«

Die Nötigung Rußlands schloß sich an die Drohung gegen Chile an, die Nicht-Auslieferung Honeckers werde als »unfreundlicher Akt« betrachtet und geahndet — reihum war ein munteres Hauen und Stechen im Gang, das man nur noch im Telegrammstil nacherzählen kann: Bonn nimmt Verfolgung kurdischer Separatisten zum Vorwand, türkische Regierung rüde zu rüffeln und ihr laufende Waffenlieferungen zu sperren; Ankara, auch nicht faul, droht militärische Aktionen gegen Armenien an, dessen Armee in Aserbaidschan wildert, worauf Moskau wiederum mit der Warnung vor dem dann unvermeidlichen dritten Weltkrieg reagiert.

Hingerissen vom kernigen neuen Umgangston, mitgerissen von der eigenen Begeisterung für ihn, verfiel

Theo Sommer in der *Zeit* (vom 29.5.) beim Schwadronieren plötzlich ins Kommandieren und auch gleich in die erste Person:

»Es war eine Schande, wie Europa voriges Jahr mit verschränkten Armen zusah, als die serbische Kriegsmarine Dubrovnik in Schutt und Asche legte. Sollte sich dies — in Dubrovnik oder anderen adriatischen Hafenstädten — wiederholen, müßte der Westen mit einem Ultimatum eingreifen: ›Entweder Sie drehen ab, oder Sie werden versenkt!‹«

Angeblich war der *Zeit*-Chef zum Diktat im Matrosenanzug erschienen und steigt seither mit der Kapitänsmütze in die Badewanne, doch kann der schwache Witz nicht hinwegtrösten darüber, daß Infantilismus bei erwachsenen Männern eine meist für andere lebensgefährliche Krankheit ist.

Während brave Politologen die Renaissance des Nationalstaats priesen und ihm, mit Blick auf die steigende Zahl der Exemplare, eine große Zukunft versprachen, war die vermeintlich prosperierende Gattung schon von der Inflation zerrüttet. Wie der Professorentitel keinen beeindruckt, seit ihn Tausende von Dummköpfen führen, hat die nationale Souveränität kaum Wert, wenn selbst Zwergvölker und Puppensstubenstaaten sie besitzen. Nichts besagten die Anerkennungsurkunden mehr, als man anfing, sie im Fließbandverfahren auszustellen. Rechte, die sie einmal garantierten, waren nun auf freier Wildbahn zu erkämpfen, wo bekanntlich der Stärkere siegt. Statt den Stammesgebilden zu eigenen Staaten zu verhelfen, hatte der Zusammenbruch der Sowjetunion sie staatenlos und rechtlos gemacht, weil nach dem Ende der Blöcke nirgends mehr die Machtgleichheit bestand, welche gleiche Rechte sichert. Da die Institution »souveräner Staat« bloß formell noch bestand, konnte der UN-Sicherheitsrat als Erfüllungsgehilfe der USA gegen Lybien Sanktionen verhängen, nur weil die lybische Regierung nicht tat, was die Verfassung eines jeden souveränen Staates der Regierung verbietet, nämlich die Auslieferung eigener Staatsbürger an eine fremde

Macht. Was die Bundesregierung von ihren Schützlingen hielt, deren internationale Anerkennung sie so energisch betrieben hatte, mußten die Flüchtlinge aus der unabhängig gewordenen Republik Bosnien-Herzegowina erfahren, die nun jämmerlich bettelnd vor geschlossenen Grenzen standen, während sie als jugoslawische Staatsbürger vom Visumszwang befreit gewesen waren.

Schien es auch, als ob dem Starken die Welt gehöre, weil zum Beispiel ein Bundesbürger jedes Land bereisen kann und ein Bosnier keines, so blieben doch auch die vorläufig noch Privilegierten von der Verwandlung in Rechtlose nicht verschont. Daß sich um Rechtsgründe keiner schert, vielmehr allein die Macht, die Gewalt und die Gelegenheit zählen, war das gemeinsame Wesen vordergründig ganz verschiedener Erscheinungen, unter denen auch der reiche Westen litt.

Die Brutalisierung der Kleinkriminellen; der Freispruch von Los Angeles; die Korruptionsanfälligkeit der Beamten; Wohnungsnot und Verfall der Infrastruktur; Verelendung ganzer Bevölkerungsschichten und Obdachlosigkeit; Gewerkschaften, die nichts mehr zu melden haben; die Raffgier der Politiker und ihre Selbstherrlichkeit; in weiten Kreisen der Bevölkerung das Gefühl absoluter Ohnmacht; gleichzeitig vom rechtsradikalen Asozialen bis zum Außenminister die selbe Bereitschaft, zuzuschlagen — dies alles deute an, was die freie Konkurrenz in einem Kapitalismus sein würde, der selber, seit der Ostblock zertrümmert ist, keine Konkurrenz mehr kennt: Die Hölle.

Man versteht die Resolution des Sicherheitsrats vom 30.5.92 nicht, ohne sie als Produkt und weitertreibendes Moment einer Entwicklung zu begreifen, wie Hannah Arendt sie aus den 20er Jahren beschrieben hat:

»Die Opfer [von Arbeitslosigkeit, Staatenlosigkeit, Deklassierung] fügten dem Zynismus [derer, die das für normal hielten] einen kaum verborgenen, schwelenden Haß auf diesen normalen Lauf der Welt hinzu, der um so gefährlicher war, als weder sie noch ihre Umgebung verstanden, was eigentlich passiert war. An Haß hat es vermutlich niemals in der Welt gefehlt;

aber in diesen Nachkriegsjahren wuchs er zu einem entscheidenden politischen Faktor in allen öffentlichen Angelegenheiten heran. Die Atmosphäre des öffentlichen Lebens der zwanziger Jahre schien geladen mit der schwülen und unheilvollen, diffusen Irritabilität einer Strindbergschen Familientragödie. Denn der Haß konnte sich auf niemand und nichts wirklich konzentrieren; er fand niemanden vor, den er verantwortlich machen konnte — nicht die Regierung und nicht die Bourgeoisie und nicht die jeweiligen Mächte des Auslandes. So drang er in alle Poren des täglichen Lebens und konnte sich nach allen Richtungen verbreiten, konnte die phantastischsten, unvorhersehbarsten Formen annehmen; nichts blieb vor ihm geschützt, und es gab keine Sache in der Welt, bei der man sicher sein konnte, daß der Haß sich nicht plötzlich gerade auf sie konzentrieren würde.«[86]

## IV

Daß diesmal ausgerechnet Jugoslawien solchen plötzlichen Haß zu spüren bekam, ist dennoch weder reiner Zufall, noch bloß dem Umstand geschuldet, daß die US-Regierung der neuen arabisch-amerikanischen Freundschaft im Falle eines Falles selbst Israel opfern würde, und sie sich deshalb gemeinsam mit den islamischen Staaten ums Schicksal moslemischer Bosniaken sorgt. Auf Jugoslawien war vielmehr die Welt so erpicht, weil dort früher als anderswo die Politik offen berherrscht wurde vom Halbfett-Margarinereklamespruch »Du darfst!«, welcher seit dem Zusammenbruch des Ostblocks der heimliche kategorische Imperativ aller Machthaber war. Voller Neid, und frohlockend zugleich, hatten sie es mitansehen müssen, wie auf dem Balkan ein paar hergelaufene Hühnerdiebe Marke Tudjman und Izetbegović richtig Geschichte machten, nicht nur auf dem Papier, sondern mit Gebietseroberungen, Staatengründung und Schlachtenlärm. Nunmehr war der Punkt gekommen, wo der ungeduldige Vater seinen Eisenbahn spielenden Sohn mittels des Machtworts »Laß mal Papa dran!« von Schaltpult verscheucht. Wenn, wie am 30.5. die Schwachen, Kleinen zum Vorbild der Großen und Starken werden, dann nur deshalb, weil die Zwerge schon das verkleinerte und zugleich entwickeltere Abbild der Monster gewesen waren. Seit dem 30. Mai 1992 darf man das zerstörte Jugoslawien als Speerspitze des Fortschritts, als Zukunftsmodell und als Große Welt im Kleinen betrachten, deshalb auch, weil Deutschland alle Anstrengungen unternimmt, ein seiner Vorherrschaft unterworfenes Vereintes Europa zu erzwingen, das aufs Haar dem Bild gliche, welches die Deutschen vom Vielvölkerkerker in serbischer Hand entworfen hatten. Die *FAZ* untertrieb, als sie, durchaus krisenbewußt, am 3.6. schrieb:

»Blickt man auf politische Krisenerscheinungen in den anderen europäischen Ländern, so ergibt sich ein beunruhigendes Bild: die Gemeinschaft als Kartenhaus geschwächter Demokratien, die sich wechselseitig abstützen und zunehmend von einer demokratisch nicht kontrollierten Brüsseler Bürokratie bestimmt werden. Ein Hauch von Ancien régime liegt über Europa.«

Richtig ist demgegenüber, daß seit dem 30.5.92 die Bombe tickt, von der keiner weiß, wann und wo sie hochgehen wird. Nicht ganz auszuschließen freilich, daß stattdessen sentimentalen Naturen der Gedanke kommt, es sei nun an der Zeit, unter der Parole »Friede den Hütten, Krieg den Palästen« und mit dem Schlachtruf »à la laterne« auf den Lippen die Regierungssitze zu stürmen und die Villenviertel dazu.

Bilder der Zukunft waren die Aufnahmen vielleicht, die knapp zwei Wochen später aus Panama gesendet wurden, wo am 12.6.92 der amerikanische Präsident vor den Tränengasschwaden und der wütenden Menschenmenge wie ein gestürzter Dikatator in der davonbrausenden Limousine floh, während seine Leibwächter mit gezogener Waffe den Rückzug deckten. Seit der Evakuierung ihres Botschaftspersonals aus dem eingekesselten Saigon hat die imperialistische Führungsmacht kein solches Schauspiel mehr geboten.

## Tödliche Liebschaften[87]

*Reißmüllers unglückliche Zuneigung zu den Serben*

»Das Zimmer«, fiel dem *Spiegel*-Reporter auf, »ist mit Ausländern tapeziert. Mit Rockstars auf Bravo-Postern — sie hat eine Schwäche für mediterrane Typen.« Für schwarzhaarige, sehnige, schmalhüftige, dünnbäuchige Herzensbrecher etwa, wie das Foto zeigt. In herausfordernd lässiger Pose hängt einer an der Wand und läßt seinen nackten Oberkörper bewundern. Von der Tür lächelt in Überlebensgröße das rätselhaft androgyne Puppengesicht eines Michael Jackson auf das Bett herab, wo Dana schläft, wenn sie die Träume eines jungen Mädchens träumt. Dana ist 16 und aus Hoyerswerda. Als der Mob gröhlte und die Steine flogen, gröhlte sie weit genug vorne mit, um ins Fernsehen zu kommen. Die Flucht der verängstigten Schwarzen kommentierte sie, wie der Reporter berichtet, mit den Worten: »Geschieht denen ganz recht. Die haben Frauen vergewaltigt.« (Spiegel Nr.40/91)

Einfühlsam schrieb der Stern, was Karsten Pahlmann, einer der Frontkämpfer von Hoyerswerda, an den Schwarzen so aufreizend fand:

»Statt sich wie Geduldete unscheinbar und respektvoll zu verhalten, hätten die nur immer dagestanden mit ihrer unverschämten Lässigkeit. Selbst nach der Arbeit im Energiekombinat ›Schwarze Pumpe‹, wenn sie genauso kaputt waren wie die weißen Kollegen, standen Fausto und Augustino nur da und lachten. Raimundo und Onofre lehnten am Treppengeländer oder an den Müllcontainern. Und wenn sie gingen, ließen sie ihre Lenden rollen und grinsten dabei mit ihren makellos weißen Zähnen. Die Mädchen von der Wladimir-Komarow-Oberschule haben sich klassenweise auf die verordnete Völkerfreundschaft berufen und mit den Mozambikanern auf den MZ-Mopeds geschmust. Und viele Ehemänner hörten ringsum beim Abendbrot, daß die Schwarzen höflicher seien.« (*Stern*, Nr.41/91)

Eine Sekretärin über die Veränderungen in Hoyerswerda nach dem Mauerfall: »Und nachts diese Angst, von denen ins Gebüsch gezerrt zu werden, nichts war mehr wie früher«. Vorbei die Zeit, wo man sich als Hahn im Korb und des Objekts seiner Begierde sicher fühlen konnte. Es war einmal, daß die kasernierten Ausländer sich an die Dorfschönen halten mußten, wenn sie nicht sexuell verhungern wollten. Jetzt können sie reisen und haben freie Partnerwahl, aus der Dorfschönen wird, wenn sie sich nicht anstrengt, das verlassene Mädchen vom Lande. Was es in der Realität vermißt, gönnt es sich in der Phantasie. Mit der Schmuserei ist es Essig, aber nachts im Gebüsch, da könnte es sein, daß die unerhörtesten Dinge passieren. Seit die Grenzen offen sind, ist die Zone für jeden dort lebenden Ausländer nur zweite Wahl, eine Übergangslösung, um in den Westen zu kommen. Die Ossis wissen das, es geht ihnen selber so. Auf Liebesentzug, den sie obendrein selber provozieren, reagieren sie mit Totschlagsversuch.

Auch die Biographie des *FAZ*-Herausgebers Hans Georg Reißmüller ist nicht von jenem Herzeleid frei, das unglücklicher Zuneigung entspringt. Heute gibt er in seinem Blatt durch die Blume zu verstehen, daß er für so ein kleines bißchen Serbenverfolgung durchaus Verständnis hätte:

»Den Serben in Kroatien hatte niemand etwas getan. Ein großer Teil von ihnen aber hat sich, gedeckt von der serbischen ›Volksarmee‹, grausam am kroatischen Volk vergangen. Wenn in den von beiden Völkern bewohnten Gebieten Kroatiens eines Grund hätte, weiteres Zusammenleben abzulehnen, dann sind es die Kroaten. Da Kroatien demokratisch und zivilisiert ist, gibt es immerhin eine Aussicht, daß dort die serbische Volksgruppe, vom Staat geschützt, und die kroatische Mehrheit wenn nicht zu einem Miteinander, dann zu einem Nebeneinander finden werden.« (*FAZ* vom 25.11.1991)

So kroatisch sind die Kroaten nicht. Daß der offene Faschismus droht, gab sogar Tudjman zu. Unter Verweis auf Putschpläne der HOS-Partei, die in ihren paramilitärischen Verbänden angeblich 10.000 Mann unter Waffen hat, ließ er seinen noch weiter rechts stehenden Rivalen Paraga verhaften. Im *Delo*, der führenden Tageszeitung Sloweniens, wurde eine Doppelseite lang, auch unter Verweis auf die Pressezensur, vor der Entwicklung Kroatiens zum totalitären Staat gewarnt. Die Zivilbevölkerung zur Zielscheibe für das Granatfeuer gegnerischer Verbände dergestalt zu machen, daß die eigenen Truppen sich inmitten von Wohnquartieren verschanzen, stieß nicht nur im Ausland auf Befremden. In Kroatien wurde gefragt, ob die Regierung Vukovar deshalb nicht zur offen Stadt erklärte, weil sie zu Propagandazwecken viele Leichen herzeigen wollte. Sogar das bundesdeutsche Fernsehen rückt allmählich von seiner Methode ab, jeden verstümmelten Toten im Bild als kroatisches Opfer serbischer Greueltaten auszugeben.

Reißmüllers Serbenhaß bleibt unverständlich, wenn man nicht seine alten Liebeserklärungen kennt. Im Jahr 1971 schrieb er:

»Es steht auch unter den Serben selbst außer Streit, daß sie auffallend obrigkeitsunwillig sind, zu Ablehnung jeder Autorität und der von ihr vorgeschriebenen Ordnung neigen. [...] Kein Beruf ist in Serbien undankbarer als der des Polizisten. Sich an ihm reiben, gilt als ehrenhaft. Er hat immer Unrecht. [...] Mehr als alle übrigen in Jugoslawien wird die serbische Parteiorganisation von Ausbrüchen lokaler Renitenz heimgesucht. [...] Ihre Obrigkeits-Unlust und ihr Individualismus bewahren die Serben davor, staatliche Gewalt, hoheitliche Normen, Staatsfunktionäre mit kritiklosem Gehorsam zu bedenken. [...] Man billigt hier einem anderen eher als in Mitteleuropa eine von der Norm abweichende Lebensführung zu, fremdartige Ansichten und Gewohnheiten, sogar exzentrisches Benehmen. Feindseligkeit gegen jeden, allein weil er anders ist, findet man selten. Religiöser Haß hatte in Serbien nie einen guten Nährboden. Man haßte die Türken als Unterdrücker, nicht ihre Religion. Es illustriert am deutlichsten die Toleranz der Serben, daß sie nie einen nennenswerten Antisemitismus hatten«.

Eine interessante Formulierung. Toleranz wurde gerade als Duldung von Fremdartigem bis Abartigem definiert. Wenn Resistenz gegen Antisemitismus Toleranz erfordert, heißt das also, daß Juden fremdartig bis abartig sind. Daß Reißmüller hier kein Versehen unterlaufen ist, wird deutlich, wenn man seine übrigen Kommentare verfolgt. Am 28.3. 1992 schrieb er über Kohls Treffen mit Waldheim, das unter anderem vom Jüdischen Weltkongress (WJC) kritisiert worden war, unter dem Titel »Gegen Recht und Würde«: »Nun wird Bundeskanzler Kohl in Amerika heftig dafür getadelt, daß er sich in München mit Waldheim zum Essen traf. Von ›erschrekkender Unsensibilität‹ ist die Rede. Ein Fortschritt wäre es, wenn den Betreibern der Kampagne gegen Waldheim jetzt nur noch Sensibilität fehlte. Aber sie lassen viel mehr vermissen: Sinn für Recht und Menschenwürde. Wer das beides mit System verachtet, gehört zum Lager der Totalitären«, was wohl im Klartext heißen soll, daß er eigentlich ins Lager gehört. — Reißmüller, der hier nur für eine Zwischenbemerkung unterbrochen worden war, weiter über die Serben:

»Man ist nicht prüde, und zu tun, wozu man Lust hat, gilt nicht als Missetat. Die jungen Serben, Burschen und Mädchen, brauchten nicht die westliche Sexwelle, die sie nun freilich auch erreicht hat, um leicht zueinanderzufinden. Eine Mann und eine Frau, die unverheiratet zusammenleben, können zumeist der Toleranz ihrer Umgebung wie auch der Obrigkeit gewiß sein. [...] Solche Liberalität und Libertinage mögen manchem zu weit gehen. Aber es läßt sich nicht bestreiten, daß sie Ventile bedeuten, deren positive Wirkung sich in der Kriminalstatistik zeigt. Es gibt in Jugoslawien weniger Vergewaltigungen als in anderen Ländern, und Kinder sind viel sicherer vor sexuellen Aggressionen Erwachsener. Dabei mag die hochentwickelte Kinderliebe mitspielen, die freilich oft in Vergötterung umschlägt. [...] Ihr bäurischer Stolz, ihre hochfahrende Ungebärdigkeit macht es den Serben schwer, anderen in dienender Funktion zu begegnen. Selten findet man in Serbien gute Verkäufer und Kellner.«[88]

Ob die Serben so sind, wie Reißmüller sie porträtiert, was man sich fast nicht vorstellen kann; ob man überhaupt sagen kann, wie die Serben sind, ist hier vollkommen unerheblich. Allein Reißmüllers Meinung über sie zählt. Zu erkennen ist daraus, daß Reißmüller mit ans

Psychopathische grenzendem Haß verfolgt, was er insgeheim bewundert. Reißmüller mag die Serben, wie er sie sieht, aber er kann nicht sein wie sie, genauer: Er kann es sich als Deutscher nicht leisten, so wie sie zu sein, obwohl ihn dies ungeheuer reizen würde. Man findet diese Charakterstruktur oft bei Landsleuten, die als sogenannte Volksdeutsche im Ausland aufgewachsen sind oder lange im Ausland lebten. Sie haben gewissermaßen von der verbotenen Frucht gekostet, und sie müssen den Geschmack, auf den sie gekommen sind, mit aller Macht niederkämpfen. Reißmüller erfüllt beide Bedingungen. Seinem Selbstporträt ist zu entnehmen, daß er in Böhmen geboren wurde, in Vorpommern aufwuchs und als Korrespondent einige Jahre in Belgrad lebte.[89]

Seit er wieder in Deutschland ist, macht er eine sonderbare Metamorphose durch. Er schreibt und denkt, wie Pavelić, der größte Serbenschlächter, schrieb und dachte. Pavelić im Jahr 1936 in einer Denkschrift an das deutsche Auswärtige Amt (referiert von Hory/Broszat, S. 28 f):

»Unter Hinweis auf die traditionelle Deutschfreundlichkeit der Kroaten betont Pavelić in seiner Schrift, daß die Kroaten auch gegenwärtig ›die ersten‹ wären, die ›mit dem Deutschtum gegen die ungerechten Friedensdiktate marschieren‹ würden. Denn der ›wahre Grund‹ dafür, daß die Alliierten 1918/1919 den Kroaten die Selbständigkeit vorenthalten hätten, liege darin, daß sie Deutschland nur mit feindlichen Staaten hätten umgeben wollen. Die kroatische Frage bilde somit einen Teil des allgemeinen ›Revisionsproblems‹ und verdiene im Deutschen Reich ›erhöhte Aufmerksamkeit‹.«

Reißmüller heute in der *FAZ* (vom 16.11.91):

»In Frankreich und Großbritannien hängt ein Teil der Intelligenz noch an der 1919/1920 für Ostmitteleuropa festgelegten Neuordnung, die vor allem dazu gedacht war, Deutschland, Österreich und Ungarn zu bestrafen und am Boden zu halten; der großserbische Belgrader Staat war ein Eckpfeiler dieses Systems. In den Niederlanden wiederum finden antideutsche

Ressentiments Erfüllung in der Politik des Außenministers Van den Broeck.«

Pavelić damals:

»Für die Kroaten nimmt Pavelić [...] in Anspruch, daß sie gegenüber den Serben die höhere abendländische Kultur repräsentieren. Der jugoslawische Einheitsgedanke werde nur ›von einem kleinen, zumeist blutsfremden Teil der Intelligenz‹ vertreten. Daß das kroatische Bauernvolk die südslawische Idee ›instinkthaft als fremd und gefährlich‹ ablehne, sei ein weiterer Beweis ›für die schon ernstlich dokumentierte These, daß die Kroaten überhaupt nicht slavischer, sondern gotischer Abstammung sind‹. Einer der Hauptfeinde der Ustascha-Bewegung sei, neben der ›serbischen Staatsgewalt‹, als der eigentliche Schöpfer und Träger des jugoslawischen Staates die ›internationale Freimaurerei‹. [...] Ein weiterer Gegner sei das Judentum, weil es vom ›nationalen Chaos‹ profitiere. Schon der Gründer des modernen kroatischen Nationalismus, Ante Starčević, sei ›ein offener Antisemit‹ gewesen. Schließlich stehe die kroatische Freiheitsbewegung im extremen Gegensatz zum Kommunismus, der den Jugoslawismus unterstütze, weil er ›der kommunistischen Ideologie von der Bildung gemischtnationaler Staatswesen entspricht‹.«

Analog zu Pavelić's Wort von der abendländischen Kultur heißt der zentrale Kampfbegriff bei Reißmüller Europa. Den Serben, die er »unzivilisiert« oder »uneuropäisch« nennt, wie die Nazis vom »slavischen Untermenschen« sprachen, stellt er die »zivilisierte Welt« gegenüber, zu der er selbstverständlich — Auschwitz hin, Auschwitz her — die Deutschen zählt, aber auch die Kroaten im Unterschied zu den Serben, die Slowaken im Unterschied zu den Tschechen und die Ukrainer im Unterschied zu den Russen. Als zivilisiert oder europäisch gelten also grundsätzlich Volksgruppen, die mit den Nazis sympathisiert und ihnen beim Massenmord geholfen hatten. Reißmüllers Europa ist, wo während des zweiten Weltkriegs mit deutscher Unterstützung klerikalfaschistische Regimes entstanden. Der Grenzverlauf ist daher weitgehend mit dem zwischen den Religionen identisch. Alles Katholische — Kroatien,

Slowakei, Ukraine — ist zivil, alles russisch oder griechisch Orthodoxe ist barbarisch.

Beispiele für *zivilisiert — nicht zivilisiert*:

»Die serbischen Verbände halten weiten Abstand zur europäischen Zivilisation.« (5.8.91); »Das im ganzen zivilisatorisch etwas rückständige Serbien« (19.8.91); »Dem darf die zivilisierte Welt nicht länger tatenlos zuschauen. [...] Dann wäre es unumgänglich, daß die zivilisierte Welt eine Streitmacht zum Beenden von Aggression und Gemetzel nach Jugoslawien schickte.« (27.8. 91) »Serbien ließ sich gegenüber der zivilisierten Welt jeweils nur zu Scheinzugeständnissen herbei.« (4.10.91); »Serbien als Besatzungsmacht wird nicht imstande sein, dem Mangel abzuhelfen, weil es zivilisatorisch rückständig ist. [...] Auch die Menschenströme, die sich dann in Bewegung setzten, müßten die zivilisierte Welt auf den Plan rufen: nicht nur zum Helfen, sondern auch zum verhindernden Einschreiten. (8.10.91); Serbien »ist ein unzivilisierter Staat, der in politischen Auseinandersetzungen auf Drohung und Gewalt setzt und nur die Sprache der Gewalt versteht. [...] Die zivilisierte Welt hätte zu prüfen, welche Wege zu dem Ziel führen, die Männer, auf denen der schwere Verdacht lastet, vor ein Gericht zu stellen.« (11.10.91); »An beidem müßte die zivilisierte Welt das unzivilisierte Serbien hindern.« (25.10.91) »Auf keinen Fall darf sich die zivilisierte Welt weiter von Serbien mit sinnlosen Verhandlungen hinhalten lassen. [...] Schon jetzt sollte die zivilisierte Welt vom Staat Serbien verlangen, daß es den Wiederaufbau des verwüsteten Kroatien bezahlt.« (7.11. 91); Milošević und Kadijević »stehen an der Spitze eines wenig zivilisierten Staates; auf etwas mehr oder weniger ökonomischen Rückstand kommt es ihnen nicht an.« (9.11.91); »Deutschland allein kann den Kroaten nicht militärisch helfen, aber die zivilisierte Welt kommt nicht länger daran vorbei.« (7.12.91); »Darum muß die zivilisierte Welt, am besten in Gestalt des Sicherheitsrates der Vereinten Nationen, gleich nach dem Ende des Krieges gegen Kroatien dem serbischen Staat die Kriegsmaschine nehmen. [...] Da Kroatien demokratisch und zivilisiert ist [...]« (29.12.91) »Die zivilisierte Welt muß auch die Folgerungen aus der oft verkündeten Norm ziehen, Aggression dürfe sich nicht lohnen.« (16.1.92) »Für einen Staat, der sadistische Menschenvernichtung betreibt, ist kein Platz in einer Gemeinschaft der zivilisierten Nationen.«

(18.1.92); »Kommt es im serbischen Krieg gegen Kroatien auch noch zu der Absurdität, daß der serbische Präsident Milošević von der zivilisierten Welt als Friedenspolitiker gewürdigt wird?« (30.1.92); »Nun muß die zivilisierte Welt den militärischen Erfolg Serbiens mit politischen Mitteln rückgängig machen.« (7.3.92); »Wie lange will die zivilisierte Welt sich die Untaten noch anschauen, die Drohungen noch anhören« (30.3. 92); »Die zivilisierte Welt sollte nicht auch noch auf diesen Schwindel hereinfallen.« (14.4.92)

Beispiele für *europäisch — uneuropäisch*:

»Je länger Europa zögert, sich in Jugoslawien der großserbischen kriegerischen Gewalt entgegenzustellen [...]« (3.8.91); »Der deutsche Außenminister hat skizziert, was Europa für das terrorisierte Kroatien tun kann« (6.8.91); »Slobodan Milošević, der Führer Serbiens, ruft in der Welt fassungsloses Erstaunen hervor: Wie kann es heute an der Spitze eines in Europa gelegenen Landes einen solchen rücksichtslosen, aggressiven Nationalisten geben: Wie kann dort ein Mann stehen, dessen fester Wille es ist, zur Erhöhung seines Volkes andere Völker zu erniedrigen; ein Politiker, dem Gewalt das liebste Mittel zu sein scheint« (9.8.91); »Kapitulieren wird die kroatische Nation nicht; sie liefert sich nicht der grausamen, uneuropäischen, serbischen Macht aus.« (24.8.91); »Damit bestätigt Serbien, daß es ein gänzlich uneuropäisches Staatswesen ist mit einem orientalischen Rechtsverständnis, dem Irak ähnlich.« (5.10.91); »Niemand weiß, was den Kroaten noch bevorsteht, wenn der Westen nicht endlich dem uneuropäischen serbischen Staat Einhalt gebietet.« (24.12.91); Unter dem Titel »Uneuropäisches in Europa«: »Serbien habe immer zu Europa gehört, behauptete sein Präsident Milošević im Sommer. Die Geographie hat ihre festen Begriffe und Größen. Doch gehört Serbien, wie es sich in seinem Krieg gegen Slowenien und Kroatien dargeboten hat, zur europäischen Kultur — da doch seine führenden Politiker, Militärs, Kirchenleute und offensichtlich der größere Teil seiner öffentlich wirksamen Intelligenz (unter ehrenwertem Widerspruch einer beherzten Minderheit) sich so weit entfernt bewegen von Vernunft, Humanität, Gerechtigkeit, Wahrhaftigkeit und auch von der Wirklichkeit?« (21.1.92); »Die EG müßte Serbien mindestens wissen lassen, daß es von ihr nicht das mindeste wirtschaftliche Entgegenkommen zu erwarten hat, solange auf dem Kosovo uneuropäische Verhältnisse herrschen.« (13.2.92); »Mit allen erdenklichen wirtschaftlichen und politischen Sanktionen müßte die westliche Staatengemeinschaft dieser Kriegsmacht, die zu einer Plage Europas geworden ist, den Angriffswillen nehmen.« (8.4.92); »Im Namen der europäischen Einigung europäische Nationen im Würgegriff eines brutalen Aggressors zu belassen, das ist uneuropäisch.« (15.4. 92)

Welche Tradition in Reißmüllers Kommentaren fortlebt, war der FAZ selber zu entnehmen. Am 1.2.92 schrieb das Blatt über »Hitlers Vorstellungen von einem ›Neuen Europa‹«:

»Zur Rechtfertigung seines Krieges bemühte er nun immer häufiger das Schicksal Europas. Am Schluß seiner Sportpalastrede beschwor Hitler das abendländische Europa, als dessen Retter er sich ausgab. ›Denn es ist nicht ein Krieg, den wir diesmal für unser deutsches Volk allein führen, sondern es ist ein Kampf für ganz Europa und damit für die ganze zivilisierte Menschheit.‹ [...] Der Feldzug gegen die Sowjetunion wurde zur ›Geburtsstunde des neuen Europas‹, und Propagandaminister Dr. Joseph Goebbels stilisierte die ›Soldaten, die nach dem Befehl des Führers marschieren‹, zu den ›Errettern der europäischen Kultur und Zivilisation gegen die Bedrohung durch eine politische Unterwelt‹.«

Einen Hinweis auf die Triebdynamik, die hinter diesem Wahrnehmungsschema steckt, bekommt man schon, wenn man sich an Reißmüllers Schilderung der Serben (›Man ist nicht prüde, und zu tun, wozu man Lust hat, gilt nicht als Missetat‹ etc.) erinnert. Seine Aversion gegen alles »Gemischtnationale«, die er mit Pavelić teilt, impliziert die Aversion gegen »Mischehen« — ein heute wieder gesellschaftsfähig gewordener Begriff —, und der »Mischehe« wird unter dem Vorwand, man sei um die völkische Reinheit besorgt, eigentlich vorgeworfen, daß sie Vermischung der Geschlechter und damit Unzucht sei.

Noch deutlicher aber, als es solche Überlegungen sein können, ist die folgende Passage, entnommen der *Stuttgarter Zeitung* vom 30.3.92. Unter dem Titel »Der Unmensch gibt laut« berichtete sie über den im österreichischen Fernsehen gezeigten Dokumentarfilm »Schuld und Gedächtnis«, wo unter anderen ein Ex-Gauleiter interviewt wird, der »1938 mit seiner Denkschrift die Weichen für die Gleichstellung der burgenländischen Zigeuner mit den Juden und deren ›Aussiedlung‹ nach Auschwitz gestellt hatte« und nach dem Krieg »zuerst Elektrogroßhändler und später Aufsichtsratspräsident der Spar- und Kreditbank sowie Präsident des Fremdenverkehrsverbandes und des Kameradschaftsbundes in Rechnitz« wurde:

»Wenn der Ex-Gauleiter mit starrem Blick in die Kamera seinen Haß gegen die Zigeuner losläßt, merkt man, was mit dem Mann los ist: Das Sexuelle hat es ihm angetan. Er wird richtig böse, wenn man ihn nicht verstehen will, die Zigeuner waren doch ›auch im Sexualleben eine Gefahr für uns. Und bitte stellen Sie sich doch diesen asozialen Komplott dort in ihren Lehmhütten vor. Ein Raum, dreizehn, vierzehn Personen, die Eltern verrichten ihren Sexualverkehr vor den Kindern, und die Kinder unter sich beginnen schon den Sexualverkehr, mit zwölf, vierzehn beziehungsweise achtzehn Jahren und so weiter. Was da möglich war und gang und gäbe war — völlig *uneuropäisch*, *unzivilisiert*, asozial, paßte nicht in unsere Gegend.‹ [...] Die Richter, die seinesgleichen verurteilten, waren selbstverständlich ›Schergen, die in unserem Volk Verräter gespielt haben. Das NS-Gesetz ist ja eines der unmenschlichsten Gesetze der Welt. Mit einer *europäischen* Gesittung oder *Zivilisation* hat dieses Gesetz ja nicht das geringste zu tun. Das ist das Gesetz des Ewigen Juden‹.«

Das Schlimme an den Deutschen und allen anderen Faschisten ist, daß sie ihre Opfer lieben. Sie können nicht lassen von den Objekten ihrer Begierde, ganz gleich, ob sie Juden, Zigeuner, Serben, Schwarze oder allgemein Ausländer begehren.[90] Was bei der 16jährigen Dana aus Hoyerswerda freilich noch begreiflich war, wird zum Mysterium dann, wenn es senile alte Böcke sind, die sich aus unerfüllter Liebe in potentielle Massenmörder verwandeln.

# Thesen[91]

(Januar 1992)

Seit die Wiedervereinigung mit Billigung sämtlicher Nationen zustande kam, lenkt besonderer Argwohn gegen Deutschland von der allgemeinen Entwicklung ab, welche den Nachfolgestaat des Dritten Reiches wieder an die Macht brachte. Waren die Landsleute bislang die Kinder ihrer Eltern, so werden sie nun zu Kindern ihrer Zeit. Nicht aus der Vergangenheit, sondern aus der Gegenwart sind die politischen Triumphe zu erklären, die sie derzeit feiern. Keiner avanciert, weil seine Eltern Nazis waren, sondern er steigt auf, wenn das Naturell gefragt ist, das er in der Kinderstube mitbekam. Wird dem Schurken der Hof gemacht, so steht nicht seine moralische Integrität, sondern die seiner Bewunderer zur Debatte. Recht hat der Kanzler, wenn er seine Kritiker auf die internationale Wertschätzung verweist, derer sich Deutschland in wachsendem Maße erfreut.

Statt ihre frühere Abneigung gegen die eigene Nation nun auf deren Kompagnons zu übertragen, feiern die hiesigen Linken mit allen zusammen den Untergang des Sowjetkommunismus als Sieg der Freiheit und der Gerechtigkeit. Zwanzig Jahre lang waren sie über Berufsverbote, BKA, Verfassungsschutz, politische Justiz, staatliche Repression, Isolationsfolter und Nazigrößen in Führungspositionen beleidigt, jetzt reagieren sie den aufgestauten Frust am Stasi ab, der in der DDR ungefähr die sozialtherapeutische Rolle eines Kummertelefons gespielt haben muß,[92] wo Eheleute und andere im Streitfall anrufen und einander verpetzen konnten. Erleichtert darüber, vom Kommunismus enttäuscht sein zu dürfen, dem sie Stalin verziehen, aber nicht den Machtverlust, schützen sie moralischen Rigorismus und Prinzipienfestigkeit vor, um sich vom Verlierer abzusetzen. Durch die nachgeschobene Verurteilung des zerfallenen Ostblocks erklären sie ihr Einverständnis mit der Entwicklung, die Deutschland zur Dominanz in Europa verhalf. Zu verstehen geben sie damit, daß sie zwar von Auschwitz sprachen, aber Stalingrad meinten, wenn von Deutschlands historischer Schuld die Rede war. Nicht das Verbrechen, sondern die Niederlage trugen sie den Eltern nach, antifaschistisch wurden sie, weil die Nazis den Krieg verloren hatten. Nun, da die Fahne vom Kreml geholt worden ist, welche die Rote Armee über dem Reichstag hißte, sind die einstigen Antiimperialisten mit der eigenen Nation und mit der freien Welt versöhnt. Daß Kapitalismus zum Faschismus führe, war ihre Demonstrationsparole nur solange, wie die Tatsachen die Parole zu widerlegen schienen. Programmatisch, nicht anklagend, war der Spruch gemeint. Hinter der Forderung, daß der Kapitalismus zum Faschismus führen möge, verbarg sich der Wunsch nach Entlastung von besonderer Schuld. Der Wunsch ist in Erfüllung gegangen, die Deutschen sind Erste unter Gleichen geworden, die alle dasselbe wollen.

War die Anerkennung Sloweniens und Kroatiens durch die EG am 15. Januar auch unter deutschem Druck zustandegekommen, so lag sie doch nur in der Tradition der diesmal sich zierenden westlichen Demokratien. Stets haben sie, wenn irgendwo die Kapitalverwertung durch kommunistische Umtriebe ernsthaft gefährdet schien, sich zur Unterstützung völkischer, faschistischer oder militaristischer Regimes entschieden. Überall wurden von den imperialistischen Mächten die Rivalitäten zwischen Stämmen und Völkern in den designierten Kolonialgebieten geschürt, meist um den Preis der sozialen Verwüstung ganzer Kontinente, die man am Ende dem angerichteten Elend und dem Terror überließ. Afrika auf den Weg der freien Marktwirtschaft führen hieß, Figuren wie Idi Amin, Bokassa und Mobuto als Machthaber zu installieren. Mit jeder Form von staatlich organisierter Bestialität haben die Freisinnigen sich arrangieren können, nur nicht mit einer Gewalt, die Menschen vor dem Zwang bewahrt, verhungern zu müssen. Nicht die Unterdrückung im Ostblock empörte sie, sondern das in der Unterdrückung enthaltene Moment von Freiheit. Nicht, weil er den Menschen zu wenig Wohlstand gab, waren sie statt vom brasilianischen oder vom indischen ausgerechnet vom sowjetischen Produktionsapparat schockiert. In der gespielten Bestürzung über das wahre Ausmaß kommunistischer Mißwirtschaft schwingt echte Fassungslosigkeit mit, Fassungslosigkeit über Verhältnisse nämlich, die trotz allgemeiner Armut den Hunger überwanden. Rätselhaft und bedrohlich zugleich müssen solche Verhältnisse einer Zivilisation erscheinen, deren Leistungsfähigkeit bis heute auf der archaischen Angst vorm Verhungern basiert, unter welcher der Top-Manager mehr als der Bettler leidet, weshalb es am kalten Buffet gerade die Reichen und die Vornehmen sind, die zugreifen, wie wenn jede Mahlzeit ihre letzte wäre.

Die Blitzkarriere der Deutschen, ihr Aufstieg zur europäischen Großmacht zeigt, daß sie nicht anders als die Anderen sind, sondern wie sie, dies nur ein bißchen mehr. Ihre Stärke besteht darin, das Resultat zu wollen und ebenso das zu seiner Herbeiführung erforderliche Mittel. Sie kennen den Zwiespalt nicht, der sich ausdrückt in der Haltung, einen Pinochet zwar als Werkzeug im Kampf gegen den Sozialismus zu benutzen, den Verbrecher aber deshalb noch lange nicht in Washington zu empfangen. Weil den Deutschen die Entstehung faschistoider Regimes im Osten nicht als Schönheitsfehler gilt, weil ein ausgewiesener Antisemit wie Tudjman sogar ihrem Geschmack entspricht, brauchen sie die Folgen nicht fürchten. Weil sie die Folgen nicht fürchten, können sie konsequenter als die Übrigen sein. Weil sie konsequenter und hemmungsloser tun können, was alle wollen, fällt ihnen die Führungsrolle zu. Murrend gestehen die Anderen durch ihr Verhalten ein, daß ihnen die Skrupellosigkeit an der Spitze zwar nicht lieb, aber willkommen ist. Keiner, der unten war, kommt nach oben, wenn die Anderen strikt dagegen sind, keineswegs besaßen die Deutschen die Macht, die EG zur Anerkennung Kroatiens und Sloweniens zu zwingen. Trotz allen Propagandadonners ist sogar die serbische

Regierung um ein gutes Verhältnis zu Deutschland auf eine fast speichelleckerische Weise bemüht. Fast meint man, auch bei ihr eine gewisse Erleichterung zu spüren, da man nun beides bekommen hat, den Stammes-Staat, den mehr oder weniger alle Häuptlinge und Bandenchefs wollen, und einen Verantwortlichen für das unvermeidliche Desaster obendrein. Kommen in Belgrad die richtigen Figuren an die Macht, könnte der deutsch-serbische Konflikt sich noch als Beginn einer wunderbaren Freundschaft erweisen.

Unter diesen Bedingungen über die Ellenbogenpolitik der Deutschen zu klagen, über ihre brutale Art, über ihre Rücksichtslosigkeit und ihr Großmachtstreben, ist absurd und heuchlerisch obendrein. Recht hat der Kanzler, wenn er den ausländischen Kritikern unterstellt, daß sie die Deutschen nur um ihren Erfolg beneiden. Hämisch hinzufügen könnte er noch, daß die Neider die gleichen sind, die den Erfolg ermöglichen halfen. Genscher auf der Washingtoner GUS-Konferenz am 22. Januar den Ehrenplatz neben Baker einzuräumen heißt, daß man im Rebellen den Kumpanen wittert. Wenn die Deutschen zur Auffassung kommen, daß über Auschwitz nun genug Gras gewachsen sei, ist das nicht mehr ihre Schuld. Wenn sie das Dritte Reich für ein Unternehmen halten, das bloß wegen eines schief gegangenen Versuchs nicht gleich aufgegeben werden soll, ziehen sie die logische Konsequenz aus weltweit akzeptierten Fakten. Wo man bislang nur den Verbrecher sah, sieht man plötzlich den tragischen Helden. Abermals sollen die Deutschen den Spätkapitalismus retten, weil diese Aufgabe keine Zimperlichkeit verträgt, sondern man zupakken können muß wie damals.

Damals hatte die Wehrmacht sechs Jahre lang halb Europa verwüstet und Millionen Menschen umgebracht. Scheußlich war das, aber objektiv und vom Resultat her betrachtet der Preis für fünfundvierzig Jahre Wohlstand und Frieden danach in den privilegierten kapitalistischen Ländern, bis zum Kriegseintritt lag die Arbeitslosenquote in den USA trotz New Deal bei 17 Prozent.

Wer den freien Westen als Sachwalter von Demokratie und Menschenrechten pries, konnte den Deutschen nicht ernstlich böse sein, welche die Bedingungen dafür schufen, daß er stark und einig wurde. Nur zu gerecht war es daher, daß man die Hauptverursacher einer glücklichen Zeit an deren Segnungen teilhaben ließ. Die Förderung der Bundesrepublik durch die Alliierten hieß, daß man sich trotz aller Abscheu vor den Naziverbrechen den Tätern auch verpflichtet wußte, und vielleicht war ferner schlechtes Gewissen der Grund. Denn Tatsache ist, daß die Nazis sich zu ihrer Politik durch die Reaktionen des Auslands förmlich ermuntert fühlen durften.

Nachträglich erscheinen Hitlers anfängliche außenpolitische Streiche, die man heute Alleingänge hieße, wie der fortgesetzte Appell, man möge ihm rechtzeitig das Handwerk legen. Statt die stumme Bitte zu erhören, rühmte die *New York Times* die Nürnberger Reichsparteitage im gleichen Ton, mit dem Kohl von amerikanischen Magazinen als Mann des Jahres gefeiert wurde. Je unverschämter die Deutschen gegen internationale Abmachungen verstießen, auf desto mehr Nachgiebigkeit trafen sie, was sie nicht besänftigen, sondern nur ihre Wut steigern konnte. Sie wollten an die Kandare genommen werden, sie wollten zurechtgewiesen werden, am liebsten gleich entmündigt und als Nation aufgelöst. Sie wollten das im wohlverstandenen eigenen Interesse, da schließlich auch Deutsche nebenbei Leute sind, denen der Verzicht auf die Nation lieber als der Untergang mit ihr sein müßte. Aber sie erreichten ihr Ziel nicht, obgleich sie die fabrikmäßige Menschenvernichtung erfanden und sechs Millionen Juden umbrachten.

Werden sie trotzdem kein halbes Jahrhundert später schon wieder von der Leine gelassen, so kann dies nur heißen, daß in den perspektivlos gewordenen kapitalistischen Ländern eine schwer faßbare und den Akteuren unbewußte Sehnsucht nach weiteren fünfundvierzig Jahren Wirtschaftswachstum die politischen Entscheidungen lenkt. Fraglich bleibt allerdings, ob der Preis noch der gleiche ist und die Rechnung beim nächsten mal wieder aufgehen wird. In den unbewußten Wunsch, noch einmal die alte Partie zu spielen, scheint sich die unbewußte Ahnung zu mischen, daß das Spiel einen anderen Verlauf nehmen kann, weil die Mitspieler Atomwaffen besitzen. Auch für den Kapitalismus könnte die Zeit gekommen sein, wo nicht jedes Ende einen grandioseren Anfang bedeutet.

Vielleicht, weil diesmal kein Wiederaufbauboom winkt, sind die Leute, anders als in den 30er Jahren, nicht mit der rechten Lust bei der Sache. Vielleicht aber kommt die Teilnahmslosigkeit auch daher, daß unter dem Kapital materielle Dinge mit geistigen Potenzen ausgestattet werden und gleichzeitig der seinen eigenen geistigen Potenzen entfremdete lebendige Mensch zu einer materiellen Kraft verdummt. Jedenfalls wirken die handelnden Personen willenlos wie ferngesteuerte Roboter, Marionetten, Aufziehpuppen, weshalb das in der Sowjetunion kursierende Gerücht von der zionistischen Weltverschwörung genau ins Bild paßt. Die Paranoia ist Erklärungsersatz für die Tatsache, daß alle gemeinsam tun oder geschehen lassen, was keiner richtig will, denn wider Erwarten ist das Massenbewußtsein, wenn man darunter ein massenhaft verbreitetes Bewußtsein der Einzelnen versteht, nicht die Triebkraft der augenblicklichen Entwicklung. Den wichtigen Entscheidungen — deutsche Wiedervereinigung, Auflösung Jugoslawiens und der UdSSR — haben die Massen zwar zugestimmt, doch weder wurden diese Entscheidungen unter dem Druck der Straße getroffen, noch lösten sie großen Jubel aus. Stets wirkten die Bilder von Menschenansammlungen kümmerlich neben solchen, wie man sie vom Kriegsausbruch 1914 oder aus der Nazizeit kennt. Statt selber zu handeln, hat die Bevölkerung applaudierend danebengestanden, und der Beifall blieb weit hinter der Begeisterung für eine gute Rock-Gruppe zurück. Das hervorstechende Merkmal der Massen ist Fatalismus, Apathie, Skepsis, Unentschlossenheit, Untätigkeit, Lustlosigkeit. Was hingegen fehlt, sind Glaube, Hoffnung, Heilserwartung, Ideale, Opferbereitschaft, Kampfeslust, Fanatismus.

Sogar im jugoslawischen Bürgerkrieg dürfte die Zahl der Deserteure auf beiden Seiten die der Freiwilligen weit übertroffen haben. Der vermeintliche Krieg der Völker sieht wie eine Mischung aus Volkskrieg und Kabinettskrieg mit vertauschten Rollen aus. Während landesfremde Söldnertruppen, nämlich rechtsradikale internationale Brigaden, den Kampf aus reiner Überzeugung führen, wird von der ortsansässigen Bevölkerung die Wehrpflicht nicht als heroischer Dienst am Vaterland und an den Ideen, für die es steht, empfunden. Die Kombattanten schonen sich, als wären sie nicht im Krieg, sondern bei der Lohnarbeit, statt Infanterie setzen sie Artillerie ein, sie riskieren wenig, ihre militärischen Leistungen sind erbärmlich, die Verluste auf beiden Seiten sind geradezu unglaublich gering, immer wieder ist in den Nachrichten von *schweren Gefechten* die Rede, die schon *mindestens zwei Tote* gefordert hätten. Gemessen an den Grausamkeiten, die man aus richtigen Volks- oder Religionskriegen kennt, halten auch die Verluste unter der Zivilbevölkerung und die Zahl der Massaker sich in bescheidenen Grenzen, der Krieg ist bislang hauptsächlich Sachbeschädigung.

So wenig der Krieg aber die Menschen gegeneinander aufhetzt, so wenig bringt er sie auch zusammen, an der Front und weit weg von ihr herrscht dieselbe gespenstische Gleichgültigkeit. Der Mangel an Haß, der einstweilen noch die Kämpfe mildert, könnte sich auf die Dauer wie im Deutschland der Nazizeit als Mangel an Widerstandskraft gegen das lustlose Töten und als Unfähigkeit zu seiner Begrenzung entpuppen, wenn es nur besser organisiert wird. Als habe das Kapital seine Drohung wahrgemacht, jeden vorgefundenen gesellschaftlichen Zusammenhang zu zerschlagen, scheint den Einzelnen die Empfindung dafür zu fehlen, daß sie als Menschen soziale Wesen sind. Sie verhalten sich wie Asoziale in dem Sinn, daß sie keine Präferenzen mehr kennen. Vom Wunsch, den Feind zu besiegen, sind sie ebenso wenig beseelt, wie der Tod nebenan sie ungerührt läßt. Wenn sie trotzdem kämpfen, so heißt dies, daß sie es grundlos tun. Das Fatale an grundlos ausgeübten Tätigkeiten ist, daß man auch keinen Grund zu ihrer Beendigung findet, weil der zur ihrer Fortsetzung nötige Grund nicht entfallen kann.

Neu an der gegenwärtigen Entwicklung ist, daß der völkische Krieg die atavistischen Gemeinwesen nicht wirklich hervorbringt, auf die er sich stützen müßte. Hatte bislang die Gewalt in der Geschichte die Rolle einer Geburtshelferin bei der Entstehung neuer Gesellschaftsformationen gespielt, so erscheint sie nun, wenn sie überhaupt erscheint, als reine Totengräberin. Nicht Sieg oder Niederlage sind ihr Resultat, sondern allumfassende soziale Verwüstung. Keineswegs erwecken Serben, Kroaten, Esten oder Russen den Eindruck, als wären sie durch die Feindschaft gegen andere für einen Moment zum Volk zusammengeschweißt. Bis in die Familien hinein sind sie einander fremder denn je, obgleich herausragende nationale Ereignisse wie Kriegseintritt, Unabhängigkeit, Einheit normalerweise ein starkes Kollektivbewußtsein bilden: Leute, die unter Normalbedingungen nur die eigenen privaten Interessen sehen, begreifen sich plötzlich als Mitglieder einer Gemeinschaft; für einen Moment gehen dann die Kriminalitäts- und Selbstmordraten rapide zurück, alle werden vom Altruismus überwältigt, der Börsenhai kauft wider jede Vernunft Kriegsanleihen, Kleinbürger rücken zur Unterstützung der Front das Familiensilber raus, der Taschendieb kriegt Gewissensbisse, einen Landsmann zu beklauen. Verrat und Bestechlichkeit werden Delikte mit Seltenheitswert, denn das Gefühl, sich selber die große gemeinsame Sache zu eigen zu machen, bereitet den Einzelnen einen unbezahlbaren Genuß, eben den, kein Einzelner mehr, sondern Teil des Gemeinwesens zu sein.

Genau das umgekehrte Phänomen trat im gesamten Ostblock, aber auch in Südafrika ein, wo ordinäre Raubmorde einstweilen mehr Opfer fordern als die bewaffnete Konfrontation zwischen politischen Gegnern. Statt vom Nationalismus oder Tribalismus zu einer großen Bande vereint zu werden, zerfällt die Gesellschaft in zahllose kleine Banden, unter denen kein Recht als das des Stärkeren und keine Beziehung als die der mörderischen Konkurrenz und der wechselseitigen Feindschaft gilt. Die Stammeskämpfe — jener der Georgier gegen die Osseten etwa, aber auch der Kampf zwischen Schwarz und Weiß in Südafrika oder der völkische Aufstand der Palästinenser in den besetzten Gebieten — gehen unmittelbar über in den Krieg der Sippen und Cliquen. Gleichsam im Zeitraffer und ohne massive Einwirkung äußerer Gewalt scheint sich der Prozeß der modernen Kolonisierung zu wiederholen, wenn man darunter das historische Novum versteht, daß alle vorgefundenen sozialen Zusammenhänge zerschlagen werden von einer Macht, die weder willens noch fähig ist, das gesellschaftliche Leben der Unterworfenen nach ihrem Gusto zu organisieren.

Hatten vorkapitalistische Reiche entweder die eroberten Gemeinwesen zwecks Bekehrung und Assimilierung von deren Bevölkerung aufgelöst, oder aber die unterworfenen Gemeinwesen als bloß tributpflichtig im vorgefundenen Zustand belassen, so zeichnet der Imperialismus sich dadurch aus, daß seine Opfer stets ihre alte soziale Identität verlieren und nie eine neue dafür bekommen. Die Unterworfenen dürfen nicht bleiben, was sie sind — Hereros oder Bantus zum Beispiel —, mit der Auflage freilich, einen Teil des von ihnen produzierten Reichtums regelmäßig dem Sieger zu geben. Doch noch viel weniger wird ihnen erlaubt, wie die Bevölkerung des erobernden Reiches zu werden. Ökonomische Verhältnisse entstehen daraus, in denen weder die Naturalwirtschaft noch die Warenproduktion funktioniert; politische Gebilde, die weder Stämmen noch Nationen ähneln; und Personen, die weder als Angehörige eines Stammesverbandes, noch als Arbeiter, als Kapitalisten oder überhaupt als Mitglieder der bürgerlichen Gesellschaft zu definieren sind: Massen überflüssiger Menschen, die im System keinen Platz haben und daher ständig hin- und hergeworfen werden, vor nichts anderem auf der Flucht als vor dem Hunger. Die Tendenz des Kapitals, alle vorgefundenen sozialen Bindungen zu zerschlagen, scheint über die Herstellung des vogelfreien Lohnarbeiters hinaus fortzuwirken. Es zeigt sich, daß das Wort vom freien Individuum kein leeres Versprechen war. Die Menschen sind wirklich frei geworden wie nie zuvor — als Asoziale und Deklassierte ohne Beruf, Stand, Nationalität. Virtuell sind sie damit schon die Menschheit, im gegenwärtigen Chaos schimmert auch die Möglichkeit auf, daß einmal die naturwüchsige Trennung in Stämme und Völker überwunden sein könnte, die der Kommunismus im Widerspruch zu seiner Idee konservieren half. Der Vorwurf, die Sowjetunion und Jugoslawien seien Völkergefängnisse gewesen, ist berechtigt in dem Sinn, daß sie Völker-Zoos, Reservate waren, wo die barbarischen Gebilde der Vorgeschichte nicht aufgelöst und humanisiert, sondern unter Artenschutz gestellt worden waren.

Zur schlafwandlerischen Haltung, mit der die Bevölkerung es hinnimmt, daß der notwendige historische Prozeß, nämlich die Auflösung naturwüchsiger Gemeinwesen, wieder einen katastrophischen Verlauf nimmt und aufs Gegenteil dessen zu zielen scheint, was er wirklich hervorbringt, paßt der Umstand, daß man an der Spitze keine charismatischen Führer, keine glänzenden Redner, keine großen Demagogen findet, keine Figuren, die zumindest den Anschein von Selbstsicherheit, Entschlossenheit, Zielbewußtheit erwecken — niemand, der die Massen mitreißen und für Zwecke begeistern kann, die jenseits der privaten und partikularen Existenz Vereinzelter liegen. Keiner hat eine richtige Ideologie, ein Programm, eine Vision, eine Strategie, alle wursteln sich irgendwie durch, putschistischer Aktionismus wechselt ab mit langen Phasen des Zauderns und Zögerns. Raffen sie sich zu Taten auf, so sind es fast immer Verzweiflungstaten nach der Devise ›Augen zu und durch‹. Was Kohl und Jelzin miteinander verbindet, ist eine Politik, welche sich von Verantwortung im konventionellen Sinn frei weiß. Sie meint, sich um die Folgen der zu treffenden Entscheidungen nicht kümmern zu müssen, weil die Entscheidungen unter dem Druck von Umständen fallen, die keine Wahl lassen. Die Führer betrachten sich als Gefangene des Schicksals. Mit der deutschen Einheit verband Kohl soviel wie Jelzin mit der freien Marktwirtschaft, nämlich nichts. Keinem der beiden ging es um die Verwirklichung eines lange gehegten Wunsches, einer tief empfundenen Überzeugung, dennoch haben beide den Kopfsprung in ein Gewässer von unbekannter Tiefe riskiert. Kohls Währungsunion und Jelzins Preisreform waren Wagnisse, die normalerweise nur eingeht, wer überzeugt davon ist, daß die Sache jedes Opfer lohnt. Weder Kohl noch Jelzin besaßen diese Überzeugung, beide zeichneten sich vielmehr durch ein Bewußtsein aus, welches das Wort vom abgefahrenen Zug auf eine prägnante Formel bringt. Auch die Führer sind nicht Überzeugungstäter, sondern Fatalisten, und die Frage bleibt, was Fatalismus unter den gegebenen Bedingungen bedeutet. Das wäre die Frage nach einer objektiven, vom bewußten Wollen der Einzelnen unabhängigen gesellschaftlichen Triebdynamik, in welcher die Lust an der Selbstzerstörung jedenfalls keine geringe Rolle spielt. Man möchte meinen, die Destruktivität des Kapitals, das sich durch Krisen, Zusammenbrüche und Katastrophen erhält, sei den Menschen zur zweiten Natur geworden. Die Fortdauer seiner Herrschaft weit über seinen unmittelbaren Einflußbereich hinweg hat die Deutschen um das gebracht, was sie mit perversem Stolz, und auf eine feige Weise verschämt zugleich, nicht ihre Einzigartigkeit, sondern ihre Singularität nannten.

# ANHANG

## Gespräch mit Heiko Ernst[93]
(Sommer 1991)

*Psychologie Heute*: Welche Gründe haben Sie bewogen, die Studie über die Autoritäre Persönlichkeit noch einmal aufzugreifen und 1990 nach dem faschistoiden Syndrom zu forschen?

*Pohrt*: Nostalgie vielleicht. Daß Sozialwissenschaft auch spannend wie ein Krimi sein kann, habe ich vor 25 Jahren durch Adornos ›Authoritarian Personality‹ gelernt, und vielleicht wollte ich dies lang entbehrte Gefühl mal wieder auffrischen. Aber Sie haben nach einer vernünftigen Begründung gefragt, und die gibt es natürlich auch.

Anfang 1989 zogen die Republikaner mit 7 Prozent ins Berliner Abgeordnetenhaus, bei den Europawahlen im Sommer kamen sie dann in Bayern auf 15 Prozent. Damit hatte keiner gerechnet, am wenigsten ich selber. Ich war verblüfft, daß nun doch noch einzutreffen schien, was ich früher mal erwartet hatte, zu Beginn der 80er Jahre nämlich, als ich die Grünen als tendenziell völkischen Verein und die Friedensfreunde als nationale Erweckungsbewegung kritisierte. Deren Ähnlichkeit mit der Agrarromantik und der Großstadtfeindschaft, mit der Heimat-, Lebensreform-, Siedlungs- und Jugendbewegung um 1900 war offensichtlich, und die Verlaufsform solcher Entwicklungen ist eigentlich immer, daß über kurz oder lang aus dem Interesse am Brauchtum — auch ›Lebensstil‹ geheißen — und an der heimatlichen Scholle die Begeisterung für Volk und Vaterland wird. Dergleichen hatte ich also 1982 erwartet — um die Stimmung zu verdeutlichen: ›Die deutsche Einheit kommt bestimmt‹, hieß damals ein friedensbewegtes Buch von Peter Brandt und Wolfgang Venohr, ›Endstation. Über die Wiedergeburt der Nation‹ hießen polemische Kommentare zu dieser Hoffnung von mir. Aber danach passierte eine Weile nichts, der ganze Rummel schien für die Katz gewesen zu sein, wie das im Leben ja nicht die Ausnahme ist, sondern die Regel.

Umso verblüffender also der plötzliche Siegeszug der Republikaner: Ausgerechnet mich, der ich die Landsleute doch zu kennen glaubte, hatten sie vollkommen unvorbereitet erwischt. Und wenn die Alltagserfahrung nicht mehr ausreicht, um das Verhalten eines Objekts berechnen zu können, dann kommt man eben auf die Idee, daß man es erforschen müßte. Die Frage hieß: War da inzwischen unbemerkt ein faschistoider Charakter herangereift, gleichsam als Spätfolge von Ereignissen, die mittlerweile fast ein Jahrzehnt zurücklagen?

Das war ungefähr der Stand der Überlegungen im Sommer 1989, aber dann kam im Herbst die Wiedervereinigung dazwischen, zunächst die auf dem Gebiet der Bundesrepublik. Im Wort selber lag eigentlich schon der Forschungsauftrag, ich meine dieses ›Wieder‹: Alles, jauchzte man, würde so, wie es einmal war, nichts ist für immer vorbei. Wenn das stimmte — und viele Anzeichen sprachen ja tatsächlich dafür —, dann war auch die Wiederkehr des deutschen Faschismus in dieser oder jener Form nicht mehr auszuschließen. Grund genug, den Landsleuten ein wenig auf den Zahn zu fühlen.

*Psychologie Heute*: Hat sich die psychische Struktur der Deutschen in den letzten Jahrzehnten verändert, oder sind sie immer noch in besonderer Weise anfällig für einen, wie immer gearteten Faschismus?

*Pohrt*: Schon die Ähnlichkeit zwischen den Lebensreformbewegungen um die Jahrhundertwende und den späteren Ende der 70er/Anfang der 80er Jahre hat mich wirklich überrascht. Da las man Texte, die von Langbehn oder Riehl hätten geschrieben worden sein können, verfaßt von Leuten, die Langbehn oder Riehl bestimmt nicht mal dem Namen nach kannten. Logische Konsequenz daraus: Es gibt also einen deutschen Nationalcharakter, und er besitzt eine erstaunliche Kontinuität. Das sind nun zwei Feststellungen, die ich ungern treffe, weil ich die Realität von Dingen anerkennen muß, die ich mir schwer erklären kann. Der Mensch ist eigentlich ein unglaublich wandelbares Wesen, wie die ganze Geschichte zeigt, und wenn man ihn dazu bringen kann, daß er jeden Tag brav ins Büro oder in die Fabrik geht, dann sollte es doch auch möglich sein, ihm bestimmte Marotten abzugewöhnen. In Deutschland ist das offensichtlich nicht gelungen, wobei man freilich unterscheiden muß. Intensiv deutsch sein ist eine ziemlich mühselige Sache, im Westen haben die meisten Leute gottlob nicht die Zeit dazu und andere Sorgen. Man redet über die Klimakatastrophe oder den Weltfrieden, aber die entscheidende Frage im Leben jedes Einzelnen heißt dann Opel oder Ford.

Schaut man sich die einzelnen Personen an, so wird man bei hartnäckigem Nachbohren wohl finden, daß sie meist vernünftiger sind als das Meinungsklima. Aber das Verhalten einer Gesellschaft ist eben nicht nur die Summe aus den Verhaltensweisen vieler Einzelner, sondern nochmal ein anderes Ding, und da sehe ich beträchtliche Risiken. Was ich damit meine, ist die Tatsache, daß in Deutschland immer eines stark unterentwickelt war, nämlich der libidinöse Zusammenhalt des Kollektivs, also was im Alltag als Freundlichkeit oder Höflichkeit erscheint, eine Haltung, welche dem anderen doch wenigstens soviel Vertrauen entgegenbringt, daß er nicht gleich als Feind betrachtet wird.

Freud maß in ›Massenpsychologie und Ich-Analyse‹ dem Umstand entscheidende Bedeutung zu, daß im ersten Weltkrieg die deutschen Soldaten von den Vorgesetzten mit äußerster Lieblosigkeit behandelt wurden. Aus dem zweiten Weltkrieg ist bekannt, daß in der deutschen Wehrmacht unvergleichlich viel mehr standrechtliche Erschießungen vorkamen als bei den Alliierten, zehn mal mehr, glaube ich, und es fiel Beobachtern auf, daß zu keinem Zeitpunkt ein Mangel an Freiwilligen für die Exekutionskommandos bestand, ganz anders als beispielsweise in der amerikanischen Armee, wo den Job, einen Kameraden abzuknallen, keiner übernehmen wollte.

Ganz ungerecht waren die Deutschen also nicht, sie haben nicht nur die anderen, sondern auch einander ziemlich scheußlich behandelt. Ein Indiz dafür, daß die libidinösen Bindungen, die dergleichen Scheußlichkeiten erschweren würden, nach wie vor unterentwickelt sind, scheint mir die Angst zu sein, von der die Landsleute immer wieder heimgesucht werden, diese deutsche Angst, die Anfang der 80er Jahre so populär war, und die dann im Golfkrieg wieder ausgebrochen ist. Riesengroße, sinnlose Angst, Panik fast, wird immer dann freigesetzt, wenn die in einer Masse bestehenden libidinösen Bindungen zerfallen. Freud erklärt am Beispiel der Armee sehr schön, daß die panikartige Angst keineswegs die Reaktion auf Gefahr ist. Selbst unter großer Gefahr kann eine Truppe tapfer kämpfen, und selber bei geringer Gefahr kann sie davonlaufen und sich durch den ungeordneten Rückzug in große Gefahr bringen. Für die Deutschen bestand nun weder Anfang der 80er Jahre noch während des Golfkriegs reale Gefahr, und umso mehr wird man die auftretende Angst durch den Zerfall libidinöser Bindungen erklären müssen. Es besteht hier, denke ich, stärker als anderswo, das Risiko, daß Massenphänomene wie etwa der plötzliche Zusammenbruch aller libidinösen Bindungen das Verhalten aller Einzelnen bestimmen, und zwar ziemlich ausnahmslos. Wenn Sie mir einen kleinen Seitenhieb erlauben: Es ist ebenso bezeichnend wie schändlich, daß einer wie Horst Eberhard Richter, der von Berufs wegen doch irgendwann in seinem Leben mal was von Freud und über die Entstehung von Angst gelesen haben sollte, wenn dieser Richter also die Kollektivangst wie eine Offenbarung der heiligen Wahrheit selber rechtfertigt, statt über die Entstehung solcher Angst aufzuklären, wie es seine Pflicht als Psychologe wäre.

In diesem Zusammenhang — Zerfall libidinöser Bindungen — muß man die rund 20.000 DDR-Väter, die Frau und Kinder im Stich ließen, und nach denen später vom Suchdienst des Roten Kreuzes gefahndet wurde, wohl als besorgniserregend betrachten. Noch besorgniserregender ist vielleicht der projektive Mechanismus, wie später die Tatsachen umgedreht wurden und 20 Fälle von sogenannter Zwangsadoption den Eindruck erwecken sollten, als wären den Eltern die Kinder vom bösen Staat entrissen worden.

*Psychologie Heute*: Können Sie an einem anderen, vielleicht weniger dramatischen Beispiel verdeutlichen, was Sie mit dem ›Zerfall libidinöser Bindungen‹ meinen? Gibt es alltäglichere Fälle von ›Lieblosigkeit‹?

*Pohrt*: Die muß es wohl geben, denn alle Welt spricht ja davon, freilich ohne den Sinn der eigenen Rede immer ganz zu begreifen. Man sagt zum Beispiel, der Rechtsradikalismus in der ehemaligen DDR komme daher, daß dort nach der Wiedervereinigung die sogenannten Lebenszusammenhänge zerschlagen worden seien. Gemeint ist damit, daß in der DDR der Arbeitsplatz für den einzelnen auch Geselligkeit, Freundschaft, Geborgenheit in der Gemeinschaft sowie menschliche Nähe und Wärme bedeutet habe. Im Westen ist die Klage über die soziale Isolation und über das Zerbrechen der menschlichen Bindungen ebenfalls ein festes Element in der Arbeitslosen-Jammer-Tirade, und unbegründet scheint sie nicht zu sein. Es kommt wohl wirklich öfter vor, daß an der Arbeitslosigkeit Ehen, Familien, Freundschaften und Bekanntschaften zerbrechen.

Damit ist über die hiesigen Ehen, Familien, Freundschaften und Bekanntschaften schon alles Nötige gesagt: Was sind das für Verhältnisse zwischen den Menschen, die nur solange halten, wie der Job dauert. Wenn ich als Arbeitsloser keine Freunde und Bekannten mehr habe, dann heißt das, daß ich nie welche hatte. Es waren Kollegen, mehr nicht. Was ich immer für eine Ehe hielt, entpuppt sich plötzlich als Zuerwerbsgemeinschaft, die gekündigt wird, wenn einer der beiden Sozialpartner mit seinen Leistungen in Rückstand gerät. Daß es in Deutschland keine unmittelbaren menschlichen Beziehungen gibt, sondern nur durch die Firma, den Verein, den Staat und seine Massenorganisationen gestiftete, plaudern die Landsleute selber ganz offen aus, wenn sie mitleidheischend nicht die materielle Not, sondern die soziale Isolierung der Arbeitslosen beklagen. In Italien zum Beispiel ist das ein bißchen anders. Da kann man arbeitslos werden, ohne gleich von der Familie vor die Tür gesetzt zu werden, und Freundschaft hängt nicht davon ab, ob man auf einer Lohnliste geführt wird. Dort hat die Arbeitslosigkeit eine andere Qualität.

*Psychologie Heute*: Haben Sie eine psychologische Erklärung dafür, daß sich dies in Deutschland so entwikkelt hat? Wie ist ein solches ›emotionales Loch‹ entstanden? Vielleicht durch eine bestimmte Erziehungspraxis, wie die Psychohistoriker meinen?

*Pohrt*: Das Problem bei solchen Vater-Mutter-Kind-Geschichten ist immer, daß man irgendwann bei Adam und Eva landet: Ich bin so, weil mein Vater, und mein Vater war so, weil dessen Vater, etc. Also woher das ›emotionale Loch‹ kommt, wüßte ich nicht zu sagen, aber wenn es einmal da ist, wirkt es sich selbstverständlich auch auf die Erziehung aus. Die untergründige Eiseskälte, die wohl in Familien geherrscht haben muß, welche zerbrechen, wenn der Ernährer von der Firma den blauen Brief bekommt — diese Eiseskälte kriegen natürlich auch die Kinder zu spüren, und ich glaube in der Tat, daß die deutsche Familie sich durch extreme Lieblosigkeit auszeichnet. Das ist schon am äußeren Gebaren abzulesen — es gibt wenig Zärtlichkeit, wenig Küsse, überhaupt sind Berührungen verpönt. Kindern gegenüber benehmen die Eltern sich oft sehr konventionell und oberflächlich. Gerade Mittelklasse-Eltern hört man etwa auf der Straße sagen: ›Tu das bitte nicht!‹, und sie sagen es in einem prätentiösen, kalten, spitzen Ton. Sie schnauzen das Kind nicht einmal an, was immerhin hieße: Du bist mir nahe, auch wenn ich mich über dich ärgere. Ihre Art ist eher eine distanzierte, abkanzelnde, etwa so, wie ein Chef zu einem subalternen Angestellten spricht: Über dich rege ich mich nicht mal auf, wenn du nicht parierst, werden einfach Maßnahmen ergriffen.

*Psychologie Heute*: Randerscheinungen, wie manchmal behauptet wurde, sind die neofaschistischen Exzesse in der ehemaligen DDR wohl nicht. Müßte man sie eher als die Spitze des Eisbergs bezeichnen?

*Pohrt*: Von Randerscheinungen spricht inzwischen eigentlich keiner mehr, dazu sind die Exzesse zu häufig, und die Zahl der Beteiligten ist zu groß, man schätzt sie inzwischen auf rund 15.000 Aktivisten. Daß der Neofaschismus in der Zone eine ernste Gefahr darstellt, das wird, glaube ich, inzwischen auch von den Medien und von den Politikern im Westen registriert. Wenn es gleichzeitig die ebenso gefährliche wie skandalöse Neigung gibt, das Thema herunterzuspielen, möglichst tief zu hängen, am liebsten zu ignorieren, dann wohl deshalb, weil man ahnt, daß man es nicht mit ein paar Neonazis zu tun hat, sondern mit einer Gesellschaft, wo keine jugendlichen Hallodris, sondern beispielsweise Elternbeiräte öffentlich fordern, daß eine Schule ›ausländerfrei‹ bleiben solle. Wen man wissen will, ob eine Gruppierung Randerscheinung im Sinne von zufällig oder untypisch ist, dann schaut man am besten, was die Mehrheit dazu sagt, und noch besser orientiert man sich am Verhalten ihrer Gegner. Daß die brandenburgische Ausländerbeauftragte Almuth Berger, von Beruf Theologin, neulich ihren Willen erklärt hat, ›mit den Rechtsradikalen ins Gespräch zu kommen‹ — das verrät eigentlich alles. Das verrät, wie Mord und folterähnliche Körperverletzung betrachtet werden, wenn sie an Ausländern begangen worden sind. Ich glaube nicht, daß Frau Berger mit Kinderschändern ins Gespräch kommen wollen würde. Ich glaube auch nicht, daß Frau Berger öffentlich erklären würde, sie wolle mit den Rohwedder-Attentätern ins Gespräch kommen, und wenn sie es täte, wäre sie ihren Job wohl schnell los.

*Psychologie Heute*: Sie beschreiben das ›Michel-Syndrom‹: Die besonderen Merkmale des deutschen Nationalcharakters, ein wenig schmeichelhaftes, beängstigendes Bild der psychischen Verfassung.

*Pohrt*: In meiner Studie untersuche ich die Luxusausgabe des Michel-Syndroms, aber wir sprachen gerade von der ehemaligen DDR, und dort kann man den Nationalcharakter eigentlich noch besser sehen, ohne die Verzierungen, die ihn im Westen mildern. Deutsch sein ist: Erst ›Wenn die D-Mark kommt, dann bleiben wir, kommt sie nicht, gehen wir zu ihr‹ drohen; und wenn das Erpressungsmanöver geklappt hat, wenn der Wunsch in Erfüllung gegangen ist, noch viel lauter schreien: ›Wieder mal sind wir verraten und betrogen worden‹. Deutsch sein ist, wenn erwachsene Menschen für ihre Entscheidungen keine Verantwortung übernehmen wollen; wenn sie sich wie Kinder, aber ohne kindliche Naivität von blinden Trieben und Impulsen lenken lassen und nachher glauben, Schuld hätten die anderen. Was Kapitalismus ist, hat man doch gerade in der DDR schon in der Elementarschule büffeln müssen. Davon, daß dies Bild keine reine Propagandalüge war, konnten die DDR-Bürger sich im Westfernsehen überzeugen. Wer dann den Kapitalismus wählt, läßt sich ein auf ein Spiel, worin man vielleicht viel gewinnen kann, aber bei hohem Risiko, eine Menge zu verlieren. Wenn einer das tut, ist das sein gutes Recht, nur darf er nachher, wenn er verliert, nicht ›Schiebung‹ schreien. Die größte Gefahr in der ehemaligen DDR stellt wohl jenes Bewußtsein dar, welches von den ehemaligen Bürgerrechtsgruppen, der evangelischen Kirche oder von Thierse propagiert wird. Ich meine diese fordernde Wehleidigkeit, diese ressentimentgeladene Weinerlichkeit, dieses drohende ›was hat man schon wieder mit uns gemacht‹, diesen erpresserischen Auf-einander-zugehen-Schmus. Hier wird die Unfähigkeit der Deutschen konserviert, für ihre Taten und Entscheidungen die Verantwortung zu übernehmen.

*Psychologie Heute*: Haben Sie eine historische Begründung, warum sich dieser Nationalcharakter so und nicht anders entwickelt hat und offensichtlich so stabil geblieben ist?

*Pohrt*: Keine, die mich selber restlos überzeugen würde. Stichwort verspätete Nation: Das trifft eigentlich noch mehr auf alle Staaten zu, die nach dem ersten Weltkrieg aus den Überresten des habsburgischen und des osmanischen Reiches hervorgegangen sind. Da gibt es Ähnlichkeiten, aber eben auch Unterschiede. Stichwort Rückständigkeit, verpaßte bürgerliche Revolution: Das trifft auch auf Spanien zu, und trotzdem war der spanische Faschismus mit dem deutschen nicht zu vergleichen. Historische Ableitungen unterstellen ja immer eine Folgerichtigkeit in der Geschichte, sie unterstellen, daß eigentlich schon am ersten Tag alles Weitere und Spätere beschlossene Sache war, sie negieren die Intervention der Vernunft in den automatischen Ablauf. Natürlich sucht man als Soziologe nach einer Erklärung, aber wenn Sie mich privat fragen: Es ist mir ein Rätsel, warum die Landsleute sich im Herbst 1989 so begeistert von der Aussicht auf die Wiedervereinigung zeigten, obgleich es damals schon vollkommen klar war, daß niemand davon was haben würde.

*Psychologie Heute*: Neid und Genußunfähigkeit sind zwei der Merkmale, die Ihnen besonders aufgefallen sind. Woher rühren diese Komplexe? Ist der Verlust der stilbildenden, Verhaltensnormen prägenden bürgerlichen Schicht in Deutschland einer der Gründe, warum die Deutschen so schönheitsfeindlich, genußunfähig, neidisch und verklemmt sind, etwa im Vergleich zu Ländern wie Frankreich oder Großbritannien?

*Pohrt*: Verlust setzt voraus, daß man mal was hatte. Mein Eindruck ist eher, daß sich ein selbstbewußtes, seinen Erfolg genießendes Bürgertum in Deutschland einfach nie entwickelt hat. Erst hatten die Bürger Angst vor dem Adel und vor der Krone, dann hatten sie auch schon Angst vor dem Proletariat, und immer hatten sie wohl das Gefühl: Hochmut kommt vor den Fall, Bescheidenheit ist eine Zier, besser nicht auffallen und nie den Neid der anderen erregen.

Mit der ausgebliebenen bürgerlichen Emanzipation erkläre ich mir jedenfalls in meiner Studie dies sonderbare Phänomen, aber ich muß gestehen, daß diese Erklärung keineswegs restlos überzeugend ist. Nehmen Sie Spanien: Dort ist mit bürgerlicher Emanzipation auch nicht viel los, aber dort kommt der *Bild*-Ableger *Claro* mit seinen Sex-Fotos und Sex-Geschichten nicht an, weil die Leute, wie sie sagen, diese freudlose, reizlose Art der Behandlung des Themas nicht mögen. Der Unterschied zur DDR könnte kaum größer sein. Oder nehmen Sie Jugoslawien, wo es keine bürgerliche Tradition gibt, aber die Leute trotzdem keine solchen Schönheitsverächter sind und immerhin Feste feiern können. Manchmal denke ich, die Trübsal dieses Landes hängt vielleicht mit der mißlungenen Christianisierung seiner Ureinwohner zusammen, zwischen Schönheit und Göttlichkeit, zwischen Sonntag und feiern gibt es enge Beziehungen. Manchmal denke ich, schon bei dieser Emanzipationsstufe der Menschheit, welcher der Monotheismus zweifellos war, wären die Landsleute ins Stolpern gekommen, eigentlich wären sie immer die Heiden geblieben, die sie dann unter den Nazis wurden, und weil sie nie religiös waren, konnten sie die Religiosität auch nie wirklich überwinden wie die Franzosen in der Großen Revolution. Das mag ein bißchen pfäffisch klingen, aber die Landsleute wirken doch tatsächlich ein bißchen unbeseelt, geistesverlassen, unerlöst.

Gehen wir einen Schritt weiter, so sind wir wieder bei den unterentwickelten libidinösen Beziehungen hier. Daß die Menschen sich als solche anerkennen, daß sie sich einander verbunden fühlen, das hat, wenn man Freud folgt, einmal die Vermittlung durch den Glauben an einen gemeinsamen Gott vorausgesetzt, ehe aus diesem Glauben die Idee der Menschheit wurde. Vor Gott sind sie alle gleich, und weil Gott alle gleich liebt, sollten sie sich auch einander nicht allzu offen hassen. Mir scheint, als wäre dies Gattungsbewußtsein den Deutschen nie zur zweiten Natur geworden, irgendwie ist ihnen die Vorstellung fremd, daß sie Menschen sind, und sie wollen auch gar keine sein, die Natur ist ihnen lieber. Das Problem dabei ist, daß Versäumtes sich nie nachholen läßt, man kann im 20. Jahrhundert nicht gläubig werden, wie man zu diesem Zeitpunkt auch keine Nationen mehr gründen kann.

*Psychologie Heute*: In Ihrer Studie, aber auch in anderen Schriften rechnen Sie besonders kritisch mit Grünen und ›Linken‹ ab, weil Sie bei denen im Grunde die selben Charakterstrukturen zu entdecken glauben wie auf der Rechten. In der Diskussion um den Golfkrieg haben Sie eine Position eingenommen, die diametral zu der ›Friedensbewegung‹ steht. Warum?

*Pohrt*: Man sollte sich genauer daran erinnern, daß 1933 weder das Zentrum noch die Deutschnationalen oder die Nationalkonservativen an die Macht gekommen waren, sondern eine Partei, die sich erstens nationalsozialistisch nannte, und die sich zweitens mehr als Bewegung denn als Partei im traditionellen Sinn verstand. Aus Gründen, deren Aufzählung hier zu weit führen würde, hat ein traditioneller Konservatismus, wie ihn in Großbritannien die Thatcher vertrat, in Deutschland keine Chance. Um populär zu werden, muß der Rechtsradikalismus hier ein völkischer sein, d.h. antikapitalistische, antibürgerliche und antistaatliche Kritik in der Gestalt des Ressentiments implizieren. Ein solches völkische Bewußtsein propagiert und gesellschaftsfähig gemacht zu haben — das ist die fatale Leistung der Alternativen und der Grünen, aber auch der Linken gewesen. Sie haben damit die ideologischen Voraussetzungen wiederhergestellt, die der völkische Rechtsradikalismus schon vorfinden muß, um dann selber erfolgreich zu werden.

Auch in der deutschen Haltung zum Golfkrieg hat das völkische Bewußtsein wohl eine wichtige Rolle gespielt, es gab Sympathien für den Irak in seiner Eigenschaft als Einheit von Volk und Führer, es gab Sympathien für ›die Araber‹ — eine Redeweise, welche die Sehnsucht nach dem riesigen naturwüchsigen, ethnisch homogenen Kollektiv verrät, bei den Rechtsradikalen und gleichermaßen bei den Linksradikalen, wo eine hölzerne und abstrakte antiimperialistische Terminologie die völkischen Präferenzen nur sehr dünn übertüncht. Der Irak war der völkische Staat, das Gewachsene, wie man hier sagt, Kuweit hingegen das Kunstprodukt. Vor allem gab es eine starke Sympathie für das Naturrecht, für das Recht des Stärkeren, und eine Aversion gegen das gesetzte Recht, gegen Regeln, gegen die Zivilisation.

*Psychologie Heute*: Was ist die besondere Qualität des Fremdenhasses in Deutschland — verglichen etwa mit dem in Frankreich oder in anderen Ländern?

*Pohrt*: In Polen gab es vor dem Krieg einen widerlichen Antisemitismus, aber die Juden stellten auch einen nennenswerten Anteil an der Bevölkerung — der klassische Fall von modernem Tribalismus. Die Nation zerfällt in Religionsgemeinschaften oder ethnische Kollektive, die es in der bürgerlichen Gesellschaft ihrem Begriff nach gar nicht geben dürfte, und der Mensch benimmt sich wie das liebe Vieh, d.h. ein Stamm will den anderen aus seinem Revier vertreiben. In Deutschland war das anders. Da betrug der Anteil der Juden an der Bevölkerung 1 Prozent, die meisten Deutschen dürften keinen Juden persönlich gekannt haben. Nur 10 Prozent der Juden, die von den Deutschen umgebracht worden sind, haben die Deutschen im eigenen Land gefunden, die anderen haben sie in ganz Europa aufsuchen müssen. In Polen also ein Antisemitismus, dessen Praxis nach dem Modell der Wirtshausschlägerei funktioniert, in Deutschland Spürtrupps und Exekutionskommandos.

Analog dazu beträgt der Ausländeranteil heute in der ehemaligen DDR 1 Prozent, eine Zahl die man nicht oft genug wiederholen kann. Auf die Exzesse in der Zone angesprochen, sagte beim evangelischen Kirchentag Brandt in einem SAT1-Interview, die gäbe es doch auch in anderen Ländern, in England oder Frankreich. Er irrt, oder er lügt. In London, Paris und Marseille gibt es ganze Stadtteile, in denen nur Araber wohnen, und wenn es dort zu Feindseligkeiten kommt, ist das wieder der klassische Fall von modernem Tribalismus. In der Zone dagegen sind die Ausländer kein Kollektiv, sie sind verstreute Einzelne, an denen man sich im Alltag nicht reiben kann, die man vielmehr erst aufspüren muß, um sie quälen und töten zu können. Im Ausland also ein Fremdenhaß, der sich in Affekthandlungen ausdrückt, in Deutschland das kaltblütig geplante Verbrechen, auch der Haß ist hier ein eigentümlich unbeseelter.

*Psychologie Heute*: Wie ließe sich das faschistische Syndrom aufbrechen? Können Sie sich eine ›Erziehung‹ denken, eine wirkliche Politisierung beispielsweise, die das Bündel apolitischer Projektionen aufbricht?

*Pohrt*: Wenn es erlaubt ist, kurz mal Marx zu zitieren: »Die materialistische Lehre von der Veränderung der Umstände und der Erziehung vergißt, daß die Umstände von den Menschen verändert und der Erzieher selbst erzogen werden muß. Sie muß daher die Gesellschaft in zwei Teile — von denen der eine über ihr erhaben ist — sondieren.« Und damit ist auch schon das Hauptproblem benannt: Woher den erhabenen Teil nehmen, den jedenfalls ich nirgends entdecken kann. Ferner ist der Zustand heute doch der beste Beweis dafür, wie kläglich Erziehungsprogramme oft scheitern. In der DDR hat man sich nach Kräften um eine antifaschistische Erziehung bemüht, hier gab es in den 70er Jahren die antiautoritäre oder die emanzipatorische Pädagogik, und das Resultat von alledem ist, daß hier die Erstwähler zeitweilig für die Republikaner schwärmten und in der ehemaligen DDR sich SA-ähnliche Banden bilden.

Was nun die Politisierung betrifft, so zeigt die deutsche Geschichte, wie wenig sie zu ändern vermag, wie sehr sich unter wechselnden Etiketten vielmehr stets das Gleiche verbirgt. Wir kennen die Landsleute nun als Monarchisten, als Demokraten, als Nazis, als Kommunisten, als Kämpfer für die freiheitlich-demokratische Grundordnung, als Antiimperialisten, und irgendwie hat man doch, gerade in der DDR, das Gefühl: Das ging alles ziemlich spurlos an ihnen vorüber.

Auch weiß ich nicht, ob viel gewonnen wäre, würden beispielsweise die Leute in der Zone nicht mehr auf den Kanzler schimpfen, den sie gewählt haben, und auf die Treuhand, die sie herbeiriefen, sondern auf den Kapitalismus. Eher fürchte ich, eine solche Politisierung würde die Leute nur wieder in ihrem unabänderlichen Glauben bestärken, sie selber wären die schuldlos Benachteiligten, und irgend eine andere Macht wäre der Verursacher ihrer Nöte, wobei es dann fast schon wurscht ist, ob diese Macht als kommunistisches Unrechtsregime, als Diktatur des Geldes, als Bonzokratie, als Kapitalismus oder als internationales Judentum vorgestellt wird. Daß Leute, die vor einem Jahr noch ›Wir sind das Volk‹ und ›Deutschland einig Vaterland‹ gröhlten, sich nun gleich wieder, nur etwas anders, politisch engagieren, möchte man sich eigentlich nicht wünschen.

Von diesen Leuten würde man lieber eine Weile gar nichts hören, zum Zeichen dafür, daß die Einzelnen sich für ihre persönliche, individuelle Dummheit, Unehrlichkeit und Raffgier schämen und nicht gleich wieder Entlastung suchen im Kollektiv. Da haben Leute doch für die Aussicht auf ein West-Auto leichtfertig die eigene Existenz und die ihrer Kinder aufs Spiel gesetzt, und daran sollten sie ein Weilchen knabbern, bevor sie wieder den Mund aufmachen.

Vor zweihundert Jahren hätte man gesagt, die sollen erstmal ein bißchen bereuen, beichten und büßen. Was man heute sagen soll, weiß ich nicht, aber die Vorstellung, daß die Einig-Vaterland-Schreier von gestern heute ›Es lebe die internationale proletarische Solidarität‹ brüllen — diese Vorstellung ist mir zuwider.

*Psychologie Heute*: Wenn Sie die Ereignisse der letzten Monate berücksichtigen, besonders im sogenannten Beitrittsgebiet, verdichten sich dann die Hinweise auf ein Szenario, das Sie in Ihrem Buch ganz vorsichtig andeuten — ein neuer Faschismus?

*Pohrt*: Eigentlich schon mit dem Wirrwar um den Beitrittstermin begann eine Phase stetig zunehmender gesellschaftlicher Desorganisierung. Die Regierung leidet unter Entscheidungsschwäche, ganz gleich, ob es sich um die Position zum Golfkrieg, die Telefongebühren, die Steuererhöhungen, das Abtreibungsgesetz oder die Hauptstadtfrage handelt. Daß die etablierten Parteien und die etablierten Politiker sämtlich ramponiert wirken, ist die einhellige Meinung der Kolumnisten, und ständig neue Minusrekorde bei den Zahlen für die Wahlbeteiligung deuten an, daß die Identifikation der Bürger mit Staat und Parteien durch die Wiedervereinigung einen mächtigen Knacks bekommen hat. Die Briefpost funktioniert so schlecht wie noch nie seit Kriegsende, in der Zone funktioniert nichts, der ICE war ein Riesenflop, und die Liste der Flops ließe sich beliebig verlängern. Insgesamt wirkt die Gesellschaft eigentümlich kraftlos, willenlos, wie gelähmt, und die Unfähigkeit, den neofaschistischen Exzessen in der ehemaligen DDR massiv entgegenzutreten, ist insofern kein Sonderfall, sondern nur ein Element der viel weiter reichenden Apathie und Entschlußlosigkeit.

Prinzipiell sind dies die Bedingungen, unter denen eine Gruppierung wie die NSDAP mit einem Führer an der Spitze als Retter aus der Tatenlosigkeit erscheinen müßte. Einerseits sehe ich also sehr viel ernstere Anzeichen für eine autoritäre Lösung, als die neonazistischen Exzesse in der ehemaligen DDR allein dies wären, andererseits sehe ich einstweilen die neue NSDAP noch nicht. Möglich wäre ja auch, daß die Gesellschaft einfach in einen Zustand von Anomie versinkt und im neuen Deutschland sich Verhältnisse durchsetzen, wie sie heute in der Zone herrschen — Verfall, Niedergang, Gesetzlosigkeit, Verelendung, Gewalt und Kriminalität. Was ich hingegen aus meiner Studie weiß, was die Zahlen doch ziemlich eindeutig zu belegen scheinen, ist nur, daß eine neue völkische Führerpartei in der Bevölkerung bestimmt auf keine grundsätzlichen Aversionen stoßen würde.

*Psychologie Heute*: Gibt es denn gar keine positive Perspektive für diese Deutschen? Immerhin haben sich doch nennenswerte Bevölkerungsgruppen — im Westen vor allem — insofern zivilisiert, als sie Abschied von den ›urdeutschen Sekundärtugenden‹ genommen haben, einen gewissen Hedonismus pflegen und sich eher als Europäer und Weltbürger fühlen, die mal eben so selbstverständlich auf die Seychellen jetten wie andere in den Schwarzwald fahren...

*Pohrt*: Ich empfand es auch als wohltuend, daß deutsche Massenbewegungen eine Weile nur im Kaufhaus und im Ferienflugverkehr stattfanden, obwohl es mir wieder sehr deutsch vorkommt, wenn man gleich von Hedonismus spricht, nur weil Leute, die sich's leisten können, teure Reisen machen und nicht den billigsten Fusel trinken.

Das Selbstverständliche — daß man sich nicht aus freien Stücken von Erbseneintopf ernährt — scheint so wenig selbstverständlich zu sein, daß es gleich weltanschaulich abgestützt werden muß. Also mir wäre es recht, die entscheidenden Schlachten auf dem Gebiet der ehemaligen DDR würden im Schlußverkauf oder beim Kampf um die Fensterplätze im Ferienflieger geschlagen.

Aber die Verhältnisse eben, die sind nicht so, und ich glaube nicht, daß vom sogenannten Hedonismus viel übrig bleiben wird, wenn die Leute knapper bei Kasse sind. Ferner wäre zu fragen, welche weiterreichende Bedeutung unterschiedliches Konsumverhalten eigentlich noch besitzt angesichts der Tatsache, daß es in wichtigen politischen Entscheidungssituation hier keine Parteien mehr gibt, sondern nur noch Deutsche. Von rechtsaußen bis links-grün existiert eine Grundhaltung, die sich auch jetzt während der Jugoslawienkrise wieder deutlich zeigt: Kein anderes Land, sieht man von Österreich ab, unterstützt so entschieden die völkischen Separatisten, die ja eine blutige faschistische Vergangenheit haben. Wie schon im Golfkrieg stellen sich die Deutschen so geschlossen gegen den Rest der Welt, daß das Wort von *dem* Deutschen keine Übertreibung mehr ist.

Was schließlich den Verlust der sogenannten Sekundärtugenden betrifft, die übrigens schon immer eine Mischung aus Autosuggestion und Propagandalüge waren, so ist die bloße Abwesenheit von Fleiß, Ordnung, Sauberkeit, Sparsamkeit, Pünktlichkeit etc. noch kein Wert an sich. Man genoß doch den Urlaub in südlichen Ländern nicht, weil die Züge dort Verspätung hatten, sondern man nahm auch mal Zugverspätungen hin, weil man dafür durch andere Eindrücke entschädigt wurde. Die Rückkehr in die Heimat — die mißmutigen harten Gesichter etc. — war dann immer etwas herb, aber wenigstens die Züge fuhren pünktlich. Den einen Trost hat man nun auch nicht mehr, und ich weiß nicht, wie die Landsleute darauf reagieren, wenn sie das einzige verlieren, was sie besaßen. Vor Jahren gab es mal eine VW-Reklame, und die ging so: ›Der temperamentvolle Italiener. Der vornehme Brite. Der charmante Franzose. Der solide Deutsche‹. Daraus ergibt sich die Frage: Was sind die Deutschen, wenn sie nicht mehr solide sind.

Unpünktlichkeit kann der Fähigkeit zur Hingabe an den Augenblick entspringen, man ist so bei der Sache, daß man die Welt vergißt und nicht merkt, wie die Zeit vergeht. Unpünktlichkeit kann aber auch der Ausdruck allgemeiner Gleichgültigkeit und Feindseligkeit sein: Nicht, daß ich in meine augenblickliche Tätigkeit vernarrt wäre, ganz im Gegenteil. Aber soll der andere doch warten, und wenn er sich ärgert: Umso besser. Schlamperei und Unpünktlichkeit haben hier meist letzteren Charakter, und ich glaube nicht, daß die Leute ihre Befreiung von den sogenannten Sekundärtugenden genießen: Ein weiterer Grund für sie, sich nach dem starken Mann zu sehnen, der ihnen, wie es hier über Brutalität so anerkennend heißt, mal ordentlich die Hammelbeine langzieht.

# Waffen für Hoyerswerda[94]

Es stand im *Stern*, Auflage rund eine Million:

»Im sächsischen Hoyerswerda hat die staatliche Gewalt die Verfassung gebrochen. In den Tagen und Nächten der Ausländerhatz durch neonazistische Horden hat unser Staat vor dem Mob kapituliert. [...] In Hoyerswerda haben die Kinder der Ausländer nächtelang geweint oder geschrien, weil sie Angst hatten. Vor Molotow-Cocktails und Pflastersteinen, vor deutschem Haß. Sie hatten Angst davor, geschlagen oder erschlagen zu werden. Und die häßlichen Deutschen johlten beifällig bei jedem Treffer.«

Derweil schrieb die *Stuttgarter Zeitung* undementiert:

»Sachsens parteiloser Justizminister Steffen Heitmann hatte eine unheimliche Begegnung. Auf der Stuttgarter Königstraße ist er eines Samstags spazierengegangen und hat dort so viele ausländische Sprachen gehört und so viele fremdländische Menschen gesehen, daß er sich gefragt hat: ›Mensch, bist du hier noch zu Hause?‹ Der Theologe hat sich so seine Gedanken gemacht. Er ist zu dem Schluß gekommen, daß ›Deutschland das Recht haben muß, seine kulturelle Identität zu wahren‹«.

Während die häßlichen Deutschen johlten, forderten die schönen Seelen »mehr Toleranz« und mahnten, die Landsleute müßten mit den Ausländern leben und sie besser verstehen lernen. Mutwillige Sachbeschädigung, lebensgefährdende Brandstiftung, schwere Körperverletzung und versuchten Mord hielten sie offenbar für Erscheinungsformen von Intoleranz. Daß Deutsche erschlagen dürfen, wen sie nicht mögen oder nicht verstehen, verstand sich für sie von selbst. Sporadisch kam es auch zu Kundgebungen und Demonstrationen gegen die »Ausländerfeindlichkeit«, die freilich unter mäßiger Beteiligung litten und widerwillig absolvierten Pflichtübungen glichen. Nicht eine Organisation rief dazu auf, den Sitz der sächsischen Landesregierung zu belagern und die Blockade solange durchzuhalten, bis Biedenkopf samt seinem Kabinett wegen Unterstützung und Begünstigung einer terroristischen Vereinigung sowie Werbung für sie hinter Gittern sind. Die Hunderttausenden, die im Januar noch für den Frieden um jeden Preis auf die Straße gegangen waren und das Land mit Mahnwachen und Kerzenschein überzogen hatten, blieben zu Hause aus dem einfachen Grund, weil die Menschenjagd in der Bundesrepublik auf ökologisch unbedenkliche Weise abgewickelt wurde. Und während die Wohnheime von Asylbewerbern schutzlos den Angriffen neonazistischer Verbrecher ausgeliefert sind, fallen einem die Bilder von der Demonstration gegen die Startbahn West in Frankfurt wieder ein, wo Leute sich mit bloßem Oberkörper der Polizei in den Weg und schützend vor den Baum stellten, für den sie eine Patenschaft übernommen hatten.

Da die Bundesrepublik nun tatsächlich ein Land geworden ist, worin mit nennenswertem politischen Widerstand gegen faschistische Gewaltverbrechen nicht gerechnet werden kann, vielmehr jede Bande, wenn sie sich nur halbwegs glaubhaft als Volksbewegung darstellt, im Staat einen mächtigen Erfüllungsgehilfen finden wird wie seinerzeit, besteht für den Kommentator auch nicht mehr die Pflicht, die Entwicklung ausschließlich in politischen oder gar realpolitischen Kategorien verstehen zu wollen. Es steht ihm frei, sich auszumalen, was Gerechtigkeit bedeuten würde, ganz unabhängig davon, ob irgendeine irdische Macht willens und fähig ist, solche Gerechtigkeit herbeizuführen. Wie wäre es beispielsweise, würden auf Deutsche im Ausland die gleichen Anschläge verübt, die momentan von Deutschen auf Ausländer verübt werden? Nicht nur zur Urlaubszeit böte sich dazu jede Gelegenheit. Wenn Landsleute in Italien mit eingeschlagenem Schädel auf der Intensivstation enden, wie es hier Nigerianern passiert — ob es dann wohl immer noch so ist, daß besonnene Deutsche für mehr Toleranz, diesmal seitens der Italiener, plädieren? Und gesetzt den Fall, bei einem Brandanschlag auf ein von deutschen Urlaubern bewohntes Hotel würden zwei kleine Mädchen so schwer verletzt wie neulich im nordrheinwestfälischen Hünxe — ob die halbverbrannten Opfer und die verzweifelten Eltern dann vielleicht wenigstens im hiesigen Fernsehen zu bestaunen wären, das seinem sadistisch veranlagten Publikum sonst keine Schwerverwundeten und Leichen aus anderen Teilen der Welt vorenthält, aber nicht einmal die Opfer der jüngsten Anschlagswelle zeigte, vielleicht aus Furcht, es könnten dabei Abscheu gegen die Täter und Sympathie für die Opfer sich bilden? Was geschähe wohl, würde eine Bande rechtsradikaler Totschläger mal in einen Hinterhalt gelockt, und ein paar von ihnen blieben auf der Strecke?

Müßige Spekulationen, zugegeben, aber so müßig wieder nicht. Daß es ein Fehler war, im Jahr 1938 die Synagogen niederzubrennen, jüdische Geschäfte zu zerstören, die Juden durch die Straßen zu hetzen und zu erschlagen, begriffen die Landsleute erst, als ihre eigenen Städte wie die niedergebrannten Synagogen aussahen und sie selber auf der Flucht waren. Es wäre lehrreich für die Deutschen, die fühlen müssen, da sie nicht hören mögen, und es wäre ein Triumph der Gerechtigkeit obendrein, würde das ausländerfreie Hoyerswerda bald den mit Brandsätzen und Stahlkugeln attackierten Ausländerwohnheimen dort gleichen, und die Einheimischen müßten fliehen von dort, wie die Ausländer fliehen mußten. So schlecht, wie es scheint, stehen die Chancen dafür nicht, denn der Ort, der eine Woche lang die Hauptstadt der neuen Volksbewegung war, wird vermutlich zugrundegehen, ohne daß es dazu eines weiteren Weltkriegs bedarf. Seine Bewohner selber werden es sein, die ihn im Krieg gegeneinander zerstören. Man sollte ihnen, wenn es soweit ist, nicht in den Arm fallen dabei, sondern sie auf jede nur erdenkliche und vollkommen unparteiische Weise unterstützen.

## ANMERKUNGEN

**1)** Wolfgang Pohrt, Der Weg zur Inneren Einheit. Elemente des Massenbewußtseins BRD 1990, Konkret Literatur Verlag, Hamburg 1991
**2)** ebenda, S. 283
**3)** ebenda, S. 300
**4)** ebenda, S. 306
**5)** »Mord, das scheinen sie fortwährend im Sinn zu haben«, schrieb der Niederländische Autor Carl Nooteboom schon in seinen »Berliner Notizen« (Frankfurt 1991), einem Reisebericht aus der Zeit zwischen Sommer 1989 und Frühjahr 1990 über die Raser auf deutschen Autobahnen, wo er den Eindruck gewann, »als würde dort der ganze nationale Frust ausgelebt«. (Zitiert nach der *FAZ* vom 15.10.1991)
**6)** Kohls Fight am 11.5.91 in Halle war auch einer zwischen Ossis und Wessis. Zur Illustration des Klimas der Leitartikel der *Stuttgarter Zeitung* vom gleichen Tag, wo es unter dem Titel »Verdruß statt Aufbruch« hieß: »Statt eines solidarischen Aufbruchs in eine gemeinsame Zukunft erleben wir härtere Verteilungskämpfe im Westen, aber auch zwischen Ost und West. [...] Niemand käme auf die Idee, die Deutschen ein glückliches Volk zu nennen. Einmal durfte Walter Momper davon sprechen, daß die Deutschen heute das glücklichste Volk auf der Erde seien. Es scheint lange her zu sein.« Schon im Monat davor hatte die *Zeit* (vom 19. April 1991) unter dem Titel »Nichts bleibt, wie es ist« geschrieben: »Seit Jahresbeginn hat sich das Gefühl verdichtet, daß etwas nicht stimmt in Deutschland. Woran lag es zum Beispiel, daß Helmut Kohl monatelang die neuen Bundesländer mied und in Bonn fast niemand aufmerkte? In alldem drückte sich die ungeheure Diskrepanz zwischen der westdeutschen Befindlichkeit und der ostdeutschen Wirklichkeit aus. Zum Glück ändert sich jetzt allmählich die Stimmung. Der Kanzler hat sich auf Besuch in Erfurt sehen lassen.« Natürlich änderte die Stimmung sich nicht. Die *Repubblica* (Rom) meinte zum Handgemenge vom 11. Mai (zitiert nach der *Stuttgarter Zeitung* vom 15.5.91): »Nun sind wir im zweiten Akt. 1990 haben wir den triumphalen Weg zur Einheit gesehen, die für Deutschland und Europa eine neue Ära der Blüte einzuleiten schien. 1991 und in den kommenden Jahren befindet sich Deutschland dagegen in der schwierigsten politischen und wirtschaftlichen Bewährung

nach dem Krieg [...] Es scheint unvermeidlich, daß die Krise in Ostdeutschland auch die ›alte‹ Bundesrepublik mit Konsequenzen für ganz Europa ansteckt. [...] Von allen Seiten wird die Regierung aufgefordert, Politik zu machen und die notwendigen Entscheidungen zu treffen. Aber der Kanzler, der sich wie ein Panzer für das Ziel der Wiedervereinigung durchsetzte, scheint nun der Kohl von früher, der mehr mit Aussitzen als mit Handeln regiert. Seine wütende Reaktion in Halle, wo er einen Eierwerfer zu schlagen versuchte, [...] war eine Demonstration der Schwäche. Sicher gefällt es niemandem, ein Ei ins Gesicht zu bekommen, aber darf ein Kanzler so offensichtlich die Kontrolle über sich selbst verlieren?« — Der Eierwerfer Matthias Schipke, damals Juso-Vorsitzender, ließ sich übrigens ein Jahr später in *Bild am Sonntag* vom 3.5.92 ganzseitig als reuiger Sünder (Entschuldigungsbrief an Kohl) porträtieren unter dem Titel »Früher ein Chaot — heute Samariter«. Gemeint war damit, daß er drei Tonnen Hilfsgüter für Kroatien gesammelt hatte.

**7)** Damit solche Vergleiche nicht als Polemik mißverstanden werden: Unter dem Titel »Eine Probe auf den Rechtsstaat« deutete etwa Friedrich Karl Fromme in der *FAZ* vom 5.8.91 an, daß er ein bißchen Volksgerichtshof für angebracht hielte: »Mit Revolutionen hat es eine eigene Bewandtnis. So friedlich die in der DDR war (eigentlich war es ein Zusammenbruch des Systems), so sehr wächst das Verlangen, nun noch spät etwas von der Bestrafung der Schuldigen zu erleben. Das gilt wohl vom Gefühl her vor allem dem (strafrechtlich nicht faßbaren) ›Delikt‹ des Raubes der Lebenschancen an anderthalb Generationen. Den überfeinerten Rechtsstaat der Bundesrepublik lernen die Ostdeutschen nicht schätzen, wenn er jenem Bedürfnis (es geht niemanden ums Guillotinieren) auf schwer verstehbare Weise entgegensteht. [...] ›Kurzer Prozeß‹ kann nicht die Lösung sein. Aber zu langwierige, unverständliche Prozesse auch nicht. Auch nach dem vorletzten Unrechtsstaat wurde die Berufung darauf, man habe ja nur das damals geltende Recht angewendet, in der Regel nicht anerkannt. Es galt der Satz vom ›gesetzlichen Unrecht‹, dessen Begehung gerichtlich festzustellen ein Akt der Befriedung war.« Rund zehn Monate nach diesem Kommentar bot sich wieder einmal Gelegenheit, die Strafverfolgungspraxis im Falle von Verbrechen zu studieren, die unter dem NS-Regime begangen worden waren. Unter dem Titel »Wer ist Täter, wer ist ein Gehilfe? Die

Schwierigkeiten der Justiz mit der vom Staat veranlaßten Kriminalität« schrieb Stefan Geiger in der *Stuttgarter Zeitung* 11.3.92: »Die Affäre um den Alterspräsidenten des brandenburgischen Landtags, Just, wirft auch ein Schlaglicht auf die Widersprüchlichkeit, in die sich die bundesdeutsche Justiz bei der Ahndung vom Staat veranlaßter Kriminalität manövriert hat. Just war nach eigenem Eingeständnis 1941 an der Erschießung von zwanzig Juden beteiligt gewesen. Diese Erschießung war nicht etwa die Folge eines wie auch immer gearteten Gerichtsverfahrens gewesen. Vielmehr handelte es sich um eine ›Vergeltungsmaßnahme‹. Die Wehrmachtseinheit, der Just angehörte, hatte ein Dorf in der Ukraine nach ›Terroristen‹ durchsucht. Sechs Personen wurden, so Just, gefaßt und auf Befehl des Kompanieführers an die Wand gestellt und erschossen. Die Staatsanwaltschaft in Frankfurt/Oder ermittelte denn auch zunächst im Jahre 1991 wegen eines Tötungsverbrechens. Sie stellte diese Ermittlungen jedoch ein, weil sie zu dem Schluß kam, Just sei, obwohl er nach eigenen Angaben selbst geschossen hat, allenfalls wegen Beihilfe zum Mord zu belangen gewesen. Beihilfe aber ist — im Gegensatz zur Tat selbst — inzwischen längst verjährt. Die Staatsanwälte können sich bei dieser Rechtsauffassung zutreffenderweise auf eine gängige Rechtsprechung des Bundesgerichtshofes berufen. Der nämlich hat festgelegt, daß Straftäter, die während der NS-Diktatur auf Befehl gehandelt haben, sofern sie nicht als ›Exzeßtäter‹ selbst Rassenhaß empfunden hätten, lediglich der Beihilfe schuldig sind. Der Bundesgerichtshof billigte den NS-Tätern zu, im Glauben gewesen zu sein, sich den Befehlen nicht widersetzen zu können. Ihnen fehlten deshalb die niedrigen Beweggründe. Auch wer eigenhändig Menschen erschossen habe, so die gewagte Rechtsfiktion aus Karlsruhe, könne deshalb lediglich als Gehilfe der Tat verurteilt werden. Dieser Rechtstradition folgend hat der kommissarische Leiter der Staatsanwaltschaft Frankfurt/Oder, Wolfgang Lehmann, die Ermittlungen gegen Just eingestellt. Bei den Tätern, die während der DDR-Diktatur getötet haben, folgt die Justiz freilich der Gehilfen-Theorie nicht. Die ersten Mauerschützen beispielsweise, die ebenfalls auf Befehl geschossen haben, wurden als eigenständige Täter wegen Totschlags verurteilt und nicht nur wegen Beihilfe zu diesem Verbrechen. Ihnen ist, anders als den NS-Tätern, von der Justiz zugemutet worden, sie hätten das Unrecht, das ihnen befohlen worden ist, erkennen müssen.

Man darf darauf gespannt sein, wie der Bundesgerichtshof, der über die Mauerschützen noch zu urteilen haben wird, dieses Spannungsverhältnis, in dem sich die Justiz gegenwärtig befindet, aufzulösen versucht.« Während Just, obgleich er eigenhändig getötet hatte, nur der Beihilfe zur Tat beschuldigt werden kann, galt beispielsweise in RAF-Prozessen der Grundsatz, daß sämtliche Mitglieder der Gruppe als Mittäter, d.h. wie der Täter, zu bestrafen sind, ganz unabhängig davon, ob ihnen ein konkreter Tatbeitrag nachgewiesen werden kann oder ob sie überhaupt am Tatort waren. Im Falle der RAF wurde unterstellt, daß die Tat einem gemeinsamen Willen und gemeinsamer Verabredung aller Mitglieder entsprang. Nur zur Abrundung des Bilds vom Rechtsstaat, der nun über die im Unrechtsstaat begangenen Verbrechen urteilt, sei eine weitere Meldung aus der *Stuttgarter Zeitung* vom gleichen Tag, also vom 11.3.92 zitiert. Unter dem Titel »Stasi-Küchenhilfe zu Recht gekündigt« las man: »BERLIN (dpa). Auch wer für die Stasi nur Kartoffeln schälte und Geschirr abwusch, darf nicht im Öffentlichen Dienst arbeiten. Den Bundesbürgern sei es nicht zuzumuten, in einer Amtsstube einer ehemaligen Küchenhilfe der DDR-Staatssicherheit gegenübertreten zu müssen, entschied das Berliner Landesarbeitsgericht in zweiter Instanz in einem am Dienstag veröffentlichten Urteil. Für die Kündigung sei es unwichtig, ob der Arbeitnehmer in einem sicherheitsrelevanten Bereich gearbeitet oder lediglich für die Versorgung der Stasi-Mitarbeiter gesorgt habe. Auch auf ›individuelles Fehlverhalten‹ kommt es nach Ansicht der Richter nicht an. (Az. 9 Sa B9/91). Gegen das Urteil wurde keine Revision zugelassen.«

**8)** Die Ähnlichkeiten blieben keinem verborgen. Der Freiburger Historiker Bernd Martin: »Die deutsche Frage hat uns überrollt, fast genauso, wie unsere Väter und Großväter einst von der ›nationalen Revolution‹ der Nationalsozialisten 1933 überrollt wurden«. In: Bernd Martin (Hg.), Deutschland und Europa. Ein historischer Rückblick, München 1992.

**9)** Unter dem Titel »Gedankenschwere Nabelschau« skizzierte der *Spiegel* am 16. März 1992 die Lage: »Industrieprodukte werden erfolgreich exportiert — doch deutsche Bücher finden im Ausland kaum mehr Leser. Deutsche Autoren, so urteilt ein Londoner Verleger, produzieren nur ›langweiliges Zeugs‹. Und die Leser in der Bundesrepublik sind offenbar ähnlicher Auffassung: Jeder zweite Roman auf dem Markt stammt bereits aus dem Ausland. [...] Als Absatzbremse erweist sich — paradox genug — auch die Wiedervereinigung. Während die ganze Welt gebannt den Fall der Mauer verfolgte, erstarb gleichzeitig das Interesse an den DDR-Autoren und an der Thematik des geteilten Deutschland.« — Wie bei der Landwirtschaft ergibt sich daraus das Bedürfnis nach einem staatlichen Kulturprotektionismus, dessen Legitimation stets völkisch und vaterländisch ist. Nicht zu übersehen ist ferner die Interessenidentität zwischen den Schriftstellern und Kanzler Kohl, der Deutsch als Arbeitssprache bei der EG durchsetzen will.

**10)** Damit sind die Bedingungen geschaffen, welche die Gegenaufklärung vorfinden muß, um gedeihen zu können. Erster Schritt: Vorsätzlich oder doch zumindest halbwissend richtet man ein furchtbares Chaos an. Zweiter Schritt: Unter Verweis auf dies nun wirklich existierende Chaos erklärt man, daß man die Welt nicht mehr verstünde. Bei den Kolumnisten zeigt sich der Schwenk hin zum Obskurantismus in der Neigung zu tiefschürfenden Betrachtungen mit viel Bildungsgut und ewigen Wahrheiten, wie sie im ranzigen Besinnungsaufsatz der 50er Jahre und früher üblich waren. Unter dem Titel »Das Leben — ein Traum?« heideggerte die *Stuttgarter Zeitung* vom 18.4.92 : »Die Zeit ist aus den Fugen. Sie ist es auch deshalb, weil sich jeden Tag aufs neue herausstellt, daß es tatsächlich mehr Dinge auf Erden gibt, als unsere Schulweisheit sich jemals träumen ließ. Die Menschheit hat in den letzten Jahren, Monaten und Wochen für das endgültige Auseinanderfallen scheinbar für die Ewigkeit zementierter Hierarchien, für den Zusammenbruch ganzer Gesellschaftsordnungen gesorgt. [...] ›Ungeheuer ist viel und nichts ungeheurer als der Mensch‹, ließ Sophokles schon vor weit über zwei Jahrtausenden den Chor in seiner ›Antigone‹ sprechen. Er formulierte damit höchst skeptisch in einer vor-bürgerlichen Zeit den Wahn und die Wirklichkeit, dem sich unsere nachbürgerliche, postmoderne Epoche nun ausgesetzt sieht. [...] Nur manchmal noch beschleicht uns die dumpfe Ahnung, wie groß die Erhebung über uns selbst und unsere Verhältnisse mittlerweile geworden ist. Als Anfang dieser Woche die Erde bebte, in einem Land, das sich solcher Naturereignisse ledig glaubte, mag so mancher überlegt haben, daß der Mensch doch nicht das alleinige Maß aller Dinge ist. Stärker noch wird unser saturiertes Leben ganz privat immer wieder, immer mehr beeinflußt durch den plötzlich drohenden Verlust eines geliebten Menschen, sei es, daß er das Opfer einer unheilbaren Krankheit wird, die es immer noch gibt, sei es, daß er im alltäglichen Wahnsinn des Verkehrs, durch eine immer schlechter beherrschbare Zivilisationskrankheit, zu Tode kommt. In solchen Situationen jedenfalls horchen wir zuweilen noch auf, und es kommt uns die alte, ewig gültige Weisheit von der Eitelkeit der Welt zumindest wieder sporadisch ins Bewußtsein.« Die vorläufig noch unausgesprochene politische Schlußfolgerung aus dergleichen Betrachtungen ist, daß sowas wie Demokratie eigentlich Hybris sei. Über die Dinge zwischen Himmel und Erde, an die der gewöhnliche Verstand nicht heranreicht, weiß nur einer Bescheid, der Führer als Vertreter einer übermenschlichen Macht, der des Glaubens. Unter dem Titel »Sympathien für den Putsch?« rügte daher die *Stuttgarter Zeitung* vom 14.1.92 westliches Verständnis für den Versuch des algerischen Militärs, die Machtübernahme durch die Religiösen zu verhindern: »Die Idee eines panarabischen Sozialismus hat als Leitbild ausgedient. Nun empfiehlt sich als Alternative der Islam, der gleichfalls zur Abgrenzung gegenüber dem Westen taugt [...] Das ›aufgeklärte‹ Europa, wo religiöse Begeisterung auch dann noch auf Skepsis stößt, wenn sie sich gegen niemanden richtet und nur Ausdruck der Hingabe an den Glauben ist, tut sich damit bisher noch schwer. Die Welt des Islam, die schon in den hiesigen Gesellschaften beginnt, scheint ungeheuer fern und fremd. Dabei müssen sich auch die Europäer zunehmend damit auseinandersetzen, daß Menschen dem pluralistischen Staat, der ihnen nur wenig verbindliche Werte anbieten kann, den Rücken kehren. Sie suchen woanders Halt und Geborgenheit, greifen zu Alkohol oder Drogen, schließen sich Sekten an. Im Idealfall könnte sich in der Auseinandersetzung beider Kulturen eines Tages ein längst überfälliger ›moderner‹ Islam entwickeln, der in den arabischen Ländern nicht nur Identität stiftet, sondern auch die soziale Wohlfahrt fördert. Eine reine Übernahme westlicher Vorbilder, das hat die Vergangenheit zur Genüge gelehrt, vermag dies nicht.«

**11)** Die linke Variante des Modells (Deutsche von Hitler traumatisiert) tauchte schon 1985 auf, der Anlaß waren die Feiern *45 Jahre 45*. Auf die Dauer erfolgreicher dürfte die rechte Variante sein, die man häufig in der *FAZ* findet. Unter dem Titel »Vergessen und verängstigt — Deutsche in der Tschechoslowakei« las man dort beispielsweise am 13.4. 1992: »Von der Benešschen Kollektivschuldthese verfolgt, taten sie ihr möglichstes, um nicht aufzufallen — das *Trauma*, sozial wie politisch wie menschlich, ist noch heute zu spüren. [...] Mehr als den Substanzverlust aufzuhalten und den Zustand der Minderheit zu konsolidieren wird mittelfristig auch bei der Erfüllung aller Wünsche nicht möglich sein. Zu tief sitzt bei den Deutschen das *Trauma* des Prügelknaben, als daß sie für sich selbst und aktiv eine neue Rolle in der Tschechoslowakei definieren könnten.«

**12)** Ende April/Anfang Mai 1992 wurde die Erwartung bestätigt, als in Los Angeles nach einem Aufruhr 44 Tote zu beklagen waren und ganze Stadtviertel in Schutt und Asche lagen.

**13)** Der Text wurde Ende Februar/Anfang März 1991 geschrieben und war ein Versuch, methodisch direkt an die alte Massenbewußtseinsstudie anzuknüpfen. Teilweise gelang er, weil der Golfkrieg den Leuten aufs Gemüt geschlagen war und sie Symptome produzierten. Spätere Versuche mit Interviews waren unergiebig, den Leuten fiel nichts mehr ein.

**14)** Die beste Beschreibung der unbeschreiblichen Situation hat Wolfgang Schneider in seinem Text »Lazarett Deutschland« geliefert, abgedruckt in Broder, Enzensberger, etc., Liebesgrüße aus Bagdad, Berlin 1991.

**15)** Eines der Motive für den Ein-Herz-für-Rußland-Rummel war der Wunsch, die Siegermacht zu demütigen — nicht selten wurde die Aktion in der Sowjetunion als beschämend empfunden. Ein weiteres war der Bedarf nach einem Weihnachtsersatz, nach einem Reiz, der das bewirkte, was die Kerzen, der Singsang und der Baum nicht mehr auslösen konnten. Ein drittes war die rückwärtsgewandte Sehnsucht nach den entbehrungsreichen Jahren, wo die Not Gemeinschaft schuf. Ein viertes schließlich war die Erinnerung an die Nazizeit, wo das organisierte, kollektive Sammeln ein wichtiges Instrument zur Mobilisierung und Gleichschaltung der Bevölkerung war: Gesammelt wurde eigentlich immer, nicht nur fürs Winterhilfswerk, sondern auch Kleidung für die Front und, mit besonderer Energie: Abfall, der Rohstoffe wegen, die von der Kriegswirtschaft recycelt wurden — umweltbewußt war man hier schon immer. — Doch wie das so ist: Hat man viele Motive, hat man eigentlich keins, und eine wirklich überzeugende Erklärung für die Winterhilfswerksorgie steht noch aus.

**16)** In einem Fernsehinterview Ende Dezember sprach Kohl mit unverschämter Offenheit von der historischen Verbundenheit Deutschlands mit Kroatien und von den Pariser Vorort-

verträgen, bei denen Deutschland und Kroatien gemeinsam ungerecht behandelt und übervorteilt wurden.
**17)** Daß der völkische Rassestaat eine Fiktion ist, weil weder das Volk noch die Rasse, auf die er sich gründen soll, wirklich existieren, bleibt selbstverständlich auch seinen Befürwortern nicht verborgen. So höhnte die *FAZ* vom 21.1.92 unter dem Titel »Auf der Suche nach den Ukren, einem slavischen Urvolk« über die Ukraine: »Das nationale Erwachen hat im intellektuellen Leben des Landes einige höchst fragwürdige Blüten getrieben. So wird jetzt an der Akademie der Wissenschaften die ›ukrainische Philosophie des 6. bis 9. Jahrhunderts‹ erforscht, obwohl es damals ein ukrainisches Volk sicher nicht gab. Andere Gelehrte haben bei einem altgriechischen Autor ein Urvolk namens ›Ukren‹ entdeckt, von dem sie die heutigen Ukrainer herleiten. Einer weiteren kühnen These zufolge lassen Keramikfunde auf dem Territorium der Ukraine aus der Bronzezeit darauf schließen, daß Ukrainer nach Griechenland gezogen und dort die hellenische Kultur begründet haben sollen.« Wenn es aber nicht das Volk und die Rasse sind, was das Völkische und das Rassische ausmacht, was ist es dann? Die *FAZ* vom 21.1.92 unter dem Titel »Völker Kraft ihres Willens«: »Doch sind Kroaten, Slowenen und Albaner nicht nur deshalb Völker, weil sie von Kroaten, Slowenen und Albanern abstammen, sondern vor allem deshalb, weil sie Kroaten, Slowenen und Albaner sein wollen, und das hat viel mit Sprache, Kultur, Religion und Territorium in historisch-politischen Landschaften zu tun.« Noch mehr aber hat es mit der Macht zu tun, seinen Willen durchzusetzen, weshalb man »Völker kraft *ihres* Willens« mit »Völker kraft *unseres* Willens« übersetzen muß. Kroaten, Slowenen und Albaner gelten als Völker, die für ihr Selbstbestimmungsrecht kämpfen, weil das den Deutschen paßt. Passen hingegen Unabhängigkeitsbestrebungen den Deutschen nicht, so gelten die Urheber als Separatisten, als Minderheit, und man ergreift für den Zentralstaat Partei, der sonst als »Völkergefängnis« angeprangert wird. Über die Bewohner der Dnjestr-Republik schrieb die *FAZ* vom 30.3.92: » Während es in Nagornyj Karabach um einen Territorialstreit zwischen den beiden GUS-Republiken Armenien und Aserbaidschan geht, drohen in die nun ebenfalls militanten Auseinandersetzungen zwischen Moldauern und Russen sowohl Rußland und die Ukraine als auch Rumänien hineingezogen zu werden. Daß sich die russisch-ukrainische Minderheit einem

von vielen Moldauern gewünschten Wiederanschluß des einstigen Bessarabien an Rumänien zu widersetzen sucht, mag verständlich erscheinen. Noch begreiflicher aber ist die Weigerung der Gegenseite, die von dieser ostslawischen Minorität ausgerufene ›Dnjestr-Republik‹ anzuerkennen und damit einen beträchtlichen Gebietsverlust hinzunehmen. Hinzu kommt, daß die Separatisten von altbolschewikischen Kräften und großrussischen Militärs unterstützt werden, die sich mit dem Untergang der Sowjetunion nicht abfinden mögen.« — Das Wesen der Berufung auf übermächtige invariante Natur, auf Rasse und Volk, deren Existenz als gegeben hinzunehmen sei, ist stets die blanke Willkür: Wer Jude ist, bestimme ich.

**18)** Schon im Sommer 1991 bahnte sich der Umschlag von der Friedensbegeisterung zur Kriegsbegeisterung an, nirgends war die Propaganda für eine militärische Intervention gegen Serbien lauter und aggressiver. Bezeichnenderweise mußten nun die realistischen Briten die deutsche Begeisterung für eine bewaffnetes Eingreifen dämpfen mit dem Argument, daß dies Unternehmen eine höchst aufwendige, risikoreiche und eigentlich kaum durchführbare militärische Operation werden würde. Anfang 1992 hatte der neue Trend sich dann durchgesetzt. Schlagzeile der *Stuttgarter Nachrichten* am 13.3. 1992, rund ein Jahr nach den Golfkriegsdemonstrationen: »Wehrbeauftragter fordert klare Aussagen zur Rolle der Bundeswehr. Biehle: Soldaten müssen auf Kriegseinsätze vorbereitet sein.« Die Terminologie verriet das neue Klima, früher hätte man nicht von Kriegseinsätzen, sondern vom Verteidigungsfall gesprochen. Deutlicher noch wurde der Leitartikel der *Stuttgarter Zeitung* vom 27.3. 1992. Unter dem Titel ›Friedensmacht‹ hieß es dort: »Der Alte Kontinent kann sich nicht abschotten nach dem Motto: Bis Moskau und nicht weiter. [...] Der Aufbruch im Osten ist mit gewaltigen Risiken verbunden. In gewissem Sinne ist Jugoslawien überall. [...] Die Gemeinschaft ist auch daran gescheitert, daß sie die letzte Drohung nicht aussprechen kann: die Drohung mit Waffen. [...] So wird man auch die Karabach-Mission der KSZE mit großer Skepsis begleiten müssen, ist sie doch nur mit der Kraft des Wortes ausgestattet. [...] Vielleicht wird sie auch die Augen dafür öffnen, daß dies neue Europa [...] einen militärischen Arm [braucht] — nicht zum Kriegführen, sondern zum Friedensstiften.«

**19)** Einen guten Monat später hatten es auch die Demoskopen kapiert. Unter dem Titel »Unruhe und Mißmut« kommentierte die *FAZ* vom 8.5.92: »Der neue Monatsbericht aus Allensbach wird Politik und Öffentlichkeit aufschrecken. In der Bevölkerung breiten sich Unruhe, Mißmut und Ängste in einem Maß aus, wie es Allensbach seit Jahren, zum Teil seit Jahrzehnten nicht mehr registriert hat.« Auszüge aus diesem Bericht in der *FAZ* vom gleichen Tag: »Frühlingsstimmung ist das nicht. In anderen Jahren stiegen im April und Mai regelmäßig die Hoffnungen, die Sorgen nahmen ab. Diesmal ist es umgekehrt. Über dem Land liegt Nervosität. Die seit 1983 jeden Monat vom Allensbacher Institut gestellte Frage: ›Finden Sie, daß die Verhältnisse in der Bundesrepublik heute Anlaß zur Beunruhigung bieten, oder finden Sie das nicht?‹ wird mit dem höchsten je verzeichneten Wert von 74 Prozent in Westdeutschland, 80 Prozent in Ostdeutschland beantwortet: ›Bieten Anlaß zur Beunruhigung‹. [...] Die beiden großen Volksparteien sind schwach, die Republikaner sind stark. [...] Bei der Frage: ›Ist die deutsche Wiedervereinigung für Sie eher Anlaß zur Freude oder eher zur Sorge?‹ zeigt sich zum ersten Mal seit Einführung dieser Frage im Frühjahr 1990 in Westdeutschland ein, wenn auch geringes, Überwiegen der ›Sorge‹ (41 Prozent) gegenüber der ›Freude‹ (40 Prozent). [...] Aber zugleich lassen sich in Ostdeutschland zum ersten Mal Zeichen von Legendenbildung erkennen. In der Absicht, einer solchen Legendenbildung nachzuspüren, wurde schon im Juni 1990 in der DDR gefragt: ›Wenn Sie jetzt einmal zurückblicken auf die letzten Jahre vor der Wende in der DDR - waren die Verhältnisse eigentlich ganz erträglich, oder würden Sie sagen, es mußte sich unbedingt vieles ändern?‹ Die Verhältnisse seien ganz erträglich gewesen — diese Ansicht wurde im Frühsommer 1990 von nur 19 Prozent vertreten, auch im Herbst 1990 und Frühjahr 1991 waren es kaum mehr. Jetzt aber sieht man, wie sich die Legende auszubreiten beginnt. 32 Prozent der Befragten in den neuen Bundesländern meinen inzwischen, unerträglich sei das Leben in der DDR eigentlich nicht gewesen.«

**20)** Ende März/Anfang April 1991 wurde der Text geschrieben. Bezweckt war eine Art Bestandsaufnahme, welche die Basis bilden sollte für die Entwicklung von Szenarien: Wann und wo kommt es in der ehemaligen DDR zum Knall, und wie könnte sich die Sache dann entwickeln. Erreicht wurde das Ziel nicht, es stellt sich vielmehr bald heraus, daß die wirtschaftliche Entwicklung der staatlichen Eingriffe wegen vollkommen unberechenbar war — sie ist dies heute noch —, und daß der *heiße Herbst* ein Flop werden würde.

**21)** Im folgenden Herbst, am 17.10.91, brachte der *Stern* eine Titelgeschichte über die Einsamkeit im wiedervereinigten Deutschland. Am 26.1.92 berichtete unter dem Titel »Jeder fünfte hat keinen Freund. Es gibt immer mehr Singles — in der zivilisierten Welt driften die Menschen auseinander« *Sonntag Aktuell*: »Etwa jede dritte Ehe hierzulande wird geschieden. Und immer mehr Menschen leben — zeitweilig oder auf Dauer — allein. Und sie verkörpern nicht immer das Klischee vom Vorzeige-Single: aktiv, lebensfroh, kontaktfreudig, auf keinen Fall verklemmt — oder gar einsam. Die Realität sieht anders aus. In einer technisierten Welt driften die Menschen immer weiter auseinander. ›Die primären Sozialisationsinstanzen Ehe und Familie sind am Zerbröseln‹ so der Frankfurter Psychologe Werner Gross. Er zitiert eine Untersuchung am Soziologischen Institut der Universität Graz — demnach hat jeder fünfte Deutsche keinen Freund. Er setze sich am Wochenende oft in die Straßenbahn und fahre einfach nur so durch die Gegend. ›Damit ich wenigstens unter Menschen komme‹, so berichtete ein Ingenieur, Anfang Dreißig, auf einem Single-Seminar, das in einer Großstadt unter dem Motto ›Warm bin ich allein?‹ veranstaltet wurde. Der Ingenieur: ›Ich suche ja gar nicht unbedingt einen festen Partner. Aber wenigstens Menschen, die Anteil an meinem Leben nehmen.‹ Die Einsamkeit ist in unserer Gesellschaft kein Problem, mit dem sich nur Alte auseinandersetzen müssen. ›Die Beziehungsfähigkeit nimmt ab‹, so Gross.« — So also sieht das Leben derer aus, welche die Ausländer als Eindringlinge in die Gemeinschaft empfinden.

**22)** Im Gespräch mit der *Augsburger Allgemeinen*, zitiert nach der *Stuttgarter Zeitung* vom 25.3.91

**23)** Wirklich sicher ist bei Konjunkturprognosen erfahrungsgemäß nichts. Kein einziges der für die BRD im Regierungsauftrag erstellten wirtschaftlichen Jahresgutachten hat je die Entwicklung richtig vorausgesehen, auch Marx verlor beim Spekulieren nur Geld.

**24)** Für Schadenfrohe: Es handelt sich nicht nur um Alimente für ein Kind, denn die Mutter hatte Zwillinge geboren, wodurch der Spaß gleich erheblich teurer wird. *Bild* vom 21.3.: »Franz Alt — Zwillingsmutter fordert 100.000 DM Alimente«.

**25)** Nicht in der *taz* oder in der *Frankfurter Rundschau*, aber auch nicht in der *Nationalzeitung*, sondern in der *FAZ* (vom 11.2.91) war unter dem Titel »Palästinenser, Beduinen, Haschemiten. Wir künstlich ist das Königreich Jordanien?« zu lesen: »Die Intifada ist der Ausdruck des legitimen Selbstbestimmungsdranges des palästinensischen Volkes. Es ist ein Kampf um die staatliche Existenz mit all ihren Symbolen wie Paß, Schlagbaum, Fahne und Währung. Symbole, über die wir in der EG (nur) mit Schwierigkeit hinauszuwachsen dabei sind, die aber die jungen Völker der Dritten Welt brauchen. Mit der Machtübernahme der PLO in Amman, die im übrigen von der großen Mehrheit der Bevölkerung getragen würde, würde sich das bis heute existentielle Problem der Palästinenser zu einer Elsaß-Lothringen-Frage wandeln.«
**26)** Wenigsten diese Prognose — der Text wurde im März 1991 geschrieben — hat sich inzwischen bestätigt.
**27)** Zitiert nach der *Stuttgarter Zeitung* vom 4.4.1991
**28)** Abgedruckt in *Konkret* 6/1991
**29)** Max Horkheimer, Die Aktualität Schopenhauers, in: Max Horkheimer, Zur Kritik der instrumentellen Vernunft, Frankfurt 1974, S. 264
**30)** Horkheimer, a.a.O, S. 253
**31)** Willi Schlamm, Vorbei, in: Ralph Schock (Hrsg.), Haltet die Saar, Genossen. Antifaschistische Schriftsteller im Abstimmungskampf 1935, Berlin 1984, S. 242
**32)** Horkheimer, a.a.O., S. 267
**33)** Horkheimer, a.a.O., S. 251
**34)** Abgedruckt in *Konkret* 7/1991
**35)** Walter Benjamin, Einbahnstraße, Frankfurt 1965, S. 30
**36)** Hannah Arendt, Besuch in Deutschland, in: Hannah Arendt, Zur Zeit. Politische Essays, Berlin 1986, S. 50
**37)** Am Samstag, den 20.4.1991 erschien die *Stuttgarter Zeitung* mit der Hauptschlagzeile »Telefonieren wird doch teurer«. Im örtlichen Konkurrenzblatt, in den *Stuttgarter Nachrichten*, hieß am gleichen Tag die Hauptschlagzeile: »Bonn verzichtet auf höhere Telefongebühr«. Die Pressefreiheit hatte damit den Punkt erreicht, wo der Kunde sich aussuchen kann, welche Nachricht er lesen mag. Der Preis der Freiheit war freilich der Verlust jeglichen Realitätsbezugs.
**38)** Hannah Arendt, a.a.O., S. 47 f
**39)** Der Ausländeranteil in der ehemaligen DDR war mit rund 1 Prozent etwa so hoch wie der Anteil der Juden an der Ge-

samtbevölkerung im Deutschen Reich vor 1933. Das fiel auch der FDP-Politikerin Liselotte Funcke auf. Über eine Pressekonferenz, die sie aus Anlaß ihrer Demission vom Amt der Ausländerbeauftragten gab, berichtete die *Stuttgarter Zeitung* vom 13.7.1991: »Funcke beklagte, daß die Abneigung gegen die Fremden von rechtsradikalen Gruppen geschürt werde, um die allgemeine Unzufriedenheit über die in den neuen Bundesländern herrschenden sozialen Zustände auf die Ausländer abzuleiten. Dabei sei die Ausländerfeindlichkeit in den neuen Bundesländern eine ›Feindlichkeit ohne Ausländer‹. Deren Anteil an der dortigen Bevölkerung betrage nämlich kaum ein Prozent. Und Türken, liebstes Feindbild der randalierenden Rechtsaußen, gebe es ›höchstens in Ost-Berlin‹, stellte Funke fest.« Bei dieser Gelegenheit wurde auch eine Studie vorgestellt, die, wie es in dem Bericht weiter heißt, zu folgenden Resultaten kommt: »Das Radikalisierungspotential mit Billigung von Gewalt liegt danach in den neuen Bundesländern bei 15 bis 20 Prozent der Jugendlichen. Mehr als 40 Prozent der Schüler fühlen sich durch ›viele Ausländer‹ gestört, und 16 Prozent von ihnen gelüstet es nach einem Führer mit starker Hand.« Über eine andere Studie, vorgelegt von Walter Friedrich, Wolfgang Netzker und Wilfried Schubarth, herausgegeben von der Freudenberg Stiftung und hergestellt unter Beteiligung von Mitarbeitern des ehemaligen Leipziger Zentralinstituts für Jugendforschung, berichtet die *FAZ* vom 3.8.1991: »Mitarbeiter des ehemaligen Leipziger Zentralinstituts für Jugendforschung befragten Ende 1990 über 1.600 Schüler, Lehrlinge, Studenten, junge Arbeiter und Angestellte der Region. [...] Die Jugendlichen treffen klare Aussagen zu dreizehn ausgewählten nationalen Gruppen, wobei den Sachsen die Amerikaner aus den Vereinigten Staaten am sympathischsten sind, während diesen Platz bei einer gleichzeitig in ganz Ostdeutschland durchgeführten Umfrage die Franzosen einnahmen. Stark abgelehnt werden in dieser Reihenfolge: Schwarzafrikaner, Polen und Vietnamesen. Dann folgt die Überraschung: 54 Prozent der Befragten fällten ihr Urteil, ohne jemals Kontakt zu Ausländern gehabt zu haben. 61 Prozent geben wieder, was man sich im Freundes- und Bekanntenkreis erzählt. Auf die Frage: ›An wen denken Sie in erster Linie, wenn von Ausländern die Rede ist?‹ antworteten 48 Prozent sofort: ›Türken‹. Diese Bemerkung droht der vorangegangenen Auflistung endgültig den Boden zu entziehen. Türken gab es in der DDR nicht, und auch nach der ›Wende‹ gehören sie in Dresden, Chemnitz oder Leipzig keineswegs zum Straßenbild. [...] Knapp die Hälfte der Befragten erklärte, daß es in den neuen Bundesländern ›zu viele‹ Ausländer gebe. Das ist bemerkenswert, gerade weil es der Realität nicht entspricht. [...] Gegenüber dem Anteil von 7,5 Prozent Ausländern an der Gesamtbevölkerung Westdeutschlands — in manchen Städten über 20 Prozent — beläuft er sich in den neuen Ländern auf gut ein Prozent. Dennoch unterstützten immerhin 30 Prozent der Befragten die Forderung ›Ausländer raus!‹«

**40)** Wie das Klima bereits war, bevor es von der Presse-Offensive weiter angeheizt wurde, ist einem Bericht der *Zeit* vom 19. September 1991 mit dem Titel »Letzte Chance: Untertauchen. Auch wenn die Täter bekannt sind, bleiben sie oftmals unbehelligt« zu entnehmen: »Im Büro von Bernd Mesovic hängt eine Landkarte der ehemaligen DDR. Darauf verteilt sind drei Dutzend farbige Knöpfe, besonders viele in Sachsen und Thüringen. Mesovic markiert damit die Orte, in denen Unterkünfte von Asylbewerbern überfallen worden sind. ›Die Karte ist aber nicht vollständig‹, sagt er, ›mir sind die Knöpfe ausgegangen.‹ Bernd Mesovic ist Flüchtlingsberater der Arbeiterwohlfahrt im Bezirk Hessen-Süd in Frankfurt. Alle paar Tage ergänzt er auch seine Liste bekannt gewordener Angriffe auf Asylbewerber im Osten. Sieben Schreibmaschinenseiten, eng beschrieben, umfaßt seine Chronologie. Mesovic glaubt, daß seine Liste höchst unvollständig ist. Nur die in den Medien genannten Fälle, die durch offizielle Stellen oder gleichlautende Aussagen von mehreren Flüchtlingen bestätigt wurden, hat er aufgenommen. Aber längst nicht alle Übergriffe werden vermeldet. Nicht enthalten ist auch jener ›Alltagsrassismus‹, wie Mesovic es nennt, der sich in Aggressionen gegen Ausländer auf offener Straße Luft macht.«

**41)** Das Denken in Stammeskategorien ist freilich ein in Deutschland generell und namentlich auch unter den Intellektuellen verbreiteter Primitivismus. Friedrich Karl Fromme etwa schrieb in der *FAZ* vom 30.4.92 über den neuen Außenminister: »Kinkel ist, wenn auch nur teilweise von Geburt, ein Urschwabe [...] Das war eine neue große Leistung Kinkels, vollbracht mit schwäbischer Aufrichtigkeit, aber auch mit einem gewissen Quantum Schläue, die dem Volksstamm gleichfalls nachgesagt wird, wozu durchaus auch eine gewisse Härte kommt.« Was die Herleitung der Eigenschaften eines

Individuum aus der ihm unterstellen Stammeszugehörigkeit bedeutet, wird schnell klar, wenn man die »schwäbische Aufrichtigkeit« durch die »jüdische Verschlagenheit« ersetzt, oder wenn man sich überhaupt vorstellt, Kinkel zählte nicht zu den Schwaben, sondern zu den Juden, die, unter dem Gesichtspunkt der Stammesgeschichte betrachtet, sicher keine reinen Deutschen sind, sondern ebensolche Mischlinge wie die in Berlin oder im Ruhrgebiet ansässigen Leute polnischer Herkunft. Unter dem Gesichtspunk der Stammeszugehörigkeit betrachtet verwandeln freilich auch die deutsch-stämmigen sich in Mischlinge, da Mischehen zwischen Schwaben, Alemannen und was es sonst noch gibt seit dem 30jährigen Krieg die Regel sind. Die Deutschen müssen sich daher, gemessen an ihren eigenen Ansprüchen, als ein Volk von Bastarden betrachten, und das mag ihre Aversion gegen Gemischtnationales, Vielvölkerstaaten, etc. erklären.

**42)** Die *FAZ* vom 27.9. 1991: »Lamers [der außenpolitische Sprecher der CDU/CSU-Fraktion] sagte, die europäischen Partner hätten die Folgen einer Anerkennung [Kroatiens und Sloweniens] klarer als Deutschland gesehen. [...] Die in einer denkbaren militärischen Automatik zu erwartenden Folgen seien kaum hinreichend bedacht worden. [...] Erst habe die Unionsfraktion auf die Anerkennung Kroatiens und Sloweniens gedrungen, jetzt denke sie mehr an die Folgen, sagte Lamers. Die Warnung vor den Folgen sei inzwischen gewichtiger.«

**43)** Abgedruckt in *Konkret* 8/1991.

**44)** Abgedruckt in *Konkret* 9/1991.

**45)** Von den 39 toten Soldaten ist kaum anzunehmen, daß sie im Kampf gefallen sind, weil bei Kampfhandlungen zwischen regulären Truppen und paramilitärischen Einheiten die Relation der Verluste eine andere ist. Die Belgrader *Politika* vermutet, daß es sich bei den Toten meist um Wehrpflichtige handelt, die auf dem Weg zu ihrer Truppe ermordet wurden, oder um Angehörige von Einheiten, die keinen Schießbefehl hatten. Auch die Umstände, unter denen 10 Ausländer ums Leben kamen, wären genauerer Überprüfung wert. In der türkischen Presse wurde berichtet, daß slowenische paramilitärische Verbände türkische LKWs zum Barrikadenbau requirierten und türkische Fernfahrer praktisch als Geiseln nahmen.

**46)** Auch die *FAZ* mochte nicht auf das Wort verzichten, bei dem man sich so leicht verschreibt, und welches so schwer auszusprechen ist. »Heraus aus dem Völkerkerker« hieß eine historische Abhandlung über »Kroatiens Kampf um Freiheit und Autonomie« in der Wochenendbeilage vom 20.7. 1991. Der Verfasser *Jasper von Altenbockum*, der wie *Reißmüller* oder *Waffenschmidt* nicht nur dem Namen nach eine Figur in »Sein oder Nichtsein« von Ernst Lubitsch spielen könnte, wußte zu berichten: »In Slawonien, im Osten Kroatiens, bekämpfen sich Serben und Kroaten. Aus dem Süden eingeschleuste serbische ›Četnici‹, so nannten sich die Partisanen Titos einmal, terrorisieren die Bevölkerung, ganze Dörfer sind umstellt, die Kroaten müssen fliehen. Grausame Szenen spielen sich in der Gegend von Osijek, Vinkovci und Vukovar ab.« Was immer die Serben 1991 in Slawonien angestellt haben mögen — nie hatten sich Titos Partisanen nach ihrem militärischen und politischen Gegner im Kampf um die Macht benannt, nach den königstreuen Četnici unter General Michailović.

**47)** Sie waren es diesmal zunächst noch nicht, ganz im Gegenteil. Deutschland geriet dermaßen in die Isolation, daß man am 27. September 1991 in der *FAZ* unter dem Titel »In der Unionsfraktion zeichnet sich eine Haltungsänderung zu Jugoslawien ab /Zurückhaltung in der Anerkennungsfrage /Gefahr der Isolierung« lesen konnte: »In der CDU wird derzeit die Frage einer völkerrechtlichen Anerkennung Kroatiens und Sloweniens zurückhaltender behandelt als zu Beginn der Krise in Jugoslawien. Zunehmend mißt die Bundestagsfraktion der CDU/CSU dem westeuropäischen Zusammenhalt den Vorrang zu. [...] Deutschland habe in der EG mit der Forderung nach Anerkennung Kroatiens und Sloweniens und der Verknüpfung eines solchen Schrittes mit der Frage der Gewaltanwendung alleingestanden. Erst die deutsch-französische Erklärung beim Besuch des Präsidenten Mitterand in Bonn habe den Eindruck vermitteln können, Deutschland sei nicht isoliert. Der Preis dafür habe in einem ›temporären Einlenken‹ bestanden. In der Erklärung Kohls und Mitterands war der Begriff Anerkennung nicht verwendet worden. [...] Lamers [außenpolitischer Sprecher der CDU/CSU-Fraktion] bezeichnete eine ›Selbstkritik, die den Bundestag und die Unionsfraktion einschließt‹, als angemessen. Damit bezog sich Lamers darauf, daß die CDU/-CSU-Fraktion zusammen mit der SPD-Fraktion zunächst — und auch mit Erfolg — versucht hatte, die Regierung zu einem Vorangehen auf dem Weg zur Anerkennung Kroatiens und

Sloweniens zu bewegen.«

**48)** Abgedruckt in *Konkret* 1/1992. Für diesen Text herangezogene Literatur: *Muriel Heppel, F.B. Singleton*, Yougoslavia, London 1961; *Gerd Fricke*, Kroatien 1941 — 1945. Der »Unabhängige Staat« in der Sicht des Deutschen Bevollmächtigten Generals in Agram, Glaise v. Horstenau, Freiburg 1972; *Ralph Giordano*, Wenn Hitler den Krieg gewonnen hätte. Die Pläne der Nazis nach dem Endsieg, Hamburg 1989; *Ladislaus Hory, Martin Broszat*, Der kroatische Ustascha-Staat 1941 — 1945, Schriftenreihe der Vierteljahreshefte für Zeitgeschichte, Stuttgart 1964; *Johann Georg Reißmüller*, Jugoslawien, Vielvölkerstaat zwischen Ost und West, Düsseldorf — Köln 1971; *Holm Sundhaussen*, Die Geschichte Jugoslawiens 1918—1980, Kohlhammer Verlag Stuttgart 1982; *Holm Sundhaussen*, Wirtschaftsgeschichte Kroatiens im nationalsozialistischen Großraum 1941 — 1945. Das Scheitern einer Ausbeutungsstrategie, DVA, Stuttgart 1983

**49)** Max Horkheimer, Autoritärer Staat, Amsterdam 1967, S. 98

**50)** Keineswegs ist dieser Eindruck die Privatsache des Verfassers. In der Ausgabe vom 29.12. 1991 kündigte *Bild am Sonntag* auf der Titelseite an: »Großer BamS-Report. Korruption! Die neue deutsche Seuche.« Der Bericht kommt zu dem Schluß: »Tatsächlich gibt es in deutschen Ämtern fast alles zu kaufen: Führerscheine und Baugenehmigungen, Konzessionen für Spielhöllen und frisierte Steuerbescheide, Berechtigungsscheine fürs Sozialamt und Aufenthaltsgenehmigungen.« Der Chef des BKA, Hans-Ludwig Zachert, wird darin mit den Worten zitiert: »Die Entwicklung der Korruption gibt Anlaß zur Besorgnis. Was mich besonders beunruhigt, ist die Tatsache, daß vereinzelt auch Polizei und Justizangehörige sich bestechen lassen.« Im Januar 1992 stand diese Einschätzung im offiziellen BKA-Bericht über die Kriminalitätsentwicklung 1991. Am 6.2.1992 titelte dann *Bild*: »**B**ananen **R**epublik **D**eutschland. Bestechung in Behörden. 50 Mark für ein Nummernschild. 1,9 Millionen für Bauauftrag.« Das Wortspiel *BRD = Bananenrepublik Deutschland* machte die Runde, der *Stern* brachte eine gleichnamige Titelgeschichte. Amüsant, wenn man bedenkt, daß die Wiedervereinigung mit Bananen begonnen hatte. — Unter dem Titel »Der Fisch beginnt am Kopf zu stinken« kommentierte die *Stuttgarter Zeitung* vom 28.2.92: »Fälle von Korruption hat es schon immer gegeben, einen solchen Sumpf — quer durch die Republik — noch nicht. Aber es waren ja gerade nicht die mittleren Beamten und Sachbearbeiter, die als erste schwach wurden. Sie haben zunächst einmal miterlebt, daß alle etablierten Parteien nichts dabei fanden, sich von Unternehmern mit Millionenbeträgen aushalten zu lassen. [...] Die Kleinen, die bereits bei der Annahme geringwertiger Präsente mit einem Fuß im Gefängnis stehen, lernten, daß Staatssekretäre, die mit den ihnen eigentlich zugedachten Dienstlimousinen nicht mehr zufrieden waren, ebenso trick- wie erfolgreich für noch komfortablere Gefährte kämpften, daß einer Bundestagspräsidentin ein Dienstwagen für sie allein nicht mehr hinreichte, daß ein Ministerpräsident, dem Tempo zum politischen Programm wurde, sich in Firmenflugzeugen jetten ließ. [...] Der Fisch beginnt am Kopf zu stinken. Und der Geruch wird penetrant, auch in dieser Republik.« Ein Eindruck verstärkte sich allmählich, der freilich schon früher entstanden war. Bereits die *Stuttgarter Zeitung* vom 10.5.91 hatte kommentiert: »Wenn es denn noch eines Beweises bedurft hätte, das Verfahren gegen den Bundesschatzmeister der CDU hat noch einmal bestätigt, was andere Parteispendenprozesse bereits belegt haben: Nicht einzelne Politiker haben zur Steuerhinterziehung angestiftet; nicht einzelne Unternehmer haben sich, Steuer hinterziehend, ihnen genehme Politiker und Politik gekauft. Spitzenkräfte der Politik, eine Vielzahl führender Persönlichkeiten der Wirtschaft, haben — sich absprechend —, bewußt die Gesetze ignoriert und mit erheblicher krimineller Energie politische Machtverhältnisse mit Millionenbeträgen zu beeinflussen versucht, um die der Staat geschädigt worden ist. Es geht um einen Gutteil jener Gruppe der bundesdeutschen Gesellschaft, die sich selbst als Elite versteht und einst als solche anerkannt worden war. Das ist der Kern des Parteispendenskandals.« Nach dem Urteil nicht der linksradikalen, sondern der bürgerlichen Presse selber begann also die Elite sich in eine kriminelle Vereinigung zu verwandeln. Kein Wunder daher, daß sie zwecks Ablenkung von denen eigenen Gaunereien die Kriminalisierung früherer DDR-Politiker betrieb.

**51)** Arthur Koestler, Frühe Empörung, Gesammelte autobiographische Schriften Band I, Wien — München — Zürich 1970, S.236 ff.

**52)** Victor Klemperer, LTI, Leipzig 1975, S. 57

**53)** Klemperer, LTI, S. 69

**54)** Dieser Ruf erschallt permanent. Weizsäcker im *Spiegel*-Gespräch (Nr. 23 /91): »Die Sicherheit der Welt ist durch Überbevölkerung, Hunger und Not, völkerwanderungsähnliche Flüchtlingswellen und Zerstörung der Natur in akuter Gefahr.« Die *FAZ* am 3. April 1991: »Heft 1/91 von ›Geo‹ galt der weltweiten Bevölkerungsexplosion, dem ›Sprengstoff Mensch‹. Was soll werden, wenn sich die Menschheit immer rascher verdoppelt, immer neue Milliarden auf dieser kleinen Erde Nahrung und Auskommen suchen? Das ist ja auch gleichzeitig ein riesiges Umwelt-Problem. In allen Erdteilen wird man die gesamten verbliebenen Reste der tropischen Regenwälder abholzen müssen, um neue Anbauflächen für das Getreide zu schaffen, mit dem die allzu vielen neuen Münder gesättigt werden sollen. Am Klima werden wir es alle merken. Und natürlich auch am wachsenden Einwanderungsdruck, am sprunghaft steigenden Verlangen, sich in Europa, Westeuropa, niederzulassen, dem heimischen Elend, der Arbeitslosigkeit, dem Hunger zu entfliehen.« Unter dem Titel »Gauweiler bleibt dabei: Einwanderungswelle behindert Umweltschutz« berichtet die *Süddeutsche Zeitung* vom 16.12. 1991: »*Hipolstein* (dpa) — Die Einwanderungswelle nach Bayern behindert nach Ansicht von Staatsminister Peter Gauweiler die Bemühungen um den Schutz der Umwelt. ›Es ist unvereinbar, die ökologische Entlastung der Natur zu fordern und gleichzeitig ein dichtbesiedeltes Gebiet zum Einwanderungsland erklären zu wollen‹, erklärte der bayerische Umweltminister in Hipolstein (Landkreis Roth). Heuer hätten sich 60.000 Einwanderer aus dem Ausland im Freistaat niedergelassen, für die Wohnungen, Kindergärten und Schulen gebaut werden müßten. Damit werde die Natur weiter zersiedelt. ›Angesichts des Einwanderungsdrucks müssen wir uns fragen, wieviel Mensch die Natur verträgt‹, erläuterte Gauweiler bei einem Pressegespräch des Landesbundes für Vogelschutz (LBZ).« Die *FAZ* vom gleichen Tag (16.12. 1991): »Es wird ungemütlicher auf der Erde. Sie hat nun jedes Jahr fast hundert Millionen Bewohner mehr zu ertragen. Ein so starkes und schnelles Wachstum hat es noch nie gegeben in der Menschheitsgeschichte. Es bleibt nicht ohne Folgen. Die Natur hat es immer schwerer, sich gegen den Menschen zu behaupten. Dabei ist das, was der Mensch dem Planeten jetzt zumutet, noch wenig gegenüber dem, was der Erde noch bevorsteht, wenn die Weltbevölkerung von gegenwärtig 5,4 Milliarden auf zehn oder gar zwölf Milliarden angewachsen sein wird. [...] In Australien wurde vor Jahren einmal darüber diskutiert, ob das Land nicht vielleicht eines Tages Atomwaffen brauche, um unerwünschte Masseneinwanderung abzuwehren.« Die Resonanz solcher Berichte beim Publikum zeigt exemplarisch der Leserbrief eines Dr. Karl Theodor Lieser, aus der *FAZ* vom 3.2.92. Die FAZ gab ihm den Titel »Vor dem Übervölkerungs-Kollaps«, »Ausrotten« wäre sinngemäßer: »Die Menschheit braucht also keine Atombombe, um sich ihr Ende selbst zu bereiten. Es wird sich dabei kaum um das plötzliche und unerwartete Losbrechen eines Infernos handeln. In dieses Inferno stolpern wir bereits jetzt zielsicher hinein. Dabei ignorieren wir, daß der durch die Überbevölkerung erzeugte Wanderungsdruck die Welt gleichmäßig belasten und es keine Oasen des relativen Wohlstandes mehr geben wird. Der mit den Menschenmassen steigende Verschleiß an Energie und Chemie läutet mit Ozonloch, Regenwaldvernichtung, Müllgebirgen, Verkehrschaos, Waldsterben, Verschmutzung von Flüssen und Ozeanen und so weiter bereits heute das Jahr 2027 ein. Die immensen Wachstumsraten der Gewaltkriminalität, die Bedrohung durch neue Krankheiten und Vergiftungen und die schwindende Identifikation des einzelnen mit der Gemeinschaft sind sichere Indikatoren dafür, was die Zukunft bringt. Die Statistiken weisen aus, daß die ›alten Länder‹ kaum oder gar nicht zum Bevölkerungswachstum beitragen. Die bedenkenlose Vermehrung ist ein Charakteristikum der Entwicklungsländer. Die Entwicklungspolitik hat seit Kriegsende mehr Unheil als Positives geschaffen. [...] Ob das Problem lösbar ist oder nicht, ist heute noch nicht erkennbar, zumal unsere bisherigen moralischen und rechtlichen Vorstellungen eine realistische Lösung nicht zu tragen vermögen. Es muß alsbald geklärt werden, welche Rechtsgüter miteinander konkurrieren und wie ein Widerstreit dieser Werte zu entscheiden ist.«

**55)** Nicht nur die einheimischen Agitatoren, sondern auch ausländische Hetzer wie Reißmüller sprechen gern von »Würde«. Beispiele aus der *FAZ*: »Vom niederländischen Außenminister war nichts bekannt, was hinreichende Offenheit für den Willen der slowenischen und kroatischen Nation hätte erkennen lassen, in Freiheit und Würde zu leben.« (2.7.91) »Der Wille, Freiheit und Würde zu schützen, gibt einem bedrängten Volk mehr Kraft als der Unterdrückungswille dem Angreifer.« (4.10.91) »Dem gemarterten Kroatien will der

Westen nicht helfen; aber nicht einmal seine eigene Würde ist ihm etwas wert.« (25.10.91) »Wer jetzt noch zögert, mißachtet zwei Völker, die sich für ein Leben in Freiheit und Würde entschieden und dafür furchtbare Opfer bringen mußten.« (16.1. 92) Unter dem Titel »Gegen Recht und Würde«: »Ein Fortschritt wäre es, wenn den Betreibern der Kampagne gegen Waldheim jetzt nur noch Sensibilität fehlte. Aber sie lassen viel mehr vermissen: Sinn für Recht und Menschenwürde.« (28.3.92) »Ins große Europa streben alle Nationen, die sich von der Belgrader Herrschaft befreit haben. Für die nächste Zeit aber macht ihnen nur der eigene, von der internationalen Gemeinschaft garantierte Staat ein Leben in Würde möglich.« (30.3.92) In diesem Sprachgebrauch spiegelt sich ein Charakter, der unablässig demütigen und kränken will, weil er selber sich dauernd gekränkt und gedemütigt fühlt. Hochmut und Demütigung sind daher für ihn die zentralen politischen Begriffe. Beispiele: »In ihrem grenzenlosen Hochmut würden sie [die Serben] wohl jedes Stück Boden mehr, das sie den Kroaten lassen, als Erweis ihrer Hochherzigkeit ausgeben.« (27.8.91) Unter dem Titel »Arbeitslosigkeit und Demütigungen. Was die Slowaken umtreibt«: »Tschechischer Hochmut gab den Slowaken immer aufs neue zu verstehen, sie seien rückständig, gefühlsbestimmt, von moderner Rationalität weit entfernt. [...] Indessen, den Zahlungen schicken manche tschechische Politiker hochmütige Bemerkungen hinterher. [...] Im heutigen Aufbegehren kommt auch Bitterkeit über die Demütigung von damals zum Vorschein.« (10.3.92) »Dabei hat er [der kroatische Präsident Tudjman] mit Zugeständnissen die Grenze zur Selbstdemütigung überschritten und die Grenze zur Selbstaufgabe gestreift.« (27.8.91) »Nun reiben sie [die Italiener] sich beim Anblick des kroatischen Elends die Hände — so wie sich manche Deutsche freuten, als im August 1968 die Sowjetunion die Tschechen demütigte.« (16.11.91) »Auf alle erdenkliche Weise bemühte sie [die EG] sich, seit im Frühjahr Serbien zu schießen begann, dem Angreifer zu helfen und den Angegriffenen zu schaden; die kroatischen und slowenischen Politiker zu demütigen, die serbischen zu ermutigen.« (24.12.91) »Es [das Einlenken der kroatischen Regierung] hat nicht einmal die Staatengemeinschaft dazu gebracht, Kroatien zu loben, weil es mit seiner Nachgiebigkeit bis an die Grenze zur Selbstdemütigung gehe.« (9.1.92) »Wenn der kroatische Staatspräsident oder der Außenminister im Ausland zu tun hat, muß er mit

dem Auto erst einen ausländischen Flughafen aufsuchen, was ebenso zeitraubend ist wie demütigend.« (7.2.92) — Dazu paßt einerseits Reißmüllers eigene gemeine Lust an der Demütigung anderer — er wird nicht müde, die Serben unzivilisiert, uneuropäisch zu nennen und sie als primitiv darzustellen (siehe S. 214 und S.271 ff). Dazu paßt andererseits, daß seine Versuche, die Serben zu demütigen, an seinem eigenen Bild von ihnen scheitern müssen, denn er beschreibt sie als stolz und absolut ungeeignet für den Kellnerberuf (siehe S. 268).
**56)** Mit falschen Versprechungen betrogen wird nur die Gefolgschaft, die Führer wissen Bescheid. Einer wie der kroatische Präsident Franjo Tudjman, von Beruf Historiker, kennt das Geschäft. Für das mehrsprachige, 1963 in Belgrad erschienene Sammelwerk »Les systèmes d'occupation en Yougoslavie 1941—1945« hatte er beispielweise den Beitrag verfaßt: »The Independent State of Croatia as an instrument of the policy of the occupation powers in Yougoslavia and the People's Liberation Movement in Croatia from 1941 to 1945.« (Erwähnt bei Hory/Broszat, S. 11)
**57)** Wie sich die Zeiten geändert haben, wird deutlich, wenn man zitiert, was 1964 in Deutschland noch die über Jugoslawien herrschende linksliberale Lehrmeinung war: »Als wichtigstes Ergebnis bleibt festzuhalten: die Ustascha, die als radikale Protestbewegung gegen die mangelhafte und ungerechte Verwirklichung des nationalen Selbstbestimmungsrechts in Jugoslawien entstanden und von den faschistischen Führungsmächten in die Macht eingesetzt worden war, führt nicht über die jugoslawische Lösung hinaus, sondern weit hinter sie zurück. Daß das aufgeteilte Staatsgebiet des ehemaligen Königreiches der Südslawen während des zweiten Weltkriegs in längst überwunden geglaubte, mit tödlichem Fanatismus geführte regionale Volks- und Religionskriege zurückfiel, war nicht zum geringsten von der Ustascha verursacht. Im Blick auf diese chaotische Re-Balkanisierung ist aber auch — ohne Beschönigung kommunistischer Gewaltsamkeit — die Bedeutung der Partisanenbewegung Titos zu messen. Sie konnte nicht nur die entschiedenste antifaschistische Aktivität für sich beanspruchen. Gegenüber der zerstörerischen Rivalität eines provinziellen, völkisch-religiösen Nationalismus vermochte die kommunistische Volksbefreiungsfront Titos auch den Kredit zu gewinnen, daß sie die überzeugende überregional-jugoslawische Bewegung sei, die aus dem Chaos

der Balkanisierung herausführen könne.« (Hory/Broszat, Der kroatische Ustascha-Staat, S. 178 f.)

**58)** Zitiert nach der *Stuttgarter Zeitung* vom 16.11.1991. Einen Monat später hatte die Bundesregierung sich in der EG mit ihrer Position dennoch durchgesetzt, dies freilich um den Preis allgemeiner Verstimmung. — Sogar einem Nationalisten wie Augstein wurde das Spiel offenbar zu riskant, er kommentierte im *Spiegel* vom 6.1.1992: »Deutschland, kaum so recht auf den Beinen, zieht also andere in eine bodenlose Politik. [...] Deutschland hat, wie der Kroaten-Protektor Johann Georg Reißmüller in der *FAZ* richtig schreibt, ›von verbündeten Regierungen nicht nur Unfreundlichkeiten, sondern auch Wut und Haß‹ hinnehmen müssen. War das nötig? Hat die Großbundesrepublik Deutschland keine anderen Aufgaben, als andere EG-Länder unter Berufung auf die Mark für die Kroaten und gegen die Serben in Stellung zu bringen? Ist denn das Verhältnis zwischen Kroaten und Serben nur durch die Angriffslust der Serben geprägt? Sind wir schon wieder so weit, auf dem Balkan als Schiedsrichter aufzutreten? [...] Es ist schon so, wir haben die Serben provoziert, und wir werden die Kroaten enttäuschen. Warum, und warum gerade wir, die wir doch am Ende der Schlange stehen müßten, wenn es um den Balkan und um die sogenannte Befriedung des Balkans geht?«

**59)** Auch damals wurde allerdings eine andere Variante erwogen: Unruhen in Kroatien, inszeniert als Vorwand für den nachfolgenden Einmarsch deutscher Truppen »zum Schutze der kroatischen Bevölkerung«. Nach der Proklamation »eines freien unabhängigen kroatischen Staates« sollte eine förmliche »Anrufung um Schutz und Hilfe« an das Deutsche Reich gerichtet werden. Per Funktelegramm wies Außenminister Ribbentrop am 31. März den deutschen Botschafter in Zagreb an, die Kroaten wissen zu lassen, »daß wir im Rahmen der Neuordnung Europas ein selbständiges Kroatien vorsehen würden, wenn der jugoslawische Staat an seinen Fehlern zugrunde geht.« (Zitiert nach Hory/Broszat, S.45 ff.)

**60)** Zitiert nach Sundhaussen, Wirtschaftsgeschichte, S. 20

**61)** Zitiert nach Sundhaussen, Wirtschaftsgeschichte, S. 27 f.

**62)** Sundhaussen, Geschichte Jugoslawiens, S. 105

**63)** Zitiert nach Sundhaussen, Geschichte Jugoslawiens, S. 105

**64)** Alle Zahlen aus: Sundhaussen, Wirtschaftsgeschichte, S. 101 ff.

**65)** Zitiert nach Hory/Broszat, Der kroatische Ustascha-Staat

**66)** Über die Rolle des katholischen Klerus nach der faschistischen Machtübernahme schreiben Hory/Broszat (S.72): »Am fatalsten wirkten — auch im Ausland — der sehr erhebliche Einfluß und die maßgeblichen Funktionen, welche katholische Geistliche, Franziskaner-Mönche sowie katholische Laien und Kleriker aus den Organisationen der ›Katholischen Aktion‹, der ›Kreuz Bruderschaft‹ u.a. innerhalb der Ustascha ausübten.« Im August 1991 berichtete die *Sunday Times* über eine neuere Untersuchung, derzufolge ein Drittel des Personals in den kroatischen Konzentrations- und Vernichtungslagern sich aus dem katholischen Klerus rekrutiert habe, der Pavelić auch heute noch verehrt. Als Mesić in Paris einen kroatischen Geistlichen besuchte, war dessen Heim, wie die Fernsehzuschauer sahen, mit einem Bild des ehemaligen Poglavniks geschmückt. In der Bundesrepublik sind die von der hiesigen katholischen Kirche mit erheblichen Mitteln unterstützten kroatischen Gemeinden ein Sammelplatz für Nationalisten und Rechtsradikale. — Den Nazis freilich blieb der Katholizismus der Ustaša stets suspekt, ihre Sympathie galt den Mohammedanern. Himmler selbst betrieb die Aufstellung der bosnisch-muselmanischen SS-Division *Handschar* und schwärmte von einer tiefen weltanschaulichen Verbundenheit zwischen Nationalsozialismus und Islam. Es gehört zu den Kuriositäten der deutschen Balkanpolitik, daß der von den Briten abgesetzte Jerusalemer Großmufti Mohammed Emin el Husseini, das religiöse Oberhaupt der Palästina-Araber, vom Himmler zu einer 14-tägigen Werbetour für die muselmanische SS-Division nach Kroatien eingeladen wurde. Er sollte herausstellen, daß Nazis und Mohammedaner die gleichen Feinde hätten, nämlich: Judentum, Anglo-Amerikanismus, Kommunismus, Freimaurerei und Katholizismus. (Vgl. Hory/Broszat S.155 ff. und Sundhaussen, Geschichte Jugoslawiens, S. 221 f.)
**67)** Sundhaussen, Geschichte Jugoslawiens, S. 114
**68)** Zitiert nach Fricke, Kroatien 1941 — 1945, S. 36
**69)** Zitiert nach Fricke, Kroatien 1941 — 1945, S. 69
**70)** Die Zivilbevölkerung zog aus dem Terror den richtigen Schluß: Nur bei den Partisanen in den Bergen war man halbwegs vor deutschen Erschießungskommandos sicher.
**71)** Über die Ursache ihrer militärischen Erfolge liest man im *Lagebericht des Befehlshabers der deutschen Truppen in Kroatien* vom 22.12. 1942: »Die politischen Parolen [der Tito-Führung] erstreben bei klugem Verzicht auf das Herausstellen

weltrevolutionärer Pläne die Zusammenfassung aller Bürger des Landes gegen Tschetniks, Ustaschen und Okkupatoren. Die humane Behandlung kroatischer Landwehrmänner hat ihre Wirkung nicht verfehlt. Ganz allgemein herrscht das Bemühen vor, die Aufstandsbewegung durch Disziplinierung und fürsorgliche Verwaltungsmaßnahmen für die Machtübernahme gesellschaftsfähig zu machen.« (Zitiert nach Hory/-Broszat, S. 140 f.) — Im Maße, wie die Partisanen Zulauf von Kroaten bekamen, richtete der deutsche Terror sich auch gegen die kroatische Zivilbevölkerung. Im April 1944 wurden in Dalmatien von der volksdeutschen SS-Division Prinz Eugen über 400 kroatische Männer und Frauen umgebracht. Am Ende hatten die Deutschen es mit allen Parteien gründlich verdorben.

**72)** Sundhaussen, Geschichte Jugoslawiens, S. 122 f.

**73)** Sundhaussen, Wirtschaftsgeschichte, Klappentext

**74)** Sundhaussen, Wirtschaftsgeschichte, S. 23

**75)** Entnommen: Sundhaussen, Wirtschaftsgeschichte, Literaturverzeichnis

**76)** Victor Klemperer, LTI, Leipzig 1975

**77)** Clearing bedeutet laut »Brockhaus Enzyklopädie« die »Verrechnung gegenseitiger Forderungen und Verbindlichkeiten zwischen den Mitgliedern eines abgegrenzten Teilnehmerkreises, so daß für jeden Teilnehmer nur ein Spitzenbetrag verbleibt (Saldo). [...] Im internationalen Zahlungsverkehr spielt das Clearing dann eine Rolle, wenn die freie Austauschbarkeit der Währungen (Konvertibilität) nicht oder noch nicht gegeben ist. Um die sich aus dem grenzüberschreitenden Waren- und Dienstleistungsverkehr ergebenden Zahlungen zu verrechnen, schließen zwei (bilateral) oder mehr Länder (multilateral) Verrechnungsabkommen. In den beteiligten Ländern zahlen dann Importeure den Gegenwert ihrer Importe an ihre Zentralbank, und Exporteure erhalten den Gegenwert ihrer Lieferungen von ihrer Zentralbank; über die Landesgrenzen hinweg verrechnen schließlich die Zentralbanken die sich insgesamt ergebenden Forderungen und Verbindlichkeiten. Da sich Lieferungen und Gegenlieferungen nicht immer ausgleichen, schließen Verrechnungsabkommen gewöhnlich Kreditlinien ein (Swing).« — Ein Beispiel dafür war die Abwicklung des Handels zwischen der BRD und der DDR.

**78)** Zitiert nach Sundhaussen, Wirtschaftsgeschichte, S. 50 f.

**79)** Zitiert nach Sundhaussen, Wirtschaftsgeschichte, S. 50

**80)** Sundhaussen, Wirtschaftsgeschichte, S. 119
**81)** Horkheimer, S. 99
**82)** Abgedruckt in *Konkret* 7/92
**83)** Den Bürgerkrieg braucht ein Amerikaner nicht in der Ferne suchen. Die *Welt am Sonntag* vom 14.6.92 über die »66 Millionen Pistolen, die sich zur Stunde in Amerika in privater Hand befinden«: »Ihre Zahl steigt jährlich um zwei Millionen. Das ist seit 20 Jahren die Norm. Nicht jedoch in diesem Jahr. Denn in Amerika grassiert seit sechs Wochen das große Pistolen-Fieber. Der Handel blüht wie nie zuvor in diesem Jahrhundert. In Kalifornien allein wurden in diesen sechs Wochen 46 850 Pistolen verkauft. ›Art's Gun Shop‹ im Canoga Park zu Los Angeles (Werbespruch: ›Ihr freundlicher Pistolen-Laden‹) meldet Ausverkauf. Der Startschuß zu diesem großen Run auf Schießeisen läßt sich auf die Minute genau bestimmen. Es war jener Augenblick des 29. April, als Tausende von Jugendlichen bei den Unruhen in Los Angeles begannen, unter den Augen der Polizei die Läden zu plündern. Und die Polizei schaute nicht zu, sie schaute weg und floh schließlich von der Szene. Es war ihr zu gefährlich geworden. 53 Menschen starben bei diesen Unruhen, 51 von ihnen durch Schußwaffen. ›Als ich die Polizei auf der Flucht sah, wußte ich: Ohne Pistole bist du verloren in dieser Stadt. Dies ist ein Dschungel. Hier mußt du dich selbst verteidigen. Auf die Polizei ist kein Verlaß‹, begründete David Penso, Bürger von Los Angeles, in dieser Woche seinen Pistolen-Kauf. Der große Schießeisen-Schlußverkauf ist jedoch kein lokales Ereignis in Los Angeles. Die ganze Nation ist auf der Jagd. In Florida, Chicago und New York stieg der Umsatz in Schußwaffen um 25 Prozent. Tatsächlich lagern zu den 66 Millionen Pistolen noch 130 Millionen anderer Schußwaffen in amerikanischen Häusern. Die Bilanz dieser Aufrüstung: 11 700 Amerikaner wurden allein im Jahre 1990 durch Pistolenschüsse getötet. [...] Täglich sterben elf Kinder in den USA durch Pistolenschüsse. Das angesehene Magazin ›Jama‹ der amerikanischen Ärzteschaft berichtete in dieser Woche: ›Schußwunden sind heute die Todesursache Nr. 1 unter farbigen männlichen Jugendlichen zwischen 15 und 18 Jahren.‹«
**84)** Aktuelles Beispiel: Am 6.6.92 zeigte *SAT 1* in der Hauptnachrichtensendung um 18.45 Uhr Bilder von Trebinje, das angeblich unter serbischen Beschuß lag. In der *Heute*-Sendung vom *ZDF* um 19.00 Uhr wurden die gleichen Bilder gezeigt, diesmal mit der — zutreffenden — Erklärung, kroatische Ver-

bände griffen die von Serben gehaltene Stadt an. In der Sendung *Hessen 3 aktuell* um 19.55 waren bei gleichem Bildmaterial aus den Serben wieder Kroaten geworden und umgekehrt: Nicht nur Sarajewo, sondern auch Trebinje habe die Bundesarmee beschossen.

**85)** Der Außenminister mit dem Obersturmbannführer-Habitus könnte demnächst auch FDP-Vorsitzender werden, weil er den Typ verkörpert, der heute als Führer gefragt ist, den gleichen, den die *Welt am Sonntag* am 14.6.92 bewundernd in ihrem Sportteil porträtierte: »Andreas Brehme, 31, gleitet manchmal gern in nichtssagende Floskeln ab. Doch nach dem 1:1 von Weltmeister Deutschland im Fußball-Europameisterschaftsspiel gegen die GUS in Nörrköping stand er da wie in Marmor gehauen. Das blonde Haar noch feucht vom Duschen, der scharfe Nasenrücken noch deutlicher gezeichnet, hielt er eine Antrittsrede als neuer Kapitän der Nationalelf, als habe er nie anderes getan, als eine Herde zu führen. Er, der bisher andere das große Wort führen ließ. Kernsatz eins : ›Wir müßten mal wieder die ersten sein, die im Spiel auf die Knochen hauen.‹ Kernsatz zwei: ›Die anderen müssen endlich wieder Angst vor uns haben. So wie das bei der Weltmeisterschaft war, so wie damals, als Overath, Netzer oder Beckenbauer spielten.‹ [...] Da hat in der Nationalelf einer das Heft auch in der Öffentlichkeit in die Hand genommen, dem man das so nicht zugetraut hätte. [...] In seiner ersten Regierungserklärung versteckte sich Brehme dann auch nicht vor dem Problem des Tages, das an dem Namen Reuter festgemacht werden muß. [...] ›Wenn ich mit dem Adler auf der Brust auflaufe, muß mich das stark machen. Ich kann doch nicht schon im ersten Spiel eines Turniers nervös sein. Was ist denn, wenn wir im Finale stehen?‹«

**86)** Hannah Arendt, Elemente und Ursprünge totaler Herrschaft, Ullstein-TB, Bd.2, S. 221

**87)** Abgedruckt in *Konkret* 1/1992

**88)** Johann Georg Reißmüller, Jugoslawien, Vielvölkerstaat zwischen Ost und West, Düsseldorf — Köln 1971, S. 21 ff.

**89)** »Geboren am 20. Februar 1932 in Leitmeritz in Böhmen, wo er auch seine Kindheit verbrachte. 1946 nach Vorpommern ausgewiesen. Dort als Oberschüler in Händel mit den Kommunisten geraten. Ende 1950 nach West-Berlin geflohen. In Tübingen fand er ein freundliches Asyl. [...] Am 1. April 1961 ist er in die politische Redaktion der *Frankfurter Allgemeinen*

*Zeitung* eingetreten. Als deren Korrespondent berichtete er von 1967 bis 1971 aus Belgrad. Frucht dieser Jahre ist ein Buch: ›Jugoslawien. Vielvölkerstaat zwischen Ost und West‹ (1971). Seit dem 1. April 1974 ist er Mitherausgeber der *Frankfurter Allgemeinen Zeitung*.« (Zitiert aus der *FAZ*-Broschüre »Sie redigieren und schreiben die Frankfurter Allgemeine Zeitung«, S. 89 f.)

**90)** Man versteht die Aversion gegen Ausländer und besonders Zigeuner in der BRD und besonders der Zone nicht, wenn man sie nicht mit Meldungen wie der folgenden zusammenbringt. Unter dem Titel »Im Prager Frühling blüht auch die Prostitution. Tausende von Dirnen/Sextourismus aus der Bundesrepublik« berichtete die *FAZ* vom 4.5.92: »Auf dem Wenzelsplatz scharen sich jeden Abend Dutzende von Frauen, die gegen Devisen ihren Körper anbieten. In der Perlova, nicht weit von der Nationalstraße, etabliert sich ein Straßenstrich; in den Hausfluren und Durchgängen dort stehen Mädchen, die aussehen, als kämen sie geradewegs von der Schulbank. [...] Verbreitet ist die Prostitution auch an der Europastraße 55 von Prag über Teplitz-Schönau (Teplice) nach Dresden, wo an den Wochenenden und am hellichten Tage Hunderte Prostituierte am Straßenrand stehen. [...] Für die Besucher aus dem Westen sind die Preise immer noch recht niedrig. An der Europastraße 55 steigen junge *Zigeunerinnen* - die meisten von ihnen verwahrlost und in einem erbärmlichen Zustand - schon für dreißig Mark ins Auto. [...] Offenbar vor allem in den *neuen Bundesländern* ergänzt mehr und mehr der Sextourismus die tradierten Motive für eine Reise nach Böhmen.«

**91)** Abgedruckt in *Konkret* 3/1992

**92)** Dazu der *Spiegel* Nr.18/92: »Der Führungsoffizier war ein guter Zuhörer. Egal ob Uwe Spacek, 32, Zoff mit der Freundin hatte oder Ärger im Betrieb: Bei Gunther von der Stasi fand der Ost-Berliner Journalist immer Verständnis. Nie wirkte Gunther gelangweilt oder genervt — ›nie gab er mir das Gefühl‹, so Spacek, ›das, was ich sage, sei belanglos‹. [...] Wer sich mit dem MfS verbündete, durfte nicht nur frei sprechen, sondern bekam auch Zuneigung und Bestätigung vermittelt. ›Nicht selten war der Mann der Stasi der einzige‹, weiß der Berliner Historiker und Sozialwissenschaftler Gerhard Besier, ›der Zeit hatte, zuhörte, tröstete, ermutigte und in konkreten Fällen half.‹ Besonders anfällig für die arglistige Seelsorge waren Menschen mit einem angeknacksten Selbstwertgefühl.

[...] Für Monika Haeger [...] ging mit der Anwerbung gar ein Kindheitstraum in Erfüllung. ›Die Stasi hat mir Wurzeln gegeben‹, sagt sie, der Führungsoffizier habe ihr ›Geborgenheit‹ vermittelt: ›Ich konnte Tag und Nacht anrufen, dann hatte der Detlev Zeit für mich.‹«

**93)** Abgedruckt in *Psychologie Heute*, Oktober 1991

**94)** Der Text wurde abgedruckt in Konkret 11/1991 und fand Resonanz. Unter dem Titel »Gewalthetze: Wenn Rassismus sich gegen Deutsche wendet« zitierte Rainer Zittelmann in einem Gastkommentar für die *Welt* vom 11.12.1991 ausführlich aus diesem Artikel und fuhr fort: »So wird Gewalttaten gegen Deutsche die Legitimation erteilt. Man stelle sich vor, in einer rechtsradikalen Zeitung wären ähnliche Sätze der offenen Aufforderung zur Gewalt gegen Ausländer zu lesen. Die Empörung wäre — zu Recht — groß. Mit Sicherheit würde ein Strafverfahren wegen Volksverhetzung und Aufstachelung zum Rassenhaß eingeleitet. [...] Man kann über Sinn und Unsinn dieser Paragraphen streiten — unproblematisch ist die Verfolgung von Gesinnungsdelikten in einem demokratischen Rechtsstaat nicht. Aber auf keinen Fall ist einsehbar, daß links- und rechtsextreme Aufrufe zur Gewalt mit zweierlei Maß gemessen werden. Ist Rassenhaß besser, wenn er sich gegen Deutsche richtet? Auch der deutsche Selbsthaß und Antigermanismus, der in bestimmten linken Kreisen zur ideologischen Grundausstattung gehört, ist eine Form des Rassismus.« — Auch der *Spiegel* sah nun die Deutschen bedroht. In der Ausgabe vom 30.12. 1991 war zu lesen: »Obwohl die Parallele zur Nazi-Propagandaformel vom ›Ewigen Juden‹ unverkennbar ist, lasten vor allem Ultralinksblätter wie das Hamburger *Konkret* den Fremdenhaß gern dem ›Ewigen Deutschen‹ an. [...] An mörderischen Phantasien, wie mit den deutschen Fremdenfeinden umzugehen sei, konnten letzten Monat auch die Leser von *Konkret* teilhaben. Unter dem Titel ›Waffen für Hoyerswerda‹ sinnierte ein Autor... [Folgt längeres Zitat, dann weiter:]... Die Ansicht, gewalttätigen Fremdenfeinden müsse mit deren Mitteln heimgezahlt werden, scheint linksdraußen mittlerweile ziemlich weit verbreitet.«